Michel DEVIVIER — Corinne LEONARD

Comprendre et interpréter vos rêves

Directeur de collection : **Michel Grancher**

FRANCE LOISIRS
123, boulevard de Grenelle, Paris

Une édition du Club France Loisirs, Paris,
réalisée avec l'autorisation des Éditions Jacques Grancher

ISBN: 2-7242-9616-8

Préface

Nous voudrions connaître notre **avenir, pouvoir définir avec précisions chacun des événements heureux ou tristes** que nous allons vivre ; les circonstances qui vont modifier notre **existence** ; nous rassurer sur telle éventualité de projet, sa réussite ou son échec ; répondre à certaines questions sur notre environnement ; connaître les faits essentiels en relation avec nos proches ; le bien-fondé de nos pensées ; la sincérité, la loyauté des sentiments à notre égard.

Diverses sciences tentent d'y répondre. Les informations fournies resteront dans les généralités, en accord avec une tendance propre à des caractéristiques spécifiques comme par exemple les signes du zodiaque en astrologie.

D'autres consultations spécialisées aborderont de manière plus ou moins sérieuse, à des coûts importants sinon élevés, les aspects de votre vie, sur lesquels vous souhaitez être renseignés. Bien souvent, les indications ainsi détaillées se révèlent décevantes et à l'écart de vos propres recherches.

La réalité de votre Futur reste de votre possession. Vous devez en connaître toutes les définitions, toutes les possibilités, de tout ce que comportera votre proche avenir. Vous êtes le **récepteur direct**, unique de l'annonce de ces prochains événements. Vous détenez l'information. A vous de ne pas la laisser inutilisée, à l'abandon, ignorant de la manière dont il vous faut la considérer, l'examiner, l'exploiter. Car chacun de vos rêves, tous vos rêves, vous signalent sous une forme particulière, mais avec une précision extraordinaire, des faits que vous allez devoir connaître, vivre, et résoudre.

Vous disposez d'un puzzle dont chaque pièce doit être réunie à d'autres pour constituer une image, celle d'un morceau de votre vie.

La première démarche - essentielle - consiste à **décoder ces rêves** afin de les traduire en un langage clair, compréhensif, figuratif de la continuité d'une situation dont vous avez déjà connaissance.

Cet ouvrage se propose de vous aider à cette première approche en mettant à votre disposition une documentation aussi complète que possible sur les symboles les plus fréquemment rencontrés dans ce domaine. 4 années de recherches et d'études, d'analyse de cas spécifiques, de contrôle rigoureux dans la vérification des événements constatés par rapport aux rêves ont déterminé la rédaction de cet ouvrage.

Plus de 3700 mots ont été recensés, catalogués, interprêtés, depuis des expériences vécues dont la réalité ne peut être en aucun cas contestée. Chacun de ces mots comporte très souvent plusieurs variantes dont le choix vous appartiendra selon le contexte du rêve. Il a été utilisé dans ces définitions des termes dont on retrouve la présence répétitive par ailleurs. Choix volontaire de telle manière à laisser le soin au lecteur d'attribuer une valeur à chacun d'entre eux, selon sa propre expérience.

Chaque interprétation aussi détaillée que possible se veut indissociable du phénomène de prémonition dont elle est issue quelle que soit la circonstance évoquée. Ce qui signifie que les interférences avec d'autres disciplines dont certains se plaisent à mélanger les genres, sont tout simplement et radicalement ignorées.

Car chacun d'entre nous possède cette **faculté de Savoir son propre avenir,** d'en apprécier les modalités, de mesurer les conséquences, d'estimer à sa juste valeur les modifications annoncées.

Par la pratique, l'expérience, une connaissance suffisante des caractéristiques fondamentales à l'étude des **rêves prémonitoires** l'on peut disposer des moyens nécessaires à l'analyse des messages ainsi perçus.

La progression de vos capacités en ce domaine vous étonnera par ses résultats et la véracité des conséquences que vous aurez élaborées, dès l'instant où vous respecterez certaines normes et l'usage de quelques principes essentiels associés à un inventaire rigoureux précis, complet de tous vos rêves - sans exception.

Avec un peu d'habitude, « de métier », vous serez à même de surprendre des rêves prémonitoires à des moments divers qui ne soient pas seulement du domaine nocturne.

Un rêve peut être une longue succession d'images apparemment incohérentes, ou la vision en clair d'un événement précis, ou une très courte apparition d'un symbole caractérisé, ou adopter d'autres formes plus complexes. La traduction, la mise en clair des informations telles que vous les avez ressenties, et par rapport à ce sentiment, vous conduira à la signification de tout ou partie d'un fait important de votre vie, modificateur de vos conditions.

Constitué sous la forme d'un catalogue, d'un livret, l'ensemble de ces messages représentera la meilleure de toutes les prévisions qu'aucune autre formule puisse donner, quel que soit le domaine auquel vous montrez de l'intérêt.

Certains messages resteront informatifs d'une évolution de vos conditions. D'autres marqueront de manière définitive l'évolution de celles-ci. Si, sur certaines, vous ne pouvez disposer d'aucun moyen d'actions, sur d'autres, il vous reste possible d'infléchir cette évolution si elle apparaît qu'elle soit à votre désavantage. Ne considérez pas votre Destin comme irrémédiablement inscrit dans un contexte dont nul ne peut vous sortir. Bien au contraire. D'autant qu'informé de certaines situations, **vous devez agir :** cette fois non pas en qualité de simple témoin ou exécutant, mais en **décideur**. Les correctifs que vous pourriez ainsi définir et utiliser conforteront une position que vous aviez risqué de perdre dans un contexte normal. La Connaissance de soi et de son avenir vous assurera d'une dominance à l'égard d'autrui, vous laissera acquérir une maturité de cœur et d'esprit, de sagesse dont vous apprécierez les avantages au fil du temps, dans la progression de la vie.
Un rêve prémonitoire est la signification d'un événement dont vous connaîtrez les effets dans un laps de temps qu'il vous sera possible de déterminer de manière précise par l'application et le respect des principes énoncés dans ce chapitre.

En aucun cas nous ne prendrons en considération des aspects en relation avec d'autres sciences humaines - notamment la psychologie - dont les influences prédominent la plupart des ouvrages de ce type, avec des explications contraires à la réalité des événements constatés ultérieurement.

Chacun de nos rêves doit être perçu comme un message prémonitoire. Le décodage, l'analyse, la synthèse admettront certaines règles essentielles à la compréhension et à la connaissance de cet événement.

Chacun de nos rêves est l'élément constitutif d'un ensemble d'informations relatives à une caractéristique de votre vie. Cet ensemble d'informations affectera exclusivement un domaine précis de votre connaissance avec une sensibilité suffisante pour vous permettre d'identifier l'appartenance.

Chaque ensemble d'informations reste associé pour le domaine qui le concerne à celui auquel il s'est substitué et à celui qui va le remplacer. Sous une autre forme, le lecteur devra nécessairement établir la relation de manière constante avec chacune des précédentes prémonitions vécues et vérifiées comme telles pour affiner la valeur interprétative de chacun des symboles nouveaux de cet ensemble. Cette synthèse permettant ainsi la progression de votre devenir dont vous vérifierez les conséquences de manière inéluctable.

Cette première approche suppose dès maintenant la pratique d'une certaine **méthodologie**. Il est bien évident que vos rêves ne vont pas se présenter dans l'ordre logique du déroulement des événements qu'ils vous signalent. Ils risquent au contraire d'être « livrés en vrac », toutes périodes variables et domaines spécifiques confondus. Dès l'instant, le lecteur se devra d'inscrire les caractéristiques fondamentales de chacun des rêves dont il aura le souvenir en utilisant un tableau, au mieux de sa convenance, sur les bases suivantes.

TABLEAU RECAPITULATIF DES REVES											n° de page
n° rêve	n° rêve		liste simplifiée du rêve	liste des mots symboliques	Interprétation	Synthèse	DATES				remarques éventuelles
							du rêve	de la lune	prévue	réelle	
							J/M/A		J/M/A	J/M/A	

—— Lettre symbolique définissant le domaine concerné après identification du rêve.

— no du rêve concerné.

—— no du rêve précédent auquel s'associe le rêve concerné.

En complément de ce tableau le lecteur aura à charge d'inventorier tous les domaines spécifiques qui lui paraissent particulièrement sensibles et actifs. A titre d'exemple citons les aspects :

*** sentimentaux**
*** familiaux**
*** amicaux**
*** relationnels**
*** professionnels**
*** financiers**
*** Juridiques**
*** divers**
etc...

parmi ceux les plus fréquemment rencontrés.
Ainsi tous les éléments nécessaires seront à disposition pour en étudier les caractéristiques et les phénomènes qui en découleront.
D'autres principes fondamentaux devront être la pratique de celui qui adopte les bases précédemment énoncées.

* PAR DOMAINE SPECIFIQUE IDENTIFIE

Vous devrez envisager plusieurs ensembles d'informations. Chaque ensemble regroupant un certain nombre de rêves à l'intérieur d'une période donnée : laquelle aura ses limites définies de manière simple et précise par une indication caractérisée.

- Ce chaînage d'ensembles constituant ainsi :

* L'historique du domaine étudié

* Le présent en cours d'éxécution

* Le devenir en cours de définition.

* PAR ENSEMBLE D'INFORMATIONS

- Un certain nombre de rêves définissant la réalité d'un événement particulier dont la réalisation permettra de constater l'évolution d'un domaine sensible et identifié.

- Cet événement vous le supposerez a priori selon les critères de votre vie propre, les particularités qui en découlent, les diverses réflexions dont vous avez la maîtrise, la synthèse dont vous avez connaissance sur vos rêves précédents, le vécu des prémonitions antérieures.

- Ce même événement deviendra tout à fait significatif sur la base d'un rêve que vous définirez comme majeur, de par les sensations qu'il vous aura communiquées, la force de persuasion que vous aurez assimilée, l'importance du message prémonitoire ressentie avant même d'en avoir interprêté les valeurs symboliques.

- Dès lors cet ensemble d'informations se trouvera constitué. Le puzzle, peu évident dans son montage au début de la phase d'analyse et de synthèse se verra pratiquement achevé, et la compréhension du message clairement exprimée par une classification convenable des rêves constitutifs de cet événement. D'autres restant à vous « parvenir » pour conclure ce même événement et ce à des moments bien évidemment inconnus sur une plage de temps indéterminée en rapport avec la durée de vie de celui-ci.

- La complexité sera d'autant accrue que le lecteur traversera une période trouble, agitée de son existence et que nombre de domaines spécifiques seront concernés.

- Certes un effort important d'adaptation sera nécessaire notamment lorsque les circonstances seront brusquement mises en accélération mais le lecteur y trouvera profit par une meilleure connaissance de son devenir, la maîtrise de ses sentiments, l'usage contrôlé des forces intérieures dont il a possession, la certitude qu'il découvrira, au delà de la période qu'il vit présentement, un avenir différent. Le fait de posséder de bonnes indications sur la manière dont il aura à franchir cette phase de vie lui conseillera de prendre certaines dispositions afin de mieux garantir ses intérêts et d'infléchir la violence de ces instants éprouvants annoncés, même si l'on considère le Destin comme inéluctable dans ses fonctions.

* L'ETUDE DES REVES

- Chacun de nos rêves est la perception partielle d'un message prémonitoire dont l'analyse et la juxtaposition indiqueraient par une lecture approfondie la réalité d'un événement prochain en confrontation avec d'autres rêves réputés pour appartenir à la même classification.

Un rêve peut comporter :

1/ **Une valeur dite d'exécution évolutive**. Auquel cas, l'événement faisant l'objet d'un ensemble d'informations progressera vers la conclusion. Le cycle de vie sera modifié. Une étape sera franchie. Une autre phase d'attente devra être considérée.

2/ **Une valeur purement informative complétant,** précisant, renforçant la perception d'une prémonition.

3/ **Une valeur dite de début :** dont l'interprétation sera évidente de par les critères relevés et des symboles signalétiques différents de ceux que le lecteur aura par ailleurs mémorisés.

4/ **Une valeur dite de fin :** dont les critères ou les contraires de la précédente valeur, identifieront de manière incontestable la fin d'un cycle de quelqu'ordre qu'il soit.

5/ **Une valeur dite majeure** dont vous définirez l'importance et la qualité selon les divers paramètres figuratifs d'une situation donnée. L'événement se concrétisera. La prémonition prendra son plein effet. Vous en vivrez les circonstances. Les conséquences vous seront confirmées par rapport à l'ensemble des rêves en amont ou en aval de celui-ci.
Dans les périodes à forte amplitude, à très grande intensité il est possible de noter à de très courts intervalles deux ou trois rêves que vous identifierez dans leur appartenance à cette catégorie, et qui appuieront la prémonition pour la période supposée. Si tel est le cas, les symboles exprimés seront moins nombreux et plus simples dans leur interprétation, mais avec une valeur informative particulièrement accentuée.

6/ Dans les périodes fortes, ou de bouleversements notoires, définitifs, où tout un système de vie va être remis en cause, un rêve de structure différente vous parviendra. Tout comme les rêves précédents, sa distinction sera évidente puisqu'il comportera sous une forme symbolique condensée tout un ensemble d'informations particulièrement typées, suffisamment compréhensibles pour indiquer au lecteur les perturbations auxquelles il doit s'attendre et les conclusions qu'il pourra constater à la fin de ce cycle modificateur.
Par conséquent, à ce niveau de lecture, il est essentiel de renouveler et de renforcer notre propos par le soin tout particulier qu'il sera indispensable d'appliquer pour :

1/ **Identifier** le domaine spécifique approprié au rêve étudié.

2/ **Classer** ce même rêve dans l'ensemble d'informations en cours de montage par rapport aux valeurs dites d'exécution ou informatives.

3/ **En distinguant** les rêves d'ouverture ou de conclusion d'une phase spécifique.

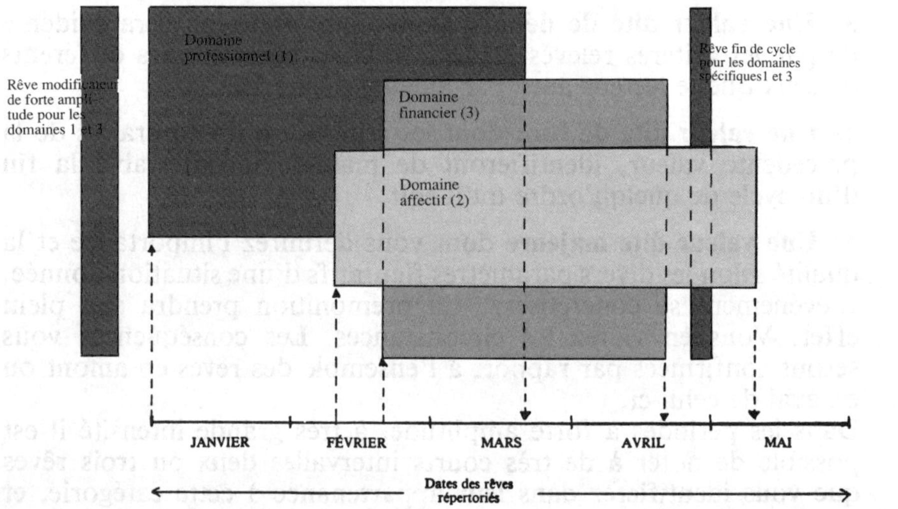

SCHÉMA SIMPLIFIÉ D'UN ENSEMBLE D'INFORMATIONS

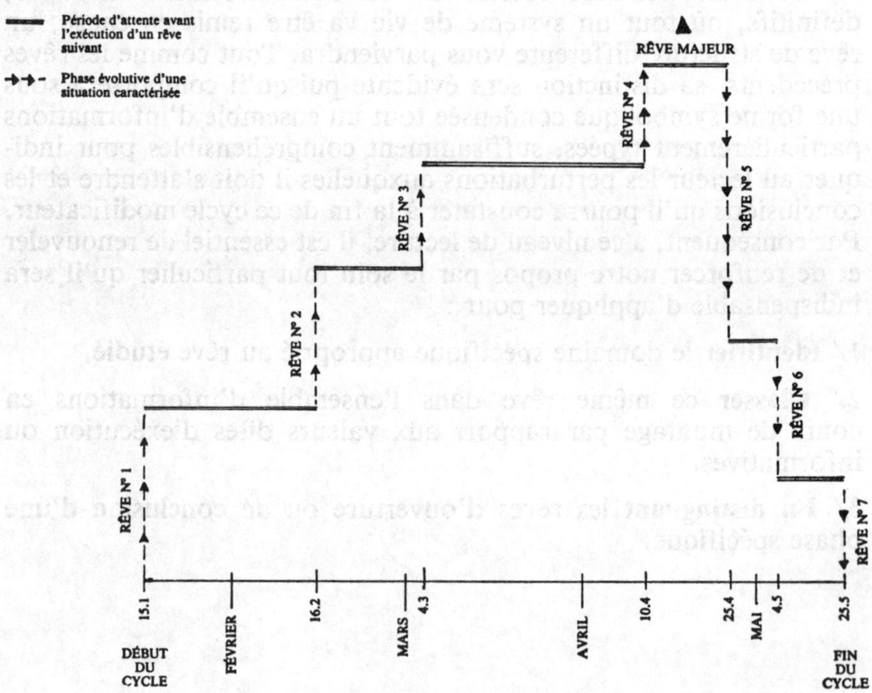

* LES DIFFERENTS TYPES DE REVES.

Plusieurs types de rêves sont à considérer :

a) Le rêve « direct » : dont les données seront exprimées telles que vous pourriez les vivre dans la réalité — les personnages ne vous seront pas inconnus — les activités qu'ils pourront accomplir seront proches de la réalité — les lieux auront un rapport précis avec la situation évoquée — les motifs de l'événement ne prêteront pas à confusion. La compréhension du message ne pourra vous échapper de par la netteté des faits ainsi exposés. Ce type de rêve est relativement fréquent à l'annonce d'une période particulièrement intense ou à l'occasion d'une circonstance grave susceptible d'apporter des décisions à votre avenir au contraire de vos projets.

b) Le rêve symbolique où chacun des éléments constitutifs devra faire l'objet d'une étude détaillée tant sur son individualité que par rapport à l'ensemble des paramètres relevés. Chaque information déterminée aura l'importance qu'elle mérite selon le contexte de la situation, évocatrice d'un prochain événement. La synthèse de cette étude soulignera des points essentiels à la connaissance d'une réalité future, sachant que ces caractéristiques seront associées aux notions fondamentales d'un rêve de valeur majeure. Si tel ne peut être le cas pour des raisons diverses : rêves « oubliés », confusion des particularités des événements signalés à votre intention, incompréhension de certaines données, la perception du message devra être suffisante pour marquer la progression de votre devenir.

c) Il sera relativement fréquent d'avoir à considérer l'analyse d'un rêve regroupant les principes énoncés précédemment. Auquel cas, afin de faciliter l'approche de l'étude, admettez chaque élément descriptif comme représentatif d'une valeur symbolique. Le point d'appui pour orienter vos recherches étant le critère le plus actif de l'ensemble des paramètres relevés.

d) Ne négligez pas pour autant des parcelles de rêves dont l'essentiel aura échappé à votre mémoire. Le détail relevé dans son contenu pourra être d'une indication suffisante pour compléter, affiner d'autres points particuliers.

La fréquence, la périodicité des rêves, les instants où ils pourront se manifester seront en relation avec la variation de vos conditions de vie. La qualité de leur précision, les paramètres fournis seront liés directement à l'amplitude des événements rencontrés. Il ne sera pas rare, à l'approche de périodes particulièrement agitées, de devoir inscrire de 5 à 10 rêves par jour sur votre tableau d'analyse.

Car une situation ne reste jamais figée. Un rêve ne résume pas l'entier d'un événement particulier. La valeur de la prémonition n'a pas un caractère définitif. L'analyse d'un rêve ne peut avoir de valeur dans sa spécificité que par rapport à l'ensemble des diverses données fondamentales exprimées par ailleurs, associées autour d'un événement type.

Les diverses images successives d'un rêve, apparemment incohérentes, à l'écart de vos habitudes et de vos pensées, seront suffisamment explicites pour favoriser vos recherches. **L'argument essentiel** sera développé selon un processus logique dont la découverte composera **l'architecture de votre raisonnement.** Le thème évoqué orientera votre étude vers le domaine approprié de vos préoccupations. De ce rêve, il sera essentiel de respecter la chronologie des circonstances ainsi perçues, d'autant que celle-ci aidera à l'explication de votre propos. Cette progression restant celle de l'événement que vous vivrez ultérieurement.

A l'extrême, il peut vous apparaître une image unique, symbolique d'un fait particulier. Son importance est primordiale. L'interprétation résultant de son examen précisera de manière fort utile l'un des rêves récents de même identité au niveau d'un domaine spécifique recensé.

UTILISATION DU DICTIONNAIRE

Cet ouvrage comporte près de 3700 mots symboliques répertoriés les plus fréquemment rencontrés dans l'étude des rêves.

Chaque interprétation est le résultat de recherches comparatives, d'examens approfondis, de différents tests auprès d'une population de catégorie sociale, de culture, de situation très diversifiées.

Les informations ainsi constituées pour chaque terme répondront à l'essentiel des nombreuses interrogations face à la compréhension d'un rêve. La signification du message prémonitoire doit nous rester aussi proche que possible de la réalité prochaine, des conséquences de toutes sortes, des perspectives ultérieures.

Il est important de déterminer une synthèse et une conclusion de chacun de nos rêves qui puissent être fiables, précises, personnalisées.

Le lecteur disposera ainsi des caractéristiques fondamentales à la connaissance d'une parcelle de sa vie prochaine, d'autant plus élargie que l'attention à mémoriser chaque rêve sera plus grande.

Par conséquent, nous proposons, par mot catalogué :

1/ Une valeur « brute » aussi fine que possible.

2/ Un inventaire des différentes possibilités d'interprétation selon le contexte du rêve et la fréquence « d'emploi ».

3/ Dont le contenu est certifié par le vécu de prémonitions nombreuses et variées.

4/ Associé à des Croyances Anciennes de culture différente.

5/ A l'exclusion formelle de toute intervention à vocation psychologique dont l'interprétation déforme le caractère prémonitoire et dans certains cas même parvient à le détruire.

Pour une parfaite compréhension de son rêve, le lecteur devra :
1/ **Résumer en quelques lignes** tous les aspects caractéristiques de la prémonition dans un langage simple et courant.

2/ **Rechercher dans le dictionnaire** la traduction correspondante aux mots utilisés, ou de leurs synonymes.

3/ **Etablir une analyse synthétique** de cette précédente opération en tenant compte des émotions ressenties dans le rêve, du format des messages perçus, des modalités d'exécution de chacun des symboles rencontrés, des relations possibles avec certains faits similaires, de la prédominance de chaque symbole dans son environnement et par rapport aux autres, de la chronologie exacte des événements vécus dans le rêve.

4/ **Approfondir les données** ainsi obtenues en les comparant à celles de même voisinage dans la signification du message et de la date relevée pour le rêve concerné.

5/ **L'intégrer dans l'ensemble d'informations** déterminé par cet examen.

COMMENT DÉTERMINER LA PÉRIODE D'EXÉCUTION DE L'ÉVÉNEMENT

Ce long travail d'inventaire, de classification, de mise à jour, de réflexion, de synthèse ne peut avoir d'utilité que si vous en tirez profit par :

1/ La connaissance et la maîtrise de caractéristiques fondamentales à l'évolution de votre vie.

2/ Une appréciation et un jugement d'une meilleure acuité sur le comportement des personnes de votre entourage et de vos fréquentations.

3/ Une attitude par conséquent différente de celle que vous pourriez avoir dans les décisions et la conduite de vos affaires.
A ces arguments fondamentaux il vous faut ajouter l'intérêt de pouvoir connaître la période au cours de laquelle se déroulera l'événement considéré ; sa durée de vie, les dates précises de chacune des phases d'évolution qui le composent.

Les modalités de réalisation d'un événement seront nécessairement dissemblables selon la personne « émettrice », les contraintes d'influences différentes, en regard des domaines concernés et des difficultés envisagées, de la situation du rêveur face à son environnement

L'obtention de ces informations, déterminantes quant à la connaissance des phases modificatrices de votre vie ne pourra se conclure que dans la mesure où la constitution du tableau récapitulatif de vos rêves et le suivi de son contenu auront été conformes aux règles prescrites.

Ce tableau enregistre 4 notions différentes dans la rubrique intitulée « dates ». Ainsi la :

1/ **date du rêve :** il s'agit de noter dans cette zone la date exacte de votre rêve.

2/ **date de lunaison :** dans cette zone facultative vous indiquerez la date de changement de lunaison la plus proche de votre rêve. Dans le cas présent de notre exposé cette information n'aura qu'une valeur indicative. Date à partir de laquelle, avec la pratique, vous remarquerez une influence modificatrice sur la réalité de votre vie.

3/ **date prévue :** à partir d'une valeur théorique chiffrée selon une certaine définition vous déterminerez une date spécifique à la phase évolutive de l'événement auquel votre rêve se rapporte.
Cette valeur chiffrée devrait être identique pour tous les rêves de votre catalogue. A partir de la date du rêve, il suffira de compter autant de jours que la valeur théorique indiquera pour préciser la date prévue de l'événement.
Ainsi, si la valeur chiffrée est fixée à 115 et en supposant que votre rêve se soit déroulé le 15 février vous obtiendrez la date prévue fixée au 10 juin.

4/ **date réelle de l'événement :** cette zone comportera la date exacte de l'événement dont vous aurez constaté le déroulement par rapport à celui énoncé dans votre rêve.
La valeur théorique sera nécessairement personnnalisée. Elle sera associée aux caractéristiques propres de chacun. Diverses formulations peuvent la déterminer à partir de données indispensables mais complexes à l'écart de nos connaissances habituelles. Afin de simplifier notre propos la recherche de la valeur théorique pourra être construite pour les premières estimations par comparaison entre la date du rêve et la date réelle à laquelle l'événement prévu aura été vérifié. Cet écart dont vous aurez approuvé l'exactitude par rapport aux rêves de même voisinage, sur des événements dont le caractère ne pourra prêter à aucune erreur possible, deviendra ainsi la valeur théorique qu'il suffira d'utiliser pour les rêves prochains.

Quelques précautions seront toutefois à respecter.
Certaines périodes particulièrement agitées peuvent engendrer des apports de rêves importants. Sachez qu'à l'approche d'une période de turbulence des rêves informatifs, de qualité variable, positionneront :

1/ la date

2/ le message

d'une des phases de l'événement à l'extérieur de la durée théorique que vous pratiquez habituellement.

Ainsi pour un cas précis de votre connaissance, supposons 3 rêves, aux dates prévues suivantes :

1/ 20 février

2/ 20 avril

3/ 20 juillet

Si à la date déterminée, vous n'avez constaté aucun effet particulier, vous reporterez autant de fois que nécessaire chaque rêve non vérifié, sur la date identique du mois suivant vous surprendrez alors le positionnement des messages significatifs de chacun des rêves non réalisés sur le contenu d'un rêve majeur.

1/ à date égale

2/ de même appartenance

3/ de valeur informative identique.

A une caractéristique donnée, fixée par une date théorique, pourra correspondre un ou plusieurs rêves, de même signification pour la même date mais à des mois différents antérieurs à celui de l'événement.
Dans cette éventualité, des regroupements d'importance et de qualité variables pourront être construits à l'intérieur d'un ensemble cohérent d'informations. Auquel cas, vous serez averti d'un événement de forte intensité et à grande amplitude.

SCHÉMA REPRÉSENTATIF DES REPORTS DE RÊVES SIGNIFICATIFS POUR UN ÉVÉNEMENT SPÉCIFIQUE.

DATES	FEVRIER	MARS	AVRIL	MAI	JUIN	JUILLET	AOUT	SEPT	
4					* 1		* 12	* 1.2.3	A
7								* 1	B
10			* 1			* 1.2		* 1.2.3	C
15								* 1	D
20	* 1	* 1.2				* 1.2.3		* 1.2.3.4	E
22								* 1	F
25		* 1		* 1.2			* 1.2.3	* 1.2.3.4	G
27					* 1.2			* 1.2	H

A : est composé de 2 reports associés au rêve de regroupement.
B : rêve unique sur la date estimée.
C : regroupe 2 rêves et le rêve terminal.
D : rêve unique.
E : rêve majeur : 3 rêves regroupés sur le rêve terminal.
F : rêve unique.
G : rêve majeur : 4 rêves regroupés sur le rêve terminal.
H : 2 rêves dont un report assurent la conclusion de l'événement.
En d'autres termes :

a) Tous rêves non vérifiés à une date estimée devront être assimilés à des rêves de même signification à des dates rigoureusement identiques sur des périodes plus lointaines.

b) Chaque rêve non vérifié reste valable par rapport au contexte auquel il appartient et au message qu'il mémorise. Il ne saurait être, de manière arbitraire, supprimé de votre répertoire.

c) Tout rêve, de quelque valeur qu'il soit, sera nécessairement vérifié à un instant précis de votre devenir.

d) Tout rêve dont la réalité n'a pas été constatée à la date prévue doit être considéré comme l'un des messages signalétiques d'un événement à forte intensité dont les constituants vous seront connus ultérieurement mais à bref délai.

e) Chaque rêve dont vous ne percevez pas l'intégration dans un ensemble cohérent tant sur le plan de la constitution de cet ensemble que de sa conformité avec le sujet évoqué doit faire l'objet d'un traitement particulier.

f) Tout rêve que vous ne pouvez intégrer dans un ensemble cohérent et compte tenu des valeurs informatives qu'il mémorise doit être considéré comme l'annonce d'un phénomène dont l'amplitude sera liée avec les divers domaines spécifiques concernés et la fréquence des rêves constitutifs de chacun des ensembles d'informations s'y rapportant.

g) Dans le cas d'un rêve signalétique d'une période à forte amplitude, le délai de réalisation sera d'autant plus long que le bouleversement sera conséquent. De manière générale, il recouvrira, par l'historique condensé des événements qu'il contient, toute la période concernée. La date prévue devrait se confondre avec la date prévue et réelle du premier rêve modificateur en relation avec les faits évoqués.

h) Dans certains cas plus rares, vous pourriez constater sur des événements de fortes amplitudes des rêves de fin de cycle qui, de par les dates enregistrées, vous les feraient situer en début de phase. Cette hypothèse serait concluante des événements prochains mais avec une date effective de concrétisation au delà de la date fixée pour le dernier événement modificateur de l'ensemble d'informations.

Conclusion. Il est bien évident que nous ne saurions traiter en quelques pages tous les cas possibles distinguant des particularités essentielles à la vie de chacun. La présente étude sera suffisante pour aborder de la meilleure manière qui soit la pratique des rêves prémonitoires. Les résultats ainsi obtenus dont vous apprécierez, par l'usage, la véracité des prédictions deviendront la connaissance fondamentale de votre avenir. Vous en aurez éprouvé la fiabilité ; estimé à sa juste valeur chacune des informations ainsi construite. L'expérience acquise à la découverte d'un processus différent, afin de mieux se diriger dans les méandres de l'existence, vous apportera le réconfort avec des sentiments parfois contradictoires. Vous aborderez les prochains moments de votre vie avec confiance et certitude. La qualité de votre information vous assurera d'une supériorité certaine sur votre environnement, gage d'une meilleure représentativité de votre influence.

A

Lettre symbolique d'une certaine incompréhension, de désaccords, de querelles, à votre encontre.

ABAISSER
- Soucis financiers, incompréhension familiale, possibilité d'humiliation de la part d'autrui, contraintes du milieu social.

ABANDONNER
- Si vous rêvez d'abandonner votre foyer, votre mari ou votre femme, votre maison, un proche parent, des amis, de graves difficultés sont à craindre : d'ordre affectif, financier, professionnel. Conflits d'ordre familial. Maladie d'une personne de votre entourage.

ABAT-JOUR
* Allumé : vous recevrez l'appui le soutien d'une personne aimée, afin de vous aider à résoudre vos difficultés. Réconfort affectif.
* Eteint : mauvais présage. Il vous faudra beaucoup de courage et d'énergie pour affronter votre solitude face aux problèmes d'aspect familial, professionnel ou financier.

ABATTOIR
* Rempli d'animaux : heureux présage de succès, profits, abondance.
* Vide : maladie, deuil, chagrins, soucis.

ABATTRE
* Des animaux : espérance de gains financiers
* un arbre : malheur proche, vous connaitrez un échec important dans vos affaires.
* Une personne : vous rendrez inoffensif un de vos ennemis.

ABECEDAIRE
* Le lire ou le posséder : de nouvelles possibilités vont donner une orientation de votre vie favorable à vos désirs et à vos aspirations.

ABBAYE
- vous trouverez le réconfort dans vos épreuves actuelles, par contre si vous n'apercevez que des ruines vous connaitrez de graves difficultés. Solitude pesante.

ABBE
* Le voir : appui d'un proche, d'un ami. Conseils utiles de personne de votre entourage afin de redresser une situation difficile. Espoir de guérison pour un malade.
* Etre abbé : de cruelles déceptions vous attendent.

ABCES
- Des chagrins. Des soucis. Risque de maladie. De mauvaises relations dans votre entourage.

ABDIQUER
* S'il s'agit d'un roi ou d'un président : de mauvaises affaires vous conduiront à la ruine.
* Si vous abdiquez : espérances d'argent. Joie prochaine.

ABDOMEN
* Si votre abdomen grossit : espérance de richesse, honneurs, distinction.
* Le voir maigrir : vous présage la pauvreté, la misère.
* L'abdomen d'une autre personne : traitresse, fourberie, tromperie de la part d'autrui.

ABEILLES

- Symbole du travail, du labeur, de la réussite dans les activités professionnelles.

* Voir des abeilles en liberté, volant de fleur en fleur, en activité auprès de la ruche sera d'un heureux présage.

* Par contre un essaim d'abeilles menaçantes, représentent des contrariétés, des difficultés avec des personnes de votre entourage. Trahison, calomnies, disputes. Il en sera de même si vous êtes piqué par l'une d'entre elles. La morsure douloureuse vous fera connaître une pèriode de santé déficiente.

* Tuer une abeille serait d'un mauvais présage.

ABIME

- L'abîme représente un danger ; des difficultés graves pourront mettre en péril la vie affective et professionnelle.

* Voir un abîme vous signifie une proche pèriode pendant laquelle il vous sera nécessaire de déjouer les duperies, les trahisons, les calomnies. De ce fait, faire une chute dans un abime suppose connaître l'échec dans ses entreprises avec la crainte d'avoir quelques problèmes de santé.

* Ne pas y tomber, réussir à escalader les pentes, en quitter les abords vous sera d'un heureux présage. Vous trouverez les solutions nécessaires et vous aurez ainsi gain de cause sur vos detracteurs.

ABLUTIONS

Procéder à ses ablutions dans :

* Une eau limpide : après une pèriode de soucis, vous connaitrez la paix du cœur et la joie de vivre.

* Une eau sale, putride : difficultés, santé déficiente, angoisses.

ABONDANCE

- Rechercher l'abondance sans y parvenir vous prédit au contraire de fructueuses opérations financières, des gains importants.

La connaitre et en jouir vous apportera par contre soucis et difficultés. Graves pertes d'argent.

ABONNEMENT

* A un journal, à une revue : vous conserverez la certitude de disposer des moyens utiles à la gestion de vos affaires et de vos intérêts. Période positive à l'extension de vos ressources financières. De nouveaux appuis utiles à vos démarches.

ABOYER

* Entendre un chien aboyer : danger proche. Des personnes malveillantes vous entourent. Vous aurez à vous méfier des pièges, des problèmes seront posés, des rumeurs seront propagées qui vous seront préjudiciables.

* Si vous parvenez à le faire taire : les obstacles seront surmontés par les initiatives que vous aurez imposées.

ABREUVER

- Un animal : des embûches. Vos projets seront contrariés par des obstacles imprévus. Vous recevrez aide et réconfort s'il s'agit d'un animal domestique.

ABREUVOIR

* Le voir rempli d'eau pure et abondante : prospérité, accomplissement de vos projets, réussite.

* Dans le cas contraire : échec, malchance, incertitude.

ABRI

* Rechercher un abri : des instants pénibles vous seront imposés. Soucis. Contrariétés. Tracas à venir

* Y entrer : appui et secours vous seront proposés.
* Rester à l'intérieur : déception, de la part de faux amis.
* S'y trouver : amitié sincère, aide dévouée, sur lesquelles vous pourrez compter pour résoudre vos problèmes.

ABRICOT
* Bon présage si le fruit est sain et fraichement cueilli : satisfaction, contentement, amitié, relations favorisées avec des proches, tendresse.
* Si le fruit est abimé, défraichi, avarié c'est l'annonce au contraire de maux très divers, d'inquiétudes, de chagrins affectifs, de disputes.

ABSENCE
- Déplorer l'absence d'une personne aimée vous fera craindre quelques soucis affectifs de peu d'importance.

ACACIA
* Un acacia en fleurs est un signe de prospérité et de bonheur.
* Dans le cas contraire, la perte des fleurs et des feuilles peut être la crainte de nouvelles désagréables, de soucis redoutés, de craintes prochaines.

ACADEMIE
- Etre membre d'une académie : vos affaires seront décevantes, malheurs, humiliations.

ACAJOU
- Le bois d'acajou, vu en rêve sous la forme d'un arbre ou en planches prêtes à être façonnées, est significatif d'un orgueil et d'une prétention peu appréciés par votre entourage. Ce comportement, si vous persistez dans ce contexte, vous sera préjudiciable.

ACCENT
- Parler ou entendre parler avec un accent : de bonnes nouvelles vont vous parvenir. Changement familial, professionnel. Voyages ou déplacements prochains.

ACCIDENT
- Ce rêve est de mauvaise augure. Il signifie généralement de graves difficultés, des épreuves à surmonter pour lesquelles des mesures ou des décisions importantes seront à envisager. Vos ressources financières seront compromises. Crise affective par conflit, séparation ou rupture. Conflit familial grave. Maladie ou perte d'un proche.

ACCLAMER
- Se voir acclamer : des personnes de votre entourage cherchent à vous tromper. Des ennuis en perspective. Déception et chagrin.

ACCOLADE
- Ne craignez pas de ne donner votre confiance et votre estime qu'à des personnes dignes d'intérêt.

ACCOMPAGNER
- Une personne : appui, soutien, réconfort dans des moments difficiles. Promesse d'un évènement favorable.

ACCORDEON
* Jouer de cet instrument est d'un heureux présage dans vos relations familiales. Période de bonheur. Climat affectif heureux.
* L'acheter : vous serez très certainement dupé par une personne peu scrupuleuse dans des opérations financières.

ACCOSTER
- Etre accosté par une personne inconnue : promesse d'argent. Héritage. Profits. Honneurs.

ACCOUCHEMENT
* Voir un accouchement :
- Pour un homme : signe de malheur pour un proche parent. Séparation, rupture avec sa femme.
- Pour une femme : signe de chance et de succès pour la famille.
- Pour une personne pauvre : présage heureux.
- Pour une personne aisée : mauvais signe.
* Assister à un accouchement réussi : joie et bonheur.
- D'un garçon : granae joie dans la maison. Chances financières.
- d'une fille : pertes de biens, insuccès, malchance.
* Assister à un accouchement douloureux, réussi difficilement : peines, chagrins, maladie.

ACCROCHER
* Un tableau : vous serez trahi.
* Un vêtement : des ennuis de santé et de situation ou par perte d'amitié.

ACCUEILLIR
* Vous voir accueillir une personne avec chaleur et amitié vous assure du soutien et de l'appui dans vos actions de la part de cette même personne, dans la mesure ou elle accepte votre manière de faire.
* Dans le cas contraire : un refus ou une indisposition de la personne ; un mauvais accueil de votre part doivent être interprétés comme un risque prochain de trahison, de calomnie, de rupture.

ACCUMULER (des biens, de l'argent, de l'or)
- Significatif d'un égoïsme prononcé, peut être associé à une certaine avarice. Soyez plus généreux si vous ne souhaitez pas rencontrer des déboires dont vous risquez d'avoir prochainement connaissance. Rêve qui peut prédire également des soucis ou des pertes financières.

ACCUSATION
- Si vous êtes accusé ou si vous accusez une personne, vous risquez de recevoir des nouvelles désagréables, de constater des trahisons ou des calomnies dans vos proches relations.
Réussir à prouver son innocence : vous surmonterez les obstacles.

ACHETER
* De nouveaux objets : période bénéfique dans la mesure ou ces objets ont une utilité réelle et pratique
* Des objets déjà possédés : risque de difficultés financières, de pertes importantes, signe également d'égoïsme, d'ambition démesurée par laquelle votre considération pour les autres reste négligeable.
* Des vêtements : besoin de sécurité de confort, de protection, d'autant plus prononcé s'il s'agit de vêtements destinés à vous protéger des rigueurs de l'hiver.
* Des meubles : des promesses de situation financière avantageuse
* Des légumes : Disputes au foyer. Conflit familial
* Des fruits : Déceptions sentimentales.

ACIDES
- Discussions, fâcheries, oppositions avec des proches.

ACIER
- Les circonstances vous seront favorables. Réussite due à votre volonté d'agir et à la fermeté des décisions qui seront prises. Solidité des engagements assurance du soutien de proches ou relations, détermination de vos efforts.

ACOMPTE
- Verser un acompte : les promesses faites vous seront tenues.

ACROBATE
* Etre acrobate : vous ridiculiserez ceux qui ont de mauvaises intentions à votre égard.
* Voir une personne acrobate : vous risquez d'avoir des déceptions dans un proche avenir.

ACTE NOTARIE
* Le voir ou le signer : des soucis ou des contrariétés dans un proche avenir. Conflits familiaux, rivalités, chagrins.
* Le lire après signature : échec, malchance, pertes financières, dettes d'argent.

ACTEUR
- Vous serez confronté à des situations délicates provoquées par des personnes qui tenteront de vous nuire et porteront atteinte à votre réputation. Il peut s'agir de proches parents, d'amis superficiels, de collègues de travail. Jalousie, moqueries, dénigrements, calomnies. Péril proche, des actes violents à votre égard sont à redouter. Des relations avec la justice sont prévisibles.

ACTRICE
- La voir : inquiétudes prochaines. Désaccord familial. Mésentente. Dispute. Séparation. Vous serez trompé et humilié.

ADAM ET EVE
- Prospérité au foyer. Réussite affective et professionnelle.

ADIEU
- Faire ses adieux, signe précurseur de prochaines retrouvailles après un longue séparation avec la personne vue dans le rêve, réconciliations, retour affectif.

ADMINISTRATION
- Rêver d'une administration suppose des contraintes dont vous allez connaître les conséquences. Déceptions dans vos affaires. Des projets n'aboutiront pas malgré vos efforts. Des relations difficiles avec des personnes influentes. Malchance.

ADMIRER
- Hypocrisie, fausseté vous entourent. Vous avez de faux amis dans vos relations dont il faudra vous méfier.

ADOLESCENT
- Se voir adolescent : nostalgie des années passées. Besoin de sécurité, d'une vie affective stable et heureuse. Peut-être aussi le signe d'une fraîcheur de cœur et d'esprit dans votre comportement relationnel.

ADOPTER
* Une personne : des proches vont solliciter votre aide.
* Des enfants : désir de maternité.
* Etre adopté : des gens recherchent votre perte. Vos ressources financières vont connaître quelques problèmes.

ADORER
* Sa femme : fortune, honneurs et richesse.
* Ses enfants : succès dans les domaines qui vous tiennent à cœur
* Son mari : joie familiale, bonheur au foyer.
* Une personne étrangère au foyer : vos affaires vont péricliter. Jalousie de vos relations. Malchance.

ADRESSE
* Ecrire l'adresse d'une personne aimée : des nouvelles agréables. Proche rendez- vous, rencontre.
* Une adresse d'affaires : chance, succès professionnels.
* communiquer son adresse : vous n'apportez pas toutes les précautions nécessaires afin de protéger votre vie intime. Indiscrétion.
* Voir une personne rédiger une adresse : malchance dans vos affaires.

ADULTERE
* Le commettre : ennuis. Chagrins. Soucis prochains. Espérances déçues dans vos activités.
* En être victime : des relations vous sont nuisibles. Perte d'argent.

ADVERSAIRE
* Le vaincre : triomphe sur vos rivaux, chance
* Etre vaincu : déception, pertes financières.

ADVERSITE
- Se voir dans l'adversité : vous annonce une période favorable à vos intérêts. Réussite de vos démarches. Vos projets aboutiront. Succès de vos activités.

AEROPORT
- Des perspectives différentes de celles que vous vivez actuellement ou dont vous avez le projet. De sérieux bouleversements sont à prévoir dans votre organisation familiale ou professionnelle. Les circonstances de votre présence dans ces lieux vous préciseront les valeurs bénéfiques ou négatives de votre rêve.

AFFAIRE (être en affaire)
- Difficultés passagères. Vous devez accepter des sacrifices pour réussir. Jalousie et mesquinerie de votre entourage. Médisances.

AFFAMER
* Etre en cette situation : vous êtes à la recherche d'un équilibre affectif et financier. Vos efforts et votre volonté afin de parvenir à réaliser vos ambitions restent décevants.

AFFECTION
- Ressentir de l'affection : honneurs. Distinction. Réussite financière. Gains d'argent importants.

AFFICHES PUBLICITAIRES
* Les regarder, les coller : de mauvaises nouvelles, des contrariétés dans vos affaires. Jalousies, tromperies, insuccès de vos démarches.
* Les déchirer : vous refuserez les contraintes imposées pour parvenir à des solutions qui vous seront favorables.

AFFICHES PUBLIQUES
- Des nouvelles contraignantes laisseront quelques soucis dans la gestion de vos activités. D'utiles conseils éviteront des erreurs désastreuses.

AFFLICTION
- Se voir affligé : présage heureux. Prochain changement annonciateur de joies et de plaisirs. Succès de vos activités.

AFFLUENCE
* D'argent : Pertes financières. Affaires malencontreuses. Déboires.
* De biens immobiliers : soucis pour vos richesses personnelles, des pertes sont à prévoir.
* De personnes : des ennuis en perspective. Hostilités de votre entourage.

AFFRONT
* Si vous faites ou provoquez un affront : ce songe prédit difficultés, troubles, disputes pour lesquelles vous risquez de subir de gros préjudices.
* Si vous le recevez : vous aurez gain de cause sur les médisances et calomnies dont vous avez été la victime.

AFFUTER
* Des objets tels que couteaux, ciseaux : une période néfaste à vos échanges avec vos proches ou connaissances se précise. Les initiatives pour provoquer et entretenir ce climat malsain seront de votre responsabilité.
* Un crayon : la réflexion, le souci de réaliser votre tâche avec tout le soin nécessaire conforteront votre position sociale.

AFRIQUE
* Etre dans ce continent : grave maladie pour vous ou l'un de vos proches.
* Lire des ouvrages : de nouveaux projets, réussite de vos activités, gains d'argent.
* Envisager de s'y rendre : de nouvelles relations, des liens d'amitiés durables et bénéfiques.

AGATE
- Vos affaires seront réalisées avec le succès désiré, bonheur matériel.

AGE
* En parler : votre sincérité sera appréciée dans votre milieu professionnel.
* En être inquiet : des problèmes de santé sont à redouter.
* Le cacher : des relations vous trahissent.

AGENOUILLER (S')
- De part votre manque de fermeté, vous serez dominé par votre entourage, des obstacles dans la réalisation de vos projets. Faiblesse, fuite de responsabilités, manque de volonté dans vos engagements.

AGENDA
* En faire usage : de prochains événements vont modifier de manière heureuse votre vie. Certains aspects consolideront vos aspirations.
* Le perdre, le déchirer : de funeste augure. Les faits ou actions entreprises seront à l'opposé de vos souhaits.

AGENT DE POLICE
- Difficultés à résoudre des problèmes pour lesquels il y a intervention d'une autorité : légale, administrative, peut-être judiciaire. Mais vous aurez les appuis indispensables pour vous protéger de circonstances défavorables à vos intérêts. La victoire ne saura être acquise que dans la mesure ou l'agent de police ne vous sera pas hostile.

AGIR
- Votre activité vous apportera les satisfactions que vous souhaitez. Décisions énergiques et positives, évolutions favorables des évènements, chance et succès.

AGITATION
- Etre dans un état d'agitation : de prochains obstacles, les difficultés vont surgir et vous surprendre. Des ennuis provoqués intentionnellement par des proches, qui vous laisseront dans l'embarras, période de solitude et de tristesse affective.

AGNEAU
- Joies affectives, dues notamment à vos enfants. Signe de tendresse,

de compréhension et de bonheur. Mais dans le cas où cet animal est mort, attendez vous à des maladies, des difficultés sentimentales, des périodes difficiles à vivre.

AGONIE

- Se voir en agonie préfigure des circonstances particulièrement difficiles à vivre. Risque de maladie. Période dépressive. Solitude.

AGRESSION

- Votre entourage vous sera défavorable. Oppositions, disputes dont vous aurez à surmonter les conséquences. Vous serez menacé. La manière dont se terminera l'agression vous indiquera la conclusion qui vous sera imposée.

AGRICULTEUR

- L'être : présage de réussite et de succès par votre travail et l'opiniâtreté de vos efforts. Une période heureuse et bénéfique se présente à vous.

AIDE

* Apporter son aide : vous serez estimé et apprécié par vos amis.
* Demander l'aide : vous pourrez compter sur vos amis pour résoudre vos problèmes et obtenir ainsi une conclusion heureuse.

AIEUX

* S'ils sont décédés : la protection que vous recevrez vous portera chance. Vous aurez aide et appui, sachez écouter les conseils qu'ils vous laisseront.
* S'ils sont vivants : période bénéfique proche. Vous allez rencontrer le succès dans vos entreprises.
* S'ils sont malades : malheur prochain. Soucis et difficultés à prévoir.

AIGLE

* Le voir en vol : concrétisation de vos projets. Succès dans vos entreprises. L'altitude du vol, sa rapidité, déterminent des circonstances favorables pour aboutir au succès. Un vol lent annoncera, retards et embûches.
* S'il vous attaque : de nombreuses difficultés sont à redouter dans un proche avenir.
* Immobile à terre ou perché : affaires stagnantes, obstacles, empêchements.
* Le voir blessé, déplumé : malchance, insuccès, maladie.
* Que l'on abat, capture : pertes financières, chagrins.
* Que l'on possède : honneurs, profits, réussite prometteuse.

AIGRE

- Consommer des aliments aigres : des relations difficiles avec le milieu familial. Des ennuis et des chagrins. Période d'isolement affectif.

AIGUE-MARINE

* La posséder : bonheur. Joie affective. Compréhension. Entente conjugale.
* La perdre ou la vendre : déception amoureuse. Vie sentimentale agitée et décevante.

AIGUILLAGE (de chemin de fer)

- De nouvelles orientations de votre destinée. Un choix s'imposera dont le résultat dépendra des opérations constatées pour le manœuvrer.

AIGUILLE

* Voir des aiguilles est signe précurseur de relations difficiles avec votre entourage, de trahisons de calomnies, d'amitiés perdues. Préjudices moraux et financiers à attendre.

* Enfiler une aiguille : des améliorations prochaines, des circonstances bénéfiques. Des instants paisibles.
* Coudre avec une aiguille : réussite de vos entreprises. Triomphe sur vos rivaux.
* La perdre : des efforts inutiles, contrariétés sentimentales.

AIGUILLE D'UNE MONTRE
* Que l'on voit : annonce d'évènements importants dans la vie du songeur.
* Que l'on retarde : vous connaitrez des circonstances indésirables plus rapidement que souhaité.
* Que l'on avance : vos projets se verront contrariés et n'aboutiront bien plus tardivement que prévus.

AIGUISER
* Un outil domestique : des projets nouveaux. des promesses de réussite dans vos activités.
* Une arme : rivalités. Oppositions. Conflits d'intérêts. Des problèmes de santé.

AIL
- Discussions, disputes graves, difficultés importantes avec de proches parents, des amis. L'argent pourrait être la cause essentielle à cet état de fait (avantage financier, héritage). Votre clairvoyance sera d'une aide efficace pour déceler les ruses ou pièges et prévenir ces conflits.

AILES
- Excellent présage d'une situation heureuse et d'une progression bénéfique de vos activités, mais si elles sont brisées, malades ou atrophiées, déboires et déconvenues seront de votre situation.

Ce songe se rapporte particulièrement aux ailes d'oiseau. S'il s'agit d'ailes fabriquées par l'homme (ailes d'avion) l'interprétation reste identique.

AILES DE MOULIN A VENT
- Profits. Gains d'argent. Activités bénéfiques, d'autant que les ailes tourneront vite. Les voir immobiles ou être happé par l'un des bras vous annoncent des ennuis importants dans vos entreprises.

AIMANT
- Vous serez sous la dépendance de personnes dont il vous faudra vous méfier.

AIR
* Respirer un air pur, vivifiant, avec un sentiment de bien être, est le signe précurseur d'une période faite de bonheur et de sérénité dont vous tirerez pleinement satisfaction.
* Au contraire d'un air vicié, froid, humide qui vous annonce des embûches et tracas. Malchance. Insuccès. Des problèmes de santé. Maladie

AISSELLES
* Charnues : des plaisirs prochains. Bonheur.
* Maigres : maladie, déficience.
* Poilues : des protections vous seront accordées face aux attaques de vos adversaires.

ALARME
- De mauvaises nouvelles vont vous surprendre, brusque changement de situation, des ennuis, tracas, contrariétés.

ALBATROS
- De prochaines nouvelles. Des parents ou amis éloignés ont besoin de votre aide. Soyez prudent en matière d'argent.

ALBUM A PHOTOGRAPHIES

- Des souvenirs heureux d'un passé avec des personnes aimées ou estimées. Cette nostalgie marque la fin d'une époque de votre vie.

ALCOOL

- Signe de déloyauté, de fourberie, de fausseté dont fait preuve votre entourage. Soyez sur vos gardes. En faire usage vous indiquera que votre discernement n'a pas été suffisant pour éviter le piège dans lequel vous êtes tombé.

ALERTE

- Des changements importants défavorables vous sont annoncés. Votre comportement et l'attitude que vous adopterez au cours de ce songe préfigureront la situation qui en découlera.

ALIBI

- Que l'on propose : nouvelle ou visite inattendue. Des contrariétés en relation avec les autorités légales.

ALIENE

* L'être : des nouvelles contrariantes. Des empêchements à la réalisation de vos projets. Soucis et maladie.
* Voir d'autres personnes : réussite et triomphe sur vos rivaux. Succès.

ALIMENTS

* Des aliments agréables à manger : évènements prometteurs, réussite de vos projets, d'autant plus satisfaisante que le goût sera meilleur.
* Des aliments amers : souffrances, détresse, solitude.
* De saveur très forte : affront, outrages, violences.
* Très chauds : agitation, nervosité, décision malheureuse.
* Très froids . ennuis de santé, maladie.
* Les cuisiner : entente familiale.
* Les offrir : joie, bonheur au foyer.
* Les refuser : conflits familiaux, disputes.

ALLAITER

* Présage de bonheur, de joies dans le couple : mariage, naissance, richesse.

ALLEE

- Après de pénibles évènements, de nombreux soucis, vous allez connaître des circonstances plus favorables ; l'emprunter annonce des changements heureux et une amélioration sensible dans la vie du rêveur. Les conditions en seront d'autant meilleures que les arbres qui pourront border cette allée auront un aspect agréable : la qualité du feuillage, la solidité du tronc, l'espèce des arbres devront être considérées pour mieux définir ce songe.

ALLERGIE

* Etre allergique : malchance, insuccès, des oppositions de personnes de votre entourage.

ALLIANCE

* La mettre : mariage prochain.
* La voir ou la porter : union heureuse, fidélité.
* La perdre ou la briser : séparation, risque de rupture, infidélité.

ALLUMER

* La lumière : nouvelle agréable. Des perspectives de bonheur au foyer, de changements favorables.
* Le feu : s'il s'agit d'un feu domestique, heureux présage de bonheur conjugal, de réussite dans vos activités professionnelles, sérénité.

- s'il s'agit d'une malveillance : difficultés graves, contraintes, retards, des ennuis financiers.
* Une bougie : menace de maladie pour l'un de vos proches, souffrances .

ALLUMETTES
* S'en servir : circonstances favorables qu'il vous serait utile de mettre à profit.
* Ne pas parvenir à les allumer : échec, difficultés, soucis à venir, querelles, mauvais propos à votre égard.

ALLUVIONS
* Déposées par des eaux en crue : promesse d'un avenir meilleur dont le profit sera en correspondance avec vos efforts.

ALMANACH (se reporter à la définition AGENDA)

ALOUETTE
* Des nouvelles agréables vous parviendront, réussite affective ou financière.
* La capturer pour la mettre en cage ou pour la manger : vous annonce au contraire le risque d'une rupture avec une personne aimée, d'une attitude hostile à votre encontre, de déceptions.

ALPES
* Les voir : initiatives heureuses, des circonstances favorables, promesses de succès.
* S'y trouver : chance, réussite professionnelle.

ALPHABET
* L'apprendre : de nombreux sacrifices vous seront indispensables pour confronter vos désirs avec la réalité des conflits de votre milieu relationnel.

ALPINISTE
- L'être : vos affaires connaitront le succès. Réussite dans vos entreprises. Santé excellente.

ALTERCATION
* Y assister : contrariétés, soucis, dissensions familiales ou professionnelles.
* Y participer : inimitiés. Des oppositions contraires à vos intérêts. Jalousie.

ALTITUDE
- La progression ou la décadence de vos affaires sera en rapport avec la notion d'altitude que vous constaterez et les changements de niveaux auxquels vous participerez dans votre rêve.
* Perdre progressivement de l'altitude : présage peu réconfortant pour vos espérances.

AMANDES
* Douces et savoureuses : union heureuse, joie affective, bonheur au foyer, relation amicale sincère et dévouée.
* Amères : obstacles, ennuis, déceptions affectives ou amicales, pertes d'argent.

AMANDIER
* En fleurs : richesse, joie, réussite de vos projets.
* Avec des fruits mûrs : bonheur conjugal, plaisirs, contentement.
* Avec des fruits avariés : des ennuis prochains, peines, chagrins.

AMANT
- Ce rêve devra être considéré selon votre situation affective :
* Pour qui n'a aucune relation sentimentale : des perspectives heureuses devraient vous assurer de connaître des instants de bonheur.

* Dans le cas contraire : disputes, inquiétudes, tromperies, infidélité, maladie.

AMAZONE

- La voir : difficultés familiales, désaccords, soupcons.

AMBASSADEUR

* Etre ambassadeur : vous allez rencontrer des ennuis sérieux dans votre activité professionnelle. Risque de devoir renoncer à votre situation.
* Lui parler : vos activités seront profitables ; vos ambitions vont se réaliser.

AMBITION

* Honnête et mesurée : des satisfactions dans vos entreprises. Succès.
* Exagérée : déceptions, contrariétés.

AMBRE

- Signe d'argent, de fortune, de puissance. Votre orgueil peut éloigner la personne aimée.

AMBULANCE

* La voir : des soucis pour l'un de vos proches. Malaise, accident, maladie.
* En faire usage : vous allez vous remettre d'une longue maladie.

AMENDE

- Difficultés avec les autorités légales. Risque de procès, de litiges, de déconvenues. Si vous réglez une amende : vous aboutirez à une solution pour laquelle vous aurez quelques pertes d'argent sans gravité.

AMER

- Fâcheries, propos désagréables, discussions pénibles avec vos proches.

AMERIQUE DU NORD

- Se rendre en Amérique du nord ou voir une personne de votre connaissance se préparer à ce voyage : vous annonce une modification importante et avantageuse de votre situation.

AMETHYSTE

- Risque de rupture affective, difficultés sentimentales.

AMI

- Vous annonce des évènements favorables ou désavantageux selon le contexte du songe ainsi :
* Rencontrer un ami, lui rendre visite : gaité, joie.
* Le quitter : insuccès, malchance.
* Rire avec lui : perte d'amitié, séparation.
* Se quereller : infidélité, incompréhension.
* Aider un ami : vous recevrez son appui.
* Le voir mort : des nouvelles inattendues.
* Le voir entièrement nu : vous connaitrez affront et humiliation.
* Vous l'embrassez : duperie, trahison.
* Le voir manquer un rendez-vous : vous serez compromis dans une mauvaise affaire.
* Voir beaucoup d'amis : complot, malveillance à votre égard, insuccès
* Le voir triste : nouvelles contrariantes, maladie.
* Le voir heureux : nouvelles agréables, joie

AMIANTE

- En faire usage : vous annonce un danger auquel vous aurez à faire face afin de protéger vos biens et vos acquis.

AMIDON
- Vous êtes fidèle en amour et en amitié.

AMIRAL
* Le voir : des évènements bénéfiques et favorables dans un proche avenir. Votre situation sera avantagée.
* L'être : obstacles, difficultés, des ennuis affectifs, des contrariétés dans vos affaires.

AMITIE
- Etablir des liens d'amitié avec une personne : vous aurez un ami dévoué et sincère qui ne manquera pas de vous aider et de vous assurer de son appui dans des moments difficiles.

AMMONIAQUE
- Relations affectives ou amicales difficiles. Disputes, fâcheries. Vous subirez des offenses.

AMOUR
* Aimer sa femme : harmonie conjugale, bonheur au foyer, joies affectives.
* Pour une femme : aimer son mari, succès, chance, entente et compréhension.
* Etre aimé : succès, prospérité, abondance.
* Aimer une belle jeune femme inconnue : gains financiers, héritage.
* Aimer une femme laide : malchance, disputes, trahison, maladie.
* aimer ses enfants : joie familiale.

AMOUR (physique)
* Le faire avec son époux ou épouse : succès d'une affaire qui sera conclue en votre faveur. Vos activités seront favorisées.
* Le souhaiter mais essuyer un refus : échec, malchance, insuccès, décision irréfléchie.
* Une personne que vous ne connaissez pas : réussite, chance.
* Avec une prostituée : honneurs, distinctions.
* Avec une femme laide : maladie grave.
* Avec une personne de sexe différent, mariée, et que vous ne connaissez pas : chagrins affectifs, rupture, désaccord profond.
* Avec une personne de même sexe : échec, difficultés nombreuses, soucis financiers, embûches, humiliation.

AMPHORE
* Si ce récipient est plein avec un contenu de qualité : joie profonde, richesse, réussite.
* Vide ou brisée : danger proche, malheur.

AMPOULE
* Aux mains, aux pieds : vos efforts n'aboutiront pas. Insuccès, risque de petits problèmes de santé sans gravité.
* Electrique : la mettre en place, en faire usage : des projets nouveaux vous apporteront l'espoir de conditions affectives, sociales, financières heureuses.

AMPUTATION
- Présage de difficultés financiers graves, relations compromises dans le milieu familial ou professionnel. Perte d'amitié, médisances, propos malveillants, obstacles, déboires, injustice, danger de maladie grave.

AMUSEMENT
- Discussions prochaines, perte d'argent, espoirs déçus. Vous n'avez pas été d'une prudence suffisante dans la conduite de vos intérêts.

ANALPHABETE
* Etre en cette situation : vous connaîtrez à l'égard des événements ou de vos relations, une période d'incertitude, d'incompréhension, de mépris dont vous serez victime.
* Le rencontrer : vous disposerez de tous les arguments nécessaires pour vous imposer face à vos détracteurs.

ANANAS
- Voir ou acheter des ananas : joies familiales, gaité et bonheur, invitations rencontres, déplacement lointain.

ANARCHISTE
- Ce songe pourrait vous indiquer un renversement de situation. Des nouvelles vous parviendront. Des faits importants vont se produire qui devraient vous conduire à une période de calme et de sérénité, nouvelles connaissances, des projets différents.

ANCETRES
* De votre famille : soucis pour l'un de vos proches, maladie, ennuis familiaux.
* Inconnus : prospérité et fortune.

ANCHOIS
* Les voir : espérances déçues. Projets retardés, déceptions.
* Les manger : des nouvelles agréables, désirs satisfaits, succès.

ANCRE
* La lever ou la voir au flanc d'un navire : gains d'argent, chance et prospérité.
* La plonger dans l'eau : déceptions, échec.
* La briser : malheur prochain.

ANE
- L'âne vu en songe qui serait :
* Gras et portant fardeau : présage de réussite, de succès, chance, gains financiers.
* Maigre : soucis, problèmes, difficultés de toutes sortes, santé à surveiller.
* Le chevaucher : bonnes nouvelles, des rencontres, changement prochain.
* En tomber, le voir malade ou mourant : échec dans vos entreprises, déboires, embûches, contrariétés, maladie.
* Le voir courir seul : des nouvelles déplaisantes.
* L'entendre braire : vous subirez un affront.
* Le frapper : vous allez recevoir de mauvaises nouvelles.
* Qui refuse de vous obéir, qui vous donne un coup de pied : des obstacles à vos projets, querelles, disputes avec vos relations.
* En faire l'acquisition : heureuses perspectives, des projets bénéfiques.
* Le vendre : pertes financières, échec.
* Assister à la naissance d'un ânon : prospérité, abondance de biens.

ANECDOTE
- L'entendre ou la raconter : des évènements favorables et intéressants dans un proche avenir.

ANGE
- Présage de bonheur, de réussite, de prospérité, joie familiale, sérénité, sauf s'il vous apparait courroucé, auquel cas de graves ennuis vont vous préoccuper.

ANGINE
- Période dépressive. Contrariétés familiales ou professionnelles. Des risques de conflits.

ANGOISSE
- Au contraire de ce sentiment, la lutte que vous aurez menée vous permettra d'assurer le succès sur les obstacles matériels ou les contraintes humaines. Conscience des efforts qu'il vous faudra fournir pour atteindre l'objectif fixé.

ANGUILLE
* La voir ou la capturer : nouvelles agréables, gain d'argent inespéré, victoire sur vos rivaux, chance.
* La voir glisser entre vos mains : échec de vos projets, déception, trahison.
* La voir se tortiller : des nouvelles contrariantes, déceptions de vos relations, tromperies.
* La voir morte : vous triompherez de vos adversaires.

ANIMAL
- Figuratif du comportement humain, la vision d'un animal sera caractéristique des événements prochains. Il sera utile de tenir compte des messages que vous percevrez : l'aspect de l'animal, ses attitudes, son comportement préciseront l'interprétation du songe. Il conviendra de consulter la rubrique en rapport avec cet animal pour en connaître le sens précis sachant que :
- L'ANIMAL DOMESTIQUE : est significatif de la vie intime, de la vie familiale, des relations avec vos proches, du climat affectif, de la prospérité de vos affaires, de l'accroissement de vos biens, ainsi :
* Donner de la nourriture à un animal, l'emmener au pâturage, le voir paître : bonheur, chance, réussite, changement d'activités professionnelles, promotions, gains financiers.
* Voir des animaux gras : richesse, abondance.
* Voir des animaux maigres, maladifs : tristesse, pauvreté.
* Etre attaqué : des contrariétés prochaines, des oppositions dans vos activités.
* Le battre : insuccès, tristesse et chagrins.
* Tuer un animal domestique : malheur proche, malchance, maladie.
* Le soigner : vous recevrez l'aide d'un ami.
* Le caresser, lui parler : chance, protection.
* Le faire travailler : vous parviendrez au succès après de pénibles efforts.
* Le repousser : incompréhension, solitude, perte d'amitié.
- UN ANIMAL SAUVAGE : représente la vie extérieure au foyer ; vos relations amicales ou professionnelles, les pensées, actions, contraintes que votre entourage vous impose ; des agissements qui sont menés à votre encontre ; des conséquences que vous constaterez ; des ennemis qui vous menacent et vous envient.
* Voir un animal sauvage et dangereux : vous allez bientôt affronter l'adversité.
* Etre poursuivi, attaqué : querelles, menaces, périls proches, pertes financières, litiges, malheur et tristesse.
* Le vaincre, le tuer : vos intérêts seront reconnus et justifiés.

ANNEAU (de mariage)
* Le porter ou le voir : bonheur conjugal, joie affective. Promesse d'une union heureuse. Peut-être l'annonce de fiancailles ou d'un mariage.
* Le retirer, le briser, ou le perdre disputes, ruptures, séparation.

ANNEE
* Rêver des années passées : nostalgie, regret de souvenirs heureux et éloignés.

* Rêver des prochaines années : des projets nouveaux en perspective.

ANNIVERSAIRE
- Fêter son anniversaire ou celui de personnes aimées : circonstances bénéfiques, affaires fructueuses, gains d'argent, réussite.

ANNONCE (de presse)
* Publier une annonce : soucis, tracas dans un proche avenir, perte d'argent.
* Lire ou recevoir une annonce : réussite, chance, de nouvelles possibilités dans vos activités.

ANNUAIRE TELEPHONIQUE
* Le posséder, le lire : les difficultés du moment se verront résolues au mieux de vos intérêts par des interventions de personnes influentes, utiles à la protection de vos droits.

ANNULAIRE
- Promesse d'une prochaine union avec la personne aimée.

ANTENNE (de radio)
* En faire usage : des nouvelles lointaines, visite de parents ou d'amis éloignés, déplacement prochain.
* Défectueuse : des contrariétés dans un avenir proche.

ANTILOPE
- Des promesses de réussite financière, appui d'amitiés sincères et dévouées.

ANTIQUITES
- Richesses à prévoir : gains inattendus par le jeu ou par héritage. Spéculations financières.

APERITIF
- Méfiez vous des relations que vous croyez amicales. Votre confiance devrait être plus restreinte. Vous avez tendance à une certaine paresse qu'il serait nécessaire de maîtriser.

APICULTEUR
- Le succès de vos entreprises dépendra des initiatives que vous imaginerez pour aboutir aux résultats souhaités. Les risques seront d'autant moindres que vos décisions et votre efficacité seront en conformité avec les nécessités de votre environnement.

APOPLEXIE
* Subir une attaque : crainte subite et imprévue dont vous oublierez les conséquences rapidement.
* Voir une personne en crise : vous provoquerez auprès d'une personne de votre entourage une brusque frayeur.

APOTRE
- Voir un apôtre : une situation difficile se prépare pour laquelle de l'aide vous sera nécessaire.

APPARITEUR
- Le formalisme de votre entourage conduira à des excès peu compatibles avec vos intentions.

APPARITION
- Si une personne de votre connaissance vous apparaît en songe : de prochains évènements vous seront importants. Son attitude, le message communiqué, sa physionomie bienveillante ou hostile vous indiqueront le sens favorable ou contraire de ces évènements.

APPARTEMENT
* Clair, agréable, de bonne décoration : présage favorable. Evolution de votre situation financière. Aide et appui. Conseils dans vos entreprises. Protection.

* Obscur, délabré : mesquineries, calomnies, méchanceté de votre entourage. Risque de conflits graves. Intérêts à défendre. Préjudices moraux et financiers.

APPAT
* L'utiliser : succès de vos entreprises, profit.
* Utilisé : par d'autres personnes : déceptions, échec.

APPEL-APPELLER
- A l'égard d'une personne ou de soi- même, ce songe est néfaste et signale l'approche d'un grave danger, d'un malheur important. Vous aurez besoin d'appui et de conseils qu'il serait souhaitable d'accepter.

APPETIT
* Avoir un bon appétit : avenir serein, promesse d'instant de bonheur.
* Un mauvais appétit : signe de contrariétés, santé délicate.

APPLAUDISSEMENTS
* Les recevoir : vous êtes entourés d'amis qui ne méritent pas la confiance que vous leur témoignez. Proche trahison.
* Si vous applaudissez : vous agissez avec légèreté et votre attitude sera appréciée de manière désavantageuse. Des ennuis certains.

APPLICATION
- Etre appliqué dans son travail : vous serez récompensé de vos efforts. De bonnes nouvelles par promotion. Réussite de vos activités.

APPREHENSION
- Avoir de l'appréhension : des événements contrariants. Difficultés à venir. Risques de maladie pour un proche. Soucis d'argent.

APPRENDRE
- Se voir apprendre : des nouvelles connaissances utiles à la pratique de son métier, vous présage une évolution bénéfique de votre situation financière par promotion ou changement d'activité.

APPRENTI
* Le voir : des nouvelles agréables de votre situation.
* L'être : réussite de vos activités.

APPRIVOISER
* Un animal domestique : les relations avec vos proches vont s'améliorer.
* Un animal sauvage : vos ennemis seront d'une meilleure attitude à votre égard.

APPUI-S'APPUYER
- Vous résoudrez une situation délicate. Vos proches, vos amis, vous aideront dans cette période difficile. Compréhension, soutien financier.

AQUARELLE
- Des instants de quiétude, de tendresse, d'intimité dans une période trouble et agitée.

AQUARIUM
- Désagréments passagers. Des ennuis familiaux, des contraintes imprévues dans vos activités.
* Vide ou avec des poissons morts : vos efforts seront inutiles, espoirs déçus.

AQUEDUC
* En activité : prospérité, abondance, fortune, période bénéfique prochaine.
* En ruine, abandonné : pauvreté, misère, des conditions pénibles d'existence.

ARABE
- Le voir, lui parler : des relations difficiles avec autrui. Vous devrez affronter la ruse, le mensonge. Période de secrets dont vous serez victime. La colère ou l'imprudence ne vous seraient pas favorables.

ARAIGNEE
- Litiges difficiles à régler. Complications, tracas en relation avec les autorités légales, la justice.
* Si vous parvenez à la tuer : vous obtiendrez gain de cause sur vos ennemis mais avec des conséquences financières importantes : pertes d'argent, ou de biens.

ARBALETE
- En faire usage : vos affaires seront fructueuses si vous parvenez à atteindre la cible. Dans le cas contraire votre réussite sera tardive et remplie d'embûches.

ARBITRE
- Des oppositions dans votre milieu professionnel. Litiges, injustices, contestations, des pertes financières, des fâcheries.

ARBRES
- Symbole de la vie et de la mort l'arbre est un des éléments essentiels du songe prémonitoire.
* Un arbre au feuillage épais, en fleurs, avec des fruits : est signe d'évènements très positifs dont vous serez bénéficiaire. Gains, réussite professionnelle, joie et bonheur, amitiés sincères et dévouées autour de vous. Sérénité dans votre foyer.
* Au contraire d'un arbre abattu, coupé, foudroyé : insuccès, échec, disputes, maladie, malheur. Tristesse et chagrin.
* Grimper à un arbre, s'asseoir à la cime : détermine le succès dans vos activités professionnelles et l'atteinte d'une meilleure situation sociale.
* En tomber : épreuves à attendre, difficultés prochaines.
* S'asseoir au pied d'un arbre : nouvelles qui vous seront heureuses.

ARC (tir à l')
* Réussite de vos projets. Concrétisation de vos aspirations si vous atteignez la cible.
* La manquer : serait l'indication de déboires face à vos rivaux.

ARC DE TRIOMPHE
* Que l'on voit : espérance de promotion, d'évolution dans ses activités. Promesse financière
* Monter au sommet : Réussite inespérée, succès. Réussite sociale. Honneurs et distinctions.
* En descendre, ou le franchir : espoirs déçus, insuccès, échec.

ARC EN CIEL
* Bien dessiné dans le ciel, harmonieux, aux couleurs bien équilibrées : changement avantageux de votre position sociale. Chance et réussite.
* Au contraire d'un arc en ciel imparfait, à la courbure irrégulière ou interrompue : des difficultés, des problèmes divers, notamment de santé.

ARCADES
- Des protections, des appuis assureront l'évolution de vos affaires à l'abri des contraintes et des tracas que vos adversaires envisagent.

ARCHE
* La voir : aide et soutien de vos amis. Conseils et appui dans vos démarches. Perspective d'évènements bénéfiques. Amélioration de votre situation.

* En ruines : échec dans votre activité, solitude. Projet retardé, soucis d'argent.

ARCHER
- L'être : malchance. Difficultés de situation. Solitude affective.

ARCHET DE VIOLON
- En faire usage : Tristesse et chagrins. Nouvelles désagréables, des proches vous procureront des ennuis.

ARCHEVEQUE
- Joie, bonheur, chance, promesse de circonstances favorables au rêveur.

ARCHITECTE
- Vous aurez recours à une aide extérieure pour régler une situation délicate dans laquelle vous n'aviez que peu de solutions.

ARDEUR
- Vous risquez à l'inverse, d'avoir une diminution importante de vos possibilités, fatigue, malaise sans gravité.

ARDOISES
* En parfait état : aide et protection vous seront accordées.
* En mauvais état, brisées ou cassées : des soucis, des contraintes feront obstacles à vos désirs.

ARENES
- Conflits au foyer, relations amicales compromises, solitude affective.

ARETES (de poisson)
- Mauvais signe. Désagréments, soucis.
* En avaler : épreuves douloureuses, affliction.

ARGENT
* Le gagner par son travail : situation financière favorisée. Perspectives professionnelles avantageuses. Circonstances favorables.
* Le gagner aux jeux : présage défavorable.
* Le posséder, l'amasser : des évènements contraires à vos intérêts, dépenses imprévues, dettes financières.
* Le trouver : des précautions vous éviteront une perte sensible.
* Le perdre : malchance dans vos affaires.
* Le prêter : abus de confiance, malveillance à votre égard.
* Le brûler : misère et pauvreté, pertes financières importantes.

ARGENT (métal)
- Richesse et fortune. prospérité de vos affaires.

ARGENTERIE
- Soucis financiers à prévoir. Difficultés et déboires. Préoccupations de toutes sortes.

ARGILE
- Des obstacles à surmonter. Des dificultés imprévues. Des efforts seront nécessaires pour mener à bien la tâche fixée.

ARISTOCRATE
- Les circonstances présentes restent défavorables aux projets et aux ambitions que vous souhaitiez réaliser. Déception et amertume.

ARLEQUIN
- Vos proches relations ne sont que fourberie et hypocrisie. Climat préjudiciable à vos intérêts. Votre moral sera affecté.

ARMEE
* En guerre : discordes, séparations, rupture, maladie, malheur,

période de tristesse et de chagrins à envisager.
* En paix : compréhension et réconciliation, sérénité retrouvée. Solution aux conflits.

ARMES
- Vous aurez à affronter de graves difficultés. Des intrigues seront menées contre vous, des discussions, des disputes aboutiront à des conflits dont les solutions pourront être judiciaires. Vous découvrirez la déloyauté et la cupidité de votre entourage.
* Le fait de se servir d'une arme à feu avec succès et d'atteindre la cible : présage de la réussite, du succès dans la défense de vos intérêts.
* Si vous manquez la cible ou si l'arme ne fonctionne pas : vous rencontrerez des oppositions très marquées. Vous serez dans l'incapacité de parvenir à une solution convenable. Des pertes financières sont à prévoir.

ARMISTICE
- Présage de paix et de sérénité au foyer. Promesse d'un avenir réconfortant. Réconciliation. Retour d'amitiés.

ARMOIRE
* Une armoire remplie de linge ou de vêtements est l'indication d'une réussite dans le domaine affectif et financier.
* Vide : soucis, ennuis de tous ordres. Problèmes de santé.
* La voir fermée à clef : discrétion, souci de votre intimité, sens de l'économie.
* La vendre : misère et pauvreté ; détresse.

ARMOIRIE
- Honneurs et distinctions seront de votre situation dès l'instant ou les personnages et animaux vous paraissent agréables. Sinon attendez-vous à des désagréments nombreux dans votre milieu social.

ARMURE
* La revêtir : besoin de sécurité et de protection face à vos ennemis. Vous aurez les moyens nécessaires pour vous assurez de vos droits et obtenir les garanties de succès.
* La perdre, la briser, être dans l'impossibilité de la revêtir : vous serez abandonné et impuissant devant les intrigues de vos ennemis.

AROMES
- Aux parfums agréables et aux plaisirs du goût : vous serez dans une position sociale enviée. Satisfaction du but atteint.

ARQUEBUSE
- L'usage de cette arme laisse à redouter des décisions ou des moyens en contradiction avec la réalité des circonstances qu'il vous faudra affronter et résoudre.

ARRACHER
- Des efforts inhabituels vous seront nécessaires pour concrétiser vos projets. Réalisation de vos désirs de par votre seule énergie.

ARRESTATION
* La sienne : péril proche. Action répréhensible à votre égard. Jalousie, incompréhension dont vous ferez l'objet.
* Y assister : sentiment de culpabilité à l'égard d'une personne contre laquelle vous avez à vous faire pardonner d'une mauvaise action commise. La malchance risque de vous surprendre.

ARRET-S'ARRETER
- L'évolution de vos activités subira diverses obstructions imprévues, nuisibles à votre situation.

ARRIVEE
* D'une personne de votre entourage : des tracas financiers. oppositions, disputes d'argent.
* D'un ami : des évènements favorables à vos intérêts.
* D'un homme d'affaires : des perspectives d'évolution de votre situation financière.

ARROSAGE
- Signe précurseur de joies de bonheur, de plaisirs dans votre vie. Vos efforts auront été profitables et vous assureront d'une entente et d'une bonne compréhension de votre entourage.
* Arroser des fleurs, des plantes, des légumes : est une indication très positive.
* Par contre, si une autre personne arrose : vous n'aurez pas l'avantage de la situation malgré votre désir. Des déconvenues vous guettent. Vous connaitrez des déboires.

ARROSOIR
* Rempli d'eau pure : vous aurez des conditions financières très favorables.
* Percé, vide ou rempli d'une eau nauséabonde : soucis à prévoir.

ARSENIC
- Grave maladie, danger de mort. Signe de vengeance et de haine.

ARTICHAUT
- Chagrins, peines affectives sont à prévoir, mais pour une durée limitée sans conséquences graves.

ARTICULATION
- En souffrir : changement heureux. Promesse de bonheur. Joie affective et familiale. Amélioration de vos finances.

ARTIFICE (feu)
- Y assister : des joies de courtes durée. Déception de vos affaires. De mauvaises relations vous laisseront déboires et dettes financières si vous n'y apportez la prudence nécessaire.

ARTISAN
- La définition que vous déterminerez pour mener à bien vos ambitions mériterait une meilleure analyse faite de sagesse et de modestie.

ARTISTE PEINTRE
* Le voir : des ennuis financiers, obstacles, embûches. Vos ambitions seront contrariées par de nombreuses difficultés.
* Qui fait votre portrait : trahison d'une relation.

ARTS DIVINATOIRES (voir divination)

ASCENSEUR
- Faire usage d'un ascenseur est l'indice d'une prochaine évolution de votre situation financière.
* S'il monte : cette évolution sera favorable et prometteuse de satisfactions et de profits.
* S'il descend : vous aurez une période de déceptions et de contrariétés, de retards, de contretemps dans vos entreprises.
- Dans ce rêve, il conviendra de noter et d'analyser les différents détails : les personnes présentes, les couleurs, les raisons de l'utilisation de cet ascenseur. L'interprétation de ces mêmes détails pourra préciser ainsi le message prémonitoire.

ASCENSION
- Faire l'ascension d'une paroi, d'une colline, d'une montagne sera l'indication d'une réussite dans vos activités si vous parvenez à son terme sans difficultés. Les obstacles rencontrés, les efforts nécessaires pour les franchir, la fatigue ressentie détermineront les contraintes pour parvenir au but rercherché.

ASIATIQUE
- Rencontrer, converser avec un asiatique : vos affaires professionnelles prêteront à des négociations longues et ardues dont le résultat ne sera pas particulièrement avantageux.

ASILE
* S'y trouver : contraintes, ennuis, santé délicate.
* Y voir d'autres personnes : chance prochaine, espérances d'argent. Des biens vous seront restitués.

ASPERGES
- Réussite de vos projets, succès dans vos activités, chance. Santé en amélioration.

ASPHALTE
- Vos affaires vous conduisent à des complications pour lesquelles vous n'aurez pas de solutions convenables. Santé délicate.

ASPHYXIE
- Rêve de mauvais augure. Situation professionnelle ou familiale compromise. Risque de connaître des problèmes de santé importants. Accident possible.

ASPIRATEUR DOMESTIQUE
- Les séquelles d'un passé désastreux et néfaste à vos intérêts feront place à de meilleures dispositions pour orienter votre avenir vers des projets dont vous pourriez tirer toutes satisfactions. Promesse d'un bonheur retrouvé

ASSASSINER
* Que vous participiez à un assassinat, que vous en soyez l'éxécutant : des circonstances douloureuses vous seront infligées. Des dissenssions graves, des menaces, des instants douloureux sont à prévoir.
* Etre tué : sera d'un heureux présage, la chance et la réussite seront de votre côté : vos détracteurs supporteront les conséquences des actions menées contre vous.

ASSEMBLEE
* S'y trouver : des contrariétés, des rivalités d'intérêts, jalousies, des personnes envieuses feront obstacles à vos projets.
* Se voir au milieu : accusation injuste portée à votre encontre.
* Ne pas y être mêlé : vous mettrez à profit les conseils de votre entourage.

ASSEOIR (S')
* En compagnie : joies, compréhension affective, plaisirs familiaux, amitiés.
* Seul : détresse morale, solitude affective, soucis financiers, santé délicate.

ASSIETTE
- Rêve favorable si l'assiette est pleine. Richesse et aisance vous sont assurées.
* La remplir : votre situation connaîtra une évolution en conformité avec vos aspirations.
* Une assiette vide ou cassée : difficultés financières, déconvenues, heurts familiaux.

ASSISTER
* A une cérémonie : changement favorable, promesse de bonheur, chance.
* A une réception : joies familiales, plaisirs de l'amitié.
* Un malade : de prochains événements contrarieront vos projets. Vous devrez envisager quelques sacrifices. Soucis et chagrins.
* Un moribond : une période s'achève qui marquera de manière définitive une étape de votre vie. De nouvelles possibilités donneront un sens différent à vos souhaits.

ASSOCIATION
- Se voir associer dans une affaire préfigure des tracas et des ennuis divers dans vos affaires. Rivalités, projets contrariés, perte financière.

ASSOMBRIR-ASSOMBRISSEMENT
- Présage de difficultés prochaines dont les conséquences seront suffisantes pour amoindrir vos ressources financières et détériorer les rapports avec autrui

ASSOMMER
* Une personne : vous prendrez pendant quelques temps l'avantage sur vos adversaires. Joies passagères. La prudence restera nécessaire.
* Etre assommé : les actions néfastes de votre entourage réduiront à néant les tentatives d'une réussite que vous souhaitiez prochaine.

ASSOUPIR (S')
- Lassitude morale. Des contrariétés nombreuses. Des contraintes financières. Des relations familiales difficiles.

ASSURANCE
- Prendre une assurance : de prochains évènements seront néfastes à vos biens ou ressources financières. Dommage ou perte à prévoir.

ASTHME
- En être affligé : retard dans vos projets. Des querelles d'intérêts, des adversaires nuisibles à vos aspirations, déceptions. Maladie.

ASTIQUER (voir nettoyer)

ASTRES
* La vision d'un astre, d'aspect brillant : est un présage heureux. Satisfactions et réussite dans la vie affective, familiale et professionnelle.
* La chute d'un astre : promet de douloureuses épreuves : maladies, chagrins, pertes de biens.

ASTROLOGUE
* Le consulter : besoin de réconfort et de sécurité.
* L'être : recherche d'une meilleure connaissance. Besoin de changement.

ASTRONAUTE
- Prévision bénéfique d'une progression dans la situation sociale, d'une promotion, d'une réussite dans ses activités professionnelles.

ASTRONOME
- Gains financiers modérés, évolution de la situation du rêveur. Reconnaissance de ses efforts dans le cadre de ses activités, éventualité d'une promotion.

ATELIER
* En faire l'acquisition : des ennuis financiers, perte d'argent, dettes.
* Y travailler : changement de situation, promotion, gains d'argent.
* Le voir vide, abandonné : pauvreté, échec, insuccès.

* En activité : réussite, succès dans vos entreprises.

ATHLETE

- Efforts promis à récompense si vous parvenez à atteindre le but fixé, devant vos adversaires : promotion. Situation honorifique et confortable.

* Dans le cas contraire : déboires, ennuis, obstacles dans vos entreprises, jalousies.

ATLAS

* Le consulter : besoin de détente et d'évasion, peut-être l'annonce d'un prochain voyage.

ATRE

* Le voir : changement de votre lieu d'habitation.

ATTACHE-Attaché

* Etre attaché : des difficultés prochaines vont vous être infligées. Diverses tentatives vont être menées contre vous, des embûches, des tracasseries seront de votre sort.

* Attacher une personne : vous ferez preuve d'un certain égoïsme. Votre manque de reconnaissance à l'égard d'autrui vous sera préjudiciable. Risque d'injustice. Manque de scrupules. Peut- être également le besoin de triompher de vos ennemis.

* Attacher un animal domestique : des décisions malencontreuses vous priveront des interventions protectrices de personnes influentes. Diverses difficultés sont à craindre.

* Attacher un animal dangereux ou sauvage : la maîtrise d'une situation complexe et risquée restera en votre faveur. Vos adversaires conviendront d'une meilleure attitude à votre égard.

ATTAQUE

* Etre attaqué : disputes, querelles, propos désagréables à votre égard, calomnies, souffrance morale, chagrins.

* Vous provoquez une attaque : danger, menaces dont vous subirez les conséquences

ATTEINDRE-ATTEINTE

* Un objectif : de réelles satisfactions récompenseront votre désir de réussir. Chance et succès.

* A votre réputation : des personnes peu scrupuleuses intriguent à votre encontre. Des revers sont à craindre dans vos relations préférentielles.

ATTENDRE

* Une personne : des obstacles à vos projets, déceptions de vos amitiés, perte d'estime, contrariétés.

* Si elle vous rejoint : réussite de vos plans, promesse d'un avenir meilleur.

ATTENTAT

- Votre destinée va être modifiée de manière importante par un évènement dont les conséquences vous seront pénibles. Conflits et soucis familiaux. Difficultés financières. Tracas en perspective.

ATTERRISSAGE

- Se voir atterrir : présage défavorable. Vos affaires vont stagner. Des contretemps, des retards, échec, malchance.

AUBE

-Début d'une période de vie heureuse amorcée de bonheur et de joies nouvelles.

AUBEPINE

- Les instants tristes et difficiles de la vie n'auront pas diminué la fidélité et la constance de l'amour que l'on vous porte. Joie affective, harmonie conjugale.

AUBERGE
- S'y trouver : après une période d'incertitude, de chagrins, de déboires, un changement favorable va se produire. Satisfaction. Succès dans vos démarches. Triomphe sur vos adversaires.

AUBERGINE
- Vos espérances n'aboutiront pas. Vous échouerez dans les démarches entreprises. Vous avez surestimé la confiance accordée à vos relations. Solitude et amertume.

AUBERGISTE
- Les rapports aimables de votre entourage ne doivent pas amoindrir la méfiance indispensable dans la continuité de vos affaires.

AUDIENCE
- Acceptée : une bonne période s'annonce, distinctions, honneurs, richesse, gains en perspective.

AUDITOIRE
- Besoin de se justifier, de parvenir à s'imposer dans la vie. Vous êtes à la recherche d'une évolution que vous ne parvenez pas à concrétiser.

AUGMENTATION (de salaire)
* accordée : des modifications heureuses de vos conditions de vie. Des perspectives nouvelles réconforteront des ambitions déçues ou désapprouvées.
* Retardée ou refusée : signe annonciateur de difficultés prochaines dont la réflexion serait utile à des projets différents ou remodelés.

AUMONE
* La recevoir : soucis, tracas, problèmes financiers, solitude.
* La donner : bonheur, joie intime, indication de bons sentiments à votre égard.

AURORE
- Disparition des soucis. Atteinte du succès. Présage d'une époque meilleure. Sérénité, bonheur.

AUTEL
- Recherche de la paix intérieure. Besoin d'un isolement à l'égard de la société. Vous trouverez prochainement des orientations nouvelles à votre vie. Vous y serez aidé.
* Le construire : promesse de mariage.
* Le détruire : échec, insuccès, malheur et pauvreté.

AUTEUR
- Présage heureux. Le rencontrer ou être auteur préfigure des évènements favorables. Bonnes nouvelles. Fortune, richesse, prospérité.

AUTOBUS, AUTOCAR
- Présage d'un changement de condition, de situation . Vous allez connaître des circonstances qui vont modifier le cours de votre existence. Favorables ou mauvaises selon le contexte.
* Si vous le conduisez : vous aurez l'initiative de ce changement.
* Etre en panne, immobile, ou avoir un accident : vos affaires stagneront et vous aurez des difficultés pour parvenir à trouver une solution. Maladie possible.

AUTOGRAPHE
- Besoin d'être apprécié des autres. Recherche de l'estime et de la reconnaissance de soi.

AUTOMATE
- Vous êtes trop préoccupé à laisser aux autres le soin d'éxécuter des

travaux dont vous pourriez assurer la bonne marche. Prenez garde aux ennuis possibles si vous ne restez pas maître des évènements.

AUTOMNE

- Bonheur au foyer, joies familiales, souvenirs heureux. Vous n'avez pas de préoccupations particulières, mais peut-être le signe annonciateur de difficultés dont vous n'avez aucun soupçon.

AUTOMOBILE

- Vos conditions de vie vont se modifier. Des évènements heureux ou pénibles vont se produire sur lesquels vous n'aurez pas nécessairement la maîtrise.

* Conduire soi-même : un changement de situation va se produire dont l'indication sera positive. Période de chance et de réussite dans la vie affective, familiale ou professionnelle. Circonstances favorables.

* En descendre : démarches infructueuses, projets retardés, obstacles, oppositions.

* Voir une autre personne conduire : vous resterez impuissant face aux évènements qui peuvent vous être défavorables d'autant que vous ne serez pas dans le véhicule.

* Voir un accident, y être impliqué : de nombreux soucis vous sont promis. Difficultés de toutes sortes, litiges, contestations, oppositions diverses.

* Avec accident corporel : maladie grave, disparition d'un proche, deuil.

* En mauvais état, en panne : affaires stagnantes, dépenses d'argent, soucis et désagréments.

* Acheter une voiture neuve : période heureuse en perspective. Promesse d'une vie en conformité avec vos désirs et vos aspirations.

AUTORITE

* Légales : de graves soucis seront à prévoir en rapport avec l'administration ou la justice. risque de pertes financières.

* Avoir de l'autorité : vous faites au contraire preuve de faiblesse devant l'adversaire et vous n'aurez pas nécessairement raison dans la contestation.

AUTOROUTE (se reporter à la définition de ROUTE)

AUTO-STOP

- Besoin d'aide. Circonstances que vous souhaiteriez modifier. Changement possible dans la mesure où vous êtes accepté comme passager du véhicule.

AUTRUCHE

* Solitaire : vous faites preuve d'imprudences, vos propos, vos actes vous seront préjudiciables.

* En troupeau : voyage lointain. Besoin de détente et de repos.

AVALANCHE

* La voir : présage de difficultés, de graves préoccupations, d'ennuis importants. Insuccès, malchance.

* Etre emporté : démarches infructueuses, angoisse, tristesse, soucis financiers.

* Etre blessé : maladie grave, chagrin, deuil possible.

* Etre secouru : une circonstance imprévue, un appui inespéré vous permettront de surmonter les obstacles et de parvenir à une solution heureuse.

AVANCES

- Des personnes de votre entourage vous font des avances : discussions, disputes familiales, humiliations. Vous serez désapprouvé et calomnié.

AVANTAGE
- Vous profitez d'une situation à votre avantage : des circonstances favorables à vos intérêts. Nouvelles satisfaisantes, affaires bénéfiques.

AVANT-SCENE
- S'y trouver ou la voir : vos démarches échoueront. Vous recevrez des nouvelles désagréables. Tristesse et chagrins. Fourberie et trahisons de vos amis ou de votre entourage. Des relations sur lesquelles vous comptiez vous feront défaut.

AVARE
- Misère et solitude. Abandon de vos proches et de vos amis. Moqueries et cupidité de votre entourage.

AVENTURE
* Dans un pays lointain : déplacement, voyage possible.
* Autre : vous risquez de devoir affronter des problèmes inutiles. Fréquentations douteuses.

AVENUE
- Votre avenir va se modifier. Une période différente de votre vie va se produire. Selon que cette avenue sera animée, ou déserte, avec des galeries marchandes, des lieux d'habitations luxueux ou pauvres ; que vous y circuliez aisément ou que vous y soyiez égaré ou à la recherche d'un itinéraire ; de jour ou de nuit, avec une foule agréable ou hostile, seul ou avec une personne de votre connaissance, le sens du rêve aura une valeur différente. C'est pourquoi chacun des paramètres de ce rêve devra être analysé pour une appréciation convenable de la prémonition.

AVERSE
- Chance, réussite financière, accroissement de vos biens.

AVEU
* Vous le recevez : fourberie, mensonge, hypocrisie sont de votre entourage.
* Vous le faites : apportez plus de discrétion avec vos relations. Vos propos sont épiés et l'un d'entre eux pourrait vous nuire.

AVEUGLE
- Mauvais présage. Certaines relations de votre entourage cherchent à vous nuire. Des contraintes vous seront imposées. Fourberie, trahison. Des ennuis de santé sont à envisager, surmontés avec peine.

AVION
* En vol : réussite en affaires. Vos projets aboutiront. Vous atteindrez les objectifs fixés.
* En cours d'atterrissage ou au sol : nouvelles contrariantes. Période de stagnation et de retard. Difficultés financières.
* Au décollage : solutions heureuses. Victoire assurée dans la réalisation de vos désirs.
* Piloter un avion : détermine votre volonté de rester responsable de votre destinée, votre réussite ne dépendra que de vous seul.
* Le voir tomber au sol, en flamme, avec une trainée de fumée noire : malheur, détresse.

AVION DE COMBAT
* Le voir : risques de conflits familiaux ou professionnels. Nouvelles imprévues et défavorables. Déceptions.

AVIRON
- De bon augure si vous en faites un usage aisé et si son état est excellent. Ce rêve vous annonce des évènements heureux dans votre vie affective ou professionnelle.
* Qu'il soit brisé, ou en mauvais état, ou qu'il soit difficile de le

manipuler : sera le signe de contrariétés, de tracas, d'épreuves.

AVOCAT

* Le voir, le rencontrer : vous aurez à résoudre d'importants problèmes provoqués par votre entourage, oppositions, querelles familiales ou professionnelles, risques de préjudices financiers graves, procédures judiciaires possibles.

* Etre avocat : vous serez responsable de difficultés à l'égard d'autrui. Mauvaise action de votre fait.

AVOCAT (fruit)

- Vous êtes apprécié par vos amis et relations.

AVOINE

- Symbole de richesse, d'aisance, de fortune, ce rêve sera bénéfique si l'avoine est en épis, prête à la moisson ou encore en grains.

* De l'avoine détruite par la pluie, l'orage, à l'état de germes ou moisissure : serait signe de complications, de soucis graves, de pertes financières, de maladie prochaine.

AVORTEMENT

- Participer ou voir un avortement : mauvais présage, peines et chagrins en prévision. Souffrances cruelles : maladie, séparation, perte d'un proche.

AZALEE

- Gains financiers en perspective.

AZUR

- Présage favorable à la protection de vos acquis ou à l'extension de vos activités. Des promesses se verront concrétisées par des réalisations inespérées. Chance et succès.

B

Lettre exprimant la jalousie, la méchanceté des tracasseries diverses que vous subirez.

BABOUCHES
- Détente familiale, joie intime, besoin de tendresse et d'affection.

BABOUIN (se reporter à la définition de SINGE)

BAC FLUVIAL
* L'emprunter : diverses contraintes vous imposeront des décisions réfléchies. Vos conditions de vie se verront modifiées. D'autres perspectives se présenteront dont l'issue vous sera indiquée par la navigation constatée et les abords de la rive opposée.

BACCALAUREAT (se reporter à la rubrique EXAMEN)

BACCARA
- Jouer et gagner : des soucis imprévus vont vous surprendre. Vous aurez à affronter quelques rigueurs financières.

BADAUDS
- Vous êtes envié. La curiosité dont vous faites l'objet pourrait être nuisible à vos intérêts. Une attitude hostile indiquant une certaine désapprobation dans la manière de vous comporter à l'égard de vos proches. Des bavardages nuisibles sont à craindre.

BAFOUER
* Une personne : votre attitude à l'égard de vos relations vous procurera mépris et inimitiés, des réactions violentes sont à redouter.
* Etre bafoué : malchance et malheur. La solitude et la maladie vous seront infligées.

BAGAGES
- Des nouvelles vous parviendront susceptibles de modifier votre vie affective ou professionnelle. Des changements sont à prévoir,heureux si vos bagages sont pleins ; tristes s'ils sont vides. Désir ou volonté de voir vos conditions de vie prendre une direction nouvelle. Il est possible que le lieu de travail ou celui de l'habitat soit différent. Peut-être indiquent-ils aussi une modification dans les structures familiales dont vous auriez la responsabilité, l'initiative par lassitude, par nécessité ou besoin, départ ou fuite vous éloignant ainsi de votre environnement habituel.

BAGARRE
- Hostilité de votre entourage. Litiges, opposition, désaccord avec votre environnement familial ou professionnel. Solitude, déceptions, misères morales.

BAGUE
- Bonheur familial, soutien affectif, joie intime. Promesse d'un mariage, d'une union prochaine ou d'un heureux événement.
* La perdre ou la briser : mauvaise augure, rupture, séparation, infidélité.
* Une bague représentant un serpent : vous serez trahi cruellement.
* La trouver : réconciliation.

BAHUT
- Vous recevrez un soutien affectif inespéré dans de pénibles épreuves.
* Si ce meuble est vide et en mauvais état : détresse morale, solitude.

BAIES
- Des satisfactions financiéres, activités professionnelles fructueuses, réussite.
* Les voir avariées : déceptions, contrariétés.

BAIGNER (se)
* Dans une eau pure, limpide : excellent présage de réussite, de succès, de plénitude.
* Y prendre plaisir : bon augure, joies profondes dans la concrétisation de vos désirs.
* Se baigner dans une eau active, vivante comme celle d'une rivière, d'un torrent, de la mer : est l'indication d'un bonheur réel, de prospérité, aspirations satisfaites, excellente santé.
* Se baigner dans une eau trouble, nauséabonde, à l'aspect douteux : vous indiquerait des contrariétés, des soucis, des difficultés prochaines.
* Si la température de l'eau vous est hostile : des problèmes de santé sont à craindre.

BAIGNEUR
* Seul : vous aurez une période de doute, d'insatisfaction, de contrariétés, de solitude morale.
* En groupe : joie familiale, plaisir d'un voyage de détente et de repos.

BAIGNOIRE
* La voir : épreuves morales, état de santé déficient. Controverses, discussions de proches parents ou relations.
* Y prendre son bain : compréhension retrouvée, climat familial favorable.

BAILLEMENT-BAILLER
- Désintérêt et ennuis. Votre indifférence peut devenir préjudiciable à vos relations.

BAILLON- BAILLONNER
* Une personne : des rivalités seront neutralisées, sans pour autant résoudre vos difficultés. Des interventions judiciaires sont à prévoir.
* Etre baîllonné : vos propos risquent de vous être défavorables, si vous manquez de discrétion.

BAIONNETTE
* La voir : querelles, disputes, menaces à votre encontre.
* En faire usage : vous aurez l'avantage sur vos adversaires.
* D'autres personnes l'utilisent : vous subirez l'autorité de vos ennemis.

BAISERS
* En recevoir : des intrigues sont menées contre vous. Fausseté et hypocrisie de votre entourage.
* En donner : Le soutien affectif que vous souhaitez, dont vous aurez besoin, n'est pas en rapport avec celui que vous recevez. Besoin de compréhension et de tendresse. Votre solitude est pesante.

BAL
* Faire le projet d'aller au bal, de s'y rendre : période de bonheur, de joies intimes, de tendresse. Resserrement des liens.
* Ne pas pouvoir s'y rendre : chagrins affectifs, projet retardé, union compromise.
* Bal masqué : fourberie, tromperie, intrigues. Votre confiance, est abusée.

BALAFRES-BALAFRER
* En recevoir : vous serez victime d'une disgrâce ou d'un grave préjudice.

* En donner : vous porterez tort à une personne de votre connaissance par vengeance ou dépit.

BALAI-BALAYER
- Gage de réussite pour l'avenir, des nouvelles agréables vous parviendront. Vos conditions de vie vont s'améliorer après avoir traversé de pénibles épreuves.
* Si vous balayez l'intérieur d'une maison : joies du cœur, plaisirs intimes, union prochaine, changement de domicile possible.
* Si vous balayez à l'extérieur : nouvelles possibilités financières, rentrée d'argent inespérée, héritage, changement d'emploi, augmentation de salaire, changement de milieu professionnel.

BALANCE
- Vos mérites sont appréciés. Votre impartialité pourra être déterminante dans l'arbitrage d'une affaire délicate.
* Ne pas réussir à la mettre en équilibre : vous échouerez dans votre démarche.

BALANCOIRE
* La voir immobile : petits soucis de courte durée. Vous retrouverez la joie de vivre à brève échéance.
* L'utiliser : bonheur familial, plaisirs du cœur, tendresse et compréhension, union heureuse.

BALCON
* Etre au balcon, vous allez connaître une période mouvementée. Prémonition d'un accident, d'un danger mettant en péril la structure familiale, les ressources financières.
* Le voir s'effondrer : vos projets seront anéantis par des circonstances imprévues incontrolables : perte d'un proche, échec financier.
* Le voir fleuri : espoir de changement, d'amélioration. Les ennuis vont laisser place à de meilleurs évènements.

BALDAQUIN
- Protection et amitiés vous seront accordées.

BALEINE
- Abondance de biens, richesse, profits, si vous participez à la chasse du cétacé.

BALLADE
* L'entendre : fausseté, hypocrisie, perfidie de votre entourage. Des méchancetés sont à craindre.

BALLE-BALLON
* Y jouer : soyez d'une meilleure attention dans vos décisions. Votre insouciance vous fait négliger des tâches pourtant nécessaires.

BALLERINE
- Vos espérances seront contraires à la réalité des faits. Déception et chagrin.

BALLET
* Y assister : déception, échec professionnel, des ennuis et contrariétés, infidélité de la personne aimée, amitiés compromises.

BALLON DIRIGEABLE
* Le voir : de prochaines épreuves, déceptions, chagrins affectifs, séparation familiale, des contraintes financières.
* L'emprunter : vous obtiendrez certains succès, mais de portée limitée, des écarts avec vos projets.
* Sa chute brutale au sol : vous indique la proximité d'un malheur.

BALLOTS
- De coton, café, laine, papiers : chance en affaires. Fortune, prospérité.

BALLUCHON
- Des moyens financiers limités contrarieront des perspectives que vous souhaitiez particulièrement heureuses.

BALUSTRADE
* En bon état, s'y appuyer : vous recevrez aide et appui dans la résolution de problèmes épineux, délicats.
* Détériorée : vous serez déçu par des amitiés sur lesquelles vous comptiez.

BAMBOU
- Présage favorable à la conduite de vos affaires. Période de chance et de prospérité.

BANANE
- Présage heureux de satisfactions, de contentement. Plaisirs familiaux.

BANC (public)
- Soutien et réconfort affectif. Consolidation des liens. Tendresse et amour. Solidité des sentiments que l'on vous porte. Confiance, sincérité.
* Le voir cassé : désagréments, déceptions.
* Dormir sur un banc : infortune et misère.

BANDAGE
* Si vous le portez : changement bénéfique après une période d'épreuves morales, particulièrement éprouvantes, de maladie, proche guérison.
* Si vous le faites : vous apporterez réconfort et soutien à une personne qui en a bien besoin.
* Le voir sanguinolant : de cruels instants restent à franchir, dépression, fatigue, détresse morale.

BANDEAU
* Sur les yeux : des soucis en prévision. Des relations cherchent votre perte.

BANDERILLE
* En faire usage avec succès : votre courage et votre ténacité surprendront vos adversaires. Vos actions resteront délicates, leurs conclusions incertaines.

BANDEROLE (vous reporter à la rubrique GUIRLANDE)

BANDITS
- Présage de difficultés prochaines. Annonce de pertes d'argent, des conséquences financières dues à de mauvaises relations ou associations d'affaires. Possibilité d'affronter des interventions judiciaires. Si vous les maîtrisez vous aurez justification de vos droits, mais peut-être avec quelque perte d'intérêt.

BANJO
* En jouer : des chagrins vont surgir, des ennuis d'argent, tracas familiaux.

BANQUE
- Rêve de mauvais augure. Soucis, contestations, querelles, relations avec des proches ou des relations amicales particulièrement difficiles. Des valeurs financières, des biens seront concernés, des dépenses, des pertes sont à prévoir. Votre réputation peut être compromise.

BANQUEROUTE
- Une situation cruelle et injuste verra une solution heureuse et imprévue.

BANQUET
- Bonheur familial, amitiés, développement de relations utiles à vos activités.

BANQUIER
- Etre banquier, ou parler à une personne de cette fonction, ne vous apportera que déceptions. Des pertes financières sont à prévoir.

BANQUISE
* La voir ou s'y trouver : des épreuves douloureuses vont vous assaillir. Longue période de tristesse et de solitude. Perte de situation. Ressources financières déficientes, absence d'amitié et de soutien affectif.

BAPTEME
* Etre baptisé : Présage heureux d'un changement dont vous serez bénéficiaire.
* Celui d'un enfant : joie intime ou familiale.

BAQUET
* Le voir rempli : des nouvelles vont vous surprendre et vous étonner.
* Vide : des contrariétés prochaines. Déception.

BAR
- Soyez prudent à l'égard de vos relations, certaines pourraient être nuisibles à vos intérêts.

BARAQUE (en bois)
- Vous allez connaître une période de tristesse, de solitude. Des peines et contrariétés vous attendent. L'argent risque de vous faire défaut.

BARBE
* Avoir une barbe touffue, longue et propre : est l'indice d'une excellente considération d'autrui. Vous êtes estimé et apprécié par vos qualités et votre savoir.
* Dans le cas contraire, une barbe en mauvais état, rasée, arrachée, si elle tombe ou disparaît serait d'un mauvais présage : chagrins, déboires, soucis, querelles, déshonneur seront de votre sort.
* Une femme portant la barbe : doit être considérée comme maléfique. Tromperie, adultère, chagrins.

BARBIER
- Tromperies, calomnies, commèrages. L'on cherche à vous porter préjudice par jalousie, méchanceté, vengeance.

BARBOUILLER
- Atteinte à votre réputation, de mauvaises actions sont entreprises à votre égard afin de vous nuire. Calomnies, commèrages.

BARMAN
- Ne vous laissez pas griser par des propos bienveillants et des engagements prometteurs dont la fiabilité vous décevra.

BAROMETRE
* Le voir : danger proche, tromperie, malheur, risque de maladie. Des indications de beau temps seraient d'un présage heureux.
* Le casser : vos ennuis cesseront bientôt.

BARQUE
- Evolution progressive, lente et régulière de votre situation. Des efforts vous seront nécessaires pour parvenir au but fixé.
* Si votre barque reste immobile, s'échoue ou coule : contraintes, difficultés, soucis ou échec selon le contexte du rêve.

BARREAUX
* En place sur une fenêtre ou une porte : graves difficultés en perspective. Des nouvelles désagréables vous parviendront. Querelles d'intérêts, litiges, désaccord, oppositions de vos proches.

* Les briser : vous aurez gain de cause sur vos ennemis.

BARRICADE (se reporter à la définition EMEUTE)

BARRIERE
* La voir : des difficultés, des problèmes sont à craindre, des oppositions sont à redouter.
* La franchir : vos actions seront assurées du succès.
* La construire : contestations, réprobation, désaccord. Votre conduite sera critiquée.

BAS
- Promesses de plaisirs, rencontres agréables, gains financiers, chance.
* Les porter déchirés : perte d'argent
* Les retirer : un changement de condition vous sera avantageux.

BAS-RELIEF
- Des caractéristiques essentielles à la connaissance de vos intérêts ne doivent pas être négligées.

BASCULE
- Des contestations sont possibles si vous ne prenez soin de vous entourer de conseils avertis. De sages précautions vous éviteront de désagréables circonstances.

BASSE-COUR
- Confort et bien-être au foyer. Sérénité et douceur de vivre. Vous serez à l'abri du besoin après de durs instants.

BASSIN
* En activité, avec une eau limpide : paix du cœur et de l'esprit, après des épreuves difficiles à surmonter.
* Abandonné : vous recevrez de mauvaises nouvelles, soucis proches, déception, tristesse.

BASSINE
* Pleine : joie familiale, gains d'argent.
* Vide : difficultés financières, dettes.
* S'y laver : des ennuis sentimentaux.

BATAILLE
- De cruelles épreuves vont surgir, agressivité, désaccord, querelles violentes, injustice à votre égard, soucis financiers, perte d'affection ou d'estime.
* Vaincre vos ennemis : serait présage d'une situation en votre faveur, de vos droits reconnus et approuvés, d'une compréhension retrouvée.
* Dans le cas contraire : vous subirez des humiliations.
* Etre blessé : souffrances morales, problèmes sérieux de santé.

BATARD
- Déceptions affectives, obstacles dans vos activités professionnelles. Vous parviendrez à surmonter les problèmes et à vous imposer.

BATEAU
* Emprunter un bateau, se préparer au voyage est un excellent présage. Ce rêve vous annonce un changement de situation important, de nouvelles conditions d'existence. Le succès dans votre vie, au foyer ou dans vos activités sociales.
* Le voir en construction ou en chargement : perspective de gains financiers, succès.
* Le voir naviguer sur des eaux calmes et limpides : bonheur, chance, réussite.

* Le voir naviguer sur des eaux agitées, boueuses · inquiétudes, soucis, angoisses.
* Le voir avancer lentement : des obstacles. La patience et l'effort vous seront nécessaires.
* Immobile, en mer ou à quai : soucis, contretemps, embûches, contrariétés.
* Le voir naviguer dans la brume : incertitude, angoisse, menaces de danger.
* Le voir couler, chavirer : détresse, échec, ruines, perte d'argent, situation compromise, solitude morale.
* Le voir jeter l'ancre ou revenir au port : projets retardés, affaires mauvaises, dettes financières.
* Tomber par dessus bord : des ennuis insurmontables, des oppositions farouches.

BATELEUR
- Des personnes sans scrupules cherchent à profiter de votre confiance.

BATELIER
- De précieux conseils et une aide efficace dans la résolution de vos problèmes. Perspective d'une amélioration prochaine.

BATIR (voir CONSTRUIRE)

BATON
* Voir ou trouver un baton : signe annonciateur de difficultés prochaines.
* Le prendre : la tristesse, le chagrin vous seront infligés. Une personne de votre entourage vous cherche querelle.
* S'y appuyer : besoin de réconfort et de soutien dans des instants difficiles, une aide vous sera proposée.
* S'en servir pour frapper : vous serez désapprouvé. Perte de considération et d'estime.
* En être battu : vos détracteurs auront l'avantage. Vous serez offensé. Amitié compromise.
* Le casser : triomphe sur vos adversaires.

BATTRE (se)
- Accepter de se battre ou y être obligé : préfigure d'une situation difficile et incertaine, discordes, désaccords dont l'avantage restera à celui qui aura eu prédominance pendant la lutte.

BAUME
- Guérison pour un malade. Réconfort affectif pour une personne en bonne condition physique.
* Utilisé par d'autres personnes : cruelle déception, chagrins.

BAVARDAGES
* Les entendre : disputes familiales, querelles, médisances, calomnies, trahison.

BAVER
- L'on cherche à vous spolier. Médisances, tromperies, abus de confiance. Vous êtes dénigré.

BAZAR
- Vos espérances seront déçues, vos efforts n'aboutiront pas au résultat escompté, quelques craintes financières à redouter.

BEAU-FRERE
- Querelles et désaccords proches, des intérêts familiaux seront concernés et risquent de provoquer un long conflit.

BEAU-PERE
- Mésentente familiale, discordes, séparation.

BEBE
- Présage heureux pour la vie familiale. Vie paisible, douceur de vivre.

Cela peut être l'annonce d'un prochain événement : grossesse ou naissance dans le milieu familial.

BEC
- Médisance, jalousie, envie, dépit de votre entourage, colère.

BECASSINE
- Des personnes de votre entourage sont moins naïves que vous ne le supposiez, déceptions et chagrins dans un proche avenir.

BECHER
- Vous avez le souci de réussir. Vous parviendrez au succès par vos efforts et votre courage, travail fructueux.

BEDOUIN
- Présage de solitude et de désarroi. Annonce des difficultés, des soucis et des privations. La qualité de vos décisions sera primordiale.

BEGAYER
- Votre hésitation à prendre des décisions risque de vous procurer de sérieux ennuis.

BELER
- Entendre un agneau bêler : bonheur familial, joie affective, réussite financière.

BELETTE
- Vos relations risquent d'être décevantes, déboires en perspective, trahison, duperies.

BELIER
* Le voir hargneux et hostile : vous fera craindre des revendications, des prises de position auxquelles vous serez confrontées. Une certaine souplesse vous sera profitable.
* Le voir docile : vos projets seront acceptés, vos idées admises. Vous pourrez envisager la réussite sans que celle-ci soit remise en cause.

BELLE-FILLE
- Réconciliation familiale, retour des amitiés égarées, des affections perdues.

BELLE-MERE
- Jalousie, querelles d'intérêts, dissenssions familiales, éloignement affectif.

BELLE-SOEUR
- Conflits familiaux, disputes, séparation. La structure familiale sera modifiée.

BENEFICES
* En faire : vous indique la prudence dans vos affaires. Querelles d'argent, vol ou abus de confiance, risque certain.

BENIR
* Etre béni : soutien affectif de vos proches, aide et protection vous seront acccordées. Vos affaires seront du meilleur niveau, chance et réussite.
* Bénir une personne : peines et chagrins, solitude et abandon.

BEQUILLES
* En faire usage : les épreuves passées vous ont meurtri. Vous avez besoin d'amis sincères, sûrs, solides. Santé déficiente. Espoir d'une période plus heureuse. Confiance dans un avenir meilleur.
* Les voir abandonnées : un danger vous menace.
* Les briser : maladie grave, soucis affectifs.

BERCEAU
- Vos espérances vont se réaliser. Bonheur par une réconciliation. Retour affectif. Mariage ou naissance.

* Le voir vide : présage funeste, séparation avec l'être aimé, peines de cœur.

BERET
- Déceptions, amitiés compromises, tromperies. Votre confiance sera mise à rude épreuve.

BERGE
* L'atteindre, s'y trouver : de bon augure. Halte bénéfique à la réflexion. Des événements nouveaux vont apporter des modalités différentes dans votre vie.
* S'en éloigner : incertitude et angoisse guettent vos initiatives.

BERGER
- Joies familiales, bonheur au foyer, aisance financière, gains d'argent.

BERGERIE
- Vous serez à l'abri du besoin. Les difficultés épargneront votre foyer. Sécurité financière, joies et bonheur.

BESACE
* Remplie d'affaires ou d'objets utiles : de sages précautions garantiront la réalisation de vos objectifs.
* Vide ou abandonnée : désolation et pauvreté.

BETAIL
* Voir du bétail en grand nombre, gras et bien portant : abondance, richesse, prospérité, chances en affaires, réussite d'argent.
* Le voir maigre : contrariétés, soucis, difficultés financières, malchance.

BETES FAUVES
* En apercevoir : signification d'un danger prochain. Péril pour votre vie affective, votre foyer, vos biens. Perfidie de votre entourage.

BETON
- Des circonstances ou des appuis favorables dans la résolution de vos affaires. Certitude d'une réussite conforme à vos aspirations.

BETTERAVE
* Sur pied : satisfactions diverses, joies, petits plaisirs, sécurité d'argent.
* Fraîchement récoltée : réussite dans vos activités, aspirations satisfaites.
* En plat : réussite sentimentale, joie affective, promesse de liens durables.

BEURRE
- Signe de réussite. Une vie confortable vous est promise. Succès dans vos affaires. Sécurité en argent et en amitié.
* Du beurre rance : déceptions, calomnies, médisances, jalousie.

BIBELOT
- Affaires décevantes, des amitiés sans scrupules, infidélité conjugale.

BIBLE
* La lire ou la posséder : chagrins et peines ont été de votre vie. Besoin de solitude et de réflexion. Sérénité, joie intime.
* La perdre : difficultés familiales, séparation, éloignement d'un proche.

BIBLIOTHEQUE
- Recherche de la connaissance et du savoir. Besoin d'être guidé et conseillé : souci d'un changement de situation réfléchi et décidé. Peut-être le signe d'une nouvelle étape de vie, d'une orientation différente de votre carrière professionnelle.

BICHE
- Tendresse, affection, douceur de vivre, équilibre fragile si votre propos est différent. Vous risquez la solitude.

BICYCLETTE

- Des affaires dont la réalisation ne dépendra que de vous même. Vous devrez y consacrer beaucoup d'efforts avant qu'il ne soit possible de constater une quelconque amélioration.
* La chute marquerait des ennuis financiers et la remise en cause de vos projets.

BIENFAIT

* Procurer des bienfaits à autrui : vous serez moqué. Des envieux chercheront à vous porter tort.
* Recevoir des bienfaits : hypocrisie, fausseté, jalousie de vos relations.

BIENFAITEUR
* Le rencontrer : un danger vous menace, risques financiers, perte de vos biens, maladie d'une personne de votre entourage.

BIENS
* Que l'on acquiert, que l'on possède : joie, bonheur, sécurité financière, avenir prometteur.
* Se les voir voler : revers, soucis financiers.
* Les voir brûler : perte d'argent, dettes.

BIERE
* En consommer : déception dans les amitiés. Fragilité des promesses qui vous sont faites. Vos relations restent superficielles. Des pertes d'argent. Des spéculations inutiles et coûteuses.

BIFURCATION (se reporter à la définition CARREFOUR)

BIGAMIE
* La pratiquer : bonheur conjugal, mariage heureux, satisfaction financière, succès pour le couple.

BIGOTE
- Signe précurseur de propos malveillants dont vous ferez l'objet : calomnies, médisances. Le mépris sera sur vous. Vous risquez de subir une vengeance féminine.
* La battre : vous viendrez à bout des diffamateurs.

BIJOUTIER
* L'être : affaires malencontreuses, pertes d'argent, dettes financières. Vous manquerez de franchise à l'égard de vos amis.

BIJOUX
- Présage de mauvais augure. Vos désirs seront insatisfaits. Démarches infructueuses, malchance, dépenses, ennuis financiers, flatteries, jalousie, envie, angoisse, remords.
* Perdre ses bijoux : rêve bénéfique. De nouvelles relations favoriseront vos aspirations. Développement de projets nouveaux. Vous parviendrez au succès.

BILE
- Santé favorisée, gains d'argent, succès dans vos affaires.

BILINGUE
- Des rencontres intéressantes. Des projets de voyage. De nouveaux horizons modifieront vos habitudes.

BILLARD
* Le voir : malchance, affaires malheureuses, échec dans vos démarches, insuccès.

BILLET
* De banque : démarches sans succès, des dépenses imprévues, soucis divers, querelles d'argent, angoisse, santé à surveiller.
* Les compter : votre situation va se détériorer, revers financier.
* De loterie : négligence dans vos affaires, des ennuis sont à craindre, dépenses d'argent.
* De chemin de fer : nouvelles perspectives professionnelles, changement de carrière. La patience vous sera indispensable.

BINER
- De petites satisfactions financières sans importance. Quelques avantages dans votre situation.

BISCUIT
- Petits soucis d'ordre financier. Circonstances défavorables, des changements dans votre carrière.

BISON
- Une amélioration de vos conditions financières et de votre situation peuvent être envisagées dès l'instant où vous déciderez des risques nécessaires à la réalisation de vos ambitions. Espoir d'une vie meilleure si vous saisissez la chance à votre portée.

BISTOURI
- Ennui de santé, maladie, affliction. Période de malchance. Problèmes divers à résoudre.

BISTROT (voir CAFE, le local)

BITUME (vous reporter à la rubrique ASPHALTE)

BIVOUAC (se reporter à la rubrique CAMPEMENT)

BLAGUE
* La raconter : des instants de bonheur, des joies et des plaisirs prochains.
* L'entendre : tristesse, solitude morale, détresse.

BLAIREAU
* Objet de toilette : désaccords, conflits de famille ou sentimentaux.
* L'animal : déception amicale, solitude, tromperie.

BLAMER
- Des propos malveillants vous seront adressés. Une attitude hostile de vos proches est à prévoir. Humiliations.

BLANC
- Annonce de réussite, de bonheur, de joie. Signe d'une prochaine période de prospérité, de chance.

BLANCHIR
- Désillusions dans vos relations, duperies, des risques financiers, soucis de santé.

BLASON
* Le posséder : besoin de s'affirmer, souci de paraître et de s'imposer en société. Insatisfaction de sa position actuelle.

BLASPHEME
- Colère violente en perspective. Diverses circonstances se présenteront que vous ne pourrez contrôler. Des déconvenues peuvent se produire qu'il serait sage d'éviter. Malheur.

BLE
- Rêve de très bon augure. Réalisation de vos projets. Les aspects financiers seront favorisés et vous apporteront sécurité et confort. Joie en famille, bonheur intime.
* Voir du blé impropre à la consommation ou détruit par une pluie

violente, serait le signe d'une grande détresse. Danger d'une situation de misère et de discorde.

BLESSURES

* Recevoir une blessure : vous allez connaître des ennuis. Peines et chagrins, jalousie de votre entourage, reproches, problème de santé, moral déficient.
* Donner une blessure : vous porterez offense à une personne de vos relations. Perte d'amitié.
* Etre soigné : une personne de votre entourage, vous apportera son soutien.

BLETTE

- Ennuis financiers dans un proche avenir, déceptions, peines.

BLEU

- Cette couleur, en rêve, se révèle d'un présage heureux. Couleur du ciel, symbole de joie de réussite, de plaisir de la vie.

BLEU DE COBALT

* Le voir et l'utiliser : des circonstances déplaisantes, attitude hostile de vos proches, réprimandes, disputes.

BLEUET

- Simplicité. Discrétion. Honnêteté.

BLOC NOTES (se reporter à la rubrique AGENDA)

BLOUSE

* Vêtement de travail : ordre et minutie. Labeur et discrétion. Vos mérites trouveront récompense, promotion possible.
* Vêtement de loisir : retrouvailles de parents, d'amis, plaisirs de la table, joie familiale.
* Tâchée, déchirée : reproches sur votre moralité. Attitude douteuse de votre part. Incompréhension.

BLUE JEANS

- Les aspects rustiques de votre comportement ou de vos relations n'influeront d'aucune manière la validité des décisions ou des actions projetées dans un sens favorable à vos intérêts.

BLUFFER

- De mauvaises rumeurs cesseront. Vos détracteurs seront mis à la raison. Vous parviendrez à vous imposer et à obtenir l'autorité nécessaire.

BOA (vous reporter à la rubrique SERPENT)

BŒUFS

* Des bœufs gras : présage de gains, d'avantages financiers, de richesse, sécurité au foyer. Bonheur, joie intime, protection.
* Des bœufs maigres : misère, pauvreté, soucis, difficultés nombreuses, maladie.
* Les voir atteler à une charrue, au labour : promesse de bonheur, rentrée d'argent prochaine, succès dans vos entreprises par vos efforts et votre opiniâtreté.
* Les voir au pâturage : gains financiers, sécurité au foyer, prospérité, amélioration de votre situation.
* Les voir à l'étable : aisance financière, bonheur au foyer, prospérité.
* Les voir endormis : perspective de difficultés prochaines.
* Les voir boire : des nouvelles contrariantes, annonce de perte d'argent.
* Sans corne : soucis financiers, malchance. Présage d'actions malveillantes de vos rivaux.

* L'entendre mugir : menaces de danger, mauvaises nouvelles, proche désespoir.
* Voir un bœuf courir : des tracas de la part de vos adversaires.
* Etre attaqué par un bœuf : une personne influente vous procurera des inquiétudes dans votre situation.
* Voir deux bœufs se battre : des querelles au foyer. Opposition dans vos activités.
* Tuer un bœuf : victoire sur l'adversité, richesses, prospérité.

BOHEMIEN
- Soyez vigilant dans la conduite de vos affaires.

BOIRE
* De l'eau : sa qualité, sa pureté, la température sera d'une indication précieuse pour l'interprétation du rêve.
* Limpide et claire : affaires florissantes, santé vigoureuse.
* Chaude ou froide, de mauvais goût : des querelles, des chagrins, des faiblesses de santé.
* De source : réussite inespérée de vos affaires.
* De l'eau salée : ennuis de cœur, chagrins sentimentaux.
* Du vin : fécondité, abondance et plaisirs.
* Un liquide désagréable : maladie, ennuis divers, malchance.
* Dans des verres précieux : abondance de biens, prospérité.
* Dans des récipients de mauvaises apparences : petits soucis, impossibilité de conclure vos entreprises, santé chancelante.

BOIS
- La matière ou un objet :
* d'aspect agréable : vous parviendrez au succès, des appuis efficaces vous y aideront ; des amitiés fidèles et sûres.
* Par contre si le bois présente des défauts : vous rencontrerez des problèmes, des trahisons, insuccès.
- Les arbres : affaires fructueuses, gains et richesses, nombreuses satisfactions.
* Se perdre dans un bois : vous indiquerait des discussions, disputes au sujet d'intérêts financiers sans solution immédiate.
* Des arbres sans feuillage, abattus : pertes d'argent, querelles, contrariétés importantes difficiles à résoudre, maladie grave, décès.
- Bois de charpente : (voir charpente)

BOISERIE
- Des soucis prochains, disputes, contrariétés en affaires, tromperies, perfidies, menaces de vos ennemis.

BOITE
* Pleine : petits profits, gains modestes, contentement.
* Vide : petits soucis d'argent, contrariétés diverses mais sans gravité.
* Une boite fermée, difficile à ouvrir : sera le signe d'une situation complexe. Une décision s'imposera avec efforts.
* La tenir fermée : vous restez secret et soucieux de protéger vos biens aux convoitises.

BOITE DE NUIT
- Dépenses d'argent. Vos activités seront douteuses. Des relations seront compromettantes.

BOITER
- De nombreux soucis affectifs ou financiers, du chagrin, contrariétés familiales, des pertes d'argent. Mauvaise santé. Des luttes seront nécessaires pour retrouver l'harmonie et la paix.

BOMBE-BOMBARDEMENT
- De très mauvais augure. De très graves ennuis se préparent qui affecteront vos biens et vos sentiments. Des ruptures avec des êtres chers, des proches. Des dommages causés à vos finances. Perte de biens. Tristesse. Maladie.
* Assister à un bombardement : fin d'une étape de votre vie. Vous allez devoir envisager l'avenir avec des circonstances et des évènements différents de ceux rencontrés jusqu'alors. Nouvelle orientation familiale, professionnelle.

BONBON
- Vous n'êtes pas suffisamment prudent à l'égard de certaines personnes qui agissent avec ruse afin de vous nuire. Danger de calomnie.

BONDIR
* Se voir bondir : difficultés prochaines. Ennuis de situation. Vos finances seront compromises. Persécutions, menaces. Vos adversaires chercheront votre perte.
* Voir d'autres personnes bondir : vous triompherez de vos ennemis.

BONHOMME DE NEIGE
- Vos fréquentations resteront éloignées de vos sentiments. Vous n'obtiendrez que mépris et moqueries.

BONNET
* Le porter : protection et appui vous sont acquis
* Le perdre : solitude, infidélité. De faux amis vous entourent.

BOOMERANG
- Des attaques sournoises et malveillantes. Vos ennemis vous surprendront par des moyens inhabituels pour lesquels vous n'aviez aucune pratique.

BORDER
* Votre lit : des instants de réconfort et d'affection de personnes compréhensives et dévouées à votre cause.

BORGNE
- Danger menaçant. Une personne malveillante prépare de mauvaises actions à votre encontre. Présage d'une période de douleurs et de chagrins. De gros sacrifices vous seront imposés.

BORNE-BORNAGE
* Délimitant un emplacement : veillez à ne pas outrepasser vos prérogatives à l'égard d'autrui.
* Kilométrique : la notion de distance préfigurera le long parcours qui vous reste à franchir avant d'atteindre le but recherché.

BOSSU
- Chance et fortune vous favoriseront si vous rêvez d'un homme bossu. Voir une femme de cet état serait d'un mauvais présage.
* Etre bossu : humiliation, déshonneur.

BOTTES
- Changement favorable et bénéfique dans vos activités professionnelles. Votre position sociale va s'améliorer.
* Les voir usagées ou trouées : perte de considération, moqueries, négligences. Vos affaires seront en perdition.
* Chausser des bottes d'égoutier : vous recevrez aide et protection dans une affaire délicate.

BOUC
- Symbolise la force et la brutalité. Gains financiers, argent imprévu. Si cet animal se montre rebelle et

hostile : présage de heurts, de violences, d'intrigues.

BOUCHE
* Une bouche grande et agréable : richesse, abondance, accroissement des biens.
* Une petite bouche : pauvreté, misère.
* Vilaine : déception, trahison.
* De mauvaise haleine : maladie, peines.
* Remplie d'eau : deuil d'un proche.
* Ne pouvoir parler : crise familiale grave, litiges, procès.

BOUCHER
* Le voir couper de la viande : de graves ennuis familiaux sont à redouter. Perfidie, haine, discordance, séparation, désaffection. Signe de maladie grave, misère morale. Peut indiquer la disparition brutale d'un proche.

BOUCHON (de liège)
- La conduite de vos affaires n'est pas assurée avec toute la sagesse nécessaire

BOUCLES DE CHEVEUX
- Amour profond. Fidélité de la personne aimée. Passion et tendresse.
* Les couper : rupture, séparation, chagrins.

BOUCLES D'OREILLES
- Infidélité, ennuis sentimentaux, nouvelles désagréables.

BOUCLIER
- Agressivité, climat passionnel, risque de conflits. Protection amicale.

BOUDER
- Solitude morale. Vous serez laissé à l'écart de faits ou de pensées qui pourtant vous concernent. Des ennuis possibles.

BOUDIN
- Inquiétude, fatigue, aigreur, quelques soucis de santé.

BOUDOIR
- Vous allez affronter des difficultés. Disputes affectives,séparation avec la personne aimée. Désespoir, tristesse.

BOUE
- Signe prémonitoire de difficultés majeures. Des soucis en relation avec vos finances, vos biens, des pertes sont à prévoir. Vos démarches resteront infructueuses. Déception et échec. Des amitiés seront compromises. Des calomnies. Risque de maladie longue et pénible.

BOUEE
* De sauvetage : des aides précieuses vous assiteront dans les instants difficiles.
* Marine : des dangers menacent votre avenir si vous ne prenez garde aux conseils qui vous sont prodigués.

BOUFFON
- Des personnes de votre entourage vous déconcerteront par leurs propos et leur comportement à votre égard. Incompréhension provocatrice déplaisante à votre réputation.

BOUGIE
- Des espérances prochaines, des projets seront menés à bien.
* Une flamme vaccillante et fumante : maladie sérieuse pour l'un de vos proches.
* La voir s'éteindre : deuil.

BOUGON-BOUGONNER
- Cette attitude signale de prochains soucis dont vous pourriez être la

victime. Jalousie et méchanceté de certaines de vos relations.

BOUILLIR

* Faire bouillir du linge : changement bénéfique dans un proche avenir. De nouvelles espérances. Des situations pénibles verront leur solution. Maladie en voie de guérison.
* Faire bouillir du café : de prochaines difficultés, déception, contrariétés, mauvais conseils de vos amis.

BOUILLOIRE

* Remplie et au feu : de prochains avantages, des nouvelles intéressantes. Retour à des conditions de vie meilleure.
* Vide, inutilisée : des ennuis, des retards, affaires embrouillées et difficiles, insécurité.

BOUILLON

* En boire : sérénité au foyer, bien-être réconfort après une période de soucis.

BOULANGER-BOULANGERIE

- Promesse de bonheur et de bien-être au foyer. Vous serez à l'abri du besoin. Aide et protection de vos amis. Prospérité. Profits dans vos activités, chance.
* Se disputer avec le boulanger : pertes de vos biens, malheur.
* Parler avec la boulangère : excellente santé.

BOULE

* Jouer aux boules et gagner : chance et réussite, ambitions réalisées.
* Jouer aux boules et perdre : des complications dans vos activités, soucis divers, embûches.
* Une boule de verre : décision incertaine, recherche de conseils, d'appui amical.

BOULEAU

- Chance et bonheur, promesse de réussite, bénéfices financiers.

BOULEDOGUE

- Solide appui dans vos démarches. Protection de vos intérêts. Assurance d'une situation en progression, sécurité.

BOULET DE CANON

- Des ennuis en perspective. Diverses contrariétés avec des proches pourraient aboutir à de pénibles conflits préjudiciables à vos intérêts.

BOULETTES

* De viande : danger écarté, guérison, promesse de situation stable.
* De papiers : difficultés, contestations, soucis.

BOULEVARD (se rapporter à AVENUE)

BOULIER CHINOIS

* L'usage de cet instrument : préfigure des efforts laborieux pour de piètres résultats. Des contraintes financières seront nécessaires. La fragilité de vos rapports d'affaires vous conduiront à la prudence.

BOUQUET (de fleurs)

* Le recevoir : joie, fidélité en amour, plaisir du cœur, sincérité de l'être aimé. Peut-être le signe d'une union prochaine.
* De fleurs fanées : maladie, séparation.

BOUQUETIN

- Des promesses favorables à la réalisation de vos espérances. La patience et la compréhension influenceront vos décisions.

BOURBE
- Des satisfactions financières. Récupération d'argent par procès ou héritage. Des sacrifices et des privations seront nécessaires.

BOURBIER (se rapporter à la définition de boue)

BOURDON
* L'insecte : des activités inutiles et compromettantes, des ennuis passagers.
* De clocher : des nouvelles heureuses ou tristes selon le battement du bourdon.

BOURDONNEMENT
- Des médisances, des bavardages ou commèrages sans gravité.

BOURGEONS
- Renaissance, construction d'une étape de vie. Projets nouveaux. Espoirs financiers, chance, guérison, nouvelles perspectives affectives.

BOURREAU
- Honte, misère, désolation. Vous serez abandonné par vos amis. Périls, pertes d'argent, maladie.
* Lutter avec le bourreau et le vaincre : vous triompherez de l'adversité.

BOURSE (accessoire vestimentaire)
* Pleine : soucis d'argent, gêne, privations.
* Vide : rentrée financière, gaieté, joie.
* La perdre : des pertes prochaines, infortune.
* Se la faire voler : déception, contrariétés.
* La trouver : gains imprévus.

BOURSE (palais de la)
* Y réaliser des opérations financières : vos affaires seront compromises par des décisions hasardeuses dont les conséquences risquent de vous conduire à la ruine.

BOURSOUFLER (voir DIFFORME)

BOUSCULE (être)
- malentendus, querelles, heurts dans le milieu familial ou amical. Des rivalités d'intérêts vous seront préjudiciables.

BOUSE DE VACHE
- Signe de chance et de prospérité : des faveurs vous seront accordées. Rentrée d'argent inespérée, héritage possible.

BOUSSOLE
- Nécessité de rechercher des conseils éclairés, indispensables pour résoudre de difficiles problèmes.
* La perdre, la casser : choix malheureux, déception.

BOUTEILLES
- Selon son apparence extérieure (présentation, étiquetage, bouchon etc...) la couleur du verre, le contenu, son usage, la signification pourra être différente ainsi :
* Une bouteille remplie de vin, de champagne : rencontre entre amis, détente, joies au foyer, évasion, oubli des soucis quotidiens.
* Remplir une bouteille : des satisfactions prochaines, promesses de joies et de plaisirs.
* La casser : peines, chagrins, problèmes de santé.
* La voir vide : malchance, insuccès.

BOUTIQUE
- L'aspect du local, les produits vendus, les clients, l'éclairage etc...- seront d'une indication précieuse pour déterminer le sens du rêve. Il sera utile de se reporter aux interprétations des termes afin d'en préciser les caractéristiques.
- Toutefois d'une manière générale :
* Une boutique d'apparence agréable remplie de monde, pourvue de produits de bonne consommation sera un signe heureux de réussite financiere, de succès dans vos entreprises, de gains avantageux.
* Une boutique à l'abandon : décadence de vos affaires, soucis financiers, problèmes familiaux.
* Sortir d'une boutique sans achat : vos démarches restent infructueuses ; des obstacles à vos espérances.

BOUTONS
* De fleurs : joies affectives, bonheur nouveau, tendres sentiments.
* Sur la peau : des difficultés de santé, solitude morale, chagrin affectif.
- D'habits : * les coudre : vous avez réussi à franchir les obstacles, prospérité prochaine.
* Les perdre ou les arracher : détresse prochaine. Des ennuis en perspective, infidélité conjugale.

BOUVIER
- Sécurité, protection de vos biens et de vos intérêts. Assurance de prospérité et de richesse.
* Le voir en colère serait d'un fâcheux présage.

BOVIN (voir BOEUF)

BOXEUR
- Agressivité. Soucis de vous protéger du monde extérieur. Risque de conflits. Votre réussite dépendra du résultat de la lutte à laquelle vous serez confronté.

BOYAUX
- Des épreuves insoupçonnées vous attendent, maladie, intervention chirurgicale.
* Les voir dévorés par des animaux sauvages : détresse morale, péril, situation financière compromise. Vous aurez à résoudre de gros problèmes..

BRACELET
- Présage de bonheur, union prochaine dans le mariage.
* Le perdre serait néfaste à vos projets, soucis et humiliations, rupture.

BRACONNER
- Risques de difficultés et de conflits avec des personnes influentes. Vos pratiques ne seront pas admises et vous procureront des ennuis inutiles.

BRAIRE
* Entendre braire : nouvelles désagréables, rumeurs désobligeantes. Vous subirez un affront.

BRAISES-BRASIER
* Incandescentes : bonheur affectif, joies sentimentales, amour sincère et profond.
* Dans le cas contraire : rupture possible avec l'être aimé, tristesse, désespoir.

BRANCARD
* En faire usage : détresse morale, maladie, de nombreux soucis vous ont affecté. Des soins vous seront nécessaires.

BRANCHES
* Garnies de feuillage et de fleurs : présage heureux. Bonheur au foyer,

sécurité financière. Excellente condition physique.
* Sèches, brisées : soucis d'argent, situation compromise, disputes conjugales, état de santé à surveiller.

BRAS
- Si ce bras vous apparaît différent de ce qu'il devrait être dans la réalité : difforme, plus long ou plus court que normal, mutilé, amputé : des obstacles à vos projets, des échecs, difficultés diverses, notamment d'ordre financier, solitude morale, maladie.
* Un bras vigoureux, plein de force et d'énergie : sera le présage d'activités bénéfiques. Vos efforts vous seront profitables, chance, succès, réussite, fortune.

BRASSERIE
* Y entrer et consommer : période propice à la réflexion afin d'envisager de nouvelles dispositions. Vos démarches passées n'ont pas été satisfaisantes. Erreurs ou échecs successifs. Besoin de détente ou de repos, isolement nécessaire.

BREBIS
- Excellent présage. Vos activités seront profitables, augmentation de vos biens, sécurité financière, bonheur au foyer.
* En troupeau, au paturage : abondance de biens, gains d'argent, chance financière inespérée.
* Une brebis malade, ou tuée : serait un signe d'évènements défavorables. Soucis financiers, pertes, périls au foyer et dans vos activités.

BREVET (d'invention)
* Que l'on possède : vos initiatives professionnelles seront couronnées de succès. Promotion, augmentation de vos ressources.

BREVIAIRE
- Besoin d'isolement et de réconfort. Ce retour sur soi conseillera vos réflexions sur un devenir incertain.

BRIDES
* Les mettre au cheval : vous recevrez de bons conseils pour assurer les démarches nécessaires à vos activités. Chance dans votre travail.
* Les retirer : activités profitables. Vous avez besoin de repos après une période intense d'efforts.

BRIGANDS (voir BANDITS)

BRINDILLE
- De petits ennuis divers agaçants mais peu contraignants à vos finances.

BRIQUES
* Que l'on voit en vrac : présage favorable, de nouveaux plans vous assureront des conditions d'existences conformes à vos aspirations.
* D'un mur : solidité de vos projets. Réalisation de vos désirs. Acquisition de biens, situation financière en progression. Disparition des ennuis.

BRIQUET
- Des nouvelles imprévues et désagréables, contrariétés, soucis familiaux.

BRISE
- Succès, réalisation de vos ambitions, bien-être, joie intime.

BRISER
* Un objet : malchance, évènements désagréables et malencontreux, désaccords, séparation, contrariétés innoportunes.
* Une arme blanche : triomphe de vos adversaires.

BROCANTEUR
- Vos activités risquent de vous créer des soucis dans la mesure où vos décisions ne seront pas convenables de probité, de rigueur, de clarté. Sinon vos affaires seront embrouillées et vous amèneront à une position peu enviable.

BROCHE
* Le bijou : le porter ou en être piqué, une personne déloyale envisage de vous tromper. De mauvaises fréquentations seront néfastes à vos intérêts.
* Instrument de cuisine : vous serez trompé et humilié par des personnes peu scrupuleuses qui avaient accaparé votre confiance.

BROCHET
- Si vous n'apportez pas les précautions nécessaires dans la gestion de vos intérêts, la malignité de vos ennemis aura raison de votre confiance.
* Le capturer : vous parviendrez à déjouer les ruses de vos détracteurs.

BRODER
* Un tissu : votre réussite n'aura d'égale que l'obstination et la patience que vous saurez imposer.
* Porter des vêtements brodés : vous manquez de modestie dans vos propos et vos actes.

BRONZAGE-BRONZER
- Votre souci de modifier vos apparences ne pourra effacer vos véritables sentiments et la réalité de vos actes dont vous êtes répréhensibles.

BRONZE
- Il est indispensable que vous fassiez des efforts laborieux pour améliorer vos possibilités.

BROSSER
- Lassitude de préoccupations dont vous subissez les conséquences. De prochaines occasions vous donneront la possibilité d'une amélioration notable. Fin de certains de vos ennuis ou tracas.

BROUETTE
- Obstacles, retards, contrariétés dans vos projets. Courage et obstination seront nécessaires pour résoudre cette situation.

BROUILLARD
- Période d'incertitude. Manque de confiance. Hésitation, perplexité des angoisses. La prudence vous sera nécessaire afin d'éviter des décisions malencontreuses.
* Le voir se lever : progression de vos activités, nette amélioration.

BROUILLE
- Petits soucis passagers, sans gravité. Retour affectif, relations améliorées, soutien dans vos décisions.

BROUSSAILLES
- Des obstacles à la réalisation de vos désirs. Certaines oppositions dans vos activités, quelques risques à affronter.

BROUTER (voir un animal)
- Retour au calme, repos profitable, paix de l'esprit et du cœur.

BROYER
- Présage des circonstances particulièrement pénibles où vos intérêts et vos rapports affectifs seront menacés.

BRUIT
- Signe d'un danger qui vous menace. Des épreuves prochaines, des nouvelles désagréables, des ennuis.

* Si au contraire ce bruit s'éloigne vos difficultés vont progressivement disparaître.

BRULER
* Un objet, des fourrages, une demeure etc... : très mauvais présage. Des soucis financiers, des pertes d'argent ou de biens, des séparations ou ruptures avec des proches ou des relations. Risque de dettes, de procédures judiciaires. Santé déficiente.
* Se brûler : souffrances morales, détresse, maladie grave.

BRUME (se reporter à la définition de BROUILLARD)

BRUN
- Couleur significative de tromperie, de fausseté d'hypocrisie.

BRUTALITE
* En faire : vous porterez offense à une personne de votre entourage.
* En subir : vous connaitrez une injustice à votre égard, qui ne pourra être justifiée.

BRUYERE
* La voir : joie intime, plaisir d'une vie simple et dépouillée.
* La cueillir : amélioration de votre situation.

BUCHE
* Flamboyante : de bon augure. La paix et la sérénité seront de votre compagnie.
* Eteinte : soucis et chagrins. Malchance.

BUCHER
* Le voir : perte d'estime et de considération de votre entourage. Vous serez blâmé de vos actes et de votre comportement à l'égard d'autrui.
* Y être brulé : détresse morale, abandon de vos proches. Triomphe de vos ennemis.

BUCHERON
* Des efforts laborieux et inefficaces, contraintes financières, misère, chagrins.

BUEE (sur des vitres)
- La vérité d'une situation particulière vous sera cachée par des proches soucieux de votre quiétude.

BUFFET
- Signe de réconfort et de richesse si ce meuble est rempli d'objets conformes à son usage. Vous serez à l'abri des difficultés.
* Rempli de vaisselle : présage de joies affectives, augmentation de vos biens, réussite financière.
* Vide : ce rêve, vous annoncera une période de soucis, de privations, de dettes dont vous pourriez être responsable.

BUFFLE
- Des menaces vous guettent dont vous pourriez subir les conséquences. Des personnes influentes cherchent à vous porter préjudice. Message de prudence.

BUIS
* Le voir : présage favorable, aide morale, amitié dévouée. Le voir bénir par un prêtre : maladie deuil.

BUISSON
- Des difficultés seront à résoudre, d'autant contrariantes que le buisson comportera des épines.
* Le contourner ou le franchir : des solutions heureuses, vous seront proposées si vous êtes clairvoyant.

BULLES DE SAVON
* En faire : vous rencontrerez des déceptions dans vos affaires par excès de confiance et de naïveté.

BURE
* En être revêtu : solitude, détresse morale, chagrin affectif, soucis financiers, des circonstances contraires à vos intérêts, des jalousies familiales.

BUREAU
- D'un mauvais présage, qu'il s'agisse d'un meuble ou d'un local, des nouvelles vous parviendront qui pourront être désagréables. Vous devrez faire face à des problèmes familiaux ou de situation, risque d'opposition, conflits sérieux, déception dans vos démarches, affaires compromises ou perdues.

BUREAU DE POSTE
- Des nouvelles importantes vont vous parvenir.
* Y porter un mandat : vous indiquerait des dépenses imprévues.
* Y prendre un paquet : des cadeaux qui vous seront agréables.

BUREAU DE TABAC (se reporter à la rubrique TABAC)

BURIN
- Vous trouverez la réussite dans le labeur et l'opiniâtreté. Vos efforts seront appréciés. Souci du travail convenablement exécuté. Honnêteté et droiture.

BUSTE
* Le voir : vos projets seront réalisés. Votre ambition satisfaite. Une position sociale intéressante pourrait récompenser vos efforts.
* à terre, brisé : vos projets ne pourront aboutir. Démarches infructueuses, échec, abandon.

BUT
* L'atteindre : vous obtiendrez gain de cause sur vos détracteurs. Triomphe sur les obstacles.
* Le manquer : ennuis prochains, infortune, lassitude morale, désagréments.

BUTIN
- Des actions dont vous espériez profit resteront contraires à vos intérêts.

BUVARD
- Vous cherchez à cacher des fautes que vous avez commises.

C

Lettre représentative d'inimitiés familiales, de rancœurs tenaces dirigées contre vos intérêts.

CABANE
* La voir : difficulté à concrétiser vos aspirations. Les résultats obtenus dans vos démarches sont décevants et vous préoccupent. Recherche d'un réconfort et d'un soutien.
* Y trouver un abri : aide et appui vous seront procurés. Le calme sera nécessaire avant d'affronter les ennuis. L'état de la cabane, son aspect, seront des éléments intéressants pour apprécier la valeur du rêve.

CABARET
- Besoin de détente et de repos. Cela peut être également l'indication d'une période de dépenses excessives et de joies malsaines, préjudiciables à vos intérêts.

CABINET D'AISANCE
- Vous prendrez connaissance de nouvelles désagréables. Des litiges à régler, des procédures de justice à votre encontre. Des ennuis ou oppositions familiales. Des querelles d'intérêts. Humiliation, affront.

CABLE
- Des contradictions d'affaires ou familiales, des préjudices à vos affaires. Des démarches ennuyeuses nécessaires à la gestion de votre patrimoine.
* Le couper ou en faire usage serait un présage d'un règlement en votre faveur.

CABLE (message)
- Des nouvelles intéressantes et importantes.

CABRIOLET
* En faire usage : changement favorable de votre situation. Evolution positive vers la réalisation de vos souhaits. Succès dans vos entreprises.
* Inutilisable : retard, contrariétés, déception.

CACAO
- Signe d'une excellente santé et de plaisirs retrouvés. Vous apprécierez les joies simples, gains de petite importance possibles.

CACHALOT (se reporter à la rubrique BALEINE)

CACHER
* Un objet : vous apportez méfiance et déloyauté dans vos relations. Votre attitude risque de vous apporter réprimandes et hostilité. Vos affaires ne sont pas empreintes d'honnêteté.
* Se cacher : des erreurs commises, des maladresses, des incertitudes vous empêchent d'apporter les solutions convenables à vos problèmes. Solitude morale. Crainte de décisions inadaptées. Possibilité de dépenses imprévues.

CACHET
* En faire usage pour marquer ou sceller un courrier : des litiges officiels ou juridiques vous seront favorables.

CACTUS
- Des obstacles à franchir, des erreurs à ne pas commettre, des relations dénuées de scrupules.

* S'y blesser : des préjudices sont à prévoir, discussions, calomnies, trahisons possibles.

CADASTRE
- Des obligations contraignantes modifieront vos projets. Une meilleure compréhension à l'égard de vos relations consolidera vos intérêts.

CADAVRE
- Très mauvais présage. Nouvelles contrariantes, de nombreuses difficultés à vaincre tant sur le plan financier que dans le domaine affectif. Il vous faudra beaucoup de courage et utiliser ses forces à bon escient pour parvenir à une meilleure position, d'autant que la solitude vous sera pesante. Aucune aide extérieure. Maladie, état dépressif.

CADEAU
* En recevoir : soucis, quelques difficultés financières. Soyez plus prévoyant.
* Offrir un cadeau : joies du cœur. Vous traverserez une période heureuse, amitiés reconnaissantes, nouvelle agréable.

CADENAS
* Le voir fermer : des obstacles à vos projets, les évènements vous sont contraires, incompréhension autour de vous.
* Le briser, l'ouvrir : situation améliorée, vous retrouverez les moyens d'agir et les circonstances vous seront favorables.

CADRAN
* Le voir : sachez attendre de meilleures conditions. Les évènements présents ne vous sont pas bénéfiques. La confiance vous deviendra utile.
* Un cadran sans chiffre : signe funeste. Vous apprendrez la disparition d'une personne aimée

CAFARDS
- Mauvaises intentions à votre égard, des calomnies, des intrigues, des soupçons. Petites contrariétés de santé.
* Les prendre ou les tuer : vous l'emporterez sur vos adversaires.

CAFE (le local)
- Les circonstances vous obligeront à prendre quelque temps de réflexion avant d'envisager de nouveaux plans d'action. Le changement envisagé vous sera profitable.
* Etre propriétaire d'un café : promesse d'argent, de réussite financière par un dur labeur et des moyens parfois illicites.
* Etre serveur : médisances, bavardages, de petits profits.

CAFE (la boisson)
* Torréfier du café : nouvelles prochaines, changement important de vos conditions de vie.
* Moudre du café : graves ennuis sentimentaux, des contraintes matérielles.
* Boire du café : plaisirs familiaux, réconfort dans l'amitié, halte heureuse.
* Le renverser : contrariétés, indisposition de votre entourage.
* Du marc de café : difficultés matérielles, soucis affectifs, maladie.

CAFETIERE
- Des amitiés ou des liens affectifs se verront renforcés. Entente au foyer. Période heureuse.

CAGE
* Voir une cage vide : danger. Des obstacles, des soucis, une période

difficile s'annonce, tromperie, déception, pertes.

* En être prisonnier : situation compromise. Les circonstances vous seront contraires, médisances, perfidies, solitude.

* Avec des oiseaux : oppositions familiales, litiges, discussions, perte d'amitié, solitude affective.

* Avec des animaux sauvages : vos ennemis seront démasqués et maîtrisés. Situation en amélioration, des solutions à vos difficultés.

* L'ouvrir, la briser : vous serez libéré des contraintes, de meilleures conditions vont se présenter. Amélioration en perspective.

CAHIER

- Des nouvelles vous parviendront. Contrariétés possibles d'ordre familial.

CAILLES

- Des nouvelles , infidélité sentimentale, disputes, rupture prochaine, perte d'amitié, perfidie, trahison, contrariétés en affaires.

CAILLOUX

- Ennuis, soucis, des contraintes dans votre vie familiale ou professionnelle, difficultés d'argent.

* Les jeter : pertes financières, disputes.

* Les lancer vers une personne : honte, humiliation, malheur prochain.

CAISSE (en bois)

* Vide : déboires financiers, insuccès, malchance.

* Pleine de richesses : réalisation de vos projets, concrétisation de vos désirs.

* Pleine de cailloux ou de pierres : trahison, perfidie, intrigues.

CAISSIER

- Des relations difficiles avec votre entourage, isolement affectif. L'on sera méfiant à votre égard.

CALECHE

- Attelée à des chevaux : chance, réussite, honneurs et distinctions. Votre situation sera enviée.

CALCULER

- Contraintes financières imprévues mais auxquelles une solution heureuse sera apportée.

CALENDRIER

- Il vous faudra considérer la résolution de vos maux avec beaucoup de persévérance et de ténacité.

CALEPIN

- Nécessité d'apporter quelques soins à la gestion de vos intérêts. Le désordre et la négligence vous seront préjudiciables.

CALER (un meuble)

- Désaccord familial auquel vous saurez montrer beaucoup de compréhension.

CALFEUTRER

- Vous serez sensible à vous protéger des contraintes ou obligations dont vous n'avez pas nécessité. Prudence et méfiance seront de rigueur.

CALICE

- Signe de guérison pour un malade, sérénité, joie intérieure, espoir.

* Le voir brisé : funeste augure.

CALME

- Au contraire de ce rêve vous serez particulièrement perturbé par une situation inconfortable. Sachez vous maîtriser pour éviter de commettre des erreurs néfastes.

CALOMNIE
* Etre calomnié : vous subirez des reproches, propos violents à votre égard, sentiments de haine et de vengeance de votre entourage.
* Calomnier une personne : vous porterez les torts d'une situation dans laquelle vous avez été imprudent.

CALOTTE
* La porter : vous bénéficierez de protection dévouée et sincère.

CALQUER
- Soucis, manque de personnalité dans vos entreprises, échec, honte et crainte.

CALUMET DE LA PAIX
- Vos rapports avec autrui devraient rechercher la conciliation. Des décisions arbitraires et des actes inconsidérés ne vous attireront que des antipathies.

CALVAIRE
* L'apercevoir, y prier : douleurs et chagrins, perte d'un être aimé, rupture affective, maladie ou deuil.

CALVITIE
- Présage de fâcheux évènements, des discussions, des disputes, humiliation, sentiment de culpabilisation face à une situation pénible.

CAMARADE
* Le voir : votre amitié sera déçue. L'appui, le soutien moral que vous souhaitiez fera place à l'incompréhension, à l'égoïsme, à l'indifférence.

CAMBOUIS
- Vous connaîtrez une sévère humiliation et une rancune tenace.

CAMBRIOLEUR
- Signe de prochains tourments. Soucis financiers. Des contraintes vous seront imposées, perte d'argent, rivalité d'affaires, des risques judiciaires.
* Le maîtriser : heureuse solution de vos difficultés. Amélioration.

CAMELEON
- Rêve de mauvais augure La malchance vous surprendra sous des aspects bien différents. Ruse et traitrise de votre entourage.

CAMELIA
- Douceur affective, amour sincère et profond. Sincérité des sentiments.

CAMELOT
- Incertitude de vos affaires, promesses douteuses, tentatives de tromperies, fausseté des propos. La prudence sera de rigueur.

CAMION
- Songe bénéfique si ce véhicule est en parfait état. Promesses d'argent, rentrée financière, gains intéressants, vente de biens immobiliers, héritage. L'importance et la nature du chargement seront d'une indication complémentaire.
* En panne, accidenté : difficultés, contretemps, retards, frais financiers, perte.

CAMOMILLE
* L'acheter : petite maladie sans gravité.
* En boire : guérison, santé en amélioration.

CAMOUFLAGE-CAMOUFLER
- La ruse et le mensonge pourront faire illusion quelques temps sans que pour autant la victoire vous soit acquise.

CAMP (militaire)
* Apercevoir un campement militaire, ou le traverser : présage sans signification particulière, si l'activité reste normale, qu'aucune fébrilité ne règne dans l'enceinte du camp, auquel cas les épreuves passées peuvent être considérées comme terminées, à moins qu'une période transitoire ne vous soit apportée pour quelques temps.
* Si ce camp est en état d'agitation : de prochaines contrariétés. Peines et chagrins, conflits, disputes, malchance, changements défavorables et importants.

CAMPAGNE
* Agréable et ensoleillée : espérances de joie et de bonheur, chance , succès proche, perspectives heureuses.
* Y vivre : profits, richesse, prospérité.
* Sous la pluie ou la neige : il vous faudra affronter des épreuves ; angoisse et tristesse.

CAMPEMENT
- Vos conditions vont se modifier. D'autres formes de vie vous seront imposées dont la valeur dépendra des efforts d'adaptation qu'il vous faudra imaginer.

CAMPING
- Halte bénéfique dans une période difficile et éprouvante.

CANAILLE
* Subir ses méfaits : déceptions, contrariétés, des relations douteuses vous font espérer des succès aléatoires.

CANARD
- Présage de déceptions et duperies, intrigues, médisances, calomnies.
* Le voir s'envoler : vos tourments seront apaisés, vos soucis disparaîtront.
* Le tuer : réconciliation, espérances financières, réussite prochaine.

CANARI
- Nouvelles amitiés. rencontres agréables, satisfaction du cœur.

CANCAN (vous reporter à la définition de BAVARDAGES)

CANCER
- Funeste présage. Indication d'ennuis de santé, de grave maladie. Peut-être d'intervention médicale, des contraintes physiques seront imposées : privation de membres, paralysie, perte possible d'un proche.

CANDELABRE
- Soyez prudent dans vos relations. Vous ne parviendrez au succès que par vos propres moyens.

CANDIDAT (à un examen)
- Vous parviendrez à la réalisation de vos désirs malgré des obstacles. Espérance dans la réussite.

CANEVAS
- Plaisir au foyer. Vous apprendrez des confidences et découvrirez des secrets.

CANICHE
- Amour, aide et appui d'un proche parent, soutien affectif désintéressé, protection, fidélité.

CANIF
* Le posséder petits malentendus familiaux.

CANIVEAU
* Y marcher ; début d'une période pénible, les évènements vous seront

contraires, embûches, retards, petits problèmes financiers.

CANNE
- Aide et appui de votre entourage. Besoin de compréhension et d'affection, recherche de tendresse, maladie en voie de guérison.

CANNE A PECHE
- Tromperies, ruses de vos adversaires, traîtrise, solitude.

CANNE A SUCRE
- Abondance, joie et plaisirs, satisfactions diverses.

CANNIBALE
- L'incompréhension de votre entourage risque de déclancher des conflits regrettables dont vous pourriez avoir à subir les inconvénients.

CANON
- Présage de conflits, d'opposition, de contreverses, risques financiers graves.
* En faire usage avec des projectiles adaptés et atteindre la cible : signe de victoire sur vos détracteurs.
* Dans le cas contraire : déception, humiliation, chagrins.
* En être blessé : danger, péril.

CANOT
- L'utiliser : plaisirs du cœur, détente, bonheur.
* Sur des eaux sales et agitées : contrariétés, disputes, péril menaçant. Crainte de séparation ou de rupture.
* Le voir couler : détresse, abandon, chagrins.

CANOT DE SAUVETAGE
* L'apercevoir : difficultés prochaines, ennuis. La chance va vous faire défaut. Vous risquez d'être seul pour affronter les dangers futurs.

CANOTIER
- Douceur de vivre. Un moment de détente et de bonheur. Joies affectives et familiales.

CANTATRICE
* L'entendre chanter : des joies profondes, moments heureux de réconfort et de paix.

CANTIQUE
- Tendres pensées pour une personne disparue, regret du cœur, nostalgie d'un passé heureux.

CANYON
- Des conflits graves menacent l'équilibre de vos rapports affectifs et amicaux. De nombreux périls destabiliseront vos activités et vos ressources financières. La sagesse et une parfaite maîtrise de soi resteront indispensables à vos entreprises.

CAOUTCHOUC
- Solidité de sentiments et souplesse de caractère.

CAPE
- Soyez méfiant et prudent à l'égard d'autrui. Vous risquez d'être contrarié par des agissements que vous ne pouviez prévoir.
* Si vous la portez : vous serez protégé et assisté dans les moments difficiles.

CAPITAINE
* Lui parler : amélioration de votre situation, conseils et soutien dans vos démarches. Le succès est proche.
* L'être : ennuis en perspective, chagrins, malheur.

CAPITULER
- Inconstance d'efforts, erreurs de jugement et d'appréciation, un sentiment d'infériorité à l'égard d'autrui. Malchance et désarroi.

CAPORAL
- La modestie de vos ambitions ou de vos réalisations vous sera néfaste si vous persistez à poursuivre cette définition de votre carrière.

CÂPRES
- Vous recevrez de mauvaises nouvelles.

CAPUCHON
- Des appuis affectifs dans des circonstances contraires à vos recherches.

CAPUCIN (vous reporter à la définition de MOINE)

CAR (voir la définition AUTOBUS-AUTOCAR)

CARABINE (voir la définition de FUSIL)

CARAFE
* Remplie d'eau : des plaisirs simples, des joies dépouillées de tout excès.
* De vin : bonheur et satisfaction.
* Vide : des inquiétudes préfigurent des privations désagréables.
* Brisée : malchance et chagrins.

CARAVANE
* De chameaux : période de détresse morale, d'angoisse, de solitude, des obstacles à franchir. Des pertes financières. Vous sortirez de ces pénibles épreuves par le courage, la persévérance et la confiance en soi et en l'avenir. Situation de changement lent et progressif, mais inéluctable.
* De camping : détente, repos, besoin d'illusion après des instants pénibles, soulagement de vos difficultés.

CARCASSE
- Présage de circonstances défavorables à vos activités et à vos ressources financières. Divers tracas obligeront à corriger vos projets et à déterminer de nouvelles possibilités.

CARDINAL
- Annonce de bonheur et de joies familiales, des évènements heureux vont se produire, des circonstances vont vous être bénéfiques, vous serez estimé et protégé.

CAREME
- Des privations et des sacrifices. Vous devrez renoncer pour quelques temps à d'inutiles dépenses.

CARESSES
* En recevoir : manque de compréhension, indifférence, sournoiseries, hypocrisie à votre propos.
* En donner : vous êtes conscient du comportement et des agissements de votre entourage.

CARICATURE
- Vous êtes moqué et vous subirez la méchanceté de relations.

CARIE
- Des relations familiales compromises par des rivalités affectives. Des ennuis d'argent et de santé.

CARILLON
- Prochaines nouvelles. Evènement brusque et imprévu qui vous procurera de l'embarras.

CARNAVAL
- Vous appréciez le plaisir et la joie de vivre. Votre confiance est

indulgente, vous ne prenez garde à vos relations qui mènent contre vous intrigues, duperies. Des moments difficiles sont à envisager si vous persistez.

CAROTTES
* Fraîchement cueillies : joies familiales, entente, compréhension mutuelle.
* A l'état avarié, de couleur désagréable : vous porterez la responsabilité d'une séparation.

CARPE
* L'attraper : succès affectif et professionnel.
* La manger : soucis d'argent, dépenses imprévues.

CARRE
- Symbole de la maison et des biens. Signification de la stabilité et de la sécurité.

CARREFOUR
- Des choix différents vous seront proposés, un changement favorable de condition est possible. Une décision s'impose dont le résultat sera de votre responsabilité.

CARRELAGE (se reporter à la rubrique « PLANCHER »)

CARRIERE (de pierres)
- Présage de journées désagréables, d'évènements malheureux. Inquiétudes, angoisses, menace de danger, malchance.
* Y faire une chute, ne pouvoir en gravir les pentes serait signe de misère et de souffrances cruelles.

CARRIOLE
- Une modification lente et progressive de votre environnement et de vos ressources. Des initiatives seront précieuses pour contrecarrer certains dangers.

CARROSSE
- Augmentation de vos biens, richesse et considération, respect d'autrui à votre égard, succès et triomphe.
* Dételé, abandonné : pertes de biens, déshonneur, humiliation.

CARROSSERIE
- Son état vous indiquera la situation de vos activités et des rapports avec autrui. Toute anomalie ou dégradation serait le signe de difficultés dont la résolution vous importera.

CARTES
* De jeux : méfiances, soupçons, duperies, dépenses, pertes d'argent.
* De géographie : voyage, déplacements.
* Postales : nouvelles agréables et inattendues.
* De visite : indiscrétion dont vous serez la victime, si vous la donnez.
* D'identité : contestation, litige avec les autorités légales.

CARTOMANCIENNE
- Des incertitudes de votre devenir, de nombreuses interrogations dont vous ignorez les réponses.

CARTON (d'emballage)
- Signe d'un prochain changement en votre faveur.

CARTOUCHES-CARTOUCHERIES
* Les posséder : des signes de conflit sont prévisibles. Il est sage de prévoir les conséquences possibles. Soyez réfléchi dans les décisions que vous aurez à prendre.

CASCADES
* D'eau vive en abondance : succès, chance, réussite dans vos entreprises, climat familial excellent.
* Asséchées : détresse, solitude, abandon, échec et malchance.

CASEMATE
- Des hostilités à votre égard. Des précautions seront utiles pour déceler toutes tentatives contraires à vos intérêts.

CASERNE
- L'activité de la caserne, des troupes qui sont en résidence, l'atmosphère qui règne dans les locaux, préfigureront des évènements fâcheux ou heureux, selon le contexte du rêve.

CASINO
- Des décisions irréfléchies seront fatales à l'évolution de vos projets. Soyez clairvoyant dans la conduite de vos affaires.

CASQUE
* Le porter : protection de vos amis, aide et appui vous seront utiles dans vos démarches, et la défense de vos intérêts.

CASSE-NOIX
* L'utiliser : disputes familiales, désagréments, soucis. De l'embarras et de la peine.

CASSER
* Un objet . des ennuis familiaux, disputes, contrariétés, séparation, des soucis d'argent, quelques problèmes de santé.

CASSEROLE
- Quiétude familiale, sécurité au foyer, plénitude.

* Si ce récipient est vide, inutilisable, brisé : des difficultés sont à redouter

CASTAGNETTE
- Des joies et des plaisirs. Des instants de détente heureux.

CASTOR
- Labeur, courage, obstination, satisfaction de l'effort accompli, mais dont le profit est l'avantage de personnes de votre entourage, sans scrupules. A persévérer dans cette voie vous aurez des déceptions.

CATACOMBE
- Des épreuves et des chagrins. De nombreuses contrariétés perturberont votre manière de vivre. Des tourments vous seront infligés. Solitude. Malchance.

CATAFALQUE (voir CERCUEIL)

CATALOGUE
- Vous serez appelé à faire un choix judicieux parmi diverses propositions. Vous disposerez des meilleures indications pour orienter vos projets.

CATAPULTE
- Les solutions envisagées pour vaincre l'adversité resteront dérisoires et prêteront à moqueries de la part de vos rivaux.

CATARACTE (voir CECITE)

CATASTROPHE cataclysme
- De profonds bouleversements vont modifier les conditions de vie du rêveur. De graves décisions seront de votre choix. Des perturbations sont à prévoir. Pertes de biens, maladie, deuil, épreuves, tristesse et chagrins. Une nouvelle orientation devra être décidée.

CATHEDRALE
- Des instants difficiles vous seront imposés, mais vous aurez aide et protection, en l'attente d'un bonheur que vous retrouverez.

CAUCHEMAR
- Les frontières entre le cauchemar et le rêve sont difficiles à préciser. Il peut s'agir de troubles provoqués par une forte émotion, une forte fièvre, une maladie. Toutefois, il serait intéressant d'en noter les symboles. La cohérence des informations suffira pour concrétiser une prémonition, en fonction des domaines sensibles du rêveur.

CAUTION
* L'accorder : des difficultés vont surgir que vous ne souhaitez pas, désaccord avec une relation amicale, fâcherie.
* La demander : promesse d'amélioration, changement favorable de votre situation.

CAVALCADE (voir CARNAVAL)

CAVALIER
* Le voir : des nouvelles vous parviendront, bonnes ou attristantes, selon la physionomie du personnage, ses habits, le contexte du rêve.
* L'être : vous parviendrez à modifier vos conditions de vie. Améliorations de vos affaires. Réussite de vos projets.
* Tomber de cheval : malchance, difficultés dans vos entreprises, pertes financières, échec.

CAVE
* S'y trouver : signe de déconvenues, de déboires, de soucis, des chagrins, de l'angoisse, maladie.
* La quitter : amélioration de votre situation, de meilleures conditions vous seront proposées.

CAVERNE
* S'y trouver : solitude, détresse, misère morale, des soucis ou contraintes d'argent.
* S'en échapper : changement favorable de votre condition.

CAVIAR
- L'apparence des événements ne doit pas vous incliner vers une satisfaction qui pourrait masquer la réalité des faits.

CECITE
- Santé déficiente. Des relations vous nuisent par calomnies, rumeurs malveillantes, perfidies. Vous aurez à faire face à des difficultés notamment financières. Contestations avec les autorités légales.

CEDRE
- L'amitié dévouée, sincère, profonde de vos amis vous est acquise. Protection, aide et appui dans vos démarches.

CEINTURE
- De bons conseils vous seront prodigués, sachez les mettre à profit. Protection et soutien d'une personne aimée dans vos démarches, vos actions. Peut être le symbole d'une union heureuse.
* La perdre : séparation, fâcheries, une personne influente vous quittera. Responsabilité amoindrie.
* Une ceinture faite d'or et de pierres précieuses : mariage heureux, richesse et profits.

CELEBRE
- L'être : votre situation va se dégrader.

CELERI
- Des passions et aventures amoureuses mettent votre foyer en péril.

CELIBATAIRE
- Chance affective. perspective d'une union heureuse. Peut être le souci, la recherche d'une indépendance selon la situation du rêveur.

CENDRES
- Querelles familiales, contrariétés, incompréhension. Des relations amicales compromises ou perdues, des dettes, des soucis d'argent particulièrement complexes à résoudre.

CENDRIER
* Vide : d'utiles précautions à d'éventuelles préoccupations rassureront vos inquiétudes.
* Plein : la négligence et l'insouciance laisseront des séquelles dans vos relations avec autrui.

CENTAURE
- L'appréciation de vos responsabilités vous pose quelques tracas. Les événements risqueront de vous signifier un jugement contraire à vos propres sentiments.

CENTIME
* Les voir, en compter : des précautions sont à prendre dans la gestion de votre budget. Risque de privations et de quelques problèmes d'argent.

CERAMIQUE
- La pérennité de votre situation restera protégée des actions belliqueuses de votre entourage.

CERCEAU
* Y jouer. Joie et bonheur dans le milieu familial. Entente conjugale.

CERCLE
- Symbole de la perfection et de la pureté

CERCUEIL
* Voir un cercueil vide : période de soucis dans un proche avenir.
* Y être mis : vous serez abandonné et calomnié.
* Le porter : vos soucis cesseront dans quelques temps
* Le voir mis en terre : chagrins, peines, des contrariétés imprévues.
* Se voir coucher en cercueil : longue maladie.
* Y voir un inconnu : danger proche.
* prier auprès d'un cercueil : chagrins affectifs, peine profonde.

CEREALES
* En culture ou en récolte : espérances de gains, prospérité financière, réussite prochaine.
* A L'état de moisissure : espoirs déçus, malchance, échec.

CERF
- De bon présage.
* Le voir : réussite professionnelle, situation aisée, chance et succès, joies de famille.
* Le poursuivre et le tuer : victoire sur vos ennemis. Honneurs et distinctions. Des gains financiers intéressants peut être par héritage.
* L'entendre bramer : des nouvelles importantes.
* Le voir courir : de prochains ennuis.
* Manger de la viande de cerf : angoisse et tristesse.

CERFEUIL
- Union ou association dont vous tirerez profit et satisfaction.

CERF-VOLANT
* Le voir s'élever : perspective d'avenir prometteuse, mais de courte durée.
* Le voir descendre : une situation complexe devra être résolue rapidement.

CERISES
* Les voir, en manger : joies intimes, bonheur affectif, argent, vos souhaits se verront réalisés.
* Les cueillir en saison : profits, réussite financière.
* Des cerises acides : déception en amour et en amitié.
* Des cerises avariées : calomnie. trahison.
* Voler des cerises : la quiétude de votre foyer et la sincérité de vos liens affectifs seront affectées par des jalousies et des mesquineries de votre entourage proche, si vous êtes victime de ce larcin. Dans le cas où vous participeriez à cette indélicatesse, vous porterez atteinte à des personnes estimées dont la confiance vous sera désormais refusée.

CERISIER
- Promesse de bonheur et de joies affectives. Chance et succès.

CERNES
- Signe précurseur de contrariétés et de soucis dont vous pourriez subir des conséquences gênantes en relation avec votre santé.

CERVEAU
* Rêver de son cerveau : difficultés de santé, surmenage, nervosité, état dépressif dû à des contrariétés, à des ennuis importants qui n'ont pas de solution immédiate.

CERVELLE D'ANIMAL
* En manger : risque d'accident, santé délicate.

CHACAL
- Des personnes de mauvaises réputations cherchent à vous spolier, Risque de perte d'argent, jalousie, envie.

CHAGRINS
- Mauvaises nouvelles. Contrariétés. Des heurts avec le milieu familial. Incompréhension de vos proches.

CHAINES
- Symbole de difficultés, de contrariétés, d'empêchements, tristesse, solitude et souffrances ; échec dans vos entreprises, déception affective.
* Les briser, s'en libérer : vous parviendrez à de meilleures conditions de vie. Les contraintes passées feront place à la détermination et à une confiance retrouvée. Le bonheur et la réussite vont se présenter à vous.

CHAIR
- Manger de la chair : est d'un fâcheux présage : malchance, pauvreté, détresse morale. Vous serez méprisé, risque de maladie.

CHAIRE
- Vous saurez écouter les conseils d'autrui et agir avec sagesse.

CHAISE
- Vous mènerez à terme vos projets. Soutien affectif, compréhension familiale.
* Tomber d'une chaise, la voir cassée : maladie.

CHALE
- Réconfort affectif. Des personnes dévouées à votre cause soutiendront vos efforts et vos démarches.

CHALEUR
- Signe de graves ennuis de santé, de maladie délicate, fatigue, tension.

CHALOUPE
* Les nécessités de vos obligations imposeront l'usage de prévoyance

vous prémunissant contre d'éventuels dangers.
* La mise à la mer de cette embarcation et son emploi seraient l'indication de difficultés majeures. Des ressources extérieures à vos moyens propres décideront de votre succès pour sauvegarder vos intérêts.

CHAMBRE (à coucher)
- Rêve en relation avec des affaires de famille ou de cœur. Ces affaires seront de votre désir, si cette pièce vous apparaît convenablement meublée, de bon aspect.
* Dans le cas contraire, des complications surgiront : larmes et chagrins, disputes et contestations.

CHAMBRE (d'hôtel)
- Période transitoire. Espoir d'un changement bénéfique créateur de possibilités nouvelles, de relations différentes, de contacts et d'amitiés réelles, susceptibles de vous confier des opportunités en correspondance avec vos souhaits et vos recherches.

CHAMBREE
- La stabilité de vos affaires et la sécurité de vos ambitions seront dépendantes d'amitiés sincères et dévouées qu'il sera bien utile de ménager.

CHAMEAU
- Une longue période s'annonce où vous devrez faire preuve de courage, d'obstination, de persévérance, de volonté.
* Chameau mort : maladie, décès familial.

CHAMOIS
- Désir de vous élever dans l'échelle sociale. Certaines relations de votre entourage pourraient être profitables à vos intérêts.

CHAMP
* En culture : vos mérites seront reconnus et appréciés, activités fructueuses, réalisation de vos projets dans un proche avenir, aisance et confort du foyer.
* Le cultiver : peut être l'indication d'un prochain mariage ou d'une naissance.
* Inculte : déceptions, soucis, difficultés.
* De bataille : contestations, disputes, rupture, maladie possible.
* De courses : des entreprises risquées, dans lesquelles vous ne parviendrez pas à surmonter les difficultés ; des spéculations hasardeuses.

CHAMPAGNE
* En boire : agréments, satisfactions, joie de vivre, annonce d'une bonne nouvelle, d'un évènement inattendu et heureux.

CHAMPIGNON
- Des ennuis et complications en perspective, des petits chagrins sentimentaux, des désaccords conjugaux, tromperie féminine.

CHAMPION SPORTIF
- Perspective d'une réussite enviée. Vos mérites trouveront récompenses et considération. Chance et succès.

CHANCE
- Vous risquez au contraire de rencontrer déboires, déceptions, ennuis multiples,malveillances, de faux amis qui agiront contre vos intérêts par jalousie.

CHANCELIER
* Le voir, converser avec lui : ambitions déçues, aspirations non réalisées, échec.

CHANDELLE-CHANDELIER (voir BOUGIE)

CHANTAGE
* Le faire ou le subir : mauvaises nouvelles. Vous serez victime de fréquentations douteuses, de votre manque de lucidité, de vos décisions irréfléchies.

CHANTER
* Entendre chanter une chanson gaie : de bonnes nouvelles.
* Une chanson triste : des nouvelles désagréables.
* Si vous chanter : désagréments.
* A plusieurs : joie de l'amitié.
* Chanter faux : certains propos de votre entourage seront défavorables à votre réputation. Des rumeurs déplaisantes vous mettront dans l'embarras.

CHANTEUR
- Chance et réussite. De meilleures conditions seront à votre profit pour réaliser vos ambitions et développer de nouvelles possibilités.

CHANTIER (de travaux publics)
* le voir : vos ambitions, vos projets ne sont pas en conformité avec vos possibilités. Vous risquez de connaître des déceptions et d'aboutir à l'échec si vous ne modifiez pas vos plans. Des contraintes financières, des retards ou contretemps, des reproches fatigue et nervosité.

CHANTIER NAVAL
* le voir en activité : fortune et richesse, promesse de gains. Réussite financière, joie prochaine.

CHAPEAU
* Le porter : protection et avantages. Considération d'autrui. Confiance en soi. Respectabilités.
* Le retirer : vous recherchez du repos et de la solitude, peut être une orientation différente de vos activités.
* Le perdre : vous avez négligé une possibilité intéressante de promotion ou de gains financiers. Lassitude.
* D'usage militaire : des complications d'aspects juridiques.
* Voir un chapeau de paille : tromperie féminine.
* Haut de forme : honneurs, distinction.
* A plumes : frivolités.

CHAPELET
- Une maladie familiale, peut être la perte d'un parent ou d'un ami.

CHAPELLE
* La voir, y prier : des déceptions de courte durée. Espoir proche d'un bonheur retrouvé.

CHAR-CHARIOT
* Attelé et lourdement chargé : chance, réussite inespérée de vos activités. Gains importants, richesse.

CHAR D'ASSAUT
- Oppositions familiales, disputes, discussions, fâcheries, des rivaux en affaires, risques de conflits.
* Le détruire : réussite sur vos adversaires.

CHARBON
- D'indication favorable si ce combustible est enflammé.
* le voir éteint : présage d'une maladie grave d'un proche, peut être d'un décès.
* Se brûler avec du charbon incandescent : des personnes de votre entourage cherchent votre perte.
* Manger du charbon : douleur affective, infidélité conjugale.

CHARBONNIER
- De très mauvais présage, de prochains évènements vont vous apporter tristesse et chagrins. Projets compromis, revers de situation, déception affective, soucis de cœur et d'argent.

CHARDONS
- Pauvreté, tristesse, solitude, des grossièretés ou insultes à votre égard, si vous en êtes piqué.

CHARGES (d'un véhicule) CHARGEMENT
- Promesses financières intéressantes ou importantes par gains ou héritage. chance et réussite.

CHARITE (se reporter à la rubrique AUMONE)

CHARLATAN
- Ne soyez pas dupe de vos relations et apportez toute précaution dans les décisions que vous envisagez.

CHAROGNE
- Très mauvais présage : annonce la décadence de vos activités. Vos affaires seront décevantes. Entente affective ou familiale altérée.

CHARPENTE
- De bonne qualité ; solide et bien montée : Rêve annonciateur d'une période de prospérité, de bonheur, de réussite dans vos projets. Chance et protection seront de votre côté.

CHARPENTIER
- Votre réussite et le bien être de votre foyer ne dépendront que de vos seuls efforts.

CHARRETTE (à bras)
* Devoir la tirer : des épreuves seront à surmonter, des difficultés devront trouver une solution. Période de fatigue et de tension ner veuse. Des contraintes financières à supporter si la charrette est vide ; des efforts récompensés si au contraire elle est pleine.
* Y être transporté : annonce d'une situation nouvelle et pénible. Condition de vie différente par une position sociale moins intéressante. Risque de séparation avec l'être aimé.

CHARRETTE DE FOIN
* Avec son chargement : abondance de biens. Pleine réussite de vos projets, aisance financière, chance.
* Vide : espérances non réalisées, mauvaises affaires, négligences dans la conduite de vos projets.

CHARRUE
* En faire usage : d'excellentes conditions vous assureront du succès de vos projets. Promesse de gains financiers. Bonheur au foyer.
* Détériorée : déception, contrariétés dans la gestion de vos intérêts.

CHAS D'AIGUILLE
- Des difficultés relationnelles opposeront vos intérêts à ceux de votre entourage. Des précautions seront utiles afin de contrecarrer des actions malveillantes.

CHASSE
- De bon augure si vous y participez avec succès. Vos projets seront concrétisés par vos efforts et votre persévérance. Espérance d'une réussite financière.
* Une chasse infructueuse : sera le signe de nouvelles contrariantes, de soucis, de déconvenues. Des obstacles à vaincre, des rumeurs désagréables à votre égard.
* Etre blessé à la chasse : défaite dans un conflit avec vos adversaires.

CHASSE D'EAU
* En faire usage : des décisions s'imposeront afin de reconsidérer votre position face aux attaques dont vous êtes le sujet.

CHASSE-NEIGE
- Des solutions inespérées vous permettront de réactiver des projets condamnés à l'inertie. Espoir d'une prochaine réussite.

CHASSEUR
* Le voir : apportez de la méfiance dans les relations avec votre entourage. Certaines personnes risquent de vous nuire.

CHAT
- Animal représentatif de la perfidie, de la ruse, de la trahison, de vos proches et relations. Chagrins affectifs, déception conjugale.
* Caresser un chat, jouer avec : disputes. Une personne de votre entourage prépare de mauvaises actions à votre encontre.
* Se battre avec un chat : vous serez victime d'un abus de confiance : Perte d'argent.
* En être mordu ou griffé : triste présage; vous avez un adversaire dangereux et sans scrupules. Infidélité conjugale.
* Le voir furieux, enragé : disputes violentes, crise affective grave. Vos adversaires vous seront néfastes. Risque de vol ou d'abus de confiance.
* Le chasser de votre maison : tromperie féminine, perfidie, perte d'argent ou de biens par vols ou abus de confiance.
* Le voir se percher sur un meuble : commèrages, intrigues, rumeurs malveillantes.
* Le voir faire le « dos rond », se peletonner : hypocrisie, fausseté de personnes à votre égard.
* L'entendre miauler : des nouvelles désagréables vous parviendront, des propos perfides à votre égard.
* L'attraper, le tuer : vous aurez gain de cause sur vos détracteurs.
* Manger du chat : déception affective, chagrins.
* Voir une chatte avec ses petits : perte d'une personne aimée, détresse affective.

CHATAIGNES-CHATAIGNIER
- Réussite de vos projets, satisfactions financières, chance, succès.

CHATEAU
- Présage de fortune et de considération.
* L'apercevoir : pespective prometteuse d'élévation sociale. Vos efforts seront récompensés. Votre avenir sera en progression.
* Y pénétrer : vos démarches seront favorisées. Vous obtiendrez satisfaction, chance, réussite, aide et appui, protection.
* Le trouver fermé : déception, retard ou échec dans vos entreprises.
* En ruines : difficultés financières, pertes de biens. Vos affaires seront au plus mal.

CHATEAU-FORT
- Présage de difficultés qu'il vous faudra vaincre, des obstacles que vous rencontrerez, des menaces ou dangers qui vous seront hostiles.
* Se trouver à l'intérieur : réalisation de vos espérances, protection de personnes influentes, chance.
* Rester à l'extérieur : échec de vos démarches. Inefficacité de vos efforts, ambitions déçues.

CHATOUILLER-CHATOUILLES
- Vous devriez percevoir une modeste somme d'argent que vous aviez prêtée ou perdue.

CHATRER
- Perfidie d'une connaissance féminine. Tromperies dont vous serez victime, ruses, mensonges.

CHAUD
- La sensation désagréable que vous ressentirez : présage de prochaines complications : dommages financiers, maladie.

CHAUDRON
- De bon augure, si ce récipient est au feu et rempli d'aliments agréables à consommer.
* Le voir vide, fêlé ou brisé : pertes d'argent ou de biens, maladie grave.

CHAUDRONNIER
* Le voir : joie affective, promesse de fiançailles ou d'union heureuse.

CHAUFFER-CHAUFFERETTE
- Réconfort et tendresse adouciront des instants d'une pénible solitude.

CHAUFFEUR DE TAXI
- Des nouvelles intéressantes relanceraient de manière avantageuse des démarches entreprises. Un déplacement imprévu pourrait modifier vos attentes et vous apporter quelques satisfactions, selon la destination choisie.

CHAUSSE-PIEDS
* En faire usage : vos préoccupations se verront allégées par des appuis amicaux impromptus.

CHAUSSEE
* Elargie, lisse et plate : bonne marche de vos affaires. Peu d'obstacles, joie, prospérité, succès.
* Etroite, tortueuse, à pente raide : des contraintes nombreuses. Ennuis et soucis. Beaucoup d'efforts pour atteindre le but fixé.
* En travaux : des pertes d'argent, des retards, déceptions et chagrins.

CHAUSSETTES
* Neuves et propres : votre situation est suffisante pour vous mettre à l'abri du besoin. Des avantages divers seront de votre acquis.
* Trouées : imprévoyance, dépenses inconsidérées, négligence. Vous serez sujet à médisances, à des petites rumeurs sournoises.
* Les retirer : désir de changement dans vos activités. Une situation plus avantageuse pourrait vous être proposée.

CHAUSSURES
* Porter une paire de chaussures, trop petites, sales, usées : des ennuis, tracas, contrariétés de toutes sortes, des intrigues, angoisse et malchances, des problèmes financiers.
* Marcher dans la boue avec des chaussures : des pertes d'argent, des relations nuisibles vous ont abusées, des moments difficiles, maladie, pauvreté.
* Les retirer, les perdre : séparation, rupture, tristesse et chagrins.
* Des chaussures neuves et de qualité : de nouveaux projets vont se concrétiser et vous assurer d'une situation confortable, changement de vie, prospérité et richesses.

CHAUVE
- Apercevoir un chauve : présage d'événements fâcheux dont les conséquences affecteront vos finances comme le domaine affectif. De tristes nouvelles vous parviendront, disputes, heurts familiaux, litiges, dont certains pourront être d'ordre judiciaire.

CHAUVE-SOURIS
- Une période difficile s'annonce faite de contrariétés, d'angoisse, de

tristesse, et de chagrins. Solitude morale, de petits ennuis de santé.

CHAUX

* En faire usage : des conflits vous opposeront à vos adversaires. Risques de pertes financières.
* Des murs blanchis à la chaux : maladie grave qui vous affectera.

CHEF

- Voir son responsable hiérarchique en rêve, n'est pas un signe favorable. Des difficultés professionnelles, des relations tendues, des projets que vous ne parviendrez pas à mener à terme, des erreurs de jugement. Echec dans vos démarches.

CHEMIN

* Agréable, de marche facile : réussite dans votre activité, compréhension de votre entourage, aide et amitié.
* Difficile d'accès, étroit : des ennuis, empêchements ralentiront la réalisation de vos projets, jalousie, mesquineries.

CHEMIN DE FER

- Des nouvelles vous parviendront, des événements vont se produire qui modifieront de manière importante vos conditions de vie. Il est essentiel de noter chaque détail du songe : ainsi il vous sera possible d'identifier le domaine concerné (familial, professionnel, etc...) et de préciser le caractère prémonitoire de celuici.
* Prendre le train : nouvelles agréables, démarches fructueuses, des projets intéressants vous seront proposés, situation en amélioration. Des litiges seront réglés en votre faveur, des solutions attendues aboutiront.
* En descendre : stagnation de vos affaires, des contrariétés, difficultés financières.
* A l'arrêt : vous ne parviendrez pas à concrétiser vos projets, retards, contretemps, ennuis divers.
* Le voir partir, le manquer : vous avez laissé échapper une occasion qui vous était favorable et qui aurait ainsi amélioré votre situation.
* Le voir dérailler : démarches infructueuses, projets retardés, préjudices financiers, affaires défaillantes ou compromises.
* Avec accident de personne : un proche parent est menacé.

CHEMINEE

* Avec un feu en activité : vie familiale heureuse, sécurité financière. Joie et plaisirs.
* Avec un feu éteint : annonce de contrariétés, de soucis, de problèmes divers, risques de maladie.
* Avec de la fumée, de la suie, ou des cendres : mauvais présage. Difficultés financières, pauvreté, tristesse et chagrins, désaccords affectifs, maladie grave pour un proche parent, deuil possible.
* La démolir : pertes financières, disparition de vos biens.

CHEMINEE D'USINE

* En activité : réussite dans vos affaires, prospérité matérielle.

CHEMISE

* Neuve, propre : chance, succès, bonheur, aide et protection.
* La repasser : désagréments et contrariétés de personnes, adversaires de vos idées ou projets.
* Sale, déchirée, tâchée : projets retardés, médisances, railleries, des ennuis pécuniers.
* Rapiécée : entente conjugale ou familiale compromise, mésentente, inimitiés.

* La retirer : d'autres perspectives se présenteront plus avantageuses.
* La mettre à l'envers : des erreurs de jugement, des fautes commises qui vous seront préjudiciables.
* N'avoir pour tout vêtement que sa chemise : humiliation.

CHENE
- Affaires prometteuses, réussite, succès, espérances de gains, richesse, aide et protection dans vos démarches.
* Si cet arbre est dépouillé de son feuillage, sec, coupé, abattu : malchance, dissensions, diminution de vos possibilités financières, dettes, situation compromise ou perdue, détresse morale, perte d'un proche ou d'un ami dévoué.

CHENIL
- Vous devriez pouvoir compter sur des amitiés dévouées pour conjurer des malveillances dont vous êtes menacé.

CHENILLE
- Des relations de votre connaissance abusent de votre confiance. Tromperie, hypocrisie, risques financiers.

CHEQUE
* Le recevoir : des litiges financiers seront règlés à votre profit. Transaction favorable, argent recouvré.
* Le donner : nouvelles désagréables. Contraintes d'argent, pertes, inquiétude morale.

CHERCHER (un objet ou une personne)
- Projets retardés, affaires compromises, litiges, contestations. Des pièges posés par vos adversaires, risques de pertes financières.

CHEVAL
* Mener un cheval par le licol : évolution lente et progressive de votre situation, succès tardif et mesuré,
* Le voir se cabrer au licol : des obstacles à vos projets, réussite et succès pénibles.
* Le voir refuser le licol, s'échapper : échec de vos entreprises.
* Monter un cheval docile, vif, obéissant : évolution avantageuse de votre situation, projets réalisés, promesse de gains, chance et succès.

La maîtrise du cheval pendant sa course, la facilité à sauter les obstacles, sa résistance à l'effort seront autant d'indications précieuses à l'examen du rêve.
* Monter un cheval rétif, hargneux, que l'on parvient à maîtriser : des hostilités dans vos relations, de nombreux obstacles, réussite tardive, succès difficile.
* Ne pas parvenir à le chevaucher, le voir s'échapper : malchance et malheur.
* Descendre de cheval, le voir épuisé : période d'attente, de projets retardés, d'obstacles imprévus.
* Tomber de cheval : détresse, malheur, échec de vos entreprises, contraintes ou pertes financières, maladie grave.
* Mettre son cheval à l'attelage :
- d'une simple berline : vie de labeur et de sacrifices à l'abri du besoin.
- d'un carrosse : honneurs et distinctions, vie aisée et confortable.
* Laisser son cheval en liberté : vous préférerez à toute vie sociale une activité indépendante.
* Lui préparer son harnachement : de nouveaux projets vous accaparent.
(NOTA) - La valeur de ces prédictions sera d'autant accentuée par rapport à la couleur du cheval : ainsi une couleur claire favorisera

les prédictions positives, en diminuant l'intensité des prédictions négatives. Une couleur sombre agissant à l'inverse de cette précédente définition.

CHEVAL DE BOIS
- Des projets mirifiques sans espoir de réalisation, déception amère et coûteuse, misère.

CHEVAL DE COURSE
- Des spéculations hasardeuses, des projets risqués, des actions irréfléchies.

CHEVALIER
* L'être : vous affronterez avec dignité les circonstances défavorables qui vont vous assaillir.

CHEVALET
* L'utiliser : vous abordez une période de méditation et de réflexion.

CHEVEUX
* Les avoir soignés, bien peignés : vous êtes estimé, apprécié. Considération avantageuse d'autrui. Succès dans vos démarches.
* Sales, négligés, mal peignés : des soucis. Vous serez blâmé et humilié, disputes, fâcheries.
* Les couper : discordes, litiges familiaux, séparation affective.
* Les raser : tristesse, angoisse, désillusion, humiliation, graves problèmes de santé.
* Etre chauve : soucis familiaux, pertes financières, contestations, disgrâce.
* Des cheveux décolorés, vous indiqueront des sentiments dénués de franchise et de sincérité à votre encontre.

CHEVILLES
* Normales et en parfaite santé : présage heureux de réussite et de satisfaction.
* Les voir atrophiées, blessées, brisées : difficultés, revers de fortune, maladie, disparition d'un proche.

CHEVRE
- Apportez toute prudence dans votre comportement. Soyez méfiant à l'égard de vos relations. Indication de circonstances qui pourraient vous être défavorables. Des soucis financiers ; infidélité conjugale. Présage de peines et de chagrins.

CHEVREAU
- Indication d'un événement heureux dans un proche avenir.

CHEVREFEUILLE
- Fidélité en amour, tendresse au foyer, union heureuse.

CHEVREUIL
* Le voir : joie profonde, bonheur, vie affective réussie.
* Le tuer : douleur cruelle, tristesse et chagrins.
* Préparer à la cuisson de la viande de chevreuil : richesse et prospérité.

CHEWING-GUM
- Des contestations dans votre entourage immédiat, des litiges graves et insolubles.

CHICOREE
- Fausseté de vos relations, hypocrisie de votre entourage.

CHIEN
* Si ce chien est le vôtre et qu'il vous est fidèle, attentif et vigoureux : présage heureux de protection, d'amitié solide, d'harmonie conjugale ou familiale.
* Un chien inconnu égaré, menaçant, qui aboie : un adversaire cherche à vous nuire et à vous porter préjudice, hostilité, conflits.

* En être mordu : réussite d'un ennemi, pertes d'argent, humiliation.
* L'attacher, le museler : vous aurez gain de cause sur un ennemi.
* Le voir combattre avec d'autres chiens ou avec le vôtre : signe de querelles avec votre entourage.
* Voir une chienne et ses petits : promesse de naissance, fiançailles ou mariage, réconciliation affective. Des circonstances favorables à une vie nouvelle.

CHIENDENT
- Difficultés de tous ordres. Des actions malveillantes dont vous serez victime, problèmes de santé.

CHIFFONS
* Propres : une situation compromettante sera résolue en votre faveur.
* Sales : médisances, propos diffamateurs à votre égard.
* En être vêtu : mépris de votre entourage, une affaire délicate vous sera opposée et tournera à votre désavantage.

CHIFFRES
- Peu de signification particulière. Il peut être toutefois intéressant de les noter. Il est possible, en effet, qu'ils puissent avoir une valeur aux jeux de hasard.

CHIMISTE
* Le voir : certaines actions se préparent à votre insu dont vous pourriez subir des conséquences désastreuses.

CHIMPANZE (vous reporter à la rubrique SINGE)

CHINCILLA
- La fragilité de vos rapports avec autrui décevront l'intérêt que des personnes influentes étaient à même de vous prodiguer.

CHINOIS (voir ASIATIQUE)

CHIOT
- Un début d'amitié, des liens affectifs nouveaux. Des espérances d'une vie heureuse. Un changement bénéfique et prometteur.

CHIRURGIE
* Subir une opération chirurgicale : des épreuves cruelles et douloureuses. Les circonstances vous seront contraires. Le réconfort et les appuis nécessaires pour résoudre cette situation vous seront apportés par des personnes sincères et dévouées. Des problèmes graves de santé. Espoir de guérison.
* Assister à une intervention : grave conflit familial, affront, humiliation, préjudices moraux et financiers, risques de procès, maladie.

CHLORE
- Mèsentente conjugale, disputes familiales, querelles, isolement affectif, malchance.

CHLOROFORME
- Risque de blessures par accident ou conflits de personnes.

CHOCOLAT
- Plaisirs familiaux, joie et détente, heureuses promesses pour le proche avenir.

CHOLERA
- Présage d'un accident ou d'une grave maladie pour l'un de vos proches.

CHOMAGE
* Etre au chômage : échec d'un projet qui vous tenait particulièrement à cœur. Sacrifices inutiles.

Conflit professionnel, situation désavantageuse ou compromise.

CHORALE
- Plaisir du cœur et de l'esprit, joie familiale, des instants heureux en amitié.

CHOU
- Vous traiterez affaires avec une personne de condition inférieure à la vôtre dont les manières resteront peu recommandables ; préjudices d'argent.

CHOUCROUTE
- Aisance au foyer, gains d'argent, joie de la famille.

CHOUETTE
- Prochaine détresse. Evénements douloureux, chagrins, tristesse, difficulté de situation, perte d'emploi, séparation conjugale, divorce.
* L'entendre hululer : présage funeste, deuil.

CHRIST
- Signe de joie et de bonheur, paix du cœur et de l'âme.
* Le voir sur la croix : tristesse et souffrances.

CHROMAGE-CHROMER (vous reporter à la définition de DORURES)

CHRONOMETRE
- L'intervention sur l'une de vos affaires exigera promptitude et vigilance si vous désirez la mener à son terme.

CHRONIQUE
- Des nouvelles prochaines dont la teneur pourrait vous indiquer des événements heureux ou tristes.

CHRYSANTHEMES
- Peines de cœur : fiançailles rompues, retard dans un mariage, proche maladie d'une personne aimée, perte d'un être cher.

CHUCHOTEMENT
- Médisances, dénigrements, ingratitude de votre entourage.

CHUTE
* Se voir chuter : est l'indice de graves difficultés. Signe prémonitoire de déceptions, de malchance dans les affaires, de défaites. Désastres financiers, perte de biens, réputation compromise, humiliation, risque de maladie grave.

CIBLE
* la viser et l'atteindre : réussite de vos projets, chance, succès, victoire sur vos ennemis.

CIBOULETTE
- Petits plaisirs qui peuvent engendrer des contrariétés et des soucis.

CICATRICES
- Jalousie, méchanceté, envie de votre entourage. Des actions diffamatoires nuisibles à votre réputation.

CIDRE
* En boire : prémonition de prochaines discordes familiales. Querelles d'intérêts. Reproches, dissensions, possibilité d'une maladie.

CIEL
* Clair et ensoleillé : période de bonheur et de chance, joies et plaisirs. Réalisation de vos projets, satisfaction de vos désirs.
* Nuageux : annonciateur de difficultés prochaines, ennuis, soucis. problèmes de toutes sortes.

* Orageux : événements désastreux, difficultés financières, perte d'argent, situation compromise ou perdue, démarches infructueuses, ennuis affectifs.
* Etoilé : paix et sérénité du cœur et de l'esprit.
* Sans étoile : de mauvaises nouvelles vous parviendront, des contrariétés prochaines.

CIERGE
* L'allumer : de prochaines circonstances vous seront favorables. Espérances de bonheur et de joie.
* Le voir se consumer avec une flamme fumeuse et tremblante : grave maladie.
* Le voir s'éteindre : deuil familial.

CIGALE
- Difficultés d'argent, affaires défaillantes, démarches infructueuses, indifférence de votre entourage. Ne comptez que sur vous-même.

CIGARE-CIGARETTE
* Les fumer : besoin de détente et d'oubli : ne soyez pas trop négligent dans vos activités si vous ne voulez pas affronter de risques inutiles.
* En mégot : petits soucis dûs à votre manque de prévoyance.
* Voir une femme fumer un cigare : vengeance d'une connaissance féminine.

CIGOGNE
- Bonheur au foyer, joies familiales, promesse d'un heureux événement, fécondité.
* La voir briser ses œufs : mésentente.

CIGUE
- Des actions malveillantes vous sont destinées par vengeance. Une personne de votre entourage recherche votre perte.

CILS
* Trop courts ou rasés : un événement inattendu vous laissera dans une grande peine.

CIME (vous reporter à la définition SOMMET)

CIMENT
* En vrac ou en sac : vous disposerez des moyens nécessaires pour préparer votre avenir dans les conditions que vous souhaitez, des efforts indispensables mais prometteurs de succès.

CIMETIERE
* Voir un cimetière, s'y trouver : tristesse et chagrins, décès d'une personne aimée.
* Y creuser une tombe : longue et grave maladie, fin tragique.
* Y prier : inquiétudes pour un malade.

CINEMA
* Aller au cinéma : vous devez résoudre de nombreuses difficultés en relation avec votre entourage, des actions malveillantes ou nuisibles à votre égard. Vos démarches restent infructueuses. Espoir d'un changement prochain. Période d'attente, d'angoisse et d'amertume.

CIRAGE
- Ennuis, affront, humiliation, dans des querelles avec votre entourage, espoir prochain.

CIRCULATION AUTOMOBILE
* Aisée, fluide, agréable : vous disposerez des meilleures facilités pour accomplir vos responsabilités, aucun inconvénient majeur dans vos démarches ou dans le cadre de vos relations d'affaires.
* Ralentie, bloquée : contraintes, obstacles, ennuis incontrolables.

L'évolution de vos affaires sera perturbée et apportera quelques gênes dans vos prévisions.

CIRE

- Votre aisance actuelle risque de disparaître si vous n'apportez pas de précautions à l'usage de votre argent, des dépenses exagérées vous conduiront à des privations.

CIRQUE

- Vous parviendrez à réaliser vos ambitions et à résoudre des problèmes apparemment insolubles avec de l'audace et de la volonté.

CISEAUX-CISAILLES

- Querelles, séparations, disputes familiales, épreuves pénibles.

CISELET

- Soucis de la perfection et du détail.

CITERNE

- Présage favorable si la citerne est remplie, auquel cas espérances de gains, profits à venir.

* Y faire une chute, ou la voir vide : malheur.

CITHARE

- Peines de cœur. Espérances et larmes.

CITRON

- De mauvaises relations, des bavardages, intrigues, hypocrisie, déception et amertume.

CITROUILLE

- Signe favorable. Succès proche. Profits à venir, promesse de gains, espérances financières, protection.

CIVIERE

- Risque de maladie ou d'accident. Souffrances cruelles, des instants de désarroi et de solitude.

CLAPIER

- Commérages. Attitudes déplaisantes à votre égard, des propos malveillants.

CLAQUEMENT-CLAQUER

- De brusques nouvelles surprendront vos habitudes et amèneront quelques conflits familiaux.

CLARINETTE

- Des instants de tendresse et de compréhension.

CLASSER

- Soucis de clarifier vos affaires afin de disposer des arguments indispensables à la gestion de vos intérêts.

CLAVECIN

- Joie de rencontres heureuses et de plaisirs raffinés.

CLEFS

* Les posséder : vous serez protégé, guidé et conseillé dans vos démarches. Aide et appui de personnes influentes. Les difficultés seront résolues avec efficacité.

* Les utiliser : crainte, angoisse, des problèmes vous assaillent. Restez à l'écart des relations douteuses ou nuisibles.

* Les perdre : soucis, contrariétés, détresse, impuissance à résoudre les problèmes.

* Les trouver : une situation préoccupante sera conclue en votre faveur de manière inespérée.

* Les casser : maladie, pertes de biens.

CLINIQUE

* S'y trouver : vous surmonterez les difficultés. Amélioration prochaine, aide affective, compréhension de vos proches.

CLOCHARD
- Situation de conflits avec des proches ou des relations d'affaires. Critiques moqueuses, contrariétés d'argent, solitude.

CLOCHER
* Le voir : promesses d'avantages financiers, chance et succès.
* Le voir très grand : vous serez estimé et honoré.
* Monter au sommet : promotion, réalisation de vos ambitions.
* Etre au sommet : évolution de votre situation, réussite sociale. Des personnes envieuses vous chercheront querelles.
* Le voir détruit : perte de situation, malchance.

CLOCHES
* Les entendre : vous recevrez de tristes nouvelles, peine profonde, dissenssions affectives.

CLOCHETTES
- Des bavardages futiles et sans intérêts.

CLOISON
* La construire : joie prochaine, changement favorable, promesse d'une vie meilleure.
* La détruire : malchance, malheur.

CLOITRE
- Besoin d'isolement et de quiétude. Réflexion sur son passé. Recherche d'une vie nouvelle, changement d'activité possible.

CLOTURE
- Des soupçons injustifiés. Recherche de protection. Besoin d'amitié fidèle et dévouée.
* La voir brisée : désespoir.

CLOU-CLOUER
* En faire usage : contraintes financières, dettes d'argent, tourments, perte d'estime et de considération. Disputes, chagrins, maladie possible.

CLOWN
* L'être : des propos malveillants, des médisances, des calomnies à votre égard, de la tristesse et de l'amertume. Restez indifférent à ces rumeurs et reprenez confiance.

COAGULATION
- Une période trouble s'achève. Des chagrins et de nombreux soucis s'effaceront devant l'espoir d'une vie meilleure.

COASSER
- Bavardages et médisances.

COBAYE
- Des recherches diversifiées pourront assurer des orientations différentes de vos possibilités.

COBRA (vous reporter à la définition de SERPENT)

COCAGNE (se reporter à la définition de MAT)

COCAINE
- De mauvaises affaires, des relations dangereuses, des risques inconsidérés vous conduiront à votre perte.

COCARDE
- Des opinions clairement exprimées délimiteront les responsabilités de chacun.

COCCINELLE
- Tendre nouvelle qui vous réconfortera.

COCHER
* L'être : vous parviendrez à déjouer les mauvaises actions dont vous pourriez être la victime. Rétablissement d'une situation délicate à votre avantage.

COCHON
- Chance prochaine, prospérité de vos affaires, réussite sociale, aisance au foyer. Prenez garde toutefois à ménager votre réputation.

COCHON D'INDE
- Mesquineries, railleries, méchancetés de votre entourage immédiat ou professionnel. Votre passivité et votre indifférence pourraient être préjudiciables.

COCKTAIL
- Vous risquez d'être trompé par vos amis, joies amères, déconvenues.

COCON
- Besoin de sécurité à l'écart de toute fréquentation douteuse ou intéressée.

CŒUR
* En souffrir : déception, contrariétés, vous serez offensé, humilié ; des proches se désintéresseront de vous, de nombreux problèmes à résoudre. Solitude, des problèmes de santé.

COFFRE/COFFRE-FORT
* Le voir rempli de richesses et de biens précieux : aisance financière, confort et bien être.
* Vide : difficultés, pertes d'argent, affaires malencontreuses, échec.

COGNAC
- Des instants de plaisirs avec des amis sincères, confidences secrètes.

COGNEE-SE COGNER
- Présage de discordes, de disputes violentes, d'épreuves douloureuses, médisances, jalousie.

COIFFE
- Des idées anciennes pourront avoir leur effet si leur application reste réfléchie et adaptée aux circonstances.

COIFFER (se)
- Amélioration d'une situation dont la conclusion vous restera favorable. De meilleures conditions à la progression de vos affaires.

COIFFEUR
- Des personnes de votre entourage nuisent à votre réputation. Médisances, bavardages, des tourments et des chagrins.

COINGS
- Fidélité dans l'amitié et dans le mariage, discrétion des sentiments.
* Avariés : de prochains ennuis affectifs.

COLERE
* La subir : des ennuis provoqués par votre entourage. Vous aurez à vivre une situation délicate et embrouillée par jalousie, mesquinerie. Climat passionnel, vengeance, haine. Soyez clairvoyant dans vos décisions.
* L'avoir : vous obtiendrez satisfaction sur le réglement d'une affaire délicate.

COLIBRI
- Présage de joie et de bonheur.

COLIFICHETS
* Les utiliser : dépenses inutiles et coûteuses. Votre désir de plaire ne portera pas écho.

COLIQUE
- Des contrariétés avec votre entourage auront quelque conséquence sur vos rapports affectifs. Des privations seront indispensables pour rétablir certaines défaillances financières.

COLIS
* Le recevoir : des affaires intéressantes et fructueuses, des changements avantageux dans un proche avenir.
* L'envoyer : des ennuis et tracas à court terme.

COLLE
- Des empêchements et contrariétés, des soucis sans grande importance.

COLLER (des affiches)
- Contrariétés en affaires, déception, malentendus, mensonge.

COLLIER (de bijoux)
* Le voir ou le porter : confort financier, joie affective, bonheur familial, réconciliation. Selon le contexte du rêve, il peut aussi signifier, perfidies, intrigues,trahison.
* Le perdre : des ennuis et peines à l'horizon.
* Le trouver : des gains ou avantages d'argent.

COLLIER (pour un animal)
* En faire usage : la situation restera en votre faveur. Vous conserverez la maîtrise des événements. La conclusion de vos initiatives vous sera avantageuse.

COLLINE
* Y monter : amélioration de vos conditions financières. Situation en progression, affaires fructueuses, réussite d'autant plus promettteuse que l'ascension aura été aisée.
* Parvenir au sommet : ambitions réalisées, espoirs satisfaits, chance en affaires, ou dans votre vie intime et familiale.
* En redescendre : espérances compromises, projets retardés ou inadaptés, déception.
* Une colline qui s'effondre : des contrariétés provoquées par un adversaire.

COLOMBE
- Union heureuse, joies familiales. Une prochaine naissance, des affaires et une situation en rapport avec ses désirs.
* Qui roucoule : un décès douloureux.

COLOMBIER
* Vide et abandonné : désespoir dans la maison, détresse morale.

COLONEL
* Le rencontrer : des relations influentes vous assureront de leur concours pour concrétiser vos projets.

COLONNE
* La voir, y monter : vous êtes estimé, des personnes influentes vous donneront leur appui, honneurs, distinctions,
* La voir brisée : perte d'une amitié réelle, maladie, solitude.

COLORIER
* Vous-même : vous pratiquez le mensonge et les rumeurs perfides. Vous serez méprisé et traité en conséquence.

COLOSSE (se reporter à la définition de GEANT)

COMA
- Des circonstances éprouvantes décideront de votre situation. Vous

resterez impuissant face aux difficultés qui pourront vous assaillir. Malchance. Des ennuis de santé sont à redouter.

COMBAT
- Discussions, disputes, querelles avec des proches ou des relations. Des soucis et difficultés vous seront donnés.
* Perdre un combat : malchance, maladie, malheur.

COMBINAISON
* Feminine : séduction et tendresse. Des instants de bonheur intime. Joie affective.
* De travail : vos activités seront bénéfiques. Vos projets se dérouleront selon le format que vous souhaitiez. Espoir de réussite.

COMEDIE
- Des nouvelles contrariantes. Vous avez un caractère fragile devant les événements et vous acceptez difficilement la déloyauté et l'hypocrisie. Vous serez déçu et trahi.

COMETE
- Angoisses, difficultés importantes, conflits familiaux ou professionnels, pertes financières, maladie grave, affliction.

COMIQUE
* D'une situation : la dérision dont vous faites preuve ou dont vous constaterez les effets aura des répercussions avantageuses sur votre manière d'agir.
* D'une personne : des attitudes sournoises et moqueuses auront raison de vos intérêts.

COMMANDER
- Des personnes de votre entourage mettront à profit votre naïveté, votre bonté, votre manque d'autorité. Votre excès de confiance déclenchera des querelles.

COMMERAGES
* Sur vous : des calomnies, des intrigues dues à la jalousie et à l'envie. Vous serez isolé d'amitiés pourtant utiles.

COMMERCANT
- Faire du commerce : affaires fructueuses, abondance de gains avantageux, satisfaction, contentement.

COMMISSAIRE
- Des affaires familiales ou professionnelles difficiles, des litiges, des oppositions. Vous serez guidé et protégé par des personnes de confiance.

COMMODE
* Garnie : sécurité dans la gestion de vos affaires. Vous recevrez de bons conseils et l'appui de vos amis.

COMMUNION
* La recevoir : réalisation de vos souhaits, accomplissement de vos projets.
* Sans avoir fait pénitence : misère et malheur.

COMPAGNON
- Une personne ou un animal domestique : vous recevrez le soutien affectif d'un proche ou d'une amitié sincère. Des appuis vous seront utiles pour parvenir à franchir les obstacles.

COMPAS
- Vous apportez trop de réflexion à une affaire pour laquelle il n'y a pas d'issue possible.

COMPASSION
* L'éprouver pour quelqu'un : témoignage d'intérêt et de dévouement de certains de vos amis, dans une situation délicate.

COMPETITION
* Y participer : des contraintes vous seront imposées par vos rivaux. La conclusion des actions entreprises vous sera précisée selon l'issue de la compétition et les circonstances que vous pourrez constater.

COMPLICE
- Une situation délicate dans laquelle certaines personnes de votre entourage auront une attitude ambigúe peu favorable à vos intérêts. La prudence vous sera nécessaire si vous ne désirez pas courir le risque d'être spolié.

COMPLIMENTS
* En faire : manque de loyauté. Vous appréciez le mensonge et l'intrigue à l'égard d'autrui.
* Les recevoir : signe précurseur d'ennuis, apportez toute la prudence nécessaire si vous ne souhaitez pas échouer dans vos activités par des appréciations mensongères.

COMPLOT-COMPLOTER
- Diverses relations de votre entourage déterminent à votre encontre des actions dont vous pourriez constater les effets négatifs. Jalousie et méchanceté. Ruse et perfidie. Vos moyens resteront limités pour protéger vos intérêts.

COMPOSITEUR
* L'être : mésentente avec vos amis, des ennuis, privations, solitude.

COMPTABLE
- Vos efforts seront productifs de richesse et de pouvoir.

COMPTE-GOUTTES
* En faire usage : la patience et la tolérance devront vous être acquises afin d'affronter les nombreuses difficultés que l'adversité vous réserve. Vous parviendrez à vos fins après un long parcours. Des ennuis de santé sont possibles. Les amitiés ne vous feront pas défaut.

COMPTER
- Des incertitudes financières, des doutes. Vous craignez de ne pouvoir mener à bien vos projets.

COMTE-COMTESSE
* L'être : vous avez tendance à vouloir paraître en société, sans que pour autant vous disposiez des moyens nécessaires.

CONCERT
- Joie et plaisirs intimes après de durs instants de labeur et de soucis. Détente familiale, besoin de repos et d'évasion.
* Le diriger : vous triompherez de situations difficiles. Estime et considération.

CONCIERGE
- Des médisances, des ragots, envie et jalousie sont de votre entourage.

CONCOMBRES
- Des espoirs déçus, des démarches inutiles, indifférence de vos amis ou relations.

CONCOURS
* Le passer et le réussir : de nombreux obstacles à franchir, pour atteindre l'objectif fixé. Vous n'aurez aucun appui. Votre persévérance, votre courage seront récompensés.

CONDAMNER
* Etre condamné : vous subirez les conséquences d'une situation que vous souhaitiez à votre avantage, humiliation, malchance et tristesse.
* Condamner quelqu'un : vous rendrez inoffensif une personne rivale à vos projets. Votre situation, désespérée sera résolue à votre avantage.

CONDUIRE (un véhicule)
- Vous recevrez des nouvelles, des décisions seront à prendre. Des actions de votre fait vous assureront une évolution de votre condition, favorable si aucun accident n'a été constaté.
* Voir une autre personne conduire : déception, retard, amertume, perte d'argent, situation affaiblie.

CONFERENCE
* La diriger : crainte de ne pouvoir vous imposer en société et de voir vos idées ainsi refusées. Déception de l'entourage, des contrariétés possibles.

CONFESSER
* Se confesser : des confidences à des personnes inconnues amèneront des critiques nuisibles à vos intérêts.
* Confesser une personne : des informations discrètes vous seront utiles pour résoudre une situation délicate.

CONFESSIONNAL
- Votre attitude à l'égard de vos proches n'est pas sans reproche. De mauvaises pensées, des actes malveillants entâcheront des rapports dont vous aviez les faveurs.

CONFETTIS
- Des instants de joie et de bonheur parmi des personnes chères à vos pensées.

CONFIDENT-CONFIDENCE
- Des secrets vous seront révélés dont l'usage risque de vous porter préjudice selon la manière que vous utiliserez. Message de prudence annonciateur de difficultés prochaines.

CONFITURE DE FRUITS
- Joies et plaisirs familiaux. Des amitiés fidèles et durables.

CONGES (partir en)
- Des déceptions dans vos activités professionnelles. Des discussions qu'il serait préférable d'éviter. Calmez-vous, vous êtes trop agité et anxieux.

CONGELER UN ALIMENT
- Des ennuis risquent de vous éprouver. Relations familiales compromises. De petites peines.

CONGRES
* Y assister : une prochaine manifestation vous donnera l'occasion d'agrandir le cercle de vos relations et d'enrichir vos connaissances.

CONJURATION
* La dénoncer : vous perdrez l'estime de ceux auprès de qui vous souhaitiez vous imposer.

CONNAISSANCES
- Un secret vous sera dévoilé dont l'importance vous sera précieuse dans la conduite de vos affaires.

CONSEILS
* En donner : reproches, querelles, des préoccupations familiales. Soyez indulgent.
* En demander : vous manquez d'autorité dans vos décisions. Une personne de votre entourage intrigue contre vous.

* En refuser : des déconvenues, des déboires à attendre.

CONSERVES
- Période prochaine de privations et de rigueur. Il vous faudra être patient et tolérant. De petites réserves financières vous seraient particulièrement utiles.

CONSOLER
* Etre consolé : vous recevrez l'amitié ou le soutien d'une personne dont vous avez gagné l'estime.
* Consoler une personne : grand besoin de réconfort dans une période éprouvante.

CONSPIRATION-CONSPIRER (se reporter à la définition COMPLOT)

CONSTAT-CONSTATER
- Achèvement d'une période. Insuccès ou échec. Impuissance ou incapacité. Remise en cause de certains principes de vie.

CONSTELLATION (se reporter à la définition FIRMAMENT)

CONSTIPATION
- De belles perspectives d'avenir dans votre situation professionnelle ou financière.

CONTESTATION
- Vous serez amené à défendre vos intérêts face aux oppositions de votre milieu familial ou professionnel.

CONSTRUIRE
- Heureux présage, des événements favorables vont se produire. Vos projets reprendront vie. Vos espoirs se concrétiseront. Esprit d'initiative. Décisions heureuses. Promesse d'évolution dans vos activités.

CONTE
- De paisibles moments de bonheur en famille, quiétude et repos.

CONTRAT
* Le conclure : déceptions et contrariétés. Espérances déçues dans la réalisation d'une affaire importante.

CONTRAVENTION
- Des nouvelles contrariantes. Des litiges, oppositions familiales ou professionnelles. Des événements en relation avec les autorités légales.
* La régler ou la détruire : vous parviendrez à vous imposer.

CONTREBANDE
- Des relations douteuses risquent de compromettre votre situation financière.

CONTREBASSE
- Douceur affective. Intimité et compréhension.

CONTROLEUR
- Des nouvelles désagréables, des litiges à régler sans retard, des contestations délicates de votre entourage.

CONTUSIONS
- Des ennuis prochains, reproches, disputes, méchancetés.

CONVALESCENCE
- De meilleures perspectives financières. Une période moins trouble, vous permettra de réaliser vos ambitions. Retour de la chance. Projets revalorisés.

CONVOI FUNERAIRE
- Un changement important et définitif de votre situation à l'égard de vos proches. Des perspectives différentes vous seront proposées

qui pourront modifier de façon notable vos habitudes de vie.

COPEAUX
- Gardez vous des flatteurs. Soucis et pertes financières possibles. Vous n'apportez pas suffisamment de prudence dans vos relations. Votre confiance sera abusée.

COPIER
- Honte, humiliation et déshonneur.

COQ
- Présage heureux.
* Voir un coq, l'entendre chanter : annonce des instants de joie. Succès dans vos entreprises. Réussite de vos projets. Satisfactions dans votre profession, chance.
- En revanche :
* Voir un coq pondre, vouloir l'attraper ou assister à un combat de coq : vous laisse craindre des disputes familiales, des événements fâcheux.

COQUELICOT
- Plaisir de la campagne, joie d'un repos mérité.

COQUILLAGES
* Vivants : symbole de joie et de bonheur. Bonne entente familiale, activité professionnelle excellente, abondance, richesses.
* Morts : soucis et déconvenues, espoirs déçus, des retards dans vos projets, des contraintes pénibles à supporter.

COQUILLES DE NOIX
- Déceptions amicales, des relations sentimentales tourmentées, inquiétudes.

COQUILLES D'OEUF
* Des coquilles brisées : vous annoncent la perte d'une amitié ; une fâcherie, une rupture avec l'un de vos proches. Peut indiquer également un deuil dans vos relations.

COR AU PIED
- Entraves et difficultés sans gravité.

COR DE CHASSE
* En jouer : des peines affectives. Vous serez délaissé. Risque de séparation.
* L'écouter : des nouvelles heureuses et rassurantes.

CORAIL-CORAUX
- Des risques de contrariétés et de soucis dans un avenir proche.

CORBEAU
- Signe funeste. Vous serez éprouvé par la douleur et le chagrin, maladie, deuil, grande solitude morale.
* L'entendre croasser : mauvaises nouvelles.

CORBEILLE
* Remplie de fleurs ou de fruits : joie, gaieté, entente conjugale ou réconciliation. Espoir de grands instants de bonheur.
* Remplie de linge sale : embarras financiers, des querelles avec des personnes mal intentionnées.
* Remplie de pain : soucis, inquiétudes en affaires, contrariétés d'argent.
* A papier : des secrets vous seront révélés par inadvertance. Vous risquez de commettre certaines imprudences.

CORBILLARD
- L'une de vos proches relations sera gravement malade, perte probable d'une personne aimée, revers de fortune possible.

CORDE
- Symbole de transition entre deux situations, signe favorable dans la mesure ou la corde vous est apparue neuve ou en bon état : vos projets seront réalisés dans les meilleures conditions, sécurité et appui, protection.
* Usée, rompue : soucis et contrariétés, obstacles en affaires.
* L'acheter ou la vendre : des affaires ou des relations compromettantes, danger.
* Etre ligoté : dissenssions, dommages financiers, maladie.

CORDONNIER
* Le voir : vous recevrez conseils, aide et appui dans vos entreprises, démarches fructueuses, réussite de vos projets après de pénibles incertitudes.

CORMORAN
- Déception et amertume.

CORNEILLE
- De funeste indication. Une grave maladie dans votre entourage. Disparition d'une personne aimée, douleur cruelle, tristesse.

CORNEMUSE
- Malchance en amour, tristesse du cœur, soucis pécuniers.

CORNES
* D'un animal : signe de prospérité et d'abondance. Vous êtes téméraire avec un certain goût du risque.
* Brisées : maladie, santé déficiente.
* Asymétriques : graves difficultés financières.
* En porter : humiliation, duperies, jalousie perfide à votre égard.
* Les voir sur une autre personne : des soucis et contrariétés vous assailleront bientôt.

CORNICHE
- Menace d'un danger prochain. Risque d'une situation complexe et désavantageuse.

CORNICHONS
- Manque de sociabilité de vos relations. Certains de vos amis vous décevront dans leur attitude et leur comportement. Votre sincérité sera éprouvée.

COROLLE DE FLEURS
- Tendresse et bonheur. Joie affective.

CORPS
* Avoir un corps harmonieux, équilibré, en parfaite santé : réussite financière, sécurité et bonheur familial.
* Avoir un corps plus fort et plus grand qu'à l'habituel : amélioration financière, agrandissement du cercle familial.
* Plus petit, moins développé : restriction financière, maladie, soucis familiaux.
* Blessé, amputé : pertes financières ou de situation.
* Rongé par des animaux sauvages ou parasitaires : détresse affective et morale, soucis familiaux et financiers.
* En décomposition : maladie grave, péril proche.
* Mis en état de nudité : humiliation, honte.

CORPULENCE
* Etre corpulent : accroissement de vos biens, aisance financière, bonne santé.

CORRIDA
- Situation conflictuelle dont vous serez le témoin et dont certaines conséquences pourraient vous être reprochées.

CORRIDOR
* L'emprunter : changement de situation, désavantageux s'il apparaît triste et sombre, favorable dans le cas contraire.

CORSAGE
- Des liens affectifs se préciseront. Des sentiments sincères et dévoués vous seront acquis.

CORSAIRE
* Le voir : méfiez-vous de prétendus amis. Des affaires mal maîtrisées vous feront perdre de l'argent.
* L'être : réussite et succès au mépris des convenances, témérité, confiance en soi.

CORSET
* Le voir porté par un homme : des contraintes imposées par votre entourage, déconvenues.
* Le voir porté par une femme : risque de disputes conjugales, infidélité.

CORTEGE
* Nuptial : heureux événement familial, cérémonie, festivités, rencontres.
* Funèbre : grave maladie, risque de décès d'un proche parent.

COSTUME (d'homme)
* De bonne coupe, élégant et séyant : situation confortable, aisance financière, sécurité.
* Etroit, mal ajusté, sale, rapiécé : mésentente, mépris, humiliation, tristesse, soucis d'argent.

COTON
- Une période délicate s'annonce : affaires infructueuses, malchance, duperies, des soucis. Vous aurez le regret de ne pouvoir concrétiser vos désirs et de connaître des instants heureux.

COU
* Solide : sûreté de soi, confiance, responsabilités importantes, pouvoir, réussite financière.
* Court et mince : fragilité de caractère, solitude, angoisse, manque de réussite.
* Malade : santé à surveiller, manque de résistance dans l'effort.
* Décapité : perte de situation, faillite, misère, pauvretè.

COUCHER
* Seul : des ennuis et contraintes d'ordres familiaux ou professionnels, solitude affective ou amicale, des problèmes de santé à ne pas négliger.
* Avec une personne de même sexe : chagrins, soucis, déceptions financières, échec, rivalité d'affaires.
* Avec une personne que vous aimez : soutien affectif, réconfort, appui, réconciliation, compréhension, entente conjugale.
* Avec une personne de sexe opposé, inconnue : une prochaine opportunité amoureuse.

COUCOU
- Chagrins et tristesse : une femme est infidèle.

COUDES
* Blessés, douloureux : de prochaines contrariétés, des rivalités, des obstacles.

COUDRE
- Présage de prospérité et de réussite, de nouvelles possibilités vous seront offertes.

COULEURS
- La « présence », le « rôle » joué par l'intermédiaire d'un objet ou d'une personne, le sentiment de bien-être, ou de malaise, sinon de

répulsion d'une couleur auront une signification importante dans la compréhension d'un rêve. Afin de vous aider dans ces recherches, quelques définitions de couleurs vous sont proposées parmi les plus fréquentes.

* Blanc : virginité, pureté, innocence, changement de condition.

* Bleu : douceur, richesse de sentiments, plaisir de vivre, nostalgie.

* Gris : inquiétude, angoisse, nostalgie.

* Jaune : joie de vivre, bonheur, spontanéité, intuition.

* Marron : intimité de l'âme, méditation, sagesse.

* Noir : tristesse et chagrins, solitude morale, deuil.

* Orange : intuition, richesse de l'esprit, initiative.

* Rose : symbolise la tendresse, l'affection, l'amour, la douceur de vivre.

* Rouge : ardeur, passion, combativité, force.

* Vert : volonté, persévérance, confiance, espérance.

* Violet : sensibilité, désir union spirituelle, abnégation, renoncement.

COULEUVRE

- Perfidie de votre entourage familial ou professionnel, disputes, traîtrise.

* La chasser, la tuer : vous vaincrez vos adversaires.

COULOIR

* Clair, d'aspect agréable, d'accès aisé : réussite de vos projets dans d'excellentes conditions.

* Dans le cas contraire, des difficultés nombreuses avant de parvenir aux résultats souhaités.

COUPABLE

* L'être : nouvelles particulièrement désagréables, tristesse, tracasseries, empêchements, contraintes, ennuis divers.

COUPE

* Remplie de vin ou de champagne : joies familiales, plaisirs de l'amitié.

* Vide, brisée : désolation, tristesse.

COUPER (un objet)

- De gros ennuis en perspective, malchance, insuccès, échec, des privations seront indispensables, dettes d'argent, soucis affectifs.

COUPERET

* Le voir en activité : grand malheur.

COUPOLE

* La voir : vous bénéficierez d'appui et de protection dans la résolution d'affaires pénibles ou douloureuses.

COUPS

* En recevoir : honte, humiliation, victoire laissée à vos adversaires.

* En donner : chagrins. Vous saurez défendre vos intérêts au détriment de votre considération.

COUR

- Vous rêvez d'une cour :

* La vôtre : des disputes familiales, des reproches, pleurs amers.

* Inconnue : de nouvelles relations profitables à vos intérêts.

* Celle de vos voisins : commérages, intrigues, ragots seront de rigueur.

* De château : amélioration prochaine de votre situation. Des appuis solides.

* De maison : besoin de réconfort, souci d'une protection et d'un soutien amical.
* De ferme : chance, affaires prospères, gains financiers.
* D'usine : des possibilités financières nouvelles, des rentrées d'argent.
* De prison : malchance, manque de réussite, dettes financières, solitude.

COURBER (se)
* Se voir courbé : déception, humiliation, dans vos activités familiales ou professionnelles, lassitude morale.
* Voir une autre personne courbée : vous aurez gain de cause dans une situation délicate.

COURGE-COURGETTES
- Déception de vos relations, les appuis ou recommandations que vous recherchiez vous font défaut. Evolution retardée de vos affaires, de nouveaux plans vous seraient profitables.

COURIR
* Se voir courir seul : résolution de vos difficultés. Vos projets seront menés à leur terme. Satisfactions financières.
* Ne pas pouvoir courir : soucis, ennuis, contraintes imprévues, retard ou échec dans un projet. Des amitiés malveillantes.

COURONNE
* De fleurs : joies intimes et profondes, bien être familial, sérénité au foyer.
* D'or ou de pierres précieuses : votre ambition, votre désir de parvenir à une position sociale élevée seront satisfaits.
* D'épines : peines et souffrances, douleur morale, solitude.
* D'ossements : maladie grave et décès.
* De lauriers : intelligence, mariage, fécondité.

COURONNER
* Se voir couronné : réussite prochaine, ascension de votre situation, appui et protection.

COURRIER
* En recevoir : des nouvelles intéressantes relatives à vos activités ou aux sentiments.
* L'égarer : désagréments, mauvaises surprises.
* L'envoyer : des dépenses imprévues, petite perte d'argent.

COURSE
* A pied : évolution de votre situation, réussite prochaine.
* De chevaux : bon présage, peut être l'indication de rentrées d'argent imprévues.
* De voiture : désir profond de changement, tentatives pour y parvenir sans résultat.

COURSIER
- Des modifications prochaines dont vous aurez l'avantage.

COURTIER
- Des relations d'affaires dont vos activités pourraient subir les inconvénients si vous n'y prenez garde.

COUSIN-COUSINE
- De prochaines retrouvailles, réconciliation affective, union heureuse.

COUSSIN
- Surveillez vos propos. Vos bavardages sont utilisés à votre encontre.

COUTEAU
- Danger proche et menaçant, querelles, dissenssions, graves ressentiments, haine et jalousie.

COUTURIERE
- Changement de condition favorable, promesses de satisfactions prochaines.

COUVENT
- Souffrances morales, détresse, solitude. Besoin de réconfort et de soutien affectif. Rejet des amitiés ou relations sans valeurs.

COUVERCLE (d'une boite)
- Vos secrets seront dévoilés, des rumeurs déplaisantes à votre sujet.

COUVERTS DE TABLE
* En faire usage : de nouvelles relations ou amitiés dont la fréquentation sera bénéfique à vos activités.
* En argent : chance et succès. Réussite financière.
* En métal rudimentaire : vous resterez à l'abri du besoin. Sécurité d'argent.
* D'aspect douteux : de nombreuses contraintes affectives ou financières. Des soucis familiaux.
* Les retirer : maladie familiale. Séparation affective. Ennuis et chagrins.

COUVERTURE
- Vous apporterez ou vous recevrez aide et soutien dans une période agitée ou la maladie sera la principale partenaire. Beaucoup de sollicitude et d'affection.

COUVRE-FEU
* Le connaître : des événements subits vous imposeront la prudence, des troubles graves vous bouleverseront.

COUVRE-LIVRE
- Des relations ou des faits dont la réalité sera en désaccord avec vos appréciations.

COUVRE-PIEDS
- Aisance au foyer, bien être affectif, gains d'argent et satisfaction financière.

COUVRIR (se)
- Une prochaine période de soucis et de contraintes.

COYOTE
- Des relations malveillantes dont les propos ou les actions désavantageront vos intérêts. Des ennuis financiers préjudiciables.

CRABE
- Des personnes peu scrupuleuses vous exploitent sous des aspects amicaux et bienveillants.

CRACHER
* A terre : vous devrez fournir beaucoup d'efforts pour parvenir à vos fins.
* Sur une personne : malchance, vous subirez une grave offense.

CRAIE
- Des ennuis de santé sans gravité, des soucis d'argent occasionnels.

CRAMPES
* En souffrir : impuissance à résoudre certains problèmes. Des préoccupations essentielles resteront contraires à vos espérances. Santé fragile.

CRANE
- De mauvais présage, misères imminentes, de graves soucis d'ordre affectif, professionnel, financier, chagrins et tristesse.

CRAPAUD
* Le voir : danger proche, des contraintes d'argent, des intérêts financiers compromis, disputes, conflits avec des relations.
* Le tuer : vous surmonterez les difficultés et mettrez à raison vos détracteurs.

CRAQUEMENTS
- Contrariétés prochaines ; des relations affectives compromises. Soucis familiaux.

CRAVACHE
* L'utiliser : trop peu de conciliation de votre part. Vous êtes hautain et dédaigneux d'autrui.
* En être frappé : vous subirez un outrage, honte et humiliation.

CRAVATE
* La porter : soyez moins conformiste à l'égard de personnes dont vous avez l'estime.
* La retirer : votre situation subira quelques désavantages.

CRAYON
* En faire usage : de pénibles nouvelles vous parviendront, grande tristesse, peu de moyens pour affronter les événements.

CREANCES
- Des nouvelles peu agréables qui vous laisseront dans une situation délicate.

CRECELLE
- Médisances, des relations proches vous sont nuisibles. Des conséquences sont à redouter.

CRECHE
- Joie familiale, nouvelle heureuse.

CREDIT
- Signe de prochaines difficultés financières, restrictions et privations vous sont réservées, des sommes d'argent seront perdues, vol et abus de confiance.

CREME
- Grande joie, chance d'argent.

CRENAUX DE FORTERESSE
- Des litiges et des ennuis que vous allez devoir affronter dans un proche avenir.

CREPE
- Circonstance familiale heureuse, invitations, repas, rencontres de parents ou de proches, bonheur affectif.

CREPI (d'une maison)
- Des jugements hâtifs défavoriseront vos intérêts. Certaines contraintes peuvent apparaître lors d'un examen approfondi.

CREPUSCULE
- Un changement va se produire dans votre vie. Le crépuscule marque la fin d'une étape, prélude d'une nouvelle période, différente de la précédente.

CRESSON
- Malentendus sentimentaux, disputes entre amis.

CREUSER
- De nouvelles perspectives financières, gains d'argent, réussite sociale, d'autant meilleures que vous trouverez quelquechose d'inattendu et de précieux.

CREVASSE
* Voir une crevasse : menace de circonstances dont vous pourriez avoir à regretter les effets.

* Y tomber : serait de fâcheuse indication.

CRICKET
- Vous fréquentez des gens peu en rapport avec votre situation.

CRIER
* Entendre crier ou pousser des cris : de mauvaises nouvelles vous parviendront, des contraintes vous seront imposées. Soucis graves, ennuis, difficultés importantes, détresse et solitude.

CRIME
* Assister à un crime, ou à sa préparation : heurts familiaux graves, querelles violentes, des intérêts financiers, des jalousies, de cruels instants, santé délicate.

CRIN
- Décadence de vos affaires. Pauvreté et misère.

CRINIERE DE CHEVAL
- Indépendance et solitude. Recherche d'un horizon différent. Un changement de vie possible.

CRINOLINE
- Des instants heureux. Joie et bonheur.

CRISTAL
- Soyez d'une grande vigilance face à la déloyauté et à l'hypocrisie de certaines personnes de votre entourage.

CRITIQUE
* Etre critiqué : honte et chagrin.
* Critiquer : considération d'autrui.

CROCHET
* Le posséder, l'utiliser : il vous faudra surmonter des obstacles. Vos activités manquent de sagesse et de probité.
* Faire du crochet : des bavardages futiles et nuisibles.

CROCODILE
- De mauvaises intentions à votre égard, l'une de vos connaissances cherche votre perte. Votre situation risque d'être compromise par des actions fâcheuses dont vous serez la victime.

CROISEMENT
- Un changement pourrait vous être profitable. Sachez prendre la décision convenable.

CROISIERE
- Des perspectives nouvelles seront données à vos projets, des orientations différentes vous procureront des résultats positifs et heureux. Chance et bonheur.

CROISSANT
- Abondance de biens, richesses, profits.

CROIX DU MERITE
- la chance vous accompagnera. Vous serez estimé et apprécié.

CROQUE-MORT
- Des nouvelles subites et contrariantes.

CROSSE (d'une arme)
* La voir : des ennuis prochains dont les conséquences vous seront préjudiciables. Des oppositions ou rivalités.
* La tenir : vous disposerez des arguments nécessaires au maintien de votre autorité et de vos intérêts.

CROTTES
- Chance et réussite, vos affaires seront favorisées, joies affectives.

CROTTIN DE CHEVAL
- Présage d'une période heureuse de chance et de succès, assurance d'argent, gains exceptionnels inattendus.

CROUPIER
- Des contraintes financières dont l'importance risque de vous surprendre. Des dettes sont à prévoir.

CROUTE
* De pain : Quelques difficultés sont à prévoir, des soucis financiers, des privations momentanées, désagréments et tristesse.
* De fromage : l'abondance vous a été préjudiciable. Imprévoyance et excès.

CRUCHE
* Pleine : joies affectives, retrouvailles, réconciliation, union heureuse.
* Vide : infortune, chagrins, solitude, problème de santé.
* Brisée : détresse, rupture, séparation, deuil.

CRUCIFIX
- Présage de sacrifices et de dévouements. Vous éprouverez une douleur cruelle, disparition d'une personne aimée.

CRUSTACES
- Déception. Une personne de votre entourage vous sera perfide, votre confiance sera abusée, tromperie, infidélité, peines.

CUBE
- Représentatif de la stabilité et de l'harmonie.

CUEILLIR (des fruits, des fleurs)
* Soi-même : avantages d'argent, bonheur au foyer, prospérité.
* Voir une autre personne : des soucis, vos biens seront concernés, des proches vous chercheront querelles, litiges, contestations, jalousie.

CUILLERE
- Des contrariétés, des soucis d'ordre financier, des relations familiales éprouvantes.

CUIR
* En posséder : gains financiers, chance et prospérité, considération d'autrui.

CUIRE
* Des aliments : avantages financiers, promesse d'argent, santé excellente.

CUISINE (le local)
* Propre et gaie : entente familiale, joie et plaisirs affectifs. Bien-être. Bonheur au foyer.
* Sale, désordonnée : discussions. Disputes. Incompréhension. Tristesse.

CUISINER
- Des changements avantageux dont vous serez bénéficiaire, des rencontres profitables. Joies familiales.

CUISINIER
* En activité chez soi : compréhension familiale. Bonheur. Dépenses dont il faudra mesurer l'importance.

CUISSES
* Les voir : déception et humiliation, des projets retardés, des contraintes, soucis affectifs, ennuis professionnels, des promesses non tenues, des certitudes non réalisées.

CUIVRE
- Situation en amélioration, aisance financière, sérénité familiale, vie paisible, affection partagée.

CUL DE JATTE
- Un danger vous menace

CULOTTE
- Vie affective décevante, infidélité, recherche du plaisir avec des personnes immorales, détresse morale.

CULTIVATEUR, CULTIVER (se reporter à la définition AGRICULTEUR)

CURE
* Le rencontrer : apaisement et réconfort, sagesse et droiture Une affaire difficile verra une conclusion honorable à votre intention.

CURE-DENTS
* L'utiliser : des craintes financières justifiées. Une déception amère et coûteuse.
* Le voir : vous vous préparez à des circonstances qui péseront lourdement sur votre budget.

CURE THERMALE
* S'y trouver : de meilleures conditions vont effacer les chagrins des épreuves passées.

CUVE
* Pleine de vin : abondance, succès de vos affaires, gains financiers, chance.
* Remplie d'eau pure : vie sereine, sécurité au foyer, disparition des obstacles.
* Remplie d'eau croupissante : soucis et difficultés, entente familiale compromise, disputes, colères, menaces.
* Vide : détresse, misère, solitude affective.
* Percée, fissurée : malheur, péril proche, danger.

CYANURE (se reporter à la définition POISON)

CYCLAMEN
- Des sentiments profonds et discrets.

CYCLISTE
- Des nouvelles prochaines. Des modifications à votre manière de vivre. Des aspects financiers différents.

CYCLOMOTEUR
- Des appuis dans vos démarches dont vous apprécierez l'utilité.

CYCLONE (se reporter à la définition OURAGAN)

CYCLOPE
- Des ennuis prochains. L'incompréhension et le mépris destabiliseront vos activités et mettront votre avenir en péril.

CYGNES
* Les contempler sur l'eau : joie du cœur et de l'esprit, plaisirs familiaux, harmonie conjugale, sécurité d'argent, sérénité.
* Un cygne noir : vous annoncerait déception affective, infidélité conjugale, mésentente.
* L'entendre chanter : séparation, rupture, deuil.

CYMBALE
- Grande joie affective et familiale, réunion heureuse entre amis.

CYPRES
- Douleur profonde, deuil familial, pertes d'argent.

D

Lettre symbolique de la laideur ou déchéance morale.

DACTYLOGRAPHE
- Des nouvelles officielles vous seront communiquées qui perturberont votre existence.

DAHLIAS
- Joies prochaines, nouvelles agréables, progressions financières, jalousies, envies.

DAIM
* L'animal : des relations profitables mais fragiles. Des perspectives heureuses selon l'attitude que vous adopterez.
- Le voir s'enfuir : vous apporterait désagréments et tristesse.
* Le cuir : succès et profit.

DAIS
* S'y abriter : vous bénéficierez de protections influentes, utiles pour vos affaires.

DALTONIEN
- Une mauvaise perception des événements vous inclinera à commettre des erreurs regrettables. La réflexion s'imposera avant toute décision.

DAMES
* Jeu de dames : relation amicale ou d'affaires douteuse, malhonnêteté, duperie, actes sournois et nuisibles à votre égard.
* En groupes : vous êtes l'objet de propos malveillants, calomnies, médisances, des espérances déçues, des projets contrariés.
* De haut rang : honneurs et protection.
* De petite condition : pauvreté, déchéance.

DANGER
* L'éviter : espoir d'amélioration, chance nouvelle, réussite prochaine.

DANSER
- Bonnes nouvelles, avenir heureux et prometteur, changement favorable, réussite et succès, chance en amour, gains financiers, promesse de mariage.

DARD
* Le voir : risque d'une situation conflictuelle. Vos adversaires menaceront vos intérêts. Perte d'influence et de prestige. Des contraintes financières.

DATE
* En prendre connaissance : vous serez informé d'un événement important et imprévu.

DATTES
- Chance affective, compréhension mutuelle, pensées sincères et profondes, bonheur.

DATTIER
* De bonne apparence et chargé de fruits : sentiments affectifs profonds et durables, Harmonie conjugale, confort du foyer, prospérité.
* Aux branches brisées, abattu : événement douloureux : maladie, décès.

DAUPHIN
* Le voir nager : des amis sincères et fidèles vous sont dévoués, aide et protection.
* Le voir hors de l'eau : perte d'amitié : fâcherie, décès possible d'un de vos amis.

DE A COUDRE (voir DES)

DEBARQUER
- Nouvelle étape de votre existence. Vous rencontrerez des conditions différentes de vie. Présage de difficultés, de soucis, d'épreuves financières et morales.

DEBARRAS
- Mise à l'écart de vos préoccupations majeures, au risque d'un détournement de situation impromptu préjudiciable à vos activités.

DEBARRASSER (se)
- Vous saurez vous libérer de liens qui contraignaient votre existence. Des conditions meilleures apporteront quelques soulagements dans votre manière de vivre.

DEBAT
- Des discussions qui ne vous laisseront aucune faveur particulière. Vos adversaires auront une meilleure connaissance de vos intentions qu'ils sauront utiliser avec profit.

DEBATTRE (se)
- De nombreuses difficultés. Des soucis particulièrement virulents qui remettront en cause certains de vos projets.

DEBAUCHE
- Déception, nouvelle désagréable, espoirs affectifs ou professionnels déçus. Vous serez lésé ou humilié, craintes financières.

DEBITEUR
- Des préoccupations dont la négligence serait fatale à vos ambitions.

DEBORDER
* Un récipient qui déborde : dommages financiers sans conséquence grave, contrariétés passagères.

DEBOUTONNER
* Un vêtement : des rapports moins austères, une confiance partagée, des confidences utiles à vos démarches.

DEBRIS (d'objet)
- Echec de vos affaires, difficultés affectives, disputes familiales, séparation, rupture, maladie.

DEBUSQUER (un animal)
- Des éléments favorables à la progression de vos affaires. Espoir de réussite. Chance.

DEBUTER-DEBUTANT
- Des activités différentes, des projets renouvelés, des ambitions réelles et réfléchies.

DECACHETER (un courrier)
- De mauvaises nouvelles. Vous serez trahi, des confidences vous seront révélées qui vous laisseront tristesse et amertume.

DECALCOMANIE
- Peut-être l'indication d'un message dont la signification serait précisée par les symboles représentés.

DECALQUER
- Pauvreté d'esprit, faiblesse des sentiments. Manque de personnalité.

DECAPITER
* Etre décapité : nouvelle cruelle, angoisse, maladie brutale d'un proche, deuil familial.
* Assister à une décapitation : vos détracteurs seront vaincus, triomphe sur vos ennemis, gain de procès.

DECEPTION
- Votre situation, se verra compromise par des actions néfastes sous la responsabilité de vos adversaires.

DECES (se reporter à la définition DEFUNT)

DECHARGE PUBLIQUE
- Annonce d'une période trouble, particulièrement défavorable à vos activités. De nombreux sujets de discussions, des disputes, des oppositions violentes. Des contraintes financières, des relations compromises.

DECHARGER (des objets)
* Chez soi : situation financière confortable, gains d'argent, réussite sociale.
* Chez d'autres : vous apporterez aide et réconfort à des personnes de votre entourage.

DECHIFFRER
* Un message : des nouvelles importantes dont la signification restera obscure ou étrange et qui sous une forme indéterminée bouleversera certaines modalités de votre vie.

DECHIRER (des documents)
- Déception, entraves, peines et chagrins, des contrariétés en affaires, projets retardés.

DECLOUER
- Espoir de conditions saines et équilibrées de votre situation financière, amélioration, perspective meilleure.

DECOIFFER (se)
* Les cheveux : une situation complexe et embrouillée, incertitude de vos décisions, insuccès de vos démarches. Solitude affective ou amicale.

DECOLLAGE
* D'un hélicoptère, d'un avion : des perspectives heureuses. De nouvelles intentions conduiront vos espérances vers des projets en conformité avec vos besoins et vos désirs. Chance et succès.

DECOLORER
* Les cheveux, des vêtements : nécessité de paraître différent de la réalité. Des préoccupations douteuses vous seront nuisibles. Hypocrisie et envie.

DECONGELER
- Des circonstances favorables au développement de certaines de vos idées décideront d'une amélioration de vos conditions.

DECORATION
* Se voir décoré : vous serez estimé, votre mérite sera apprécié. Belles promesses d'avenir et de réussite.
* D'une autre personne : relation privilégiée et utile à vos intérêts.

DECOUDRE
- Déception de votre entourage, amertume, contrariétés. Des initiatives malheureuses, des projets mal définis. Soyez plus lucide et moins confiant.

DECOUPER
- Des ennuis prochains. Reproches, discussions. Des propos malveillants mettront en cause votre intégrité et votre savoir.

DECOUVRIR (un objet)
- Nouvelle heureuse. Surprise d'un événement favorable à vos intérêts. Réussite inespérée.

DECROCHER
* Un tableau : ingratitude, incompréhension, mesquinerie de votre entourage.

DEDAIN
- Des actions entreprises par vos soins vous seront reprochées, jalousie, envie.

DEDICACE
- Vous serez apprécié et estimé. Succès de vos entreprises, réussite de vos ambitions.

DEFAITE
* La subir : honte et humiliation, mépris de vos relations.

DEFENDRE (se)
* D'une personne : vous serez désapprouvé. Vos intentions, vos idées ne seront pas admises, conflits, disputes.

DEFEQUER
- Présage de difficultés prochaines. Litiges familiaux ou professionnels, des contraintes financières, des dettes. Echec ou insuccès de vos démarches. Solitude affective et amicale. Incompréhension de votre entourage. Mépris de vos relations.

DEFICIT
* Le connaître : certains litiges vous seront reprochés. Vous supporterez les conséquences des erreurs commises.

DEFIER
* Une personne : difficultés prochaines. Risques de querelles, opposition, désaccords familiaux ou professionnels.

DEFIGURER
* Etre défiguré : solitude, détresse morale, rupture conjugale, éloignement affectif, chagrins.
* Voir une personne défigurée : honte et humiliation vous sont destinées. Vous porterez la responsabilité de fautes ou d'erreurs que vous avez commises. Echec dans vos projets, vos entreprises.

DEFILE
* Revendicatif : changement prochain dont les conclusions resteront désavantageuses pour la gestion de vos affaires.
* Militaire : une étape importante de votre vie prendra fin pour laisser place à des événements plus en conformité avec vos souhaits. Promesse de joie et de bonheur.
* Montagneux : une solution heureuse à la résolution de vos difficultés. Chance et réussite.

DEFONCER
* Les accès d'un habitat : la violence de vos actions aura un effet malencontreux sur la progression de vos affaires. Risque certain d'une situation conflictuelle ; de graves soucis en perspective.
* Un mur : chance prochaine. Votre détermination aura eu raison de l'adversité.

DEFRICHER
- De saines résolutions vous assureront d'un avenir meilleur. Courage et détermination, changement favorable.

DEFUNT
* Le voir : réconfort du cœur et de l'âme, certaines circonstances difficiles à résoudre, vous seront allégées. Vous recevrez le soutien affectif indispensable pour parvenir au résultat recherché. Aide et secours spirituel. Dans la mesure où cette démarche sera convenable aux désirs du défunt. Sinon l'expression de son visage sera suffisante pour

que vous puissiez comprendre la faute à ne pas commettre.

DEGATS (dans votre habitation)
- Soucis financiers, perte d'argent, contrariétés familiales, querelles d'intérêts. Des sacrifices seront à supporter. Sagesse et prudence.

DEGEL
- Un changement favorable de vos conditions. Espoir d'une réussite prochaine. Des amitiés retrouvées. Compréhension affective et familiale.

DEGOUT
- Cette sensation éprouvée dans le cours du rêve prévient d'un danger risquant de surprendre le rêveur.

DEGRINGOLER
- Dommages financiers, malchance dans vos activités professionnelles, échec.

DEGUENILLE (se reporter à la définition de GUENILLES)

DEGUISEMENT (d'une autre personne)
- Actes sournois, perfidies, trahisons, jalousies. Une personne de votre entourage agit contre vos intérêts et vous porte préjudice.

DEJEUNER
* Seul : isolement affectif, perte d'amitié, solitude morale, tourments, angoisses.
* En compagnie : amitiés retrouvées, joies, gaieté, bonheur au foyer.
* Inviter à déjeuner plusieurs personnes : des jalousies autour de vous, déloyauté.
* Voir votre femme ou mari déjeuner en compagnie : infidélité conjugale.
* Voir un proche parent déjeuner seul : des difficultés de santé et une grave maladie.
* Petit déjeuner (voir PETIT)

DELACER
* Ses chaussures : des instants de repos et d'attente.

DELINQUANT
- Des instants difficiles. Vos acquis et vos ressources se verront compromis par des propos ou des actes malveillants de vos rivaux. Des soucis d'argent, des pertes financières. Angoisse et déception.

DELIRER
* Se voir délirer : vous allez connaître une longue période de soucis et de déboires qu'il vous faudra affronter sans appui et sans aide.

DELIVRER
* Une personne : vous apporterez aide et conseils à une personne de votre entourage. Amitié nouvelle.
* Etre délivré : chance inattendue, réussite inespérée, amélioration de votre situation financière, gains d'argent, amitié sincère et dévouée.

DELUGE
* S'y trouver : vous risquez de grosses pertes financières et la disparition de vos biens.

DEMANDER
* S'entendre demander : de prochaines contrariétés, des actions malveillantes de votre entourage. Vous êtes l'objet de jalousie, de mesquineries.
* Faire une demande : des litiges graves, démarches judiciaires. Procès, inquiétudes.

DEMANGEAISON
- Des contrariétés, des tracas sans importance, des relations avec autrui délicates ou suspectes. Des réflexions malencontreuses à votre égard.

DEMAQUILLER
* Se démaquiller : perte du prestige et de l'influence du rêveur dans sa vie active ou familiale, de mauvais propos défavorables, jalousie de la part d'un tiers.
* Voir une personne se démaquiller : découverte d'un secret, confidences surprenantes et déconcertantes révélées.

DEMASQUER
* Se démasquer : honte et humiliation qui vous seront infligées.
* Une personne : vous viendrez à bout d'adversaires nuisibles.

DEMENAGEMENT
- Entraves, empêchements, contrariétés : déception affective, familiale ou professionnelle, désir de changement, des modifications en perspective, mais qui ne vous seront pas nécessairement favorables.

DEMENCE
* Etre dément : réussite financière inespérée : des solutions inattendues à des problèmes insurmontables. Joie et bonheur.

DEMENTIR
- Vous restez opposé à la vérité dont chacun à conscience.

DEMISSIONNER
- Refus des circonstances. Besoin d'une nouvelles vie, de conditions différentes, lassitude morale, espoir de changement.

DEMODE
- Quelques instants de bonheur avant la tristesse et le chagrin, désaccords familiaux, soucis d'argent, nostalgie.

DEMOISELLE D'HONNEUR
- Déception affective, difficultés sentimentales, retard dans un projet.

DEMOLIR-DEMOLITION
- Des peines et des soucis, des médisances à votre égard, des critiques, des oppositions à votre conduite et à vos actions. Vous subirez un affront, maladie ou décès.

DEMON (voir DIABLE)

DENONCER
* Une personne : des nouvelles désagréables, rivalités, concurrences, déboires financiers, heurts affectifs ou familiaux.
* Etre dénoncé : vous parviendrez à vaincre vos détracteurs et rétablir la confiance parmi vos connaissances.

DENTELLES
- Frivolités sentimentales, rencontres heureuses de courtes durées, insouciances et désinvoltures.

DENTIFRICE
- Des arguments vous seront proposés pour assurer la justification de vos droits et la protection de votre vie affective.

DENTS
* Avoir des dents saines : richesse, fortune, santé amélioration de votre situation et de votre aisance financière, avenir confortable et assuré.
* Avoir des dents en mauvais état, abîmées, cariées : soucis financiers,

pertes d'argent ou de biens, santé délicate, maladie.
* Des dents malpropres. sales, malodorantes : calomnies, médisances, malveillance à l'égard des membres de la famille.
* Des dents qui tombent : maladie, décès familial.
(Au contraire d'une dent qui pousse, qui indiquerait une extension de la famille : naissance ou alliance)
* De fausses dents : duperie, déloyauté de l'entourage.
* Des dents plombées : dettes financières.
* Se faire arracher les dents : vous cesserez toutes relations avec certaines personnes de la famille.
* Perdre plusieurs dents : séparation avec des personnes de son entourage, disputes, fâcheries, querelles violentes.

DENTISTE
* Se faire soigner : difficultés sentimentales, chagrin affectif, déloyauté d'une personne, des perturbations orageuses dans vos relations, vous serez aidé et soutenu dans vos peines.

DENUDER
* Une personne : déception, échec dans vos démarches. Vos espérances n'aboutiront pas. Soucis financiers, dettes.
* Se dénuder : honte et humiliation.

DEODORANT
- Les artifices utilisés pour masquer la vérité à l'égard d'autrui n'auront que peu de valeur. Duperie et hypocrisie.

DEPART
* D'une personne de votre connaissance : présage d'une prochaine séparation, des contrariétés , des chagrins mais de courte durée. Des circonstances diverses, des évenements imprévus seront les prémices à de prochaines retrouvailles, des liens affectifs ou amicaux seront renforcés.
* Se voir partir : se reporter à la définition « PARTIR »

DEPECER
- Des craintes justifiées laisseront quelques dommages à vos ressources financières, des dettes sont à prévoir.

DEPENSES
* D'argent : des contraintes imprévues, des contrariétés diverses vous laisseront sous la dépendance de personnes hostiles à vos intérêts.

DEPIT
* Etre dépité : insuccès. Echec. Malchance, Vos adversaires auront détourné à leur avantage une situation précaire à l'encontre de vos démarches.

DEPOTOIR
- Péril proche, menaces de difficultés, de contrariétés familiales, calomnies, médisances, santé délicate.

DEPUTES
* Les voir, les rencontrer : espoirs qui ne pourront se réaliser, déception et échec.

DERAILLEMENT
* Le voir : des perspectives prochaines, désagréables, soucis d'argent, situation financière compromise, querelles familiales, risque de maladie ou d'accident.

DERIVER
- De sérieux problèmes, des ennuis graves.

* Si vous parvenez à rejoindre la rive : des changements heureux succéderont à cette triste période.

DERNIER
* Se retrouver le dernier d'un classement, d'une file d'attente : période de malchance et d'insuccès. Vous serez lésé dans diverses obligations importantes. Frustrations et chagrin.

DEROBER
* Soi-même : des ennuis familiaux, des querelles d'intérêts, des oppositions, vous serez désapprouvé, vous devrez supporter reproches et humiliations, dommages financiers.

DES
* A jouer : risques financiers, des projets peuvent être retardés ou remis en question, santé à surveiller.
* A coudre : ennuis familiaux, entente conjugale compromise, disputes, jalousies, souffrance morale.

DESALTERER
* Etre désaltéré : chance et réussite. Des promesses heureuses d'un équilibre familial. Des ressources conformes à vos besoins.

DESAMORCER
- Vous parviendrez à modifier les événements en votre faveur, mettant ainsi à profit l'évolution d'une situation provoquée par vos adversaires.

DESARCONNER
* Etre désarçonné : malchance et malheur, de pénibles épreuves vous guettent. Moquerie et méchanceté de votre entourage.

DESARMER
* Une personne : obstacles surmontés, difficultés aplanies, solutions heureuses, triomphe sur vos adversaires.
* Etre désarmé : insuccès, malchance, pertes d'argent, de nombreux problèmes à résoudre, maladie.

DESASTRE
- Mauvais présage. Des affaires difficiles, des pertes financières importantes, des spéculations inutiles. Eloignement affectif, disputes, dissension, maladie.

DESCENDRE
* Un escalier : projets compromis, espérances déçues, des contraintes financières à attendre, déception et échec.
* De cheval : insatisfaction de vos désirs, des entraves dans vos projets, indécision.
* De voiture : changement défavorable à vos intérêts.
* D'une montagne : échec de vos entreprises, aspirations déçues, malchance.

DESERT
* S'y trouver : de grandes épreuves prochaines, des souffrances, des douleurs. Perte affective, maladie grave, deuil d'un proche parent, solitude morale.

DESERTER
- Lassitude, des contraintes lourdes à supporter, besoin de changement, des conséquences préjudiciables au rêveur.

DESESPOIR
* Etre dans le désespoir : changement inespéré et bénéfique de votre situation. Revenus aisés, chance et prospérité.

DESHABILLER
* Se déshabiller : vous subirez un affront, vexation, humiliation, jalousie, méchanceté, vengeance de votre entourage.
* Déshabiller une personne : démarches infructueuses, espérances déçues, des contraintes financières.

DESHERITER
* L'être : vous annonce une perte d'argent. Déception affective cruelle.

DESHONNEUR
- Des circonstances désastreuses, discordes familiales, humiliations, chagrins.

DESINFECTER
- Des appuis amicaux vous seront utiles pour assainir vos affaires et clarifier une situation ambigüe.

DESIRER
* Un objet : vous ne parviendrez pas à réaliser ce que vous souhaitiez, obstacles à vos projets. Des envieux, des jaloux ; incapacité à concrétiser vos idées et à fixer vos efforts.
* L'obtenir : chance dans vos démarches, après des difficultés. Soutien amical.

DESOBEIR
- Désaccords familiaux, rivalités professionnelles, des inquiétudes dans votre situation, risques de colères, médisances.

DESORDRE
* Le faire : désagréments, soucis, tracas dont vous serez responsable. Complications d'affaires ou familiales par manque de diplomatie et de tact.
* Le subir : ennuis provoqués par une personne agressive, peu scrupuleuse, jalousie, vengeance, querelles d'intérêts.

DESSERT
- Un moment de détente et de soutien sincère d'une personne aimée, dans une période troublée et agitée.

DESSERVIR (une table)
- Soucis familiaux, dissolution du couple, divorce possible, maladie et détresse morale.

DESSINER-DESSINS
- Annonce des modifications essentielles à la conduite de votre vie. Les caractéristiques du dessin, les couleurs utilisées, les symboles, personnages, objets représentés, seront autant d'indices utiles à la compréhension du message et à la valeur de la prémonition.

DESTRUCTION
- Affaires malheureuses, tracas d'argent, conflits affectifs, climat passionnel, humiliation, colère, chagrins.

DETACHER
* Un animal domestique : les moyens d'action dont vous étiez privé, les appuis amicaux, les protections utiles à vos démarches seront à votre disposition.
* Une personne : le climat affectif ou relationnel vous sera favorable. Compréhension et reconnaissance. Vous serez apprécié et estimé.
* Un vêtement : des fautes ou des erreurs commises à l'égard d'autrui trouveront réparation dont le succès dépendra du résultat de cette opération.

DETEINDRE
- Les efforts déployés et les moyens utilisés pour masquer la réalité de vos sentiments ou de faits particuliers n'auront aucun effet. Echec persistant, malchance.

DETENU
* Etre détenu : des circonstances défavorables, de graves préoccupations. Vous serez dans l'impossibilité d'intervenir dans l'évolution d'une affaire à l'encontre de vos décisions. Solitude affective et amicale. Détresse morale.
* Voir une autre personne détenue : vous maintiendrez à l'impuissance des rivaux néfastes à vos ambitions.

DETECTIVE
- Des soupçons, des inquiétudes prochaines, des désagréments, quelques privations. Vos faits et gestes sont observés.

DETERRER
* Une personne : une période difficile va vous éprouver : éloignement affectif, séparation, rupture, perte de situation, soucis d'argent, graves problèmes de santé.
* Un objet : surprise d'un événement qui peut vous être favorable selon la qualité de l'objet déterré : risque de jalousie et d'envie.

DETONATION
- De brusques nouvelles contrariantes.

DETRESSE
- Vous vous opposerez durement à de proches parents, des ennuis graves dans des démarches importantes.

DETRITUS
- Des ennuis d'affaires, des litiges familiaux, tracas financiers, santé fragile.
* Les balayer : une solution prochaine permettra d'envisager de meilleurs moments.

DETRUIRE (se reporter à DEMOLIR)

DETTES
* Les payer : amélioration financière, des circonstances favorables vous aideront à obtenir des avantages non négligeables.
* En faire : nouvelles désagréables, des relations préjudiciables à vos intérêts, médisances. Assurez votre position par plus de fermeté et de rigueur à l'égard d'autrui.

DEUIL
* Porter le deuil : des soucis de situation ou familiaux, de gros problèmes difficiles à résoudre, des erreurs ou trahisons en amitié, solitude morale ou affective.
* Voir une autre personne porter le deuil : séparation affective, éloignement de la personne aimée. Peut être également une maladie ou un deuil dans votre proche entourage.

DEVIATION
- Des circonstances imprévues modifieront de manières conséquentes l'évolution de vos projets. Contretemps fâcheux. Malchance.

DEVINETTE
* La faire : vous rechercherez des solutions à des questions d'importance.
* Y répondre : vous saurez résoudre une situation embarrassante.

DEVIS
- Des projets caractéristiques d'une évolution de certains éléments de votre vie. Des réflexions judicieuses avant des engagements importants et définitifs.

DEVISES
- Des tractations au cours d'un prochain voyage, il vaudrait mieux éviter toutes négligences en ce domaine, des pertes sont possibles.

DEVORE (être)
* Se voir dévoré par un animal sauvage : présage de tourments, d'angoisses. Vous aurez des peines et des ennuis. Des adversaires dangereux et sans scrupules. Dépenses importantes d'argent, dettes.

DEVOUER (se)
* Pour une personne : estime de vos proches, compréhension et appui de votre entourage dans des circonstances défavorables.

DIABLE
* Le voir, lui parler : douleurs, souffrances, trahison, perfidies de personnes que vous avez considérées à tort comme des confidentes.
* Le mettre en fuite : vous parviendrez à démasquer vos ennemis et à surmonter vos ennuis.

DIACRE
- Un appui et de bons conseils dans des épreuves difficiles à vivre.

DIADEME
- Changement de situation, avancement, promotion. Vous recevrez distinctions et honneurs, mais ne soyez pas dupe des marques d'intérêt que l'on vous portera.

DIAGNOSTIC
- Une appréciation nécessaire dans des instants cruciaux. Un avis qui prévaudra toute décision hâtive et malencontreuse.

DIALECTE
* L'entendre parler : vous resterez étranger à certaines modalités qui désorienteront vos manières de pensées et d'actions. Des affaires seront conclues à votre détriment. Solitude. Désarroi.
* Parler un dialecte : vos activités seront menées dans le secret et resteront fermées à toutes associations possibles. Des problèmes relationnels sont à redouter.

DIAMANT
* Le voir : espérances d'accroître vos biens, vos ressources financières, d'acquérir des richesses. Des obstacles devront être franchis avec beaucoup d'efforts et de ténacité.
* Le posséder : richesse et puissance, méfiez-vous des envieux, jalousie et perfidie.
* Le perdre : humiliation, déshonneur, outrages. Vous subirez des pertes financières, malchance en amour.
* Un faux diamant : espérances déçues, des erreurs de jugement, tromperies de vos amis.

DIARRHEE
- Contrariétés dans votre situation familiale ou professionnelle, conflits familiaux, état de santé déficient.
* S'en voir souillée : ressources financières compromises, amitiés ou relations décevantes.

DICTIONNAIRE
* Le consulter : acquisition de nouvelles connaissances, recherche de possibilités financières ou de situation différentes, changement de vie.

DIEU
* Prier : sérénité de l'âme et du cœur, joie intérieure, paix profonde.
* Avoir une attitude indigne devant Dieu : malchance et déshonneur. Vous aurez quantité de difficultés, le malheur vous accablera.

DIFFORME
- Tout objet, personne aux formes bizarres, anormales, présage des sentiments d'hypocrisie, de méchancetés, de haine ou de vengeance dont vous serez victime.

DIGUE
* La construire : aide et appui dans vos démarches, protection dans vos activités, constance de vos efforts pour assurer la réussite de vos projets.
* la détruire : désolation, tristesse, des soucis financiers, relations familiales compromises.

DILIGENCE
* La prendre : des nouvelles agréables, tendresse affective, réconfort familial, des promesses d'un avenir différent, d'une meilleure situation.

DINDE
* La voir : aisance au foyer, confort et sérénité, plaisirs familiaux.
* La vendre : misère et pauvreté.
* L'entendre : vous traiterez des affaires importantes avec une personne stupide, vous commettrez une grave erreur.

DINER (se reporter à DEJEUNER)

DIPLOMATE
- Des affaires délicates à traiter. une intervention protectrice peut vous aider à concrétiser une solution.
* Le voir hostile : vous n'aurez pas l'avantage des tractations.

DIPLOME
* Le recevoir : distinction et récompense dans votre situation, avenir prometteur, promotion possible.
* Ne pas l'obtenir : échec, malchance, vous devrez modifier vos plans en conséquence.

DIRECTEUR
* Que l'on rencontre : des relations nouvelles ne vous seront pas aussi bénéfiques que vous le souhaiteriez. Elles vous laisseront une déception amère, et des projets compromis.
* Etre promu : espoir d'une réussite prochaine.

DIRIGEABLE (voir BALLON DIRIGEABLE)

DISCIPLINE
* La connaître : des actes répréhensifs sont de votre responsabilité. La rigueur de la sanction vous sera difficile, médisances, réprimandes.

DISCORDE (voir DISPUTE)

DISCOURS
* Que l'on prononce : des souhaits ne se réaliseront pas. Vous échouerez dans une affaire dans laquelle vous aviez mis toute votre ambition.
* Que l'on entend : la teneur de ce discours vous indiquera le sens favorable ou désaventageux du songe.

DISCUSSIONS
* Avec des personnes de bonnes conditions : vous obtiendrez satisfaction lors de démarches importantes.

* Avec des gens de peu d'intérêt : vous serez méprisé et ridiculisé.

DISGRACE
* Tombé en disgrâce : malchance, humiliations. Vous serez bafoué. Pertes financières ou de situation.
* D'autres sont disgrâciés : vous parviendrez à surmonter les difficultés et à déjouer les ruses. Réussite inespérée.

DISPARAITRE
* Se voir disparaître : vous resterez indifférent à la réalité des événements et aux manœuvres indélicates de vos adversaires.

DISPENSAIRE
- Aide et appui vous seront nécessaires pour franchir une période de problèmes insolubles. Santé fragile. Préoccupation morale. Tristesse.

DISPUTES
- Des instants pénibles vont vous être réservés, désagréments familiaux, conflits avec des amis ou des relations professionnelles, désappointements sentimentaux, insuccès dans vos activités, tristesse, jalousie de votre entourage. Vous serez démuni face aux reproches qui vous seront infligés.

DISQUES
- Une circonstance imprévue vous sera réservée, cet événement vous sera favorable ou non selon que la musique ou les paroles entendues vous paraîtront agréables ou tristes. Quelques efforts vous seront nécessaires pour réaliser la tâche demandée.

DISTANCE
- S'il vous apparaît au cours d'un rêve, la notion de distance, l'importance de celle-ci sera en rapport avec les difficultés à devoir affronter, les sentiments concernés, les relations familiales ou professionnelles affectées. Plus cette distance sera grande, plus les efforts vous seront pénibles, ou faciles selon le contexte.

DISTILLERIE D'ALCOOL
- Des promesses d'argent, des ressources financières importantes, source de conflits, de querelles d'intérêts, de litiges. Vous serez dupé.

DISTINGUE
- Des rencontres au cours d'un songe avec des personnes de bonnes relations, distinguées, courtoises, présagent d'heureuses circonstances qui vous seront bénéfiques pour l'évolution de vos affaires.

DIVAN
- En faire usage dans des conditions agréables et heureuses : situation familiale sereine, plaisirs du foyer, satisfactions financières, plénitude.
* S'y coucher : laisser aller ou maladie, difficultés dans les relations familiales.
* Le voir abimé, brisé, en feu : querelles familiales, pertes d'argent, soucis du cœur.

DIVINATION
* Se voir pratiquer l'astrologie, définir son horoscope, consulter les cartes, utiliser d'autres ressources divinatoires vous précisent des événements particulièrement importants selon votre niveau de connaissance en la matière.
* Rompu à ces diverses disciplines : confirmation de vos prédictions dont vous aviez par ailleurs assuré l'énoncé.
* De manière occasionnelle : des faits graves et troublants vont vous surprendre. Vous serez déconcerté, la sagesse en la matière, impose

de demander conseils auprès de personnes averties.

DIVORCE

* Voir son divorce : peut vous annoncer des liens renforcés, un amour durable, la fidélité dans les sentiments ou les relations. Songe qui peut également vous prédire une rupture du couple, une perte de situation, un malheur et de cruelles déceptions. Le contexte du rêve vous précisera la valeur prémonitoire.

DOCKS-DOCKERS

* En activité : avec des mouvements de marchandises de consommation ou d'usage agréable : de bonnes nouvelles vous parviendront, amélioration de votre situation, accroissement de vos biens, avenir plein de promesses et de satisfaction.
* Dans le cas contraire : désolation, pauvreté, ruine, échec.

DOCTEUR (voir MEDECIN)

DOIGTS

* Voir tous ses doigts, sans défaut, bien constitués : succès, considération, réussite.
* Un ou plusieurs doigts douloureux : maladie familiale, contrariétés pour un proche.
* Sales, négligés : de mauvais propos à votre égard, médisances, calomnies.
* Un doigt blessé, tailladé : querelles familiales graves.
* Amputé : pertes d'avantages financiers, deuil.
* Se couper les ongles : mésentente familiale, disputes.
* Un doigt avec brûlure : insuccès professionnel.
* Un doigt avec une bague en or : union prochaine ou mariage indissoluble.
* Augmentation de doigts, main gauche : heureux événements familiaux : naissance, mariage.
* Augmentation de doigts, main droite : accroissements des biens ou financiers.
* Etre montré du doigt : votre conduite n'est pas sans reproche et apporte des arguments à vos rivaux.

DOLLARS

* Les voir : prochaines perspectives favorables.
* Les changer : des pertes financières sont à prévoir.
* Les échanger contre de l'or : richesse, profits financiers.
* Procéder à des achats de valeur : accroissement de biens.
* Les compter : des soucis financiers, prudence.
* Les perdre : des ennuis, des reproches, querelles.
* En trouver : nouvelle imprévue et bénéfique.

DOMAINE

* Voir un domaine avec des terres entretenues, boisées ou cultivées, des batiments de bon aspect, en activité : des perspectives d'avenir heureux, succès proche.
* Que vous possédez : acquisition de biens, amélioration de la situation financière, héritage.
* le perdre par le feu : malchance, malheur, détresse.

DOMESTIQUE

* L'avoir à son service : aisance financière, assurance de bien-être et de confort. Evolution de votre situation, jalousie, envie de votre entourage, mesquinerie, indiscrétion sur vos affaires et votre intimité.
* Le renvoyer : des nouvelles imprévues, des contraintes financières graves, des relations affectives compromises, des troubles familiaux.

DOMINOS
* Y jouer : ennuis et tristesse, solitude, nécessité de repos, oubli des événements en cours, besoin d'amitiés et de réconfort affectif.

DOMMAGES
* Que l'on subit : des contraintes familiales ou professionnelles, de mauvaises actions vous seront infligées, contestations, querelles avec des proches. Des pertes sont à prévoir.
* Que l'on provoque : désir de vengeance qui vous sera préjudiciable et dont vous aurez à subir les conséquences.

DOMPTEUR
- S'il maintient ses fauves en respect, avec discipline et obéissance : vous aurez la maîtrise des événements proches. Succès et triomphe dans des affaires difficiles à la condition d'être vigilant.

DONATION/DONS
* Les recevoir : selon votre situation : aisée, vous serez victime de pertes d'argent graves ; dans la gêne, vous connaîtrez une évolution financière très favorable.
* En faire : vous serez abusé et trompé dans vos relations et vos intérêts.

DONJON
* S'y trouver : protection, aide et soutien de vos amis. Vous serez assuré de défendre vos intérêts dans les meilleures conditions.
* Y être prisonnier : tourments, inquiétudes, impuissance à résoudre les difficultés.
* S'en échapper : fin de vos tourments, amélioration prochaine.
* Ne pouvoir y entrer : solitude. Vous resterez à l'écart de toute assistance pour les problèmes qui vous préoccupent.
* D'autres personnes y résident : de nombreux ennemis constituent votre environnement. Soyez sur vos gardes.

DON JUAN
* Rêver de ce séducteur : disputes, traîtrises, tromperies, infidélité. Vos affaires sentimentales sont au plus mal.

DORMIR
* S'endormir : négligeance, nonchalance, excès de confiance dans la conduite de vos affaires.
* Dormir dans son lit avec un sentiment de bien-être : sérénité, plénitude. Vos affaires sont au mieux de vos désirs.
* Dormir avec une mauvaise impression, ou ne pas parvenir à dormir, se sentir malade ou indisposé : insuccès dans vos affaires, contrainte d'argent, soucis financiers, solitude morale.
* Dormir en étant surveillé, observé : dénigrements, calomnies, méchanceté de l'entourage.
* Dormir avec la personne de son cœur : joie affective, bonheur conjugal, sentiments sincères et profonds.
* Avec une personne de sexe opposé inconnue : succès en amour, rencontre nouvelle et imprévue.
* Avec une femme de mauvaise condition, laide, vieille : faillite, ruine d'argent, maladie.
* Avec une personne de même sexe : échec, insuccès, malchance, honte, humiliation.
* Dans son lit, dans un endroit différent de sa chambre ; dans un lit inconnu : des événements contrariés, déplaisants, des retards dans l'évolution de vos affaires, des remises en cause importantes, des oppositions à vos projets.

DORTOIR (se reporter à CHAMBREE)

DORURES

- Signe de fausseté et d'hypocrisie dont votre entourage peut faire preuve à votre égard. Ne vous fiez pas aux apparences trompeuses.

DOS

* Dos robuste, droit, de bonne constitution : réussite, succès, bonne santé.
* Se voir avec le dos voûté : présage de soucis de situation, maladie probable.
* Voir un proche, un ami avec le dos voûté : vous aurez à l'égard de cette personne une attitude répréhensible.
* Un vieillard voûté, dont vous apercevriez le dos serait d'un funeste présage.
* Une personne vous tourne le dos : des espoirs déçus, des regrets, amertume et chagrins.

DOSSIER

* Manipuler des dossiers : des obstacles prochains, des ennuis d'ordre administratif ou judiciaire, des confrontations avec des personnes avec lesquelles vous êtes en conflit, des procédures longues et ennuyeuses.

DOT-DOTATION

* La recevoir : un mariage en perspective, mais n'attendez pas de votre conjoint une fidélité à toute épreuve.

DOUANE

* Etre contrôlé par la douane : des soucis à prévoir de courte durée dans la mesure où cette formalité se déroule au mieux. Dans le cas contraire attendez-vous à de gros ennuis financiers.

DOUBLURE

* La mettre à son vêtement : aisance financière, fierté et vanité de votre situation, jalousie, envie.
* La retirer : des privations, disputes familiales, gêne financière.

DOUCHE

* La prendre à température convenable : énergie et volonté de réussir. Bonnes conditions physiques et morales.
* Dans le cas contraire : le rêve exprimerait des difficultés dans le succès que vous poursuivez.

DOULEURS

* Ressentir des douleurs au cours d'un rêve : solitude morale et affective, détresse, angoisse. Vous ne parvenez pas à vous sortir des pièges ou difficultés dans lesquelles vous êtes depuis quelques temps, maladie en évolution.

DOUVES (de chateau)

* Les voir : obstacles à vos projets, empêchements, des contraintes imposées par vos adversaires.
* Les franchir : serait de bon augure.
* Y chuter : indiquerait le renoncement à vos affaires.

DRAGEES

- D'heureuses circonstances au foyer. Joie et bonheur.

DRAGON

* Le voir : présage de difficultés graves avec votre entourage ou dans votre milieu professionnel.
* Furieux, crachant flammes et fumées : menace d'un danger imminent dont vous feriez bien de vous garder.
* De couleurs multiples et vives :. mauvais augure. traîtrise, perfidie de vos adversaires.

* Le tuer ou le faire fuir : triomphe sur vos ennemis.

- Il est possible qu'au cours d'un rêve une partie seulement du corps de cet animal vous apparaisse. La signification en serait la même, mais avec des conséquences moindres.

DRAP(S)

* Neufs ou dans un état de bon entretien : succès dans vos entreprises. Vos actions sont empreintes de réflexion et de sagesse.

* Usagés, sales, rapiécés ou déchirés : de mauvaises affaires, négligences dans vos décisions, calomnies et mauvais propos.

* Fraîchement lavés : vous parviendrez à vous écarter de mauvais conseils ou de personnes nuisibles à vos intérêts, réussite proche par votre seule volonté.

* Se voir recouvert d'un drap : maladie, accident, décès d'un proche parent.

DRAPEAU

* Voir le drapeau national : objectifs réalisés, réussite des projets, victoire sur les difficultés et l'adversité, estime et considération d'autrui.

* Voir le drapeau national, déchiré, jeté dans la boue : échec de vos affaires, honte et humiliation.

- Tout autre drapeau prendrait une signification différente. Se reporter à la définition : ORIFLAMMES.

DRAPERIES

* En posséder : aisance financière, confort et sécurité, opulence, richesse. Votre bien-être vous porte à l'oubli de ceux qui réclament de l'affection et de la compréhension.

DRAPIER

* L'être : des nouvelles intéressantes et importantes vont vous parvenir, évolution de votre situation, amélioration de vos conditions de vie. Possibilité d'une rencontre heureuse pouvant se conclure par un mariage.

DROGUE

- Des plaisirs faciles et coûteux, mais des déceptions lourdes de conséquences, de lourdes pertes irréparables vous sont réservées, infirmité, chagrins, abandon de personnes aimées, solitude.

DROGUERIE

* Y faire des achats : une initiative heureuse vous assurera d'une évolution convenable et satisfaisante de votre situation.

DROITIER

- Cette condition vous assure de la réussite dans le domaine des affaires et des rapports sociaux.

DROMADAIRE

* Le voir ou le chevaucher : votre obstination et votre volonté vous assureront d'une réussite certaine dans vos activités. Vos efforts seront appréciés.

DUC

* En recevoir le titre : des charges nouvelles vous seront confiées, aide et appui dans vos démarches, réalisations de vos ambitions. Des personnes influentes vous assureront de leur protection, jalousie, envie.

* L'oiseau : ruse et perfidie, des actions sournoises et brutales vous seront réservées.

DUEL

- Des conflits prochains, rivalités d'intérêts, fâcheries longues et malsaines.

* Si l'issue vous reste favorable, vous aurez l'avantage des discordes du moment.
* Y être blessé serait de funeste augure.

DUNES
* Les voir, y marcher : difficultés proches, situation pénible et délicate, qu'il faudra résoudre avec beaucoup de réflexion et de courage.
* Y creuser, s'y étendre : grosses pertes d'argent, maladie.

DUO
* Chanter en duo : vos affaires sentimentales sont du meilleur niveau, gaieté et bonheur, joies affectives.

DUPERIE
* Vous en êtes victime : des relations ou connaissances vous laisseront des affaires embrouillées et coûteuses, des risques d'ennuis ou de procédures judiciaires, pertes d'argent, vie familiale compromise.

DUPLICATA
- Méfiance à l'égard de votre entourage. Des précautions dont vous pourriez regretter l'absence dans de prochaines tractations.

DUVET
* De plumes : douceur et tendresse. Joies affectives.
* De voyage : des moments de solitude, des privations. Des sacrifices dans l'espoir d'une période heureuse.

DYNAMITE
* L'utiliser : vous rencontrerez l'estime de vos relations d'affaires dans la résolution de vos problèmes. Les risques affrontés seront en rapport du résultat obtenu.

E

lettre symbolique de l'espoir.

EAU

* Eau vive, limpide, claire : succès, réussite, gains financiers, vie aisée, bonheur au foyer, forte santé.

* Eau trouble, croupie, malodorante : des menaces prochaines, entente et compréhension compromises ou détruites. Risques de disputes et de querelles, tromperie.

* Eau sale, agitée, tourbillonnante : ennuis, graves difficultés, litiges, propos malveillants et violents, disputes, séparation, santé à surveiller, maladie.

* L'eau irriguant une terre en culture : richesse, abondance, fécondité, accroissement du foyer, des biens.

* L'eau provoquant des inondations de terres et d'habitations : présage funeste, pertes de biens ou d'argent, maladie grave, décès.

* Qui ruisselle sur les parois intérieures d'une maison : grave péril pour vos proches, accident, maladie, pertes de biens.

* Tomber dans l'eau, ou se baigner dans une eau impure, sale, croupie : de graves ennuis financiers, de situation, de santé.

EAU DE COLOGNE

* En faire usage : des traits de votre personnalité resteront à découvert et prêteront à jugement, malgré votre souci de masquer certaines particularités.

* Que l'on reçoit : déloyauté, manque de franchise de vos relations.

* Que l'on offre : des plaisirs prochains avec la personne concernée.

EAU DE VIE

- Des plaisirs de courte durée. Des moments de confidence peu souhaitables pour la qualité de vos affaires, mis à profits par vos adversaires pour mieux vous exploiter.

EAUX GAZEUSES

- De petits instants de plaisirs inoffensifs et spontanés, sans rancune et sans arrière pensée.

EAUX GRASSES

- Contrairement au dicton et à certaines affirmations, la signification de ce rêve reste de mauvais présage.

EAUX MINERALES

- Promesse de guérison pour des personnes en état de maladie.

EBENE (bois d')

- Vos activités seront fructueuses, solides et durables. Vos accords seront conclus selon les meilleures conditions.

EBENISTE

- De prochaines décisions influenceront de manière heureuse votre vie. Un changement important de vos conditions favorisant vos ressources financières. Joie affective. Bonheur au foyer.

EBLOUISSEMENT

- Un vif succès, rapide et imprévu, ne doit pas laisser la prudence à l'écart pour la suite de votre projet. Méfiez-vous d'une ruse éventuelle d'un partenaire.

EBORGNER
* L'être : vous serez victime des intentions malveillantes d'une personne de votre entourage, des pertes aux conséquences importantes.

EBOUEUR
- Présage de circonstances défavorables à vos intérêts. Des soucis graves, des contestations et disputes, des litiges. Instabilité au foyer. Santé délicate.

EBOULEMENT
* Le subir : désir de nuire d'une personne de votre connaissance. Ses actions, ses propos vous seront nuisibles et contraignants.

ECAILLES DE REPTILE
- Des relations déloyales et hypocrites, fausseté, trahison, calomnies, actions de peu d'envergure, peu dangereuses, mais dont il conviendra de se méfier.

ECHAFAUD
* Le voir : votre conduite, votre manière de réaliser vos engagements vous attireront de graves difficultés, si vous poursuivez dans cette voie.

ECHAFAUDAGE
* Le voir : vos projets ne sont pas suffisamment réfléchis pour les mener à terme ou leur éxécution demande de sérieuses retouches avant de poursuivre la réalisation entamée. Une orientation nouvelle sera nécessaire.
* S'y trouver, y travailler : selon le niveau où vous serez pour exécuter ce travail, les chances de succès seront plus ou moins faibles, les risques plus ou moins importants. Se trouver au sommet de l'échafaudage vous assurerait de meilleures conditions.
* Chuter de l'échafaudage : présage malheureux et funeste.

ECHALOTE (voir AIL)

ECHANGE
- Des soucis, en rapport avec l'importance de l'objet échangé dont les conséquences vous seront infligées. Une perte d'argent sera associée à cette opération. Si vous trompez votre partenaire lors de cette échange : vous serez vous-même abusé.

ECHAPPER (s')
* Echapper à un accident, s'échapper d'une prison vous sera d'un présage favorable : succès dans vos activités professionnelles, amélioration de vos conditions, chance.

ECHARDE
* De bois ou de métal : discussions et reproches de personnes amies. Peines passagères.

ECHARPE
- Selon la qualité de cette écharpe et son état, les résultats de vos activités pourront être appréciés : excellents pour une écharpe de valeur, distinguée, raffinée ; acceptables ou négligeables pour une écharpe modeste.

ECHASSES
* Les utiliser : vous chercher à faire illusion sur votre entourage mais vous n'arriverez pas à duper votre monde.

ECHEANCE
- Devoir répondre à des obligations sous forme d'échéances vous imposera des sacrifices et des contraintes sur une période importante. Le fait d'y parvenir vous assurerait du succès de vos entreprises.

ECHEC

* Jouer au jeu des échecs : des adversaires redoutables vous seront opposés. Les qualités que vous déploierez pourront vous assurer d'une victoire et vous permettre de conserver vos avantages. Crainte respectée de vos ennemis, situation financière menacée.
* Subir un échec : les circonstances vous seront contraires et vous connaîtrez les rigueurs de cette défaite.
* Le faire connaître à une autre personne : les plaisirs de la victoire seront amers, mépris, dédain de vos relations.

ECHELLE

* Grimper à une échelle : début d'une activité : réussite aisée d'autant que l'ascension sera facile. La hauteur de cette échelle et le niveau auquel vous parviendrez confortera votre réussite.
* Atteindre le sommet : honneurs et distinction.
* Une ascension difficile, pénible, avec des arrêts intermédiaires : vous signifierait des obstacles, des luttes avant de parvenir à la conclusion de vos affaires.
* Descendre de l'échelle : contrariétés, embûches, lassitude.
* Tomber de l'échelle : insuccès, malchance.
* La voir avec des barreaux brisés : vos activités ne pourront parvenir à terme. Une situation confuse, des contraintes trop importantes entraîneraient, à vouloir poursuivre, des dommages financiers regrettables.
* Voir une échelle couchée à terre : projets incertains.
* Que l'on porte : une initiative de votre fait, ou d'une autre personne vous donnera l'occasion d'un changement de situation.

ECHIQUIER

- Présage à une situation complexe et délicate. Période prolongée opposant vos projets à d'autres définitions, différentes des vôtres. La ruse et le savoir seront des alliés nécessaires à la victoire.

ECHO

- Des calomnies à votre encontre. Peut-être également un message de prudence selon le contexte du rêve.

ECHOUER

* Sur un rivage : après des circonstances malheureuses, de nouvelles conditions d'existence vous seront imposées. L'amélioration de votre situation sera liée à votre volonté de réussir.
* A un examen : vos projets devront être modifiés, une nouvelle définition de vos plans s'imposera.

ECLABOUSSURES

- Votre situation sera mise en danger par une initiative ou une action dont vous n'avez pas mesuré les conséquences. Peut-être avez vous été berné par des gens sans scrupule. Vous y laisserez quelques intérêts, des amitiés pourront être détruites, votre réputation sera compromise.

ECLAIR

- Nouvelles subites. Evénements imprévus, contrariétés, soucis, disputes, querelles de famille ou avec des relations d'affaires. Vos finances peuvent subir quelques dommages.

ECLAIRAGE

* Eclairage d'intensité normale ou forte : présage d'une réussite prochaine, vos activités professionnelles seront en progression.
* Soudain et violent : une occasion d'améliorer votre condition se révélera illusoire et éphémère.

* De faible intensité : des inquiétudes, des angoisses, insuccès dans vos activités, ambiance familiale tendue.
* Le voir s'éteindre brutalement : maladie, deuil.

ECLAIRCIE
- Quelques instants de détente et de repos dans une période troublée par des événements malheureux et des contrariétés nombreuses.

ECLATER-ECLATEMENT
- Une brusque nouvelle inopportune. Vous allez devoir affronter des événements et subir des contrariétés défavorables à vos intérêts.

ECLIPSE
- Une période triste et difficile de votre existence. Votre situation risque d'être perdue, vos ressources financières amoindries. Une maladie pour l'un de vos proches. Peut-être une disparition brutale.

ECLOSION (de fleur)
- Une nouvelle époque de votre vie. Un grand bonheur tout neuf, d'heureux événements, de tendres souvenirs, renaissance d'espoirs et de projets.

ECOLE
* Retourner à l'école : une étape dans vos projets et votre carrière. Réflexion sur votre passé, et sur les expériences accumulées. Peut-être la nécéssité d'améliorer vos connaissances. Présage d'un changement de condition dans un proche avenir.

ECONOMIES
- L'expérience de votre vie vous fait craindre quelques privations futures. Rêver de faire des économies peut supposer d'éventuelles précautions pour vous protéger d'événements malencontreux. C'est un conseil sage qu'il vous faut mettre en application.

ECORCE D'ARBRES
- Protection délicate et fragile contre les soucis et les risques imposés par le destin. Des personnes dévouées parmi vos proches. Affection sincère et profonde.
* Une écorce pelée ou arrachée : perte d'un soutien précieux, solitude.

ECORCHURES (se reporter à la définition BLESSURES)

ECOSSER (des légumes secs)
- Des bavardages sournois sur votre vie privée, jalousies, envie, moqueries.

ECOUTER
* Etre écouté : ne soyez pas dupe de l'attitude des gens à votre égard et de l'intérêt qu'ils semblent vous consacrer.
* D'autres personnes : les conseils prodigués dont vous avez le souvenir peuvent vous indiquer quelques présages.

ECRASER
* Une personne : de graves difficultés en perspectives, des contestations, des litiges, des intérêts à défendre pour lesquels vous n'aurez pas nécéssairement les meilleurs arguments, des relations pénibles avec les autorités légales ou judiciaires.
* Un animal - Domestique : des ennuis au foyer, des contraintes imprévues et gênantes pour votre vie journalière, dépenses ou dettes à envisager.
- Sauvage : des obstacles brisés, des ennemis vaincus, surprise et soulagement.

ECREVISSES
* Vivantes : des actions se préparent dont vous risquez d'être la victime, contestations, disputes, des propos violents, des intentions de procès.
* En être pincé : humiliation, chagrins, votre situation sera délicate.
* La capturer : vous aurez de bons arguments pour assurer votre défense. Votre confiance sera renforcée face à vos rivaux.

ECRIN
- Plaisirs affectifs. Des instants de bonheur et d'intimité.

ECRIRE
* Se voir écrire : des nouvelles agréables, importantes. Vous serez amené à prendre une décision qui vous engagera dans une direction différente.
* Voir une personne écrire : de mauvaises nouvelles. Vous recevrez un message, votre existence risque d'être modifiée : changement de situation, pertes d'avantages, des litiges officiels, une maladie brutale et grave d'un proche.

ECRITEAU
- Vous serez informé de circonstances ou de faits. Vous en subirez les conséquences, sans que vous puissiez intervenir.

ECRITURE
* La vôtre : - si elle vous apparaît identique à celle que vous pratiquez vous recevrez le soutien d'une personne qui vous tient en amitié, des nouvelles rassurantes, des démarches fructueuses vous permettront d'envisager une meilleure situation.
- Si au contraire, votre écriture vous apparaît difforme, illisible, tourmentée : la malchance et la maladie seront vos compagnes d'ici à quelques temps.
* Une écriture inconnue : des nouvelles prochaines, d'aspect officiel ou juridique, qui pourraient vous annoncer un événement important et grave. La teneur de cet écrit vous indiquera s'il s'agit de tristesses, ou de joies.

ECRIVAIN
- Présage heureux : vos idées seront appréciées, vos initiatives heureuses et originales. Un avenir prometteur vous sera réservé. Distinctions, honneurs, grand souci d'indépendance et de liberté.

ECROULEMENT (d'une maison)
- Funeste augure. Disparition d'une personne aimée après une longue et pénible maladie. Tristesse, douleur cruelle, des soucis financiers, pertes d'argent ou dettes. Vos acquis pourront être remis en cause par des litiges judiciaires. Il vous faudra envisager d'autres modalités de vie. Aisance et confort seront sacrifiés.

ECUEIL (marin)
- Vous annonce des difficultés, des obstacles prochains. Vous y heurter serait l'indication de malchance et de conditions particulièrement défavorables.

ECUME DE MER
- Incitation à la prudence. Signe d'événements importants, de troubles graves qui pourraient mettre votre joie de vivre, votre bonheur en difficulté. Climat de colère et de passion.

ECUREUIL
* Le voir en liberté : joies affectives et familiales. Tendresse de l'être aimé. Réconfort dans les instants pénibles.

* le capturer : menace d'un danger prochain.
* Le voir s'enfuir : des proches risquent de vous spolier.
* En être mordu ou griffé : des problèmes de relation affective dans le couple ou avec des enfants. Peines familiales.
* Le tuer : maladie d'un membre de la famille.

ECURIE
* Avec des chevaux : aisance au foyer, confort familial, plaisirs de rencontrer et de recevoir des amis.
* Vide, délabrée : pauvreté et solitude.

EDELWEISS
* Chance et bonheur sont de votre compagnie.

EDITEUR
- De nouveaux projets, une évolution heureuse de votre situation, des perspectives intéressantes seront de votre proche avenir.

EDREDON
- Confort, sécurité au foyer. Sérénité.

EFFACER
- Vous apporterez une meilleure réflexion dans l'éxécution de vos projets, des erreurs vont devoir vous obliger à une orientation différente de votre situation. Lassitude et découragement.

EFFONDREMENT (voir ECROULEMENT)

EFFRACTION :
* La réaliser ou en être victime : vos activités ne sont pas des plus rigoureuses quant aux procédés utilisés. Ces méthodes malhonnêtes, déloyables vous seront préjudiciables.

EFFRAIE
- Augure néfaste. De mauvaises nouvelles. Chagrins et tristesse.

EFFRAYER
* Une personne : vous aurez la responsabilité d'une situation désagréable ; des décisions ou actions critiques et périlleuses.
* Etre effrayé : événement inattendu et défavorable, des contraintes provoquées par votre entourage, des intérêts seront discutés, vous serez spolié et calomnié.

EGARER
* Un objet : des efforts se révéleront inutiles et coûteux.
* Etre égaré : votre situation actuelle devient préoccupante, des décisions malheureuses ou contrariées, divers embarras ou embûches, des soucis d'argent, absence d'amitiés utiles et réconfortantes.
* Voir une personne égarée : l'on recherchera vos conseils et votre appui dans une situation difficile.

EGLISE
* Voir une église : des nouvelles heureuses.
* Pénétrer dans une église : joie et bonheur des promesses d'un avenir meilleur.
* S'y trouver : consolation , réconfort après des moments difficiles.
* La voir illuminée : bonheur proche, joie du cœur.
* Des fidèles chantent un cantique : paix de l'âme, un de vos souhaits les plus chers se verra accompli.
* Y prier : chagrins, tristesse, nostalgie du cœur, tendres pensées pour un disparu.
* Y faire la quête : vous réconforterez une personne dans la peine.

* Assister à une cérémonie de mariage : d'heureux événements pour le cercle familial.
* La voir batir : heureux présage.
* En flammes, en ruines : de funestes circonstances, malheur, affliction.
* En être chassé : honte et humiliation : des actes répréhensibles préparent des instants particulièrement pénibles.
* La quitter, ne pouvoir y pénétrer : des embûches, des retards, soucis familiaux ou de situation.

EGORGER
- De très mauvais augure. Un grand malheur vous guette. Votre vie familiale, votre situation seront en péril, détresse.

EGOUTIER
- Vous recevrez aide, protection, secours dans une affaire particulièrement délicate.

EGOUTS
* Les voir ou s'y trouver : des querelles violentes, des paroles malveillantes, des actions pernicieuses proviendront de votre entourage. La protection de vos intérêts nécessiteront des démarches officielles ou juridiques. De gros ennuis en perspective.

EGRATIGNURES
- Des contrariétés de votre entourage. Jalousie, méchanceté, désapprobations, reproches, fâcheries, vous concerneront. Vous serez affecté par des calomnies.

ELAGUER
* Des arbustes ou des arbres : des affaires litigieuses obtiendront une conclusion en conformité avec vos recherches. Chance et succès.

ELAN
* En troupeau : prospérité, richesse, joie et bonheur, de belles réussites prochaines.
* Tuer un élan : de mauvaises nouvelles : déception, des projets contrariés.

ELANCER (s')
- De signe favorable dès l'instant où cette action ne subit aucune gêne, ne rencontre aucun obstacle. Indication d'initiatives heureuses, annonciatrices de réussite dans vos activités.

ELASTIQUES
* Voir ou manipuler des élastiques, sous une forme quelconque vous annonce une période heureuse et réconfortante. Vous retrouverez chance et succès.

ELECTEUR-ELECTION
* Etre électeur : vous serez trompé et abusé : des revers de situation ou de fortune.
* Etre élu : vos soucis se verront résolus. Vous obtiendrez profits et honneurs. Rivalités dans vos démarches et vos entreprises.

ELECTRICITE
- Selon les conditions d'usage la sigification du rêve pourra prendre une valeur différente. Favorable pour une utilisation normale, convenable telle que nous la pratiquons.
* Par contre tout incident de nature à provoquer des blessures ou à mettre votre vie en péril déterminerait un proche danger, un désastre dont les conséquences vous affecteront.

ELEPHANT
- Symbole de la puissance, de la force l'éléphant, vu en rêve, vous

indique l'importance des moyens dont vous disposerez pour agir de manière heureuse.
* Lui donner à manger : un personnage influent vous assurera de son appui.
* le chevaucher : chance en affaires, gains, protection.
* Etre poursuivi par un éléphant : grave danger, péril.
* Le voir mort : vous perdrez tous vos atouts sur un projet, et il vous sera nécessaire d'étudier d'autres solutions.
* Voir un éléphant dans un cirque : des circonstances déplaisantes vous seront infligées.
* Voir un éléphant s'échapper d'un cirque : grave désillusion familiale.
* Voir une mère éléphant et son petit nouveau-né : présage heureux pour votre foyer, chance et bonheur.

ELEVES
* L'être : des inquiétudes pour vos enfants. Peur du proche avenir, besoin de sécurité et d'une meilleure connaissance pour affronter de prochains soucis.
* En voir : réflexions sur votre devenir, des questions se posent pour assumer vos responsabilités et assurer une meilleure situation.

EMAIL
- Des objets émaillés : fragilité de vos rapports affectifs ou amicaux. La moindre discussion sera fatale à vos relations.

EMBALLER
* Ses propres affaires : changement, probabilité d'un événement défavorable d'origine familiale. Insécurité de votre situation, remise en cause d'acquis.
* Les affaires d'une personne : colère, risque de propos malheureux et de fâcherie.
* Voir une personne emballer : préjudices, vol dont vous serez victime.

EMBARCATION
* L'utiliser : présage d'un changement prochain en relation avec votre vie familiale ou vos activités.
* En faire usage dans des conditions normales sur des eaux calmes vous assure des meilleures possibilités.
* Sur des eaux tumultueuses, agitées : obstacles, difficultés, tracas que vous rencontrerez dans la réalisation de vos projets.
* La voir chavirer ou s'échouer : insuccès, échec, malheur.

EMBARQUEMENT
- Des troupes embarquent sur un navire : vos ennuis s'achèvent. Vos ennemis subiront une défaite, triomphe sur l'adversité.

EMBARQUER (s')
* Une nouvelle orientation de votre vie. D'autres perspectives, des projets différents. Rêve heureux vous annonçant des circonstances favorables et l'amorce d'une prochaine réussite.

EMBARRAS
* Etre embarrassé : des obstacles à votre progression, une réflexion approfondie sur la solution à vos difficultés vous permettra d'aboutir à une heureuse conclusion, des chances de succès.
* D'autres sont embarrassés : vous avez semé doutes et perplexité chez vos rivaux.

EMBAUCHER
* Une personne : aide et appui vous seront nécessaires pour réaliser vos projets.
* Etre embauché : des perspectives nouvelles vous seront proposées :

changement d'activités. Conditions de situation différentes de meilleur rapport. Promotion.

EMBAUMER

* Un corps : annonce d'une prochaine et longue maladie pour l'un de vos proches parents. Deuil cruel, période de douleurs et de chagrins.

EMBONPOINT

* Se voir avec de l'embonpoint : aisance financière, opulence, richesse, confort,. sécurité. Vous serez à l'abri des aléas de la vie quotidienne.

EMBOUCHURE

* D'un fleuve : l'importance de celle-ci, le profil de ses rives, le calme majestueux de ses flots, la beauté du paysage seront des indices précieux pour mieux définir le rêve : ambitions réalisées, projets accomplis, satisfaction de la réussite, joie d'un succès mérité.

* D'un instrument de musique : des voluptés amoureuses vous sont promises.

EMBOURBER (s')

- Des circonstances malchanceuses. Se voir en cette situation présage de difficultés et des contraintes importantes : querelles, pertes de biens, d'argent, des risques de maladie. Une longue période de tristesse vous guette si vous ne parvenez pas à vous libérer.

* S'enfoncer dans la boue, en être prisonnier, avec des mouvements de plus en plus pénibles : annonce d'une prochaine catastrophe, de graves événements se préparent, tristesse, chagrins, solitude et détresse.

EMBOUTEILLAGE

* Mise en bouteille : vos activités seront fructueuses, promesses de gains financiers, chance, succès, vos rapports avec autrui seront au mieux de vos intérêts. Bon climat affectif.

* De la circulation : vous reporter à « CIRCULATION »

EMBRASSER

* Une belle femme inconnue (pour un homme) : heureux présage.

* Un homme inconnu (pour une femme mariée) : vous serez infidèle.

* Une femme laide : contrariétés, soucis, maladie.

* L'être aimé : joie affective, compréhension mutuelle.

* Etre embrassé : heureuse nouvelle, visite, rencontre.

* Voir son mari ou sa femme embrasser une personne inconnue (de sexe contraire) : vous serez trompé, infidélité.

* Le visage : sentiments réels et sincères.

* La bouche : duperie, trahison.

* La main : relation intéressée et hypocrite.

* Les pieds d'une personne : vous serez pardonné.

* Une personne de même sexe (à l'exclusion des parents) : insuccès, échec, malchance.

* Essuyer un refus : séparation, rupture.

* Un proche parent décédé : vous recevrez aide et protection.

EMBUSCADE

* Vous préparez une embuscade : la ruse et la force vous favoriseront dans vos activités. Sans pour autant ignorer le danger d'un éventuel échec.

* Vous tombez dans une embuscade : des risques de conflits imprévisibles. Dommages financiers, pertes matérielles, moqueries calomnieuses de vos rivaux.

EMERAUDE
* la posséder : des changements heureux et bénéfiques. Promesse d'une vie affective pleine de richesse. Le cœur sera comblé. Union fidèle et durable, mariage.
* La vendre ou la perdre : la personne aimée vous quittera.

EMEUTE
* L'entendre ou la voir : dissenssions, querelles, heurts, sont de votre entourage et menacent votre équilibre, de graves dangers mettent en péril votre devenir.
* Y participer : changement important et définitif de vos conditions. Vos avantages seront moindres et vous resterez dans une situation inextricable et confuse.
* Y être blessé : malchance et malheur, discordes, séparation, ruptures, dépenses financières importantes, dettes, maladie.

EMIGRER
* Se voir émigrer : de nouvelles conditions de vie vous seront proposées. Votre situation, vos activités seront différentes. Modification de votre emploi, mutation, changement de fonctions ou d'employeur. Votre vie au foyer sera concernée et certaines adaptations seront nécessaires.

EMMENAGER
- Vos conditions vont se modifier et devraient vous apporter une amélioration notable. Des difficultés vont disparaître, vos espérances se concrétiseront. De meilleures perspectives d'avenir.

EMPAILLER
* Voir un animal empaillé : ne soyez pas dupe des affirmations ou des intentions de vos relations. Si vous n'y prêtez garde vous serez berné.

EMPEREUR
* Le voir : des perspectives d'une évolution favorable de votre situation. Honneurs et distinction, quelques avantages vous seront bénéfiques vous laissant l'accès à des responsabilités d'un meilleur niveau. Le succès et la chance vous accompagnent.
* Le voir courroucé : serait de mauvais augure : honte et déchéance, humiliation.

EMPLOI
- Vous recherchez un emploi : un changement favorable va intervenir. Des démarches seront concluantes pour vos intérêts.
* Il vous est proposé un emploi : des circonstances heureuses et imprévues, orientation nouvelle et différente de vos activités.
* Perdre son emploi, aider d'autres personnes à en trouver : période de solitude et de détresse, des contraintes financières, des soucis familiaux, maladie.

EMPLOYEUR
* Le rencontrer, lui parler : vos espoirs n'aboutiront pas. Vous échouerez dans les recherches entreprises, déception et tristesse.

EMPOISONNER
* Une personne : querelles violentes. Vous recevrez des menaces, des machinations seront prêtes à vous détruire, danger et solitude.
* Etre empoisonné : vous recevrez de mauvaises nouvelles. Un proche parent connaîtra une période de graves problèmes.

EMPORTER (s')
- Un caractère vif et passionnel vous posera quelques soucis de relation avec autrui.

* Se voir dans cet état fera craindre un terrain fertile aux agissements de vos rivaux.

EMPREINTES (de pas)
* Voir ses propres empreintes : des chances de réussite, si ces marques sont franches et caractéristiques. Sinon elles vous indiquent incertitude et hésitations.
* D'autres traces de pas : en affaires soyez méfiants, vous n'êtes pas à l'abri de personnes qui semblent particulièrement intéressées à vos affaires.

EMPRISONNEMENT
* Se voir emprisonner : graves difficultés occasionnées par votre milieu familial ou professionnel, des démarches importantes, des rencontres primordiales, des documents, l'appui de personnes utiles, vous font défaut. Entraves, embûches, risque de maladie.

EMPRUNTER
- De mauvais signe : l'action d'emprunter auprès de tierce personne détermine des querelles d'intérêts familiales ou de relations d'affaires. Querelles qui pourront être l'amorce à des actions en justice, difficultés financières, pertes d'argent.

ENCAISSER
- Des déceptions sont à prévoir. Vous risquez de connaître quelques pertes d'argent. Certaines relations abuseront de votre confiance.

ENCENS
* Rêver de l'odeur de l'encens, voir l'encensoir : présage de quelque cérémonie qui pourrait être en rapport avec un événement triste et douloureux.

ENCHAINER
* Une personne : peut-être parviendrez vous à réduire les possibilités d'agir d'une personne, rivale de vos intérêts, mais non celles de la calomnie et de la médisance. Vos intentions vous porteront quelques torts.
* Etre enchaîné : solitude. Peu d'amis autour de vous, beaucoup de jalousie et de méchanceté, de gros soucis à l'horizon qui risquent de compromettre votre situation. Peu de moyens à votre disposition.

ENCHANTEUR
- Vous espérez beaucoup de certaines personnes de votre entourage. Les démarches, les appuis, les actions ainsi obtenus ne seront pas nécessairement favorables à vos intérêts. Vous serez déçu et amer. Soyez plus réaliste de vos difficultés et contraintes et tentez de leur trouver une solution de votre propre responsabilité.

ENCHERES
* Assister à des enchères : perte de situation. Revenus financiers amoindris, dettes, solitude.

ENCLUME
* En faire usage : volonté de façonner votre avenir selon vos propres désirs. Votre énergie, votre persévérance vous y aideront. Réussite dans un proche avenir.
* Voir une enclume à terre, brisée : vos projets échoueront, vos espoirs n'aboutiront pas, tristesse amère.

ENCOURAGEMENT
* Etre encouragé : des personnes de votre entourage pratiquent la fausseté et l'hypocrisie. Vous risquez d'être trompé si vous ne prenez pas toutes les précautions utiles.

* Par des personnes chères à votre cœur : témoignage d'affection et de réconfort dans vos démarches.

ENCRE
* Vous l'utilisez pour écrire : vous recevrez des nouvelles essentielles. Vous prendrez des décisions d'importance pour votre avenir.
* D'autres personnes l'utilisent : menaces de tentatives diverses à l'encontre de vos intérêts, calomnies, diffamations.
* Renverser de l'encre : surprise désagréable, nouvelles contrariantes.

ENCYCLOPEDIE (se reporter à la définition DICTIONNAIRE)

ENDIVES
- Solitude, amertume dans l'oubli.

ENDORMIR (s')
* Négligence, malchance dans la conduite de vos affaires. Peut-être également le signe d'une lassitude morale, après une longue période de tracas, auquel cas il serait à craindre la maladie.

ENFANT
* Voir en rêve, des enfants : est un présage de bonheur et de joies familiales, de satisfactions, sentiments affectifs profonds, sérénité au foyer.
* Par contre des enfants malades, d'aspects querelleurs, coléreux, hargneux, blessés par quelques chutes ou rixes, avec des pleurs pour une raison quelconque, ne serait pas d'un signe favorable : difficultés prochaines, dissenssions, incompréhensions, mésententes au foyer, conflits affectifs graves.

ENFARINER
* Un aliment, un objet quelconque : jeter de la farine sur une personne ou la répandre sur le sol est d'indication néfaste : hypocrisie, perfidie, roueries de votre entourage. Vous serez trompé et humilié, des problèmes de santé sont à redouter, faiblesses physiques, lassitude morale.

ENFER
* Voir l'enfer : changement de situation défavorable, des difficultés graves, importantes dans un proche avenir, des ennuis et litiges.
* Y pénétrer, s'y trouver : vos ennemis vous harcèlent, tourments, craintes, angoisses, tristesse, solitude, maladie, détresse.
* Sortir de l'enfer, s'en échapper : vous triompherez de l'adversité, vous parviendrez à surmonter vos difficultés, vos soucis s'estomperont, de meilleures conditions s'offrent à vous.

ENFERMER
* Etre enfermé : des obstacles imprévus, des contraintes, des ennuis. Votre entourage se comporte de manière hypocrite, déloyale, mesquine à votre égard, des intentions malveillantes, des actions défavorables à vos intérêts.
* Enfermer une personne : vous trouverez les moyens indispensables pour neutraliser vos adversaires.

ENFILER
* Un fil dans le chas d'une aiguille : espoir d'une réconciliation. Promesse de bonheur.
* Des perles : discussions inutiles et coûteuses.
* Un vêtement : changement de condition à prévoir.
* Un anneau : des liens affectifs s'établiront de manière durable.

ENFLURE
- Souffrir d'une enflure : est signe d'une contrariété dans votre vie

affective ou professionnelle. Il sera nécessaire d'y apporter la solution convenable, des ennuis de santé sont à craindre.

ENFONCER-ENFOUIR
* Un objet : vos intentions ne respectent pas les convenances en vigueur : mensonges et malhonnêteté ; actions sournoises et perfides. Vos relations avec autrui manquent de clarté et de rigueur.

ENFUIR (s')
- Insuccès dans vos activités, relations superficielles et inutiles, échec de vos espérances, malchance en amour, vie affective décevante. Lassitude, impuissance devant l'adversité. Votre manière de vivre devra être modifiée, de nouvelles perspectives seront à envisager, de nouveaux projets élaborés et mis en œuvre. L'horizon de votre vie aura des aspects différents.

ENGELURES
* En avoir : des instants difficiles, des contrariétés de toutes sortes, des contraintes imposées par votre environnement familial ou professionnel, vous avez manqué de prudence dans vos décisions.

ENGOURDISSEMENT
* En être atteint : difficultés à surmonter vos problèmes, les solutions utilisées restent décevantes. Vos espoirs se réduisent, vos efforts vous paraissent inutiles. Réagissez par des méthodes nouvelles, plus efficaces.

ENGRAIS
- Perspectives favorables, des promesses de gains, de fructueux accords dans vos activités professionnelles vous laisseront espérer une réussite dans de nouveaux projets, des soutiens amicaux, des appuis dans vos démarches.

ENGRAISSER (un animal)
- Promesses de gains, succès prochain dans vos activités professionnelles, amélioration de vos ressources financières dans un proche avenir, quelques sacrifices.

ENGRENAGES
* Rêver d'un système mécanique utilisant des engrenages, en parfait état de marche : vous laissez augurer d'excellentes conditions pour mener à bien vos entreprises. Vous disposerez des atouts nécessaires pour atteindre le succès.
* En panne, détériorés, ou brisés : décadence de vos affaires, pertes d'argent, dettes, malchance.

ENLEVEMENT
* Etre enlevé : malchance en affaires. Vos rivaux cherchent à vous nuire par des moyens douteux ou illégaux.
* Enlever une personne aimée : réussite de biens affectifs, promesse d'une union heureuse et durable.
* Enlever une personne inconnue : malchance, péril prochain dans vos activités.

ENNEMI
* Le voir à votre rencontre : des tracas prochains, soucis et tristesse. Des précautions seront nécessaires dans vos agissements.
* Combattre un ennemi : contrariétés, duperies, querelles, disputes. Votre réussite dépendra de l'issue du conflit. La victoire à votre profit serait d'une indication heureuse et positive à vos activités. La défaite vous mettrait dans une situation difficile et incertaine.
* Vous dérober à ses tentatives de conflit par un moyen quelconque

vous épargnerait de nombreux soucis. Se faire découvrir ou rattraper serait, en ce cas, d'un mauvais présage.
* Envisager une conciliation, parlementer, négocier : serait d'un moindre mal si vous restez vigilant à toutes tentatives de duperies.
* Tuer un ennemi : triomphe sur vos adversaires.
* Passer à l'ennemi : vous serez lâche et fourbe dans des actions de votre responsabilité.

ENNUYER (s')
* Se voir en cette situation : difficultés prochaines, soucis pour lesquels vous n'aurez que peu d'arguments pour obtenir l'avantage. Vous resterez seul à défendre votre cause.

ENQUETE
* Faire l'objet d'une enquête : vous avez réveillé les soupçons de vos rivaux. Une méfiance certaine de vos décisions, un contrôle rigoureux de vos actes, signe précurseur de difficultés importantes dont les conséquences pourraient être destructrices.
* Participer à une enquête : une victoire prochaine sur vos adversaires, vous amasserez suffisamment d'éléments pour vous garantir de toutes attaques préjudiciables à vos intérêts.

ENROUEMENT
* Etre enroué : des soucis passagers, des contrariétés subites qui vous surprendront. Vous serez sans ressource pour résoudre en votre faveur cette situation. La précaution d'usage serait de retarder toutes décisions afin de préparer votre défense.

ENROULER (du tissu, des tapis)
- Déception, chagrins, repli sur soi, refus à la lutte.

ENSEIGNE (de magasin)
- Vous attirerez jalousie et envie, d'où des problèmes de relations tendues avec des proches, des voisins, votre entourage.

ENSEIGNER
* Se voir enseigner : vos conseils, votre savoir, votre expérience sont recherchés par votre entourage et vos relations. Vous êtes apprécié et estimé. Apportez une certaine modestie dans votre comportement.
* Recevoir un enseignement : votre faiblesse de décision et votre manque de connaissances vont être défavorables à votre situation.

ENSEMENCER
* De petites cultures : des espérances de gains, promesse d'une situation à l'abri du besoin. Réalisation tardive avec d'éventuelles déceptions, des efforts seront nécessaires pour parvenir aux résultats souhaités.

ENSORCELEMENT-ENSORCELER
* Etre ensorcelé : vous subirez des influences néfastes dont vous aurez peine à vous débarrasser.
* Vous ensorcelez une personne : votre pouvoir sur autrui est d'importance et devrait vous permettre de franchir nombre d'obstacles.

ENSEVELISSEMENT
- D'une manière générale il semblerait que la vision d'une personne, dans son linceul, prête à être ensevelie serait d'un augure favorable et pourrait dans certains cas signifier une union par mariage.

* Se voir ensevelir : de bon présage, pour votre avenir qui devrait être heureux et sans difficultés majeures.

ENTERREMENT

* Assister à son propre enterrement : une période de tristesse, de misère, de malheurs vient de s'achever. De nouvelles conditions, d'autres projets, vont vous permettre d'envisager des perspectives différentes, bonheur prochain.
* Suivre un enterrement : des ennuis, des tracas vous sont annoncés, chagrins et tristesse.
* Celui d'une personne de votre connaissance : des ennuis dans votre profession, retards, contretemps, déception, des projets pourraient être remis en cause.
* D'une personne inconnue : des ennuis particulièrement épineux, des pertes d'argent.
* Se voir enterré vivant : de très mauvais augure.

ENTONNOIR

* L'utiliser : vous avez le sens de l'économie et du savoir faire ; sur des situations difficiles vous agissez avec promptitude et efficacité.

ENTORSE

* Se faire une entorse : des retards pour régulariser une situation, des litiges ou controverses, vous connaîtrez quelques soucis à percevoir des sommes qui vous sont dûes.

ENTRAILLES

* Voir ses propres entrailles : de mauvaise indication, inquiétude, angoisse, malheur, de graves problèmes de toutes provenances dont vous ne parviendrez pas à définir une solution satisfaisante.
* Voir ses entrailles dévorées par des animaux sauvages : funeste augure : chagrins, douleur cruelle pour une personne disparue, des querelles de biens ou d'argent, des intérêts à défendre, perte de situation, ressources financières amoindries ou inexistantes, des relations familiales tendues ou rompues, des ennuis de santé importants, solitude et détresse, pauvreté et misère.

ENTREE (d'habitation)

* Ouverte, ensoleillée, accueillante : de belles promesses d'avenir, richesse et prospérité, réussite et bonheur.
* Sombre, obscure, d'aspect désagréable : obstacles, difficultés, empêchements, des oppositions à votre progression.

ENTREPOT

- De bonnes pespectives si cet entrepôt est actif, rempli de marchandises, non détériorées ou non avariées ; d'ambiance agréable, d'aspect général convenable. Augmentation de vos ressources financières, accroissement de vos biens, richesses, affaires fructueuses, confort au foyer.

ENVELOPPE

- Des nouvelles importantes vont vous parvenir. Vos projets devront être modifiés et votre manière de vivre subira quelques changements.
- Les indications portées sur cette enveloppe, l'écriture, la couleur du papier, le format indiqueront la teneur des informations contenues dans celle-ci. Vous pourrez ainsi en déduire s'il s'agit de tristes nouvelles ou d'un événement heureux.

ENVIER

* Une personne : déception dans la réalisation de vos projets, ennuis et chagrins.

* Etre envié : indication favorable. Ce comportement favorise un jugement positif sur les résultats obtenus dans l'évolution de votre situation.

ENVOI
* D'une lettre, d'une somme d'argent : déboires, incertitudes, angoisses, pertes financières.
* D'un colis : des joies prochaines, du bonheur en perspective.

EPAULES
- Se voir avec des épaules.
* Larges, fortes, solides : chance, succès, bonheur.
* Etroites, minces, fragiles : angoisses, inquiétudes, des problèmes de santé.
* Courbées, voûtées : lassitude, désespoir, insuccès, malchance.
* Blessées, douloureuses, ensanglantées : disgrâce, déchéance, infirmité, misère. Un proche parent sera atteint d'une grave maladie. Disparition d'un être cher.

EPAULETTES
* Que l'on voit ou que l'on porte : vos espoirs se réaliseront, vous atteindrez le but que vous vous étiez fixé. Votre situation sera confortable. Vous serez estimé et respecté.
* A terre, défraîchies, sales ou déchirées : échec de vos entreprises, déception, amertume, de nouvelles orientations seront nécessaires.

EPAVE
- Vos ambitions seront déçues. Des erreurs commises aboutiront à la remise en cause de vos projets qui ne pourront se conclure, des pertes financières importantes.

EPEE
* Porter une épée au côté, dans son fourreau : vous serez respecté et honoré. Le pouvoir, la puissance, la célébrité seront de votre côté.
* La sortir de son fourreau : de prochains litiges, des risques de querelles et de conflits.
* La voir brisée : échec et humiliation, honte cruelle.
* La perdre : pauvreté et misère.
* Se blesser avec son épée : malchance et déshonneur.
* Frapper avec son épée, l'adversaire : vous triompherez de vos difficultés et parviendrez à vous imposer.
* Etre atteint par l'épée de son adversaire : de mauvais présage.
* La voir brillante d'or, d'argent, de pierres précieuses : réussite, chance, succès, victoire sur l'adversité, richesse et puissance.

EPERONS
* Les voir : des soucis en perspective, des contraintes à résoudre.
* Que l'on porte : votre personnalité n'est pas en rapport avec la force de caractère que vous prétendez avoir.

EPERVIER
* Le posséder : aisance financière, richesse, vous serez apprécié et respecté, honneurs et pouvoir.
* Le tuer : malchance, malédiction.

EPI (de blé, de froment)
* Mûr, plein et gros : abondance, richesse, réussite.
* Sec, vide, maigre : privation, pauvreté, insuccès.
* En faire mauvais usage : des maladresses dans la conduite de vos affaires vous conduiront à la ruine.

EPICES
* Que l'on achète : joie au foyer, bonheur, aisance d'argent et de biens.

EPIDEMIE
- Les mauvaises circonstances dont votre entourage est affligé risquent de vous atteindre et de vous compromettre.

EPIER (une personne)
- Vous êtes angoissé et préoccupé de difficultés pour lesquelles aucune solution favorable n'a été obtenue. Vous restez méfiant à l'égard d'autrui. Vos actions restent secrètes.

EPIGRAPHE
- Des personnes dont vous aviez oublié le souvenir se rappellent à vous, probablement pour réactiver des événements déplaisants.

EPINARDS
- Signe de santé robuste et de vigueur physique.

EPINES
- Incompréhension d'autrui, malveillance de tierce personne, inimitié des relations, conflits familiaux, tracas, ennuis, inquiétudes.
* En être piqué : soucis d'argent, pertes financières. vos activités professionnelles subiront quelques difficultés. Vos proches se montreront agressifs à votre égard.
* Les retirer : vos soucis prendront fin. Vous serez délivré de ces tracas qui vous opportunaient.

EPINGLES
* En posséder : menaces de brouilles, de fâcheries, de discordes familiales ou d'affaires, des querelles passagères sans gravité apparente mais dont les conclusions pourraient vous être défavorables.
* Etre piqué par une épingle : risque grave de perte financière, ou de biens personnels, de mauvaises associations dans lesquelles vous aviez quelques intérêts vous sont défavorables. Des engagements financiers vous sont préjudiciables, des interventions légales seront nécessaires, procès.

EPLUCHER
* Des légumes : discordes familiales, des ennuis de santé pour un proche parent.

EPONGE
* En faire usage : des propos malveillants, des calomnies, des médisances sont véhiculés par votre entourage. Vous devriez y prêter plus d'attention et protéger ainsi votre réputation.

EPOUSE
* Pour un mari, rêver de son épouse : est signe précurseur de joie et de bonheur.
* La voir plus grande et plus forte qu'à l'accoutumé vous conforte d'un amour profond et de sentiments fidèles.
* La voir souffrante, laide : quelques soucis familiaux, quelques discordes.
* La voir méchante et coléreuse : infidélité, séparation, disputes, colère, des chagrins.
* En relation avec une personne inconnue : infidélité conjugale. Déception. Peines et chagrins.

EPOUSSETER
- Des soucis se verront résolus. Volonté d'échapper à certaines épreuves. Lassitude d'une période peu propice à vos désirs d'évolution et de réussite.

EPOUVANTAIL
- Vous vivez certaines frayeurs dont vous pourriez aisément vous éviter le désagrément. Sachez dominer vos

sentiments et mieux contrôler vos réactions.

EPUISEMENT
- Période néfaste à vos intérêts. L'insuccès de vos démarches, les contraintes permanentes que vous subissez auront des effets négatifs sur votre santé morale et physique. Quelques mesures seront à prendre pour sauvegarder vos acquis.

ERABLE
- Symbole de l'amitié et de la protection qu'une personne de votre connaissance vous réserve.

ERMITE
* Se voir ermite : lassitude morale, désarroi devant la malchance rencontrée dans chacune des difficultés qu'il vous a fallu affronter ; des échecs ainsi constatés, solitude, détresse, des amitiés perdues, des proches indifférents, grave maladie.
* Le rencontrer : de mauvaises nouvelles en perspective, une longue séparation se fera dans le milieu familial.

ERRER
- Solitude morale et affective. Malchance dans vos activités : désespoir et angoisse.

ERUPTION
* Volcanique : d'importants remous familiaux ou professionnels vont se produire. période d'agitation intense. Climat passionnel violent et incontrôlé. Vous serez contraint à quelques pertes financières, litiges, procès.
* Cutanée : des craintes, des inquiétudes, des problèmes pénibles à supporter. Votre santé deviendra délicate et demandera quelques soins.

ESCABEAU
- Aide et appui de peu d'importance mais suffisant pour réaliser une évolution positive de vos soucis.

ESCALADE
* La réaliser et parvenir au but fixé : les embûches rencontrées sur votre chemin ne seront pas suffisantes pour vous interdire la réussite dans vos activités.
* Ne pas la terminer, être blessé au cours de l'escalade : présageraient de difficultés graves dont les conséquences seraient probablement nuisibles à vos intérêts.

ESCALIER
- La longueur de cet escalier, sa construction, les matières utilisées (bois, pierre, marbre), le décor dans lequel il est situé, auront une influence sur l'interprétation du songe. Ainsi un escalier de marbre dans un palais donnera une signification plus forte qu'un modeste escalier.
* Monter un escalier : des projets qui vous tiennent particulièrement à cœur, notamment dans les relations affectives ou familiales, dans l'évolution de votre carrière professionnelle, ou d'aspects financiers, se verront concrétisés par des possibilités nouvelles. Vos démarches seront fructueuses, accords favorables à vos intérêts, de belles perspectives d'avenir.
* Le descendre : vous allez connaître une période difficile faite d'incertitude, d'angoisses, d'erreurs nombreuses. La prudence vous sera nécessaire dans toutes décisions, des contraintes d'argent
* Chuter dans un escalier : mauvais présage, votre réputation sera gravement atteinte. Vous subirez affront et humiliation, échec, insuccès, malchance.

* Escalier mécanique : vous bénéficierez de circonstances particulièrement favorables dans la progression de vos affaires. L'influence de certaines personnes privilégiées, les modalités d'exécution de vos activités, la participation affective de votre entourage facilitent la réalisation de vos projets. L'arrêt brutal ou une panne du mécanisme seraient de mauvais augure.

ESCARGOT
- Soyez patient dans les démarches entreprises et les résultats que vous souhaitez obtenir.
* le voir se replier dans sa coquille : la nervosité ou l'impatience dont vous faîtes preuve agacent des personnes de vos connaissances dont l'aide et le soutien restent indispensables.
* En manger, l'écraser : une décision irréfléchie vous causera quelques dommages.

ESCLAVE
* Le voir : annonce des circonstances désastreuses dont vous pourriez subir les conséquences. Injustice, vengeance, haine, profit de votre personne par abus de confiance, vol, exploitation de vos ressources et de vos biens, malchance et tristesse.
* Etre esclave : une période de votre vie sera faite de labeur et de sacrifices, sans récompense de vos efforts, sans amitiés partagées, sans amour.

ESCRIME
- Disputes, querelles avec une personne de votre entourage. Sans conséquence grave si cette lutte se termine sans blessure d'amour propre ou physique, auquel cas vous retireriez des faveurs de cette circonstance.

ESCROC
* Se voir escroc : vos ressources financières seront des meilleures, vos biens fructifieront, au détriment de la considération d'autrui.
* avoir des relations avec un escroc : si vous êtes conscient du jeu, vous pourriez retirer quelques avantages de cette situation. Sinon attendez-vous à de grosses pertes financières.

ESPADRILLES (Vous reporter à la définition de « SANDALES »)

ESPION
* Fréquenter un espion : vous serez mêlé à une situation complexe, délicate, susceptible de provoquer des changements importants dans votre environnement, des informations confidentielles vous seront connues en relation avec vos activités professionnelles. Vous serez victime d'actions perfides et indélicates.

ESPOIR
* Espérer, dans un rêve, au sujet d'une circonstance particulière vous indique une prochaine désillusion de celle-ci.

ESSAIM D'ABEILLES
- Présage de prospérité, de réussite dans vos activités par le labeur et l'opiniâtreté. Vous recevrez avantages et considérations, de belles promesses d'avenir.
* Un essaim d'abeilles, désuni, menaçant, prêt à bondir à l'attaque serait d'une fâcheuse indication. Vos plans pourraient être contrariés, remis en cause, vos projets détruits par l'intervention de personnes qui vous seraient hostiles.

ESSENCES
* De parfums : la déloyauté et l'hypocrisie sont de rigueur dans votre entourage.

* Carburant : des relations passionnées, brutales, mais sans lendemain, déceptions à envisager.

ESSOUFFLER
* Etre essoufflé : des contrariétés, des empêchements, lassitude d'une lutte difficile et sans résultat apparent. Vos adversaires exercent sur vous une pression très forte.
* Voir une personne essoufflée : vous parviendrez à vaincre vos difficultés et prendre toute autorité sur vos ennemis.

ESSUYER
* Des objets : joie de la maison, réconfort au foyer, sens de l'ordre et de la minutie. Souci d'accomplir votre tâche de manière rigoureuse et exemplaire, nécessité de vous débarrasser des contraintes et soucis affrontés depuis quelques temps.
* Ses larmes : vos soucis prendront fin. Une période de bonheur vous réconfortera. De nouvelles espérances.

ESTAMPILLE (consulter la définition « POINÇON »)

ESTHETICIENNE
* La rencontrer : vous souhaitez modifier l'appréciation de votre entourage à votre égard, peu favorable et nuisible à l'évolution de vos activités.
* En exercer la profession : vous tenterez de prodiguer vos conseils à des relations proches de vos affaires afin d'améliorer leur position.

ESTOMAC
* Rêver d'une douleur à l'estomac : angoisse, inquiétude, crainte d'un avenir difficile et pénible. Vos ressources financières, vos biens pourraient être la cause de cette souffrance.

ESTRADE
* Se voir sur une estrade : souci de paraître, ambition démesurée par rapport à la réalité, des perspectives d'avenir modestes.

ESTROPIE
- D'importantes contrariétés financières, des pertes d'argent, des litiges perdus au profit de vos adversaires, des interventions officielles notamment de justice vous ont été défavorables, des conflits graves à supporter, santé compromise, maladie.

ESTUAIRE (se reporter à la définition EMBOUCHURE)

ETABLE
* Rempli d'animaux : aisance financière, richesse, confiance dans l'avenir, sécurité au foyer, joie et bonheur.
* Vide ou avec des animaux malades : des pertes d'argent, des épreuves cruelles en prévision.

ETABLI
* En faire usage : vous construisez patiemment et avec confiance les diverses étapes de votre vie. Vous ne devez compter que sur vos propres efforts pour parvenir aux résultats souhaités.

ETAGE
* Parvenir à l'étage d'un niveau supérieur à celui où vous êtes précise une évolution positive de votre situation ou de vos activités. Le nombre d'étages intermédiaires déterminant l'importance de cette progression.
* Dans le cas contraire : l'accès à l'étage d'un niveau inférieur serait d'une indication néfaste à vos intérêts. Régression, insuccès, échec.

ETAGERES
* Les utiliser : souci de mettre en ordre et de clarifier vos affaires dans une période trouble et agitée. La manière dont vous en ferez usage indiquera la réussite de vos intentions.

ETALON
* Le voir en liberté : besoin d'indépendance dans vos activités, promesse de conditions de vie heureuse et bénéfique. Votre réussite sera d'autant plus brillante que la couleur de l'étalon sera blanche et immaculée. Belles perspectives d'avenir.

ETANG
- Nostalgie et tristesse, solitude.
* Avec une eau claire et limpide : de nouvelles relations amicales, ou une amitié renouée, vous apporteront le réconfort nécessaire pour franchir les obstacles actuels.
* Avec une eau trouble, sale : vous serez déçu par des amitiés que vous pensiez solides et fidèles.

ETAT-CIVIL
- Des rapports complexes et ennuyeux avec des services officiels pertuberont vos relations affectives et familiales, des soucis financiers sont à craindre, des répercussions sur vos activités, incertitudes et angoisses.

ETATS-UNIS
* Se préparer à ce voyage, se rendre aux Etats-Unis, se trouver dans une des villes d'un des Etats, vous précise un changement de situation et une amélioration notable de vos conditions de vie, sur des bases différentes de celles que vous aviez connues.

ETAU
* L'utiliser : une situation difficile vous demandera beaucoup d'attention et de réflexion. La patience et la détermination pourront vous assurer de la résolution de vos problèmes.

ETE
* Chaud et ensoleillé : abondance, prospérité, richesse, bonheur, joie de vivre, réussite et succès, santé excellente, vigueur physique.

ETEINDRE
* La lumière d'une lampe, la flamme d'une bougie : des circonstances malheureuses vous sont annoncées, difficultés financières, situation professionnelle décadente. des relations affectives pénibles, maladie pour l'un de vos proches.
* Un incendie : vos soucis cesseront prochainement, de meilleures perspectives vous seront offertes, amélioration de vos conditions.

ETERNUER-ETERNUEMENT
* Avec facilité sans aucune gêne : chance et succès.
* Avec difficultés : peine et déception.

ETINCELLES
- Joies passagères, bonheur superficiel, peu de souvenirs.

ETIQUETTE
* Préparer une étiquette, la coller : - sur un paquet : d'heureuses nouvelles, surprise agréable et inattendue. - sur un bagage : un déplacement ou un voyage en prévision.
* La lire sur un objet : dépenses imprévues, soucis, contrariétés.

ETOFFES

* De bonne qualité, aux couleurs agréables, d'aspect soigné : activités profitables, vos affaires apporteront des conclusions favorables à vos intérêts. Richesse, réussite.

* De qualité médiocre : peu de succès. Vos efforts seront décevants, vous ne pourrez aboutir à des résultats productifs et rentables.

ETOILES

* Brillantes au firmament : excellent présage, vos activités connaîtront une période favorable particulièrement bénéfique. Les relations affectives seront riches d'espoirs et de projets.

* Si l'une d'entre elles est particulièrement lumineuse : vous ferez une rencontre sentimentale qui pourrait se conclure par un mariage.

* Ternes, sans éclat, à la luminosité vacillante : des chagrins et des contrariétés, des sujets d'inquiétude pour vos activités. Sentiments affectifs perturbés par des évènements imprévus.

* Disparaissant subitement par manque de luminosité, obscurcies par des nuages : des circonstances défavorables, de nouvelles épreuves à supporter, malchance.

ETOUFFER

* Se voir étouffer : des évènements surprenants et désagréables, contrariétés dans vos affaires, perturbations imprévues dans vos activités, vous devrez faire face à des difficultés sans aide ni appui.

* Etouffer une personne : des actions malveillantes ne peuvent se traduire que par des accès de colère dont vous ne tirerez aucun avantage.

ETOURDISSEENT

* Avoir un étourdissement : des contrariétés familiales déprimantes, des relations pénibles avec votre entourage.

ETRANGER (Pays)

* Se préparer au voyage, se trouver dans un pays étranger : votre situation va se modifier, des changements vont intervenir qui devraient vous être profitables, des perspectives renouvelées.

ETRANGERS

* Voir ou rencontrer des personnes d'un pays différent du sien : se reporter à la rubrique considérée du pays, du continent.

* Se sentir étranger : période d'incompréhension et de doute de la part de personnes proches de votre entourage. Solitude morale.

ETRANGLER

* Une personne : honte et malheur, vous porterez de graves préjudices moraux et financiers à une personne de votre connaissance, vous aurez l'avantage de la situation mais des contraintes subsisteront sous forme de litiges pour lesquels il ne faut pas exclure des interventions officielles, notamment de justice.

* Etre étranglé : malchance, malheur, douloureuses circonstances. Vos acquis financiers, vos biens connaîtront quelques pertes. Dettes. Rupture définitive de relations privilègiées

ETREINDRE

* Des proches parents : vie familiale heureuse, sérénité, paix au foyer, réconfort affectif, bonheur

* Des personnes inconnues : vous affronterez hypocrisie, perfidie, lâcheté. Soyez prudent dans vos relations.

ETRIERS
* En faire usage : succès dans vos activités. Les objectifs fixés seront atteints, approbation d'estime de vos adversaires.

ETUDES
* Se voir étudier : de nouvelles possibilités de carrière. Des perspectives différentes de celles que vous avez vécues. Votre situation se modifiera pour des avantages et profits confortables.

EUROPE
* Se préparer au voyage ou visiter un pays d'Europe : votre situation connaîtra quelques améliorations avantageuses, des rencontres de personnes influentes vous apporteront aide et appui lors de démarches importantes. Joie intime profonde.

EVACUATION
* D'une maison d'habitation : triste nouvelle, maladie grave, décès d'un proche parent.
* D'un local à usage professionnel : changement de situation, vos ressources financières seront particulièrement concernées.
* D'un navire : dettes financières, pertes de biens ou de situation, solitude affective, détresse.

EVANGILE
- Dans des instants difficiles, pénibles, vous rechercherez le réconfort de l'âme et la paix de l'esprit par la pratique de la réflexion, de la méditation. Vous saurez apprécier la compréhension et la générosité de personnes sages et désintéressées. Vie intérieure riche et intense.

EVANOUISSEMENT
* S'évanouir : des incidents divers, des contrariétés perturbent vos activités ou votre quiétude familiale. Des tracas provoqués par vos rivaux vous laissent démuni de toutes possibilités de contrer les attaques. Soucis d'argent et de santé.
* Voir une personne s'évanouir : un malheur prochain dans votre milieu familial ou affectif.

EVAPORER
* Un liquide s'évapore : des surprises désagréables et imprévisibles, vous ne pourrez dominer la situation et réagir avec efficacité, des ennuis d'argent.

EVASION
* S'évader d'un convoi de prisonniers, d'un camp : changement favorable et positif de votre situation, une décision volontaire et réfléchie vous fera quitter des circonstances et des projets peu avantageux, sources de conflits et de tracas. Chance de perspectives nouvelles et heureuses.

EVEIL-S'EVEILLER
- Changement de vos conditions. De nouveaux projets, des activités différentes, des intentions de vie modifiées. Période de chance favorable à la réalisation de vos idées et à la progression de vos affaires.

EVENTAIL
* Utilisé par une autre personne : absence de franchise, déloyauté, perfidie, intrigues. Un soutien que vous pensiez obtenir vous fera défaut, des amitiés nécessaires à la réalisation d'affaires délicates vous seront refusées. Déception et amertume.

EVEQUE
* Le voir, le rencontrer : excellent présage. Des projets heureux vont se concrétiser. Bonheur affectif.

Joie familiale. Des personnes proches de vos sentiments vous seront de bon conseil. Chance et succès.

EXAMEN

* Préparer un examen : des projets nouveaux pour une orientation différente de vos activités. Perspective de changement favorable. Efforts nécessaires, quelques sacrifices à envisager.
* Le réussir : vous oublierez soucis et chagrins, vos objectifs seront atteints, amélioration de vos conditions, chance et succès.
* Echouer à un examen : déception et humiliation ; des projets devront de nouveau être réfléchis et décidés sur des bases différentes. Une longue période d'attente et de sacrifices débute.

EXCREMENTS

- Malgré le dicton, et au contraire de la plupart des affirmations lues ou entendues, ce rêve reste d'un mauvais présage.
* D'origine humaine : querelles, disputes familiales, opposition d'intérêts, des biens seront concernés, des relations d'affaires vous trahiront. Vos ressources financières seront compromises, des litiges avec les autorités judiciaires vous seront défavorables.
* En être souillé : vous subirez honte et humiliations, dépenses d'argent, dettes, perte de biens, échec.
* D'animaux (à l'exclusion du cheval et de la vache) : présage de difficultés et de tracas dans votre situation professionnelle. Retards, contretemps, embûches,soucis d'argent. Remise en cause de projets importants, primordiaux pour votre avenir. Des propos malveillants d'origine familiale, des contraintes affectives, des relations conjugales tendues, amertume.
* En être souillé : des amitiés compromises, des relations perdues, trahison. Des appuis indispensables à vos démarches feront défaut. Solitude, maladie.

EXCURSION

* En montagne : joie et bonheur après une période faite de difficultés, de soucis, de tracas. Les efforts nécessaires à la résolution de vos problèmes vous ont démontré la nécessité de ne compter que sur votre propre volonté. D'autres perspectives plus heureuses vous seront prochainement acquises. Les circonstances seront plus ou moins favorables selon les obstacles particuliers que vous aurez aperçus et la facilité avec laquelle vous les aurez franchis.
* A la campagne : quiétude de l'esprit, sérénité de l'âme. Vous apprécierez les instants de réflexion, de retour sur soi afin de mieux appréhender le devenir.

EXECUTION CAPITALE

* Se voir exécuter : malchance, malheur, honte et humiliation, des échecs, espoirs déçus, ambitions non réalisées, déception dans les relations, ruptures affectives ou familiales, pertes financières ou de biens, maladie, solitude morale, détresse.
* Voir une exécution : vous triompherez de l'adversité, des ennemis seront vaincus. Vous retrouverez vos droits et la justification de vos intérêts. Des litiges seront conclus en votre faveur. Les proches éventuels vous seront favorables. Quelques dépenses d'argent, quelques contraintes.
- Si au cour de cette exécution le condamné reste sain et sauf, vos ennemis poursuivront leurs attaques, malgré votre volonté et vos efforts.

EXIL
* Connaître l'exil : changement profond et radical de vos conditions d'existence. Chaque élément constitutif de votre vie actuelle va être modifié et faire place à des perspectives différentes. Favorables dans la mesure où vous en avez fait le choix. Contraires si elles vous sont imposées, des biens familiaux, amicaux seront ainsi rompus, tristesse, chagrins.

EXODE
- Période de malchance. Les circonstances resteront contraires à vos intentions. Vous devrez renoncer à poursuivre des efforts inutiles et vains, contre l'adversité. Chagrins et solitude. Des sacrifices et des privations vous seront nécessaires.

EXPEDITION (dans un pays lointain)
* La préparer et participer à une expédition lointaine : présage des changements qui bouleverseront votre vie affective, relationnelle et pourront également avoir des rapports avec vos activités. Soucis, tracas, inquiétudes, angoisses seront de votre vie. Des dépenses d'argent, des pertes financières importantes. Risque de maladie dans votre entourage.

EXPLORATEUR (voir EXPEDITION)

EXPLOSION
- Des événements brusques et inattendus, des changements à envisager, des circonstances imprévues. Elles vous seront d'autant pénibles si des dégâts sont occasionnés par cette explosion. Soucis familiaux, disputes, inimitiés, des problèmes financiers, dettes d'argent.

EXPOSITION
* S'y rendre : de nouvelles orientations de vos activités : des idées, des projets, des rencontres intéressantes et utiles, des circonstances favorables à vos ambitions.
* Revenir d'une exposition : déception et amertume. Vos affaires seront contrariées par des événements imprévus ou malchanceux. Vous devrez remettre en cause certaines orientations, redéfinir vos projets, retards, contretemps, embûches.

EXPULSION
* Se voir expulsé : malheur et solitude, des oppositions familiales ou professionnelles auront eu raison de votre ténacité et de vos droits, perte d'argent, changement important de vos conditions de vie.

F

Lettre symbolique de la souffrance morale et physique.

FABLE

* L'entendre raconter : des instants heureux, des joies intimes et profondes. Sachez toutefois écouter la moralité de cette fable dont vous pourriez tirer présage pour de prochains évènements.

FABRIQUE

* La voir en activité : de belles promesses de réussite dans vos aspirations. Orientations nouvelles, assurance de gains financiers importants. Succès proche.

* La voir sous un mauvais aspect ; matériels détériorés, murs délabrés, atmosphère désagréable, odeurs malsaines etc... : des obstacles, des difficultés, de nombreux soucis vous seront opposés. Des indécisions seront nuisibles à la progression de vos projets. Quelques contraintes d'argent.

* La voir inactive, en ruines : malchance, insuccès, pauvreté et misère.

FACTEUR

- Des nouvelles importantes vous parviendront qui pourront modifier de manière conséquente votre façon de vivre.

FACTIONNAIRE

* A son poste, soucieux de son travail : la défense de vos intérêts sera assurée avec efficacité.

* Indifférent, négligeant sa tâche : des précautions financières seront de votre fait dans un avenir proche.

FACTURE

- Soucis d'argent, des contraintes financières importantes et imprévues, des litiges, des discussions, désaccords et contestations. La propriété de vos acquis sera l'objet de querelles. Probabilité d'une intervention officielle et juridique, procès éventuel.

FAGOTS

- Une période difficile s'annonce. Des restrictions, des privations seront indispensables. Vous connaîtrez la solitude d'une situation pénible, pauvreté, désolation, amitiés décevantes. Des erreurs dans la réflexion et la conduite de votre vie familiale ou de vos affaires. Vous en subirez les conséquences.

FAIENCE

- Délicatesse des sentiments, douceur de vivre, bonheur discret.

FAILLITE

* Faire faillite : d'une manière générale, en dehors des éléments complémentaires du rêve, vous pouvez espérer une amélioration notable de vos conditions de vie ; de meilleures possibilités financières, des activités professionnelles fructueuses, des gains d'argent.

FAIM

* Avoir faim : volonté de parvenir à des résultats positifs et concrets afin d'atteindre les objectifs espérés. La réussite sera de votre côté dès l'instant où vous serez rassasié. Une période prospère et heureuse vous sera promise.

FAIRE-PART
* De mariage : des nouvelles heureuses. Promesse de bonheur et de réussite. Joie affective.
* De décès : vous devrez affronter de pénibles circonstances. Des difficultés importantes bouleverseront vos habitudes. Séparation , rupture affective. Des disputes et litiges sont à prévoir. Solitude morale. Des ennuis de santé.

FAISAN
- Des préoccupations affectives, des tracas dans le milieu familial. Des soucis graves en perspective.

FAKIR
- Présage des réalités trompeuses. Si vous en acceptez le principe, attendez-vous à quelques problèmes sans gravité mais suffisament ennuyeux pour semer quelques perturbations dans votre vie.

FALAISE
* En faire l'escalade, parvenir au sommet : réussite de vos activités. Après quelques obstacles, assurance d'une évolution de votre situation
* Faire une chute des parois ou du sommet serait d'une fâcheuse indication.

FALSIFICATION
- Réaliser cette opération sur tout document officiel préfigure des ennuis particulièrement importants pour lesquels vous n'obtiendrez aucun secours. Litiges. Querelles d'intérêt. Des pertes financières sont à prévoir. Abandon et mépris.

FAMILLE
* La sienne : annonce des joies inattendues, des rencontres heureuses, du bonheur pour chacun des siens, dès l'instant où les personnes de votre rêve vous sont agréables et souriantes. Dans le cas contraire attendez vous à des soucis et des contrariétés, peut-être des paroles malheureuses et des querelles violentes.
* Des personnes d'une famille étrangère : signe de disputes, de désaccords partiellement graves dans lesquels vous serez mêlés.

FAMINE
* La connaître : des risques financiers, des déboires sentimentaux, des contrariétés multiples et variées, période difficile à vivre.

FANFARE
* La voir défiler jouant des airs gais : des nouvelles agréables vous apporteront de grands plaisirs. Une longue période de souffrance, d'incertitudes, d'angoisses s'achève. Des occasions fertiles à vos espérances vont bientôt se présenter.

FANFRELUCHES
- Superficialité des rapports et des sentiments.

FANTOME
* Vêtu de blanc : joie et bonheur, consolation de vos peines.
* Vêtu de noir : annonce d'une mort prochaine dans le milieu familial.
- Soyez attentif à leurs faits et gestes. Certains messages prémonitoires conseilleront vos réflexions.

FARD
* Se farder : vous aurez peine à dissimuler vos véritables intentions à l'égard d'autrui.
* D'autres personnes se fardent : tromperie, déloyauté, duplicité, trahison de votre entourage.

FARDEAU

* Porter un fardeau : des activités sans intérêts dures et pénibles. Fatigue, lassitude.
* Tomber sous le poids d'un fardeau : misère et chagrin.
* D'autres personnes portent un fardeau : des soucis, des peines vous seront bientôt prodigués.

FARINE

* Moudre de la farine : surprise heureuse, des activités lucratives, joie au foyer.
* La tamiser : vous apportez toutes précautions à protéger le bien-être de votre famille à l'égard d'évènements extérieurs dommageables.
* La pétrir : aisance financière, sécurité au foyer.
* De couleur blanche : plaisir, bonheur.
* De couleur noire : deuil d'un proche.
* De mauvaise apparence : tromperie, trahison.
* Rongée par des parasites : pauvreté et misère.
* Répandue à terre ou souillant vos vêtements : des malveillances à votre égard, calomnies, médisances.
* En sacs, rangés et entassés : opulence, richesse, confort financier, réussite.

FATIGUE

* Se voir, se sentir dans un état de fatigue prononcée : certains évènements pénibles se sont révélés particulièrement difficiles à résoudre. Lassitude morale, épuisement, impuissance devant l'adversité. Des précautions sont désormais nécessaires pour préserver votre santé.

FAUCHER

- Des initiatives heureuses assureront la sécurité de votre foyer.
* Du foin ou des céréales : réussite de vos activités. Promesse de gains financiers.
* Des herbes sauvages, parasitaires ou nuisibles : amélioration de vos conditions de vie. Espoir d'une période favorable à vos intérêts.

FAUCILLE

- De petits travaux pénibles et peu rémunérateurs, incertitude de votre avenir, insécurité de vos projets, angoisse, tristesse.

FAUCON

* Le capturer : joie et profits
* Ne pas réussir à l'attraper : une occasion manquée dans la conduite de vos affaires, pertes.
* Le voir voler : des nouvelles prochaines en relation avec votre profession ou vos finances.

FAUNE

- Préfigure une situation ambigüe dont les conséquences devraient être désavantageuses à votre égard.

FAUSSAIRE

* Avoir affaire à un faussaire : vous serez trompé, des profits espérés se traduiront par des pertes, des ennuis possibles avec les autorités légales.
* Etre faussaire : vos méthodes, en marge des principes en vigueur, vous seront préjudiciables.

FAUTEUIL

* Le voir, en faire usage : joie et bonheur dans la paix au foyer. Les soucis vous sont étrangers. Bien-être, plénitude.
* En mauvais état : des prochaines contrariétés en perspective. Les problèmes vont vous surprendre et perturber votre vie familiale.

FAUVETTE

- De tendres rapports affectifs.

FAUX
* L'utiliser à des travaux agricoles : prospérité, aisance financière, richesse.
* Se blesser avec cet outil : vous serez menacé d'un grave danger mettant en péril votre santé.
* La voir seule, sans usage particulier : deuil familial.

FEE
- Selon la fée que votre rêve vous fera rencontrer, de grands espoirs se verront réalisés ou des soucis cruels seront votre souffrance.

FEMME
* Une jolie femme inconnue : nouvelle rencontre, réussite affective, liaison.
* Une femme laide et vieille : discorde, infortune.
* Une femme généreuse et bienveillante : joie et bonheur.
* D'une grande intelligence, d'un esprit remarquable : succès dans vos activités, honneurs et distinctions
* Voir une femme bavarder avec d'autres personnes : médisances, calomnies, disputes.
* Se quereller avec une femme : ennuis, soucis, chagrins.
* La battre : séparation, rupture.
* La voir en colère : reproches, peines, fâcheries.
* Une femme torse nu : infidèlité.
* Entièrement nue : espérances déçues.
* Le sexe d'une femme : contrariétés affectives.
* Avec un sexe d'homme : promesse de mariage.
* Embrasser une femme : déceptions sentimentales.
* Que l'on cherche à séduire : fausseté et hypocrisie de votre entourage.
* Qui accorde ses faveurs à un homme : contrariétés sentimentales, disputes.
* Une femme maquillée : perfidie, duperie.
* Qui se regarde dans un miroir : tromperie feminine.
* Une femme enceinte : heureuses nouvelles.
* Qui accouche : bonheur et prospérité au foyer.
* Avec des enfants : soucis familiaux.
* Voir une femme fatiguée,épuisée : maladie.
* Avec une longue chevelure : joies affectives.
* Aux cheveux bruns : ennuis et contrariétés.
* Aux cheveux châtains ou blonds : bonheur.
* Ou de couleurs inhabituelles : maladie, séparation affective.
* Une femme élégante : harmonie conjugale.
* Vulgaire : disputes, rupture affective.
* Une femme qui vous parle : soucis familiaux.
* Un homme parle d'une femme : chance, succès.
* Une femme vêtue de noir : deuil, tristesse, chagrin.
* Habillée de couleurs gaies : joie au foyer.

FENAISON (se reporter à FOIN)

FENETRE
* Ouvrir une fenêtre : réussite et succès dans vos activités, joie et bonheur au foyer.
* La voir fermée : des soucis, des pleurs, tristesse, solitude.
* Entrer dans une maison par la fenêtre : querelles, disputes, propos malveillants, fâcheries.

* Sortir par la fenêtre ou chuter à l'extérieur : revers de fortune, misère, malheur.
* Une fenêtre aux vitres brisées : dommages financiers, offenses, humiliations.
* Une fenêtre brûlée, calcinée ou avec des barreaux : heurts familiaux, querelles d'intérêts, pertes financières, litiges.
* Une fenêtre baignée de soleil : de grands espoirs, perspectives heureuses, joie du cœur.
* Une fenêtre fleurie : bonheur au foyer. Prospérité
* Voir de sa fenêtre des personnes à l'extérieur de sa maison : des changements prochains désavantageux pour votre famille et vos ressources financières, maladie familiale.
* Voir à sa fenêtre des personnes inconnues : médisances, colportage de ragots, rumeurs déplaisantes
* Voir de sa fenêtre des voisins : vous êtes envié et jalousé, moqueries.
* Nettoyer les vitres de sa fenêtre : vous recevrez une aide imprévue pour rétablir la situation que de vilaines affaires familiales avaient détruite. Votre sens du devoir et votre moralité seront reconnus.

FENOUIL
- Promesse de gains financiers. Chance prochaine.

FER
* Battre du fer à l'état incandescent : oppositions, inimitiés, querelles, des suites judiciaires, pertes d'intérêt.
* Etre blessé par un morceau de fer : peines familiales, chagrin affectif.
* Un morceau de fer rugueux et rouillé : perte d'amitié, déception et tristesse.
* Du fer en fusion : un grand amour, des sentiments profonds et sincères. Un mariage heureux.

FER A CHEVAL
* Trouver un fer à cheval : promesse de chance, protection.
* Le perdre : soucis d'argent et de biens.
* Ferrer un cheval : des projets solides et bénéfiques. Accroissement de votre patrimoine, protection de vos intérêts, prévoyance et sécurité.

FER A FRISER
- Calomnies, médisances, propos sournois et malveillants.

FER A REPASSER
- Labeur et persévérance, réussite difficile

FERMAGE
* Confier ses biens en fermage : vous êtes dans l'incapacité d'assurer la gestion de vos affaires. A vouloir compter sur la peine des autres vous rencontrerez des déboires et des déconvenues.
* Prendre des biens en fermage : vous serez à l'abri du besoin, mais sans grande fortune. La domination d'une personne de votre entourage vous sera pesante.

FERME
* Voir ou se trouver dans une ferme active, prospère, de belle apparence : aisance financière, accroissement de vos biens, richesse, réussite professionnelle, succès.

FERMER
* La porte ou une fenêtre de son habitation : vous cherchez à vous protéger des évènements extérieurs, discrétion de votre vie.

* Les volets de votre habitation : peines et chagrins, des soucis familiaux, querelles, fâcheries, soucis d'argent, maladie.

FERMIER
- Le voir dans les champs : prospérité, bonheur.

FESSES
- Médisances, calomnies, affronts, humiliations.

FESTIN
- Démarches infructueuses, affaires décevantes, gêne financière, des épreuves difficiles.

FETE
* Participer à une fête familiale ou entre amis : les déceptions présentes, les diverses contrariétés du moment ne seront que passagères si vous acceptez de continuer la lutte.
* Assister à la fête du village : des nouvelles heureuses, joie immense, bonheur intense.

FEU
Le présage sera différent selon les caractèristiques du feu. Nous n'examinerons dans cette rubrique que les feux à caractère utilitaire, domestique, réconfortant. Deux autres rubriques seront à consulter selon le contexte du rêve : flamme et incendie.
* Allumer un feu : des nouvelles agréables et rassurantes.
* De petite dimension : vos intentions et vos perspectives seront modestes.
* D'envergure importante : aisance financière, richesse, prospérité. Vous avez de l'ambition et de la volonté.
* S'y brûler : des contrariétés en affaires, des projets mal définis, des erreurs dans l'appréciation de vos idées, des pertes d'argent.
* L'éteindre : échecs dans vos entreprises, déception et amertume, risque de maladie
* Avec de la fumée : désaccords, querelles, oppositions.

FEU D'ARTIFICE
- Promesse illusoire, idées ou projets grandioses mais irréalisables, amitiés ou relations enthousiastes mais superficielles, de bons souvenirs.

FEU-FOLLET
* Inconstance de sentiment et de décisions.

FEUILLAGE
* De bel aspect, vert et épais : réalisation et succès de vos projets.
* De couleur jaune ou défraîchi : déception, regrets.
* Qui tombe : insuccès, misère, pauvreté.

FEUILLES
* A l'état de bourgeons : espérance d'une vie nouvelle, promesse de réussite dans vos activités, début d'une période heureuse, joie et bonheur.
* Vertes, épaisses et bien dessinées : réussite et succès.
* Jaunes et sèchées : contrariétés, soucis, déception.
* Qui tombent : insuccès, malchance, maladie.
* Les ramasser pour les jeter ou les brûler : vous modifierez vos projets, vos ennuis cesseront prochainement.

FEUILLETON
- Des occupations d'aucun rapport financier mais suffisantes pour vous aider à vous échapper de la grisaille de vos soucis.

FEVES
- Contestations, discussions, disputes, des contraintes d'argent, risque de maladie si les fèves sont avariées.

FIACRE
* Que l'on voit attelé : promesse d'un changement de vos conditions de vie, amélioration prochaine.
* Dans lequel vous montez : fin de vos soucis, réussite,succès.
* En descendre : échec, insuccès, infortune.

FIANCAILLES
* Etre fiancé à une personne de sa connaissance : joie et bonheur, mariage prochain, acquisition de biens, accroissement de la fortune.
* Etre fiancé à une personne inconnue : bouleversement, menace d'un grave danger par accident ou maladie, épreuves cruelles.

FICELLE
* En posséder, de bonne qualité, neuve, enroulée convenablement : sécurité aide et appui. Des initiatives heureuses, des réalisations conformes à vos souhaits, activités bénéfiques.
* Usée, emmêlée : des affaires complexes et peu rentables.
* La couper, la casser : déceptions, disputes, malchance.
* L'utiliser pour préparer un paquet : évènement surprenant et agréable.

FIEVRE
* Avoir de la fièvre : forte contrariété, de graves ennuis dans la gestion de vos affaires ou dans les relations avec votre entourage, déceptions, déconvenues, embûches, risque de maladie.

FIGUES
* Fraiches, de bonne qualité : joie et bonheur au foyer, satisfaction financière, détente.
* Sèches ou avariées : difficultés d'argent, des relations compromises ou perdues, déboires.
* Cueillir des figues : réalisation avec succès d'un de vos projets.

FIL
- Des affaires complexes, des situations difficiles à résoudre, incertitudes, doutes, inquiétude
* Un fil emmêlé : embarras, anxiété dans une affaire délicate.
* Un fil coupé ou cassé : chagrins affectifs. Séparation. Rupture.
* Un fil démêlé, réembobiné : une situation difficile s'achévera favorablement.

FIL A PLOMB
- Vos décisions sont réfléchies, vos actions équilibrées et efficaces.

FIL DE FER
- Des rapports difficiles avec des relations familiales ou d'affaires, des obstacles à la réalisation de vos souhaits, des pièges tendus par vos adversaires.

FIL DE FER BARBELE
- Oppositions, inimitiés, querelles, des aspects financiers seront concernés, relations familiales difficiles.

FILE D'ATTENTE
* Se voir dans une file d'attente . des retards ou contretemps dans l'accomplissement de vos projets, des embûches qu'il aurait été préférable d'éviter.

FILER
* De la laine au rouet : ambiance familiale heureuse. Joie et bonheur.

Promesse d'une vie paisible et sereine.

FILET DE COMBAT
* En être prisonnier : situation gravement compromise, les actions entreprises par vos adversaires auront été suffisantes pour vous anéantir.
* Réussir à s'en libérer : chance, de nouvelles espérances, promesse d'une évolution de vos affaires à votre avantage.
* La remise en état ou la fabrication d'un filet de combat : préfigure des ennuis graves, des heurts, des querelles avec des relations proches de vos intérêts.
* A l'état d'abandon : vos adversaires renonceront à la poursuite de leurs attaques malveillantes.

FILET DE PECHEUR
* Un filet rempli de poissons : prospérité de vos affaires, amélioration de votre situation.
* Vide : malchance. Insuccès de vos entreprises, des contraintes financières sont à envisager.

FILET A PAPILLONS
- Des nouvelles agréables, des joies de courtes durées, une rencontre amoureuse vous apportera quelques plaisirs mais sans continuité.

FILLES DE JOIE
- De mauvaises relations, des affaires douteuses à l'écart des règles couramment utilisées, des satisfactions ou profits possibles mais risqués.
* Fréquenter une fille de joie : vous ne bénéficierez pas de toute la confiance de la personne aimée, des déceptions cruelles sont à envisager.

FILM
* Voir un film : de grands projets se révèleront sans efficacité, vos moyens seront limités, vos possibilités réduites et vous ne pourrez atteindre la position que vous souhaitez.

FILS-FILLE
- Rencontrer ses enfants en rêve peut être dans certains cas la prémonition d'une inquiétude à leur sujet : des difficultés qui leur seraient propres et dont vous auriez ainsi le message sinon l'avertissement. Il est bien évident que seul le contexte de ce rêve vous donnera les éléments utiles et précis pour en apprécier la validité.

FILTRE (voir PASSOIRE)

FIRMAMENT
* Lumineux, rempli d'étoiles : présage de bonheur et de sérénité après quelques instants difficiles.

FLACON
- Se reporter à bouteille et selon le contenu du flacon, à la rubrique considérée.

FLAMBEAU
* Allumé : la chance et le succès seront de votre côté.
* Et que vous portez : de puissants atouts serviront vos intérêts,vous recevrez conseils et appuis pour mener à bien vos entreprises.
* Le voir s'éteindre : des amitiés seront perdues, déception et amertume.
* Retraite aux flambeaux : des rencontres heureuses, des plaisirs spontanés mais éphémères.

FLAMMES
* Hautes, vives et claires : chance, réussite, succès.
* Petites, tourmentées : des contrariétés, des obstacles, des inquiétudes et des tracas.

* Tremblotantes, qui s'éteignent : malchance, misère, malheur.

FLAN
* Préparer ou manger du flan : docilité, souplesse d'esprit mais inconsistance de caractère.

FLAQUES (d'eau, de boue)
- Déception dans les amitiés, vos activités seront peu profitables, des contraintes financières, des obstacles dans vos démarches, des décisions nuisibles à vos intérêts.

FLATTERIE
* Flatter une personne : réussite dans vos entreprises. Les moyens utilisés pourront être contraires à la morale et desservir votre personnalité.
* Etre flatté : vous serez trompé et trahi par une personne de votre connaissance dont l'attitude aurait dû vous inciter à la méfiance.

FLECHES
* Que l'on voit : présage de difficultés prochaines, discussions, disputes, oppositions. Des intérêts familiaux pourront être concernés, des intentions remises en question, des projets retardés.
* Dont on reçoit une blessure : les tentatives d'une solution échoueront, des pertes d'argent.
* Que vous lancez : vous réussirez dans vos plans mais des relations seront détruites à tout jamais.

FLEURISTE
- Présage de difficultés relationnelles avec votre entourage. Bavardages malveillants, intrigues, dénigrements.

FLEURS
* Planter, cultiver des fleurs : promesse de bonheur et de joie affective.
* Voir et cueillir de jolies fleurs : réussite affective, douceur familiale.
* Offrir ou recevoir des fleurs : de prochaines rencontres, des instants de tendresse et de joies.
* Des fleurs défraîchies ou fanées : tristesse, chagrin, une séparation affective cruelle.
* Des fleurs laides et piquantes : colères, disputes, conseils familiaux.

FLEUVE
- Présage de changement important, chaque indice devra être considéré : les rives du fleuve, les eaux, les raisons de la présence du songeur, ses occupations.
- L'analyse de ces paramètres, précisera ainsi la valeur symbolique et la prémonition retenue. Ainsi :
* Des eaux vives, limpides, claires : accomplissement de vos projets, promesse de bonheur et de réussite.
* Des eaux troubles, agitées, ou boueuses : soucis, tracas, contrariétés, situation compromise, déception en affaires, pertes d'argent, dettes, relations affectives et amicales perturbées.
* Un fleuve qui provoque des inondations : malchance, ruine, faillite, misère.
* Des eaux violentes qui vous arrachent aux rives et vous emportent : détresse, solitude, malheur.
* Se baigner dans un fleuve assagi, calme : chance, prospérité, réussite.
* Rejoindre la rive opposée à la nage : vous changerez d'orientation et donnerez à vos activités une nouvelle direction, chance et succès.
* Remonter le fleuve à contre-courant, à la nage ou en bateau : il vous faudra lutter avant de parvenir au succès.

FLIRTER
- De tendres souvenirs, des instants agréables, mais vous serez abandonné, trompé, et ridiculisé, des moqueries vous seront infligées.

FLUTE
- Des disputes, déception et tristesse.

FŒTUS
- De très mauvais présage, douleur cruelle, maladie, séparation ou rupture affective, deuil d'un proche parent.

FOIE
* Se voir ou se sentir malade de cet organe : des problèmes de santé, épuisement, grande lassitude, malaise, maladie.

FOIN
* Voir du foin en quantité, en meules ou engrangé : abondance de biens, aisance financière, prospérité.
* Le faucher : réussite financière, amélioration de votre situation.
* Le charger sur une charrette : abondance, prospérité.
* S'y allonger : vie paisible, sereine, détendue, confort dans la nonchalance.
* Du foin avarié, de mauvaise qualité : des soucis, tracas d'argent, activités malchanceuses, insuccès.
* Une meule ou une grange de foin enflammées par inadvertance : ruine, malheur, pertes de biens, faillite financière.

FOIRE
- De grands instants d'espoirs, des projets mirifiques, des accords prometteurs et enthousiastes, mais des réalités bien différentes. Vous serez déçu et contrarié par des événements imprévisibles et incontrôlables, des pertes d'argent, une situation compromise, des perspectives d'avenir obscurcies par l'incertitude et le doute.

FONCTIONNAIRE
* Le voir ou être en relation : désagréments prochains, discussion, opposition, litiges, des conflits juridiques, des tracas d'argent, dettes financières.

FONDATIONS
* Les construire : vous repartirez sur des bases nouvelles et différentes, nouvelles perspectives d'avenir, promesse de réussite et de succès.
* Les voir s'écrouler : échec de vos projets, malheur.

FONDRE
* Des métaux : vous présage une réussite de vos entreprises, après de nombreux sacrifices.
* Une autre matière : déconvenues et méprises

FONTAINE
* Aux eaux limpides et jaillissantes : réussite, succès de vos entreprises, abondance et prospérité, bonheur, joies familiales.
* Aux eaux troubles : ennuis, contrariétés, déception, tracas d'argent.
* A sec : maladie, malchance, malheur.

FORÇAT
* Voir un forçat : de graves difficultés vous seront opposées. Des conflits familiaux ou d'affaires détermineront des interventions juridiques. Des contraintes financières, des pertes d'argent. Des privations et des sacrifices.

* Etre un forçat : malchance. Malheur. Misère et pauvreté.

FORET

- L'aspect général de la forêt et des arbres qui la constitue, les feuillages, les variétés des espèces, la luminosité des sous-bois, la facilité de circulation à pied, etc...donneront autant d'indices pour définir le rêve.

* Voir une forêt, s'y promener : des changements importants vont modifier les circonstances de votre vie.

* S'y égarer : de nombreux problèmes vous seront opposés : vos affaires connaîtront des retards ou des conclusions défavorables, pertes financières, amitiés perdues.

FORGERON

* Au travail : vos conditions de réussite seront difficiles, mais vous parviendrez à une situation convenable et appréciée de par votre seule volonté. Puissance, richesse, fortune.

FORTERESSE

* Voir une forteresse : de prochaines solutions à des problèmes importants et délicats.

* L'investir ou y pénétrer : vous obtiendrez les appuis indispensables à vos démarches.

* S'y vous êtes en sécurité à l'intérieur : vous résisterez aux efforts de vos ennemis : hostilité, discussions, querelles, colère et propos violents à votre égard. Des arguments vous seront favorables pour aboutir à des conclusions positives.

* La voir détruite ou en flammes : échec de vos entreprises, malchance, pertes financières, détresse morale.

FORTUNE

* La posséder, la faire fructifier : vous réserve au contraire de graves difficultés financières, des pertes d'argent importantes.

* la dépenser de manière exagérée, se voir ruiné : réussite de vos affaires, chance et succès.

FOSSE

* La voir : présage de circonstances malheureuses.

* La creuser : des dommages financiers à votre encontre.

* Tomber dans une fosse : vous subirez un affront de votre milieu familial, malchance et malheur.

* Au-dessus de laquelle vous sautez : vous aurez gain de cause sur vos détracteurs

FOSSÉ

* Sauter par dessus le fossé : difficultés vaincues, triomphe sur vos adversaires.

* Ne pouvoir le franchir : des contraintes prochaines.

* Tomber dans le fossé : des épreuves vont vous être infligées.

* Rempli d'eau limpide : d'heureuses perspectives.

* Rempli d'eau sale et boueuse : pertes d'argent, maladie.

* Combler un fossé : vos ennuis cesseront dans un avenir très proche.

FOSSOYEUR

- Vous prendrez connaissance de nouvelles alarmantes. Vous allez traverser des instants cruels et douloureux.

FOU

* Se voir dans cette situation en rêve : vous allez vivre des périodes agitées ou les événements vont vous bousculer. Des instants de bonheur vont se mélanger à des surprises désagréables difficiles à évincer.

* Voir d'autres personnes : de mauvaises actions vous sont réservées, des adversaires vous guettent et vous nuisent.

FOUDRE
* Voir la foudre tomber : de brusques événements, des nouvelles subites.
* Si vous la voyez frapper un bien de votre propriété : des pertes financières ou de situation, grave maladie, risque de deuil d'une personne aimée.

FOUET
* Le porter :, vous serez craint et respecté.
* Que l'on voit ou entend claquer : avertissement d'un prochain dommage que vous pourriez connaître.
* En être frappé : vous serez humilié, honte et disgrâce.

FOUGERE
- Tendresse et passion. Un amour profond et sincère.

FOUILLER
* Dans les affaires d'autres personnes : votre attitude peu scrupuleuse et votre manque de probité seront préjudiciables dans vos rapports avec autrui.
* D'autres personnes fouillent dans vos affaires : certains de vos adversaires recherchent des éléments susceptibles de servir leur cause à l'encontre de vos intérêts ou de votre réputation.

FOUINE
- Curiosité malsaine, actes sournois, hypocrisie d'une personne de votre entourage.

FOULE
* Voir ou se trouver au milieu d'une foule hostile, hargneuse : des sentiments déplaisants sont de votre entourage, des conflits possibles par jalousie ou intérêts.
* Une foule indifférente, ou gaie, joyeuse : des plaisirs et des joies parmi les siens, de tendres moments affectifs ou familiaux, des perspectives d'avenir rassurantes et prometteuses.

FOUR
* En activité : succès dans vos entreprises, prospérité financière, confort au foyer, chance et bonheur.
* Eteint : de prochaines difficultés dans vos activités, contrariétés, soucis, déboires dans vos démarches, des ennuis d'argent.

FOURCHE
- Désagréments familiaux ou professionnels. Vous serez trompé par de mauvais conseils ou des actions contraires à vos intérêts, oppositions, disputes, querelles.

FOURCHETTE
- Des envieux viendront défier vos sentiments et mettre votre foyer en situation de conflit.

FOURMIS
* Voir des fourmis : vous aurez richesse et abondance de biens par le travail opiniâtre et le courage. Une situation confortable vous sera accordée.
* Etre mordu, piqué par des fourmis : ennuis de santé, grave maladie, infirmité.
* Détruire une fourmilière : détresse prochaine, malheur.

FOURRAGE (voir FOINS)

FOURREUR
- Des relations bénéfiques à l'évolution de vos affaires. Vous recevrez

aide et protection. Succès et réussite.

FOURRURES

- Présage d'aisances financières, de richesse de fortune.

* Se voir porter un manteau de fourrure : amélioration de votre situation, confort financier, chance.

* Voir une personne porter un manteau de fourrure : vous recevrez aide et appui d'une personne de conditions et de situation honorables.

* Des fourrures sur lesquelles vous êtes allongé : aisance au foyer, sécurité d'argent.

* Que l'on se voit offrir : des intérêts vont compliquer vos affaires affectives.

* Porter ou voir une fourrure sale et déchirée : décadence de vos affaires, perte de situation.

FOYER (voir CHEMINEE)

FRAC

- Votre situation n'est pas en rapport avec l'apparence que vous souhaitez donner à votre entourage, des dépenses d'argent, des contrariétés et déceptions.

FRACTURES (de membres)

- Déception financière : perte d'argent ou de biens par vol, escroquerie, décision judiciaire, perte de procès.

FRAISES

- Tendre amour, sentiments sincères, aide affective d'une personne chère à votre cœur.

FRAMBOISES

- Des plaisirs et des joies affectives.

* Les manger vertes : déception et chagrin.

FRAPPER

* A une porte : des nouvelles tristes et alarmantes. Les circonstances vous feront rechercher des conseils utiles à vos préoccupations. Besoin de réconfort et de soutien affectif.

* A une fenêtre : curiosité et confidences. Certains propos peuvent nuire à la stabilité de votre foyer.

* Entendre frapper à sa porte : des nouvelles importantes en relation avec le milieu familial.

* Une personne : litiges et querelles. Vous serez désavoué, perte d'estime.

* Un animal domestique : vous perdrez l'amitié de personnes dont vous aviez gagné la confiance.

* Etre frappé : malchance, humiliation, disgrâce.

FRAUDE

* Se voir frauder : vous subirez des dommages financiers au contraire des intentions recherchées.

FREINER-FREINS

- L'action de freiner, en rêve : vous indique quelques craintes ou une certaine méfiance à l'égard de circonstances dont vous n'aurez pas la maîtrise complète.

FRELON

- Des ennuis en prévision. Vos adversaires se feront particulièrement menaçants, dommages financiers, trahison.

FRERE

* Le voir : une situation ambigüe devra trouver une solution au mieux des intérêts familiaux.

* Etre en désaccord avec son frère : ennuis, disputes, querelles, propos malveillants, litiges.

* Se battre et le blesser : chagrins et tristesse. Une longue séparation, rupture.

FRESQUES
- L'interprétation symbolique des scènes représentées pourra déterminer une valeur prémonitoire dont la connaissance vous sera utile pour préciser votre rêve.

FRIANDISES
- De petits plaisirs et de courts instants de bonheur.

FRICHE (culture en)
- Des soucis financiers, déception dans vos activités professionnelles, affaires peu rentables, insuccès, malchance.

FRIGIDITE
- Désarroi devant une situation dont la maîtrise reste du pouvoir de vos adversaires.

FRIRE-FRITURES
- Des rapports amicaux sincères et désintéressés, cesseront par un manque de convenances ou par lassitude. Période de solitude et d'angoisse.

FRISER
* Avoir les cheveux frisés : des affaires de cœur délicates et compliquées. Les sentiments se mélangeront à des problèmes ou des relations d'intérêts. Des tentatives seront menées pour provoquer une rupture, médisances, calomnies.

FRISSONNER
- Avertissement de quelques difficultés prochaines.

FROID
* Ressentir physiquement le froid : des difficultés dans votre vie vont perturber votre santé : état déficient, fatigue morale, des précautions sont à prendre.
* Voir un paysage hivernal : de rudes conditions vont vous assaillir dans la gestion de vos intérêts. Des facilités ou des appuis vous seront proposés si vous êtes à l'intérieur d'une maison confortable et bien chauffée.

FROISSER
- Sentiment d'impuissance et d'échec face à des événements contraires à vos souhaits.

FROMAGE
- Aisance financière et confort au foyer. Vos ressources seront d'un niveau très convenable pour vous permettre d'envisager l'avenir avec sérénité, les épreuves passées s'effaceront, bonheur.
* Avarié, de mauvais goût : des ennuis d'argent, des problèmes de santé défavorables.

FROMENT (se reporter à la définition de BLE)

FRONDE (voir la rubrique LANCE-PIERRES)

FRONT
* Large, ouvert, agréable au regard : sympathie, loyauté, franchise, honnêteté.
* Fermé, petit, sévère : méchanceté, hypocrisie, cupidité.
- L'analyse des différents types de front réclamerait un chapitre important pour en connaître les caractéristiques essentielles. Ce n'est pas le propos de cet ouvrage. Nous invitons le lecteur intéressé par cette étude, à consulter les écrits spécialisés.

FRONTIERE
* Voir ou s'arrêter à une frontière : des obstacles préoccupants à l'évolution de vos activités. Des principes ou des règles vous seront imposés dans l'exécution de démarches dont vous aurez la responsabilité. Incertitude et angoisse.
* Passer la frontière : réussite et succès. Période de chance. Une progression avantageuse de vos aspirations.
* Etre refoulé à la frontière : échec. Malchance.

FRUITS
* Voir des fruits de saison, de belle apparence, mûrs, de goût agréable : présage des circonstances heureuses dans vos activités professionnelles, dans vos relations affectives ou amicales. Chance et réussite dans les domaines qui vous intéressent particulièrement.
* Des fruits verts, au goût amer, ou abîmés, pourris, cueillis hors de la saison qui leur est habituelle : déception, chagrins, contrariétés sentimentales, amitiés rompues, séparation, éloignement, ennuis financiers, pertes d'argent, dettes.

FUGITIF
* Etre en cette situation : vous êtes accablé par des événements marqués par la domination et le désir de vengeance de vos adversaires.
* Le rencontrer, le secourir : une trop grande indulgence sera fatale à vos affaires.

FUIR-FUITE
* Se voir fuir un lieu hostile, contraignant pour rejoindre un milieu différent, accueillant : vous renoncerez à la lutte face à des événements sur lesquels vous perdez force et courage. Vous ferez le choix de conditions de vie en rapport avec vos possibilités et vos moyens. Les circonstances vous y aideront. Renouveau dans les relations affectives amicales, bonheur retrouvé, joie du cœur, bien-être.

FUITE D'EAU
- Des ennuis d'argent, des tracas financiers, des rivalités familiales ou professionnelles marqueront pendant quelques temps vos habitudes de vie par des privations, des retards dans l'évolution de vos affaires.

FUITE DE GAZ (vous reporter à la rubrique GAZ)

FUMEE
- Ce symbole peut représenter quelques difficultés à l'interprétation. Il vous faudra noter les détails particuliers et les raisons de cette fumée. Voici des exemples, dans les cas les plus répandus, qui vous permettront de préciser votre rêve :
* Une fumée noire, épaisse, suffocante : contraintes d'argent, disputes, querelles, relations avec l'entourage compromises. Risque de rupture, maladie.
* Une fumée légère, blanchâtre, agréable au regard : soulagement, tranquilité du cœur et de l'esprit, plaisirs, fin des soucis, bonheur prochain.

FUMER
* Se voir fumer : des instants d'oubli et de détente dans une période d'épreuves et de sacrifices, des joies de courtes durées mais suffisantes pour retrouver des forces perdues, restez vigilant aux événements extérieurs.
* Voir une autre personne : la domination de vos adversaires ne pourra vous permettre la moindre négligence dans la gestion de vos affaires.

FUMIER
* Voir du fumier : richesse, profits, aisance financière, amélioration de vos ressources par vos propres efforts sans participation d'autrui. Bien-être.
* En être souillé, en voir répandu dans sa propre habitation : disputes familiales, humiliations, misère, détresse morale, pertes d'argent, votre réputation sera atteinte.

FUNAMBULE
- Une situation précaire et risquée. Des résultats négligeables en rapport des obstacles rencontrés.

FUNERAILLES (voir ENTERREMENT)

FUNICULAIRE
- Des appuis inespérés dans la conclusion d'une opération à votre avantage.

FURIE-FUREUR (se reporter à la définition de COLERE)

FUSEE
* Interplanétaire : des projets intéressants, passionnants, mais qui ne sauraient prendre en compte vos possibilités réelles.
* De détresse : une situation vous laissera dans l'embarras. Des interventions extérieures à vos possibilités vous seront particulièrement recommandées.
* Pyrotechnique : des actions illusoires peu profitables.

FUSIL
* Le posséder : des différends, des litiges, sont à régler, des solutions doivent intervenir sur des engagements qui n'ont pas été respectés.
* En faire usage et atteindre la cible visée : vous aurez les avantages d'une situation difficile et complexe.
* Ne pouvoir l'utiliser, manquer la cible, être blessé par le maniement de l'arme : insuccès de vos démarches, retards, contretemps, divers obstacles, pertes d'argent, soucis.
* Si une autre personne utilise un fusil : de prochains événements donneront l'initiative des décisions à vos adversaires. Incertitude et désarroi, craintes et angoisse.
* Si l'arme est dirigée contre vous et que le projectile vous atteigne : échec et malchance, épreuves douloureuses.

FUSILLADE
- Vous serez mêlé à des affaires conflictuelles à l'écart de vos intérêts et pour lesquelles vous risquez de devoir prendre position.

FUSILLER
* Se voir fusiller : vos adversaires obtiendront gain de cause sur les motifs de votre désaccord.
* Un rival : vos droits seront justifiés et reconnus.

FUTS
* Remplis : joie d'une réussite espérée, bonheur.
* Vides : déception, malchance, solitude.
* Détériorés, brisés : détresse, malheur.

G

Lettre symbolique des valeurs esotériques et intuitives.

GABARDINE : (se reporter à la définition de IMPERMEABLE)

GALETTE DE PAIN
- Des privations et des contraintes. Des soucis d'argent de faible importance.

GAGE
* Recevoir un gage : dans une situation difficile et complexe, vous posséderez des arguments suffisants pour cautionner votre position et maintenir vos adversaires au respect de vos droits.
* Donner un gage : des promesses ou un engagement irréfléchis risquent d'être préjudiciables à la conclusion d'une affaire délicate.

GAIETE
* Se voir en cette condition : vous annonce de prochaines réalités déplaisantes où vous devrez affronter, inquiétudes et soucis.

GAINS
* En affaires : activités fructueuses et bénéfiques.
* De jeux : pertes d'argent, inquiétudes et tracas.

GALANTERIE
* Pratiquer la galanterie : incertitudes affectives, lassitude ou désintéressement à l'égard de la personne aimée. Peur d'un engagement définitif.

GALE
* L'avoir sur soi : des contrariétés familiales, des rapports affectifs difficiles, heurts et disputes, soucis et chagrins.

GALERE
* L'emprunter : malchance, des événements malheureux vont vous imposer de dures conditions d'existence. Souffrances cruelles, douleurs affectives, sacrifices d'argent, solitude.

GALERIE
* De mines : de durs efforts vous seront nécessaires pour parvenir à la réalisation de vos souhaits. Succès de vos entreprises, réussite financière soutien affectif, chance.
* De peintures : vous aspirez à une situation que vous ne pouvez atteindre. Des projets vous restent inaccessibles.
* Marchande : réussite de vos idées, des chances de succès, gain d'argent.

GALOCHES
* Les porter : période d'incertitude financière et de privations, pauvreté et misère.

GALON MILITAIRE
- Vous définiera l'importance et la qualité de la situation qu'il vous sera possible d'apprécier dans un proche avenir.

GALOPER (à cheval)
- Changement de situation. Favorable ou désavantageux selon la direction choisie et le but fixé.

GANTS
* De belle qualité : surprise heureuse, invitation ou rencontres agréables, considération et respect d'autrui, fierté, joie, des fréquentations nouvelles.

* Déchirés : désagréments, moqueries, désillusions, mépris de l'entourage.
* Les retirer : désir de changement et de retour à des conditions de vie plus conformes à votre manière de vivre et de penser.

GARAGE-PARKING (en souterrain ou couvert)
* En faire usage : étape intermédiaire entre deux situations, deux modes de vie. Halte nécessaire ou involontaire dont les conséquences vous seront bénéfiques ou désavantageuses selon les raisons de votre présence en ces lieux et les motifs de vos occupations.
* En sortir : des conditions nouvelles, de meilleures perspectives, des projets, des réalisations, des solutions à vos difficultés.
* Y entrer, s'y égarer : période d'attente, de reflexion, d'inquiétudes, de soucis, difficultés financières.

GARÇON DE CAFE (voir à CAFE)

GARÇON D'ECURIE
- Chance et succès, promesse d'argent : des gains financiers possibles, des changements heureux et profitables.

GARDE
- Des obstacles, des difficultés d'importance diverse vous seront opposés dans la gestion de vos affaires et le maintien de vos intérêts.
* Vous bénéficierez d'appui favorable si ce garde reste à votre service ou qu'il soit de votre position.
* Hostile, vous devrez supporter la contestation, justifier vos affirmations. Période troublée, petits problèmes de santé.

GARDE-CHASSE
- Des intentions malhonnêtes seront démasquées par certains de vos opposants. Les risques encourus seront sans commune mesure avec un éventuel profit.

GARDE-FORESTIER
- Bienveillance et compréhension dans la résolution d'une affaire délicate. D'utiles recommandations appuieront vos efforts.

GARDE-PECHE (de signification identique à GARDE-CHASSE)

GARDE-ROBE
* Remplie : satisfactions familiales. Bonheur au foyer. Aisance et joie de vivre.
* En désordre, ou vide : des ennuis affectifs. Désaccords. Disputes. Séparation. Chagrin et solitude.
* De personnes étrangères au foyer : des sentiments malsains de curiosité et d'envie.

GARDIEN DE LA PAIX (se reporter à la définition AGENT DE POLICE)

GARDIEN DE NUIT
- Des soucis préoccupants, des relations familiales tendues, conflits, oppositions, querelles, des propos malveillants, des fâcheries possibles, période difficile à vivre.

GARDIEN DE PRISON
- Des relations de votre entourage resteront peu favorables à vos propos et risquent de porter préjudices à vos intentions.

GARDIEN D'USINE
- Des rivalités d'intérêts en relation avec vos activités professionnelles. Certaines contestations pourraient

provoquer une révision désavantageuse de vos droits et de vos acquis. Des contraintes vous seront imposées.

GARE
- Vos conditions de vie vont subir des modifications importantes. Des nouvelles vous parviendront, des idées prendront formes, des décisions seront arrêtées, des actions seront entreprises, les domaines affectifs, familiaux, professionnels seront concernés.

GARNISON
- Les circonstances vont bousculer vos habitudes, des changements de résidence, de profession, de lieu de travail, des rapports humains différents.

GASPILLAGE
- Des dépenses imprévues, des frais inattendus, des contrariétés diverses.

GATEAU
- Signe de richesse et d'aisance financière, des plaisirs familiaux, de tendres relations, des rencontres heureuses, des confidences et des projets.

GAUCHER
* Se voir gaucher : vous recevrez aide et protection dans vos démarches et vos décisions. Peut-être l'indicatif également d'un sentiment affectif nouveau dont vous connaîtriez dans quelques temps la réalité.

GAUFRETTE
- Des plaisirs imprévus. Joie et gaieté.

GAZ
* Des conditions normales d'usage : confort au foyer, bien-être familial, aisance financière.
* En mauvais état de fonctionnement : déceptions et contrariétés, de mauvaises relations, des erreurs d'appréciation ou de jugement auront des conséquences sur vos affaires.
* Une fuite de gaz ou la possibilité d'une explosion : vos décisions déclencheront une réaction brutale et violente de vos adversaires, propos malveillants, colère, litige.

GAZELLE
- Joie et bonheur. Une rencontre heureuse, une profonde tendresse et un grand amour, des liens affectifs sincères et durables. Un prochain mariage.

GAZON
* D'aspect agréable, bien soigné, à l'herbe verte et fraîchement arrosée : aisance financière, confort au foyer, bien-être familial, chance et bonheur.
* De mauvais aspect, à l'herbe jaunie, desséchée : des ennuis, des tracas, notamment financiers, des relations familiales pénibles, des difficultés sentimentales.
* Tondre le gazon : chance et bonheur, de prochains changements dans votre vie vont modifier de manière heureuse vos conditions actuelles.

GAZOUILLIS D'OISEAUX
- Des instants de tendresse et de bonheur. Joie du cœur et de l'esprit. Détente.

GEAI
- De tendres relations affectives, des promesses de cœur vous conduiront aux fiançailles, mariage heureux.

GEANT
- Succès et réussite. Vous vaincrez vos adversaires. Vos ambitions pourront être menées à terme. Votre fortune sera constituée, chance et richesse.

GEL-GELER
- Des ennuis de santé, lassitude morale, fatigue. Vous ne pouvez renoncer à la lutte. D'autres étapes vous seront favorables, soucis d'argent.

GELATINE
- Une apparence irréelle et trompeuse. Déception.

GEMISSEMENT
- De grands moments de peine et de chagrins, solitude.

GENCIVES
* De constitution et de santé parfaites : chance et succès de vos entreprises.
* En mauvais état, maladives, blessées : des circonstances difficiles, des ennuis d'argent, des dettes, des préoccupations financières. Instabilité affective. Des soucis familiaux. Risque d'une santé fragile. Maladie possible.

GENDARMES
- Des litiges, des contestations, des conflits familiaux ou professionnels graves nécessiteront des interventions de diverses autorités légales. Procès.
* En ce cas voir ou rencontrer un gendarme d'aspect accueillant, aimable, protecteur vous indiquerait des conditions favorables à l'évolution de vos affaires.
* Dans le cas contraire : désagréments, contraintes, soucis seront votre peine, dépenses financières, dettes.
* L'appeler à votre secours, rechercher son aide : vous recevrez des nouvelles alarmantes, des attaques de vos adversaires, nécessité de protéger votre situation et vos intérêts.

GENDRE
* Le rencontrer : des annonces heureuses dans votre proche entourage : retrouvailles, réconciliations, des promesses de fiançailles ou de mariage.

GENERAL
* Le voir, le rencontrer : vos aspirations se verront réalisées. Vous accéderez à des conditions de vie supérieures à celles que vous connaissiez. Promotion, réussite sociale. Des affaires en instance se verront réglées au mieux de vos intérêts. Estime et considération d'autrui.
* Etre Général : - Pour un militaire : réussite de votre carrière, succès.
- Pour une autre personne : danger prochain, de graves difficultés vont surgir.

GENEROSITE (voir PRODIGALITES)

GENET
- Des contrariétés diverses et répétées.

GENEVRIER
- Calomnies, médisances dans votre entourage, des affaires peuvent vous être défavorables.

GENOUX
* Solides, robustes, souples : réussite et succès, les obstacles seront surmontés, chance.
* Enflés, douloureux, malades : affaires en déclin, soucis financiers,

situation compromise, maladie familiale.
* Des genoux sales : médisances, calomnies, jalousie.
* Des genoux brisés : deuil, perte d'un proche.
* S'agenouiller : vous subirez un affront, honte.

GENTIANE
- Désagréments : des pleurs et des larmes, inimitiés de personnes de votre entourage.

GEOLIER
- Des actions douteuses de relations d'affaires, vous serez trompé, trahison, mépris.

GERANIUMS
- Soutien affectif, compréhension, harmonie conjugale, tendresse et amour.

GERBES (de blé, de froment, etc...)
* Les voir dans un champ : réussite et succès, des gains financiers intéressants, joie et bonheur au foyer.

GIBECIERE
- Veillez à conserver vos acquis. La discrétion et la sagesse seront vos meilleurs atouts. Sinon vous serez opposé à des rivalités et à des conflits.

GIBIER
- Profits, gains d'argent, réussite. Vous serez apprécié et envié, des satisfactions professionnelles, joie et bonheur.

GIFLE
* Que l'on reçoit : de mauvaises décisions dans la conduite de vos affaires vous seront préjudiciables. Vous recevrez un affront.
* Que vous donnez : vous recevrez les torts d'une situation donnée, désapprobation, médisances et calomnies.

GIGOT
- De belles perspectives financières. Votre situation vous sera profitable et vous apportera beaucoup de plaisirs et de joie.
* Que vous apercevez sans pouvoir en faire l'acquisition : des espérances déçues, retards, contretemps, démarches infructueuses ou inutiles.

GILET
* Le porter : prestige et autorité : vous avez conscience de votre valeur et vous tenez à le faire savoir.
* Défraîchi, sali, troué : vos prétentions sont à l'écart de votre savoir et de vos compétences.

GILET DE SAUVETAGE
* Le porter : certaines craintes inavouées vous amènent à prendre des précautions qui devraient vous inciter à la prudence.

GIN
* En boire : plaisirs éphémères, amitiés superficielles, hypocrisie, envie, jalousie.

GIRAFE
- Soyez plus proche des réalités et moins farouche dans vos relations. Ne dédaignez pas des personnes qui pourraient vous apporter beaucoup d'efficacité et de compétences, même si leur situation est différente de celle que vous recherchez.

GIROUETTE
- Inconstance, indécision, irréflexion, déception prochaine : cruelle et définitive.

GISEMENT DE MINERAIS
- Des profits ultérieurs à d'importants sacrifices et de pénibles moments de solitude et d'efforts.

GITANE
- Une proche rencontre, des conseils originaux, une expérience riche de sagesse et de savoir, des méthodes différentes de celles que vous pratiquez. Un guide précieux pour résoudre des instants difficiles.

GIVRE
- De petites contrariétés en amitié et dans les rapports affectifs.

GLACE
- Résultante de conditions climatiques rigoureuses, la glace apparaîtra comme un signe négatif lors de l'interprétation d'un rêve. Ainsi un paysage, un lac, un fleuve, toute étendue d'eau, des objets quelconques pris par la glace dénonceraient des activités infructueuses, des relations décevantes, des pertes financières. Un grand moment de solitude morale, détresse, maladie.
* Une glace alimentaire : petits plaisirs familiaux, réconfort et bien-être dans un moment de détente.

GLACIER (de montagne)
* Le voir : des perspectives peu réjouissantes, déclin de vos affaires, pertes de relations, soucis financiers graves, situation compromise, rupture affective, chagrins.

GLACONS
* Destinés à la boisson : chance, petits profits d'argent, satisfaction, contentement.

GLADIATEUR
* Se voir gladiateur : de grands événements se préparent, des épreuves difficiles, des risques, des incertitudes.
* Etre victorieux : serait d'un excellent présage.

GLAIEUL
- Attitude dédaigneuse et méprisante à l'égard de vos relations.

GLAISE
* Marcher dans de la glaise : des affaires difficiles dont l'issue risque d'être contraire à vos espérances.
* Façonner un objet avec de la glaise : vous parviendrez à satisfaire vos désirs avec de la patience et de l'imagination.

GLANDS
- Misère, pauvreté, solitude. Une période difficile s'annonce, des sacrifices et des privations, chagrin affectif.

GLAS
* L'entendre sonner : des nouvelles tristes et cruelles.

GLISSER
* Se voir glisser : vous serez pris dans les difficultés d'une affaire délicate. La maîtrise dont vous ferez preuve au cours de cette glissade vous expliquera l'aisance ou la peine que vous posséderez à la résolution de vos soucis.
* Chuter au cours de la glissade : serait d'un fâcheux présage.
* Voir une autre personne glisser : votre insouciance ou votre mépris a été néfaste à l'un de vos proches, à qui vous laissez ennuis et chagrins.

GLOBE
* Terrestre : des réflexions et des idées, des projets de grande importance, des décisions réfléchies qui seront un engagement pour l'avenir, des changements de grande envergure.

* De verre : des nouvelles ou des rencontres étonnantes et imprévues.

GLOIRE
- Vous annonce au contraire une période d'incertitudes, de désarroi, d'insuccès et d'échecs dans vos activités.

GLYCINE
- Une amitié désintéressée et fidèle.

GNOME
- Fragilité d'un amour versatile.

GOINFRE
- Une attitude malséante, des rapports inconvenants avec autrui seront destructeurs d'une réputation recherchée comme honorable.

GOITRE
- Malchance et malheur, isolement et impuissance. Misère et pauvreté.

GOLF
- Vous fréquenterez des gens ennuyeux. Les événements vécus ne vous laisseront aucune passion particulière, des mondanités extérieures à votre compréhension et à votre manière de vivre.

GOLFE (même signification que l'embouchure d'un fleuve)

GOMME A EFFACER
- Tendance à l'oubli et à la négligence. Ce qui peut vous être utile en certaines circonstances, mais préjudiciable pour d'autres événements.

GONDOLE
- Des joies sentimentales, de grands moments de bonheur, plaisirs du cœur, tendresse, confidences, des projets heureux, évasion à deux.

GONFLER
* Un objet utilitaire : vous cherchez à disposer des meilleurs atouts pour réaliser vos ambitions.
* Se voir gonfler : vantardise et naïveté.

GONG
* L'entendre : des circonstances ou des événements particulièrement pénibles cesseront de vous importuner.

GORGE (humaine)
* En souffrir : avertissement d'actions malveillantes dont vous allez subir les effets pervers et préjudiciables, des médisances, des calomnies auront fait profit auprès de personnages qui vous cherchent querelles.

GORGE (d'une montagne)
- Vous êtes dominé par des problèmes que vous ne pouvez plus maîtriser. Gardez-vous de toute imprudence dans vos décisions ou vos actions.

GORILLE
- Des contraintes ou des rapports menaçants avec des personnes de votre connaissance. Des risques dommageables si vous ne prenez garde à certains usages indispensables à ce type de relation.

GOSIER
* Asséché, de mauvaise haleine : contestations, querelles affectives ou familiales.

GOUDRON
- Représentatif de relations de votre entourage ou de faits qui vous ont placé dans des situations particulièrement désastreuses, des trahisons, des choix malheureux, de mauvais conseils, des événements contraires.

* En être souillé serait de mauvais augure : pertes financières ou de situation.

GOUFFRE
- Rêve à tendance négative.
* La vision d'un gouffre vous indiquerait l'importance des multiples problèmes dont il vous faut la solution pour sauvegarder vos intérêts. Vous en éloigner pourrait ainsi répondre à cette question de manière favorable. Se rapprocher du gouffre, y faire une chute : malchance, malheur.

GOURMANDISE
- Des joies certaines qui ne peuvent vous faire oublier quelques règles de prudence dans la gestion de vos affaires.

GOUTTE (maladie)
* Se voir atteint de cette maladie : honte et vexation, vous serez grugé par des personnes auprès desquelles vous aviez toute confiance.

GOUTTIERE
* L'utiliser comme moyen d'accès : la manière surprenante de traiter vos affaires risque de vous apporter quelques déboires dans les rapports avec autrui.
* La mettre en place, la réparer : vous rétablirez une réputation que certains avaient eu plaisir à détruire, retour à de meilleures conditions de vie, amélioration de votre situation financière.

GOUVERNAIL
* Le tenir : vous resterez maître de vos décisions, et de vos actions. Vous ferez preuve d'autorité et justifierez toute évolution de vos affaires.
* Le voir tenu par une autre personne : vous laissez le soin de maintenir et de régler vos affaires à des associés sur lesquels vous n'aurez que peu de contrôle.

GOUVERNANTE
- Recherche de protection et de conseils avertis face aux dangers de votre entourage.

GOUVERNEMENT
* Se voir en rapport avec des représentants d'un gouvernement : présage des déceptions et des échecs dans quelque affaire qui vous tenait particulièrement à cœur.

GRABAT
- Misère et infortune.

GRACE
* Que vous demandez : vous bénéficierez des faveurs d'une personne influente.
* Que vous accordez : les erreurs commises ne prêteront pas à conséquence et votre attitude sera appréciée au mieux de vos intérêts.

GRADE
* Recevoir dans une fonction déterminée un grade d'autorité ou honorifique suppose une amélioration de votre situation dont vous tirerez quelques avantages.

GRAINES
* De belles qualités et grosses : promesse de réussite, succès prochain, évolution de votre situation.
* Les semer : de nouveaux projets, des perspectives de réalisation concrète et fructueuse.
* Les voir germer : réussite, succès, promesse d'argent, bonheur au foyer.
* Dans le cas contraire : déceptions amères, échecs de vos entreprises.

GRAISSES
* D'animal : opulence financière. Abondance de biens. Chance et succès.
* Végétales : des moyens nécessaires à la conduite de vos projets.

GRAND-DUC (voir DUC l'oiseau)

GRANDE ROUE
* S'y trouver : vous connaîtrez d'heureux instants, des joies et plaisirs. Une réussite sur un projet particulier vous laissera l'impression d'un succès définitif.

GRANDIR
* Se voir avec une taille exceptionnelle : amélioration de votre situation, des circonstances vous y aideront.
* Voir une personne grandir : selon la physionomie, aimable ou menaçante du personnage rencontré dans le rêve, vous recevrez un soutien ou une opposition pour vos affaires.

GRANDS PARENTS
* Vous avez vos grands parents : auquel cas, présage favorable à la réalisation de souhaits et d'espérances longtemps attendus.
* Une attitude de reproches ou de colère : devrait vous mettre en garde contre d'éventuelles erreurs que vous pourriez commettre.
* Si vos grands parents sont décédés : des nouvelles vous parviendront qui pourraient vous apporter tristesse et chagrins.

GRANGE
* Remplie : des affaires prospères, des circonstances heureuses, gains d'argent, profits financiers. Peut-être aussi l'annonce de fiançailles.
* Vide : désespoir, solitude, misère.

GRANIT
- Vos sentiments, vos idées, vos décisions, vos actes auront la fermeté et l'énergie nécessaires à l'aboutissement de vos espérances.

GRAS (se reporter à la définition GROS-GROSSIR)

GRATTE-CIEL
* Le voir : des projets importants, des possibilités de changement de votre situation, des perspectives heureuses.
* Y accéder : réussite, chance et succès, de grands espoirs se réalisent.
* En redescendre : déception, retards, insuccès.
* Le voir s'écrouler : échec, malchance, malheur. Désespoir et chagrins.

GRATTER
* Se gratter : les résultats obtenus de votre situation donnent quelques envies ou jalousies à certaines personnes de votre entourage. Vous parviendrez à déjouer les ruses menées à votre encontre.
* Gratter le sol : vos activités ne rapporteront pas ce que vous en souhaitez, beaucoup d'efforts pour des résultats décevants.

GRATUITE
- Des concessions dont il faudrait vous méfier, si vous souhaitez maintenir une certaine cohésion de vous-même et de vos affirmations face à vos opposants.

GRAVER
* Une inscription : les caractéristiques des informations gravées vous seront utiles afin de mieux interpréter le message.
* Sur de la pierre : tristesse, maladie et perte d'un proche parent.

* Sur du bois : des engagements sentimentaux, promesse de fiançailles.
* Sur du métal : évolution de votre situation.

GRAVIER
- De multiples difficultés, des contrariétés et tracas divers, chagrins et solitude.

GRELE
* La voir tomber : avertissement d'un proche danger susceptible de mettre en péril votre situation affective ou financière.
* En subir les conséquences : désaccords familiaux, pertes d'argent, remise en cause de votre situation financière. Les dommages seront en rapport avec les dégâts occasionnés.

GRELOT
* Jouer avec un grelot : des nouvelles déplaisantes. Une attitude puérile face à des événements sérieux vous sera défavorable.
* L'agiter pour attirer l'attention : vous manquez de discrétion et de réalisme dans une situation qui n'est pas à votre avantage.
* Le perdre ou le vendre : vos ennuis disparaîtront.
* Le voir attaché au cou d'un animal : des calomnies, des médisances sont colportées par la rumeur publique, moqueries.

GRENADE
* Le fruit : des rapports d'amitié avec des personnes féminines prêteront à soupçons et commérages.
* Munitions : la manipuler : présage de décisions irréfléchies, lourdes de conséquences, dommages financiers.

GRENADIER
- Chance et bonheur en amour. Harmonie affective, compréhension mutuelle, de tendres instants.

GRENIER
- Des rancunes tenaces, de vieilles querelles vont ressurgir et amener des décisions ou des actions désordonnées : une situation complexe et embrouillée.

GRENOUILLES
- Votre confiance et votre naïveté seront abusées, des actions sournoises et perfides, des accusations injustes, vos adversaires cherchent à tirer profit des avantages de votre situation.

GREVE
* Voir des personnes en grève : stagnation de vos affaires. Remise en cause de certains de vos projets. Des obstructions à la progression de vos activités. Des rancunes, des jalousies.
* Rivage : des ennuis divers, des obstacles, des contraintes dont il faudra que vous subissiez les inconvénients.

GRIBOUILLIS
- Indécision, complexité de l'esprit, confusion.

GRIFFES D'ANIMAL
- De mauvaises intentions vous sont réservées et vous présagent des difficultés graves si vous en êtes blessé.

GRIL-GRILLER
- Des angoisses et incertitudes, des remises en question. Souffrances et détresse morales.

GRILLAGE-GRILLE
* En être protégé : des appuis et soutiens dans vos démarches. Conseils et protection dans la réalisation

de vos entreprises. Réconfort affectif.

* En être prisonnier : des difficultés et des oppositions dans vos affaires, des soucis et tracas.

GRILLON

- Présage de bonheur, de joies familiales, de paix affective. Bien-être, confort au foyer.

GRIMACES

* En faire : déloyauté et hypocrisie seront de votre fait, et des amitiés seront compromises.

* En subir : vous serez trompé par des relations, trahison et moqueries.

GRIMER (se)

- Vous pratiquerez ou vous subirez l'art de la ruse et de la fourberie avec beaucoup de charme et de séduction.

GRIMPER

* Sur un rocher, sur un mur : des difficultés dans vos entreprises, des initiatives heureuses vous assureront du succès dans vos démarches.

* Sur un arbre : vous parviendrez à une situation honorable pour laquelle de durs efforts auront été nécessaires. Victoire sur vos adversaires.

* Voir d'autres personnes grimper : vous risquez de perdre les avantages d'une situation au profit de gens peu scrupuleux.

GRINCEMENT-GRINCER

- Indices de menaces à l'encontre de votre vie secrète ou intime. Jalousie et méchanceté.

GRIS (vous reporter à la définition COULEURS)

GROGNER

* Entendre un animal grogner : des adversaires se préparent à commettre de mauvaises actions à votre égard, menaces de danger.

GRONDER

* Une personne : apportez beaucoup de méfiance dans les relations que vous pratiquez, certaines risquent de vous décevoir.

* Etre grondé : des ennuis vous seront infligés par des actions irréfléchies.

GROS-GROSSIR

- Message qui peut prévaloir d'une situation confortable, d'une aisance financière plus que suffisante, d'un bien-être et d'une joie de vivre, mais qui peut également, par suite d'excès ou d'imprudences, vous procurer divers problèmes désagréables et peu souhaitables.

GROSEILLES

- Fidélité amoureuse, harmonie conjugale, amitié franche et dévouée, joie du cœur et plénitude de sentiments.

* Vertes ou sûres . contrariétés, désillusions.

GROSSESSE

- A considérer selon votre situation de :

* Femme célibataire : des perspectives heureuses d'une proche rencontre ou d'un mariage désiré.

* Femme mariée : réussite affective, bonheur du couple, bien-être familial.

* Voir une femme inconnue, jeune et belle, en cette situation : joie et bonheur prochain.

* Une femme laide, ridée, d'un âge avancé : déception, maladie, des nouvelles contrariantes.
* Pour un homme : malheur.

GROSSISTE
- Extension de vos entreprises. De meilleures possibilités, des ressources améliorées. Des efforts d'adaptation et des sacrifices vous seront réclamés.

GROTTE
- Période de solitude, de déceptions, de déboires, malchance. Insuccès de vos entreprises, échec, trahison d'amitié, perfidie de vos relations.

GRUE
* L'animal : des contraintes de situation associées à des attitudes défavorables de personnes qui prétendent vous protéger de leur amitié, des menaces financières par dettes ou larcins.
* L'engin de chantier : des moyens importants et des appuis essentiels à la définition et à l'évolution de vos projets.

GRUMEAU
- Des imperfections dans certaines de vos réalisations. Mécontentement. Déception.

GUE
* Le franchir : solution heureuse à un problème délicat et particulier.

GUENILLES
- Décadence et délabrement de vos affaires. Période de malchance et de misère. Solitude morale et affective.

GUENON
- Charme trompeur. Vous serez trahi et volé.

GUEPES
- Propos sournois et malveillants, actions perfides de vos adversaires. Trahison, des contrariétés et des chagrins.
* En subir la piqûre : dommages financiers et de situation, contraintes familiales.

GUEPIER
- Des intrigues et des complots menacent l'équilibre de vos relations avec autrui.

GUERILLA
- Des actions pernicieuses et aléatoires destabiliseront vos activités et perturberont de manière conséquente vos projets

GUERIR-GUERISON (voir CONVALESCENCE)

GUERITE MILITAIRE
- Une surveillance discrète mais efficace sera de votre entourage. Toute imprudence sera néfaste à votre réputation.

GUERRE
* Connaître cette situation en rêve vous indique une période de conflits familiaux ou professionnels, des discordes ou querelles violentes, un climat passionnel, des actions nuisibles et préjudiciables à vos intérêts, séparations, ruptures, chagrins, tracas, maladie.

GUET-APENS
- Changement brusque et inopiné de vos orientations. Des risques de pertes financières. Des personnes étrangères à votre vie porteront à votre encontre des jugements erronés sur vos actions. Désarroi.

GUETTER
* Une personne : vous êtes inquiet et préoccupé de circonstances que

vous n'arrivez pas à contrôler et à diriger. Craintes, soucis, angoisse.
* Etre guetté : vos adversaires envisagent des interventions nuisibles à vos intérêts en prenant toutes précautions utiles.

GUETRES
* En faire usage : vos principes et vos idées ne seront pas en conformité avec la réalité des épreuves que vous allez rencontrer. Rigidité de caractère.

GUEULE D'ANIMAL
* Menaçante : vous allez être sous la dépendance de vos adversaires qui agiront sans scrupule au péril de votre situation.

GUI
- Présage de bonheur et de protection dans votre vie.

GUIDE (de montagne)
* Etre guide : votre expérience et votre sagesse seront de précieux conseils et des atouts remarquables dans des circonstances difficiles. La facilité avec laquelle vous accomplirez cette mission présagera de l'évolution de vos affaires.
* Etre accompagné par un guide : soyez circonspect à l'égard de vos relations et des décisions que vous devrez éxécuter.

GUIDON DE VELO
- Vous maintiendrez avec fermeté l'orientation de vos décisions.

GUIGNOL
- Vous subirez railleries, moqueries et mépris de votre entourage. Aucun sérieux ne sera accordé à vos propos et à vos actes.

GUILLOTINE
* Etre menacé de guillotine : des accusations injustes, un désir profond de vous nuire, une décision arbitraire risquent d'avoir raison de votre volonté et de votre compétence.
* Y échapper : vos adversaires seront vaincus et décimés.

GUIMAUVE (pâte de)
- Douceur affective, plaisirs familiaux, désir d'oubli des mauvais instants.

GUIRLANDE
- Un petit air de fête ne doit pas vous faire oublier des contraintes qui subsistent avec toutes les conséquences supposées.

GUITARE
- Charme et séduction, des plaisirs amoureux, des joies familiales, des réunions d'amis, des souvenirs heureux.
* Aux cordes brisées : rupture affective, perte d'amitié, désillusion.

GYMNASTIQUE
* Pratiquer une discipline quelconque sera d'un présage heureux : vous conserverez l'initiative de vos décisions et parviendrez à dominer les circonstances éprouvantes de votre situation.

H

Lettre symbolique de la justice.

HABILLEMENT

- La qualité des vêtements, le soin que vous apporterez à composer votre tenue, les circonstances propres à cet habillement, les couleurs choisies : autant d'indices nécessaires à une meilleure compréhension du rêve à interpréter.

* Des habits de bel aspect, propres, adaptés à vos mesures, conformes à la situation vécue dans ce rêve : des amitiés sincères et dévouées, soutien affectif, aide et conseils dans vos démarches. Protection, chance, évolution de votre situation en rapport avec vos souhaits et les exigences de votre vie.

* Des habits en mauvais état, sales, rapiécés, étroits : solitude morale, détresse, pauvreté, malchance, annonce de dangers et de préoccupations dans un avenir proche, des chagrins et querelles, maladie.

* Vous voir retirer vos vêtements : des changements vont favoriser vos affaires et vous permettre d'accéder à une position sociale en conformité avec vos désirs.

* Se faire souiller, déchirer ses habits : disputes, oppositions, inimitiés, calomnies, rupture.

* Perdre ses habits : circonstances, désavantageuses, insuccès, malchance, régression de vos activités, soucis d'argent.

* Les nettoyer, les repasser, y faire de la couture : disparition de vos soucis, amélioration des rapports familiaux, compréhension en amitié.

* Porter des habits à couleurs criardes, violentes, de mauvais goût, ou les enfiler à l'envers : calomnies, médisances, perfidie, trahison.

HACHE

* La voir ou en être menacé : danger proche, malheur, de brusques événements contrarieront vos projets, inimitiés, lâcheté, colère, vengeance.

* En être blessé : vos adversaires auront l'avantage du conflit et sauront vous l'imposer.

* En faire usage pour couper du bois : assurance de bien-être et de confort par l'acharnement, la volonté, le courage. Succès dans vos entreprises, chance.

HACHER

* De la viande, des légumes : des ennuis de santé.

HAIE

* Autour de sa demeure : protection affective ou amicale, des appuis dans vos démarches. Confidentialité, de vos affaires, discrétion de votre entourage.

* En travers de son chemin : difficultés et contraintes que vous parviendrez à résoudre si vous la franchissez aisément.

* Dépouillée de son feuillage : désespoir, chagrins.

HAILLONS

* En être vêtu : des contrariétés dans vos activités, des démarches infructueuses, des résultats à l'opposé de ceux recherchés, litiges, échecs, soucis d'argent, espoirs déçus. Vous serez méprisé, maladie.

HAINE

* Contre une personne : échec en affaires, dépit et colère. Vous resterez isolé de vos amitiés, chagrins et contrariétés, impuissance.

* Contre soi : la réussite d'une affaire délicate doit vous faire craindre des intrigues et manœuvres diverses de vos adversaires.

HALEINE

* Perdre haleine : angoisses, déboires prochains. Vous allez rencontrer des difficultés importantes. Vous manquerez de moyens pour les résoudre, des ennuis de santé sont à redouter.

* Reprendre son haleine : meilleures perspectives, les soucis vont s'effacer. Vous retrouverez la confiance nécessaire et la sureté de vos décisions.

* Avoir mauvaise haleine : des sentiments de jalousie et de mépris à votre égard.

HALL (lieu public)

- Période d'attente et de transition entre deux situations. Changement important dans vos conditions d'existence.

HAMAC

* En faire usage à l'intérieur d'une demeure : des conditions de vie rigoureuses, des soucis financiers, privations, des amitiés feront défaut, incompréhension affective.

* L'utiliser à l'extérieur : détente, plaisirs, repos, des projets possibles de voyages lointains.

HAMEAU

- Vous rêvez d'un petit hameau : soif de paix et de tranquilité dans une période de troubles, d'angoisses et d'incertitude. Des événements prochains vous seront agréables. Espoirs d'une amélioration notable de votre situation.

HAMEÇON

- Tromperie et trahison de personnes de votre entourage.

HAMSTER

- Vous préfèrez la solitude aux rencontres, la discrétion aux bavardages, l'intimité du foyer à l'atmosphère des salons. Vous êtes jaloux de votre affection.

HANCHES

- Rêve plus particulièrement féminin :

* Fortes et de bonne constitution : réussite affective, harmonie conjugale, joie et bonheur.

* D'aspect désagréable : maladie familiale, difficultés de santé avec les enfants.

* Voir un homme poser ses mains sur les hanches d'une femme : resserrement des liens affectifs, amour et tendresse.

HANNETON

- Soucis et contrariétés : vous manquerez de clairvoyance dans la réalisation d'une affaire et vous connaîtrez quelques dommages financiers.

HAREM

* Se voir dans un harem : aisance financière, réussite sociale, joie de vivre. Des circonstances favorables. Vous risquez de vivre certains abus qui pourraient compromettre votre situation et vos finances.

HARENG

- Déception en affaires et en amitiés, des contraintes d'argent, période de privations et de soucis.

HARICOTS

- Opposition, disputes, querelles. Vous devrez supporter des excès de jalousie. Propos malveillants, calomnies, diffamation, solitude morale.

HARMONICA
- Nouvelles surprenantes et inattendues, des instants de plaisirs en famille ou entre amis.

HARNAIS
* les mettre au cheval : changement de conditions dans votre vie professionnelle, amélioration bénéfique, satisfaction, compréhension affective.
* Les retirer : période d'attente et de réflexion, quelques retards dans la progression de vos affaires, lassitude, découragement.

HARPE
* Jouer de cet instrument : chance en amour et en affaires, joies du cœur et de l'esprit.

HARPON
- Des décisions seront à prendre sans détour. Vous risquez d'être berné, dépouillé par des adversaires sans scrupules.

HAUTBOIS
- Des confidences discrètes. Des instants d'une tendre émotion.

HAUTEUR
- Peut indiquer, de manière générale, l'importance des avantages ou des inconvénients d'une situation donnée. A rapprocher du contexte propre au rêve.

HAUT-PARLEUR
- Des nouvelles importantes vous seront communiquées pour lesquelles il vous faudra intervenir avec efficacité et promptitude.

HEAUME (se reporter à la définition ARMURES)

HELICOPTERE
- Des événements se modifient et provoquent une amélioration de votre situation.
* Militaire : les litiges à votre encontre vont se régler de manière favorable à vos intérêts.
* Civil : évolution positive de vos affaires, si la couleur de cet appareil est franche et claire, sinon attendez-vous à de sérieux problèmes.

HENNISSEMENTS
* Les entendre : vous signale un danger imminent, contre lequel des précautions d'urgence seront à prendre.

HERBES
* Vertes, grasses, épaisses : aisance financière, confort et bien-être au foyer, joie et bonheur.
* Desséchées, jaunies : soucis, tracas d'argent, activités en régression, amitiés douteuses, affection compromise, solitude, maladie.
* Que l'on coupe : vous tenez à profiter des avantages acquis sans tarder. Apportez quelques prudences dans votre manière de vivre.
* S'y étendre : indolence et paresse. Peu favorable à concrétiser des projets longtemps espérés.
* La manger : vous subirez des pertes d'argent, railleries et médisances.
* De mauvaises herbes : insuccès, échec de vos entreprises, des efforts inutiles, maladie.

HERBES MEDICALES
- Santé déficiente pour vous ou l'un de vos proches, des soins seront nécessaires. Espoir d'une guérison rapide.

HERBORISTE
- Des conseils judicieux vous seront utiles pour vous dégager d'une situation complexe et embarrassante.

HERISSON
- Des intentions malveillantes à votre égard, des actions sournoises et perfides, méchancetés et calomnies. Envie et jalousie.
* S'y piquer : réussite de vos ennemis.
* Le tuer : vous aurez gain de cause.

HERITAGE
* Le recevoir : contrariétés, querelles, inimitiés, des soucis d'argent, dettes financières, séparation, rupture, des démarches judiciaires, procès.
* Le refuser : changement en votre faveur d'une situation délicate et pénible.

HERMINE
- Honneurs et considération, situation enviable, mais un entourage envieux et jaloux, des flatteries, trahison.

HERON
- Des ennuis de relations, certaines personnes de votre entourage vont vous trahir et vous placer dans une situation délicate. Désillusions, craintes et incertitude.

HERSE
* L'utiliser : excellent présage. Toutes les conditions de réussite vous sont acquises. Les éléments douteux d'un passé proche sont effacés, des perspectives heureuses de succès, promesse de prospérité.

HETRE
- Des amitiés sincères et dévouées, aide et protection.

HEURE
- Il sera intéressant de retenir l'heure que vous pourriez avoir remarquée dans le déroulement d'un rêve. L'expérience démontre que celle-ci a un rapport direct avec le déroulement de votre vie. Evénement marquant d'une évolution importante de vos souhaits.

HEURTER
* Etre heurté : soucis familiaux ou professionnels, des reproches, des discussions défavorables à vos intérêts, soucis d'argent, inquiétudes.
* Heurter une personne : vous prendrez nulle précaution pour parvenir à vos objectifs. Vous ne serez guère apprécié par vos relations.

HIBOU
- De mauvaises nouvelles, de prochaines circonstances douloureuses ou éprouvantes, des ennuis familiaux, maladie, séparation, perte d'une personne aimée, situation professionnelle délicate ou perdue, détresse morale.

HIEROGLYPHE
- Des nouvelles ou des faits resteront étrangers à votre compréhension sans conséquence particulière sur le déroulement de vos affaires.

HIPPOCAMPE
* Le voir : symbole de chance : réussite et succès dans vos entreprises, bonheur.

HIPPODROME
- Incertitude de vos ressources financières. Des remises en question de vos activités pourraient vous être contraires si vous n'apportez aucune précaution dans le choix de vos opportunités.

HIPPOPOTAME
- Une certaine indolence pourrait masquer un caractère violent aux réactions dangereuses, nuisibles à vos intérêts.

HIRONDELLE
- Présage de bonheur, amour et tendresse, joie affective, compréhension mutuelle.
* L'entendre gazouiller : des nouvelles heureuses.
* Avoir son nid sous le toit de votre maison : chance et protection de votre foyer.
* Attrapper ou tuer une hirondelle : fourberies et malheur.
* La voir quitter votre maison : mauvais présage. L'un de vos proches partira, pleurs et chagrins.

HISTOIRE
* Entendre une histoire ou la raconter : des instants agréables de bonheur et de détente en famille.

HIVER
* Le voir ou le subir : période de difficultés, soucis et contraintes, retard, contretemps, embûches, déceptions dans vos activités, désillusions dans vos rapports affectifs, contraintes d'argent, malchance et insuccès.

HOLD-UP
- Des décisions malencontreuses entraîneront des conséquences graves sur la pérennité de votre situation. Certaines opérations compromettront de manière conséquente votre devenir.

HOMARD
- Jalousie, méchanceté, intentions perfides, des propos malveillants, disputes et querelles.

HOMICIDE
* Le commettre : vous encourez un grave danger, des décisions irréfléchies vous seront préjudiciables et risquent de vous conduire à une situation irréparable.
* Voir un homicide : avertissement de quelques difficultés que vous pourriez rencontrer et subir. Soyez prudent dans vos initiatives.
* Le subir : malchance et malheur.

HOMME
* De belle apparence : chance et succès, réussite de vos aspirations dans le rêve masculin. Sécurité et protection, affection et tendresse dans un rêve féminin.
* Laid, difforme, hargneux : soucis, ennuis, peine et chagrins, disputes, maladie, échec.
* Jeune : désillusion, contrariétés en affaires et en amitiés, inquiétude.
* Agé : appui et protection, conseils et soutien.
* Corpulent : chance, aisance financière, activités fructueuses et bénéfiques.
* Maigre : difficultés, insuccès, malchance.
* Inconnu : pour un rêve de femme : rencontre nouvelle, liaison possible.
* Pour un homme : réussite dans des activités différentes.
* Voir un homme nu : déchéance, disgrâce, humiliation.
* Vêtu de noir : peines et chagrins, des événements pénibles et cruels.
* Se battre avec un homme : tristesse et misère.
* Tuer un homme : malchance et malheur.
* Rencontrer un homme aimable et bienveillant : joie, bonheur et compréhension.
* Un homme influent et distingué : succès dans vos entreprises, appui et conseils.

HOMME-GRENOUILLE

* Les voir : vos adversaires disposeront de moyens efficaces afin de vous contraindre d'accepter des conditions qui leur soient favorables.

HOMME DE LOI

* Le rencontrer : des difficultés, inquiétudes et appréhension. Litiges familiaux ou professionnels, conflits, procès, pertes d'argent, dettes, maladie.

HOMOSEXUEL

* Etre, en rêve, homosexuel : échec de vos démarches, des amitiés ou des relations utiles ont été contraires à vos intérêts, des erreurs de jugement sur les initiatives à prendre et les actions entamées, perte de considération, solitude morale, détresse.

HONNEURS

* Les recevoir : votre situation se prête à ces circonstances mais sera également sujette à des flatteries et bassesses dont il sera prudent d'en éviter les inconvénients.

HONORAIRES

* Percevoir des honoraires : le propos de vos relations avec autrui reste sensible à l'éventualité d'un quelconque intérêt dont vous pourriez être bénéficiaire.
* Régler des honoraires : certaines fréquentations seront affectées par des préoccupations financières à votre désavantage.

HONTE

- Vous supportez les conséquences d'événements pénibles et douloureux dont vous n'avez pas la responsabilité.
* D'autres personnes sont honteuses : votre attitude manque de clarté et de probité.

HOPITAL

* Le voir ou s'y trouver : de nombreux soucis, des relations familiales faites de peines et de chagrins, des contraintes professionnelles éprouvantes, difficultés financières importantes, dettes, risque de maladie, solitude morale.
* S'y voir soigner : des perspectives heureuses d'amélioration, aide affective, soutien de vos amis, de nouvelles possibilités, des orientations différentes, renaissance d'espoir et à la vie.

HOQUET

* Avoir le hoquet : diverses contrariétés d'amitiés et de relations d'affaires, de petits soucis financiers.

HORAIRE

* Le consulter : des projets de votre responsabilité vont devenir réalité dans une période rapprochée.

HORLOGE

* Voir une horloge : étape importante de votre vie, des décisions seront à prendre qui vous engageront sur de nouvelles orientations et des conditions d'existence différentes.
* Une horloge arrêtée : retards, contretemps, embûches dans la réalisation de vos projets.
* Sans aiguilles : funeste présage d'un destin qui vous sera contraire.
* Qui tombe à terre et qui se brise : malchance et malheur.
* Remonter une horloge : de nouvelles espérances, des projets différents et prometteurs, d'autres perspectives de vie, chance et bonheur.

HORLOGER

- De précieux conseils et une aide efficace conforteront certaines orientations de vos activités favorables à une progression de votre situation.

HOROSCOPE
* Vous le consulter : des prédictions que vous établissez par divers procédés vous deviennent utiles et précieuses. Vous aurez l'occasion de vérifier l'une de celles-ci dans quelques temps et d'apprécier son contenu.

HORS-D'OEUVRE
* Appétissant : indication d'une période heureuse dont vous allez connaître les effets dans un proche avenir.
* D'aspect douteux : des soucis vont vous être infligés au contraire de vos désirs.

HORSE-GUARD
* En tenue de parade : signe précurseur d'un changement heureux de vos relations affectives ou familiales et d'une modification avantageuse de vos activités. Une période favorable à vos préoccupations succèdera à de tristes circonstances.

HOSPICE
* Le voir ou s'y trouver : abandon affectif, rupture, chagrin, détresse et misère.

HOSPITALITE
* En bénéficier : présage de bonheur, de relations familiales heureuses, amitiés favorables, des rencontres nouvelles ou des retrouvailles après une longue séparation.

HOSTIE
- Sérénité de l'âme, paix du cœur.

HOTEL
- Transition entre deux situations, attente d'un changement prochain de conditions, des décisions seront à prendre dont le choix influencera votre vie. Les personnes fréquentées dans ce lieu, le décor, l'activité, les circonstances de votre séjour, seront autant d'éléments pour définir votre prémonition.

HOTEL DE VILLE (voir MAIRIE)

HOTELIER
- Un ami sera dans la gêne et le besoin. Votre compréhension lui sera utile. Vos conseils le guideront pour de nouveaux choix.

HOTTE
- Surprise imprévue agréable si la hotte est remplie, triste si elle vous apparait vide.

HOUBLON
- Amour sincère et dévoué, fidélité, bonheur dans le mariage, joie au foyer.

HUBLOT
- L'insuffisance de vos moyens pourra compromettre l'appréciation d'une situation modificatrice de vos intérêts.

HUILE
* La voir ou la renverser : inquiétudes et soucis, des pertes d'argent, des contrariétés en affaires.
* En être souillé : déception, disputes, mauvais propos.
* Boire de l'huile : des choix contraires, des décisions malheureuses, maladie.
* En faire commerce : chance dans vos activités, réussite financière.

HUISSIER DE JUSTICE
- Des affaires compliquées, des tracasseries familiales ou professionnelles, des litiges financiers, des biens ou des acquis seront concernés. Vous devrez faire face à des attitudes malveillantes et supporter des propos désagréables et outrageants. Période difficile à vivre.

HUITRE
- Présage de joie et de bonheur, de plaisirs familiaux, d'aisance financière et de prospérité, succès.
* Un coquillage malsain ou vide : serait signe de difficultés majeures et de nombreux ennuis.

HULULEMENT
- Indication de nouvelles alarmantes. Des chagrins en perspective.

HUMIDITE
* A l'intérieur d'une maison : tracas, soucis d'argent, difficultés avec des personnes de l'entourage, disputes et fâcheries, épreuves morales, des problèmes de santé.

HUMILIATION
* Subir une humiliation : l'attitude de vos proches ou de vos amis à votre égard n'est pas sans équivoque. Vous serez contesté, vos faits et gestes sévèrement critiqués, et désapprouvés, disputes.
* En faire subir : désaccords, querelles qui risqueront d'apporter des inconvénients à chacun des partenaires.

HURLEMENT
- Présage d'un malheur prochain. Péril, détresse, des larmes et des chagrins, des souffrances cruelles vous seront infligées, perte de santé.

HUSSARD
- Chance affective, réussite sentimentale, le cœur sera comblé.

HUTTE
- Misère et solitude. Vous affronterez une période faite de difficultés et de sacrifices. Solitude affective et morale, de nombreux soucis et tracas, du courage et de la patience.
* S'y réfugier : des réconforts espérés, un soutien indispensable de relations proches.

HYDRAVION
- Des circonstances particulières vous imposeront des choix inattendus dont l'efficacité déroutera vos adversaires et confortera votre position.

HYENE
* En voir : situation critique de vos affaires, des intrigues habilement menées vous seront néfastes, jalousies, envies. Vos ennemis cherchent à reprendre à leur profit des avantages ou des acquis dont vous êtes possesseur. La ruse et la perfidie seront à combattre.
* La tuer : le danger sera écarté, vos adversaires vaincus.

HYMNE
* National : des nouvelles heureuses vont vous parvenir.
* Religieux : peines et larmes pour un proche parent.

HYPNOSE
* Hypnotiser une personne : votre influence sera très forte sur votre entourage et pourra être perturbatrice du comportement de vos relations.
* Etre hypnotisé : vous deviendrez inconscient et soumis à des circonstances ou des événements sur lesquels vous n'aurez aucun pouvoir.

HYPOCRISIE
* Voir ou fréquenter une personne de ce défaut : avertissement d'un danger : des proches chercheront votre perte sous des apparences aimables.

HYPOTHEQUE
- Vous aurez à prendre des engagements financiers dont il vous faudra assurer la responsabilité. Des contraintes d'argent, litiges ou controverses solutionnés.

I

Lettre distinctive de souffrances et de chagrins.

IBIS
- Des nouvelles heureuses et rassurantes.

ICEBERG
- Des ennuis de situation ou financiers. Litiges avec les autorités légales ou représentatives. Procès, des dommages à vos biens ou à votre argent.

IDOLE
- Vous rêvez de l'être : vous parviendrez à satisfaire des espérances tellement attendues, pour connaître rapidement des revers de situation.

IF
- Nouvelles alarmantes d'un proche parent, tristesse et larmes.

IGUANE
- Des craintes et des frayeurs incontrôlées sans conséquences particulières dans l'exécution de vos projets.

ILE
* S'y réfugier : besoin de solitude et de paix, réconfort et retour sur soi, méditation profitable et nécessaire, des instants de grand bonheur et de joie intense.
* La voir : préparation d'un voyage lointain.

ILLUMINATIONS
- Des moments heureux, des plaisirs. des rencontres, des joies de courte durée.

IMAGE
* Voir sa propre image : satisfaction de soi. Joie d'être parvenu à réaliser des tâches en regard de sa conscience.
* Voir l'image de parents ou d'amis récemment décédés : des devoirs ou des obligations sont à remplir à leur égard.
* De parents vivants : des soucis et des peines, des nouvelles dont il faudra vous préoccuper.
* De femme jeune et inconnue : des nouvelles heureuses et réconfortantes.
* D'enfants : des joies familiales et des rencontres.
* D'un saint : des instants de souffrances et de douleur.

IMBERBE
* Se voir imberbe : absence de maturité devant des circonstances primordiales à la stabilité de votre condition.

IMITATION
* Se voir imiter d'autres personnes : à défaut d'une originalité marquée et d'un esprit caustique à l'égard de votre environnement, cette attitude pourrait définir un manque de personnalité et de décisions dans votre comportement.

IMMEUBLE
- A l'écart de certains faits susceptibles de rappeler quelques souvenirs lointains, précisant ainsi des critères d'identification de votre rêve.
* La vision d'un immeuble inconnu devrait se rapporter à l'aspect financier de votre situation.
- La qualité de sa construction, son apparence, l'usage auquel il est affecté définiraient certaines conditions en relation avec les critères évolutifs de vos activités, ainsi :

* Un immeuble de construction solide, bien entretenu, aux principes d'utilisation conformes à sa vocation : serait d'un présage positif.
* Au contraire d'un immeuble en mauvais état, délabré, abandonné : signe d'une prochaine étape de votre vie pénible et contraignante.
* Des travaux d'aménagement ou de remise en état : marqueraient des circonstances favorables à vos projets et un renouveau de vos ambitions.

IMMIGRATION : de signification identique à EXIL.

IMMOBILE
* Se voir immobiliser par des raisons diverses dans le déroulement d'un rêve : serait d'une indication fâcheuse à la concrétisation de vos aspirations. Retards, contretemps, embûches, de nombreuses contraintes vous imposeront des soins dommageables à vos intérêts.

IMMONDICES
- Des tracas, soucis, contrariétés.
* Les balayer, puis les détruire : serait d'un heureux présage. En ce cas votre situation connaîtra une amélioration avantageuse et un début de réussite.

IMPASSE
- Des erreurs de jugement ou d'appréciation retarderont l'évolution de vos affaires et favoriseront le jeu de vos adversaires.

IMPATIENCE
* Se voir en cet état : présage des décisions inopportunes et dommageables, des faits contraires à vos intérêts. Des difficultés surgiront qui demanderont une maîtrise de vos sentiments.

IMPERATRICE
* La voir : des conditions exceptionelles vous verront réaliser un projet particulièrement difficile. Vous recevrez distinction et honneurs. Votre situation prendra une direction différente. Vos conditions de vie, vos centres d'intérêts seront modifiés, joie et bonheur, mais restez vigilant. Vos ennemis restent à l'affût d'une défaillance qu'ils sauront mettre à profit.

IMPERMEABLE
* Le porter : vous resterez indifférent aux contrariétés provoquées par des personnes avides et sans scrupules.

IMPOLITESSE
- Des relations difficiles avec autrui seront la cause de mésententes et de conflits ultérieurs.

IMPORTUNER
- Votre comportement à l'égard d'autrui, ou celui de personnes de votre entourage sera déterminant dans les conséquences de vos actions. Vous risquez de connaître une certaine désaffection de vos amitiés et une solitude peu souhaitable.

IMPOTS
- Des actions illicites ou frauduleuses vous feront quelques ennuis avec les autorités légales, des poursuites à envisager, des dépenses d'argent.

IMPRESARIO
* Le rencontrer : la gestion de vos intérêts par autrui peut se justifier de par vos activités et vos préoccupations, mais il vous faut rester vigilant aux résultats que vous souhaitez obtenir.

IMPRIMERIE

- Des confidences ou des secrets qui vous sont propres ou pour lesquels vous étiez dépositaire deviendront rapidement l'objet de bavardages et de ragots.

IMPRIMEUR

- Des nouvelles intéressantes. Des contacts relationnels importants. Certains de vos projets se concrétiseront. Perspective d'un proche avenir heureux et bénéfique.

IMPUISSANCE

* Physique : certains événements resteront insolubles. Les efforts déployés, l'énergie dépensée seront insuffisants ou inadaptés pour conclure des opérations indispensables à l'amélioration de votre situation.
* Morale : conséquence de diverses contraintes, obstacles, ou échecs de vos affaires.

INAUGURATION

- De nouvelles activités, des projets différents, des rapports affectifs ou amicaux retrouvés, une autre joie de vivre.

INCENDIE

* Voir un incendie : présage d'événements soudains et inhabituels, remettant en cause vos biens et vos acquis, modifiant les relations avec votre entourage.
- Tout incendie, de quelque origine qu'il soit, et quels que soient la matière, l'objet, la valeur immobilière, est destructeur.
- Il peut signaler des conflits d'intérêts, des querelles familiales, des relations professionnelles rompues, des pertes d'argent, des biens compromis dans des affaires de succession, des procès perdus.
- Il peut aussi signaler des maladies graves, une disparition brutale d'une personne aimée, la perte d'un enfant, etc...
* La vision en rêve d'un incendie, ne peut permettre de croire à un quelconque événement prémonitoire dont le résultat serait favorable au lecteur.
- Tous les indices de ce rêve, qui pourront être notés vous seront précieux pour définir le présage : lieu de l'incendie, les diverses matières brûlées, les personnages, les motifs de votre présence, les circonstances de l'incendie etc...
- Un incendie marque dans un rêve, de manière brutale, violente, mais définitive un changement. Etape frontière entre deux situations.
* Si vous constatez que l'incendie est sur le point d'être maîtrisé : cette période va s'achever, de nouveaux horizons de vie vont surgir et conforter votre situation de manière positive.

INCESTE

- Présage funeste. La personne coupable sera responsable d'un malheur en votre foyer.

INDIGENCE

* Se voir en cette situation : lassitude morale, solitude affective et amicale, détresse.

INDIGESTION

* Alimentaire : une certaine opulence dans votre manière de vivre comportera des risques graves si vous n'envisagez pas quelques restrictions appropriées.

INDUSTRIE

* Diriger une entreprise industrielle, y occuper des fonctions de responsabilités : vous annonce une période de réussite et de prospérité dans vos activités.
* Une entreprise à l'abandon, aux locaux et aux matériels délabrés,

détériorés : déclin de vos affaires, malchance, insuccès.

INFECTION
* Se voir atteint d'une maladie infectieuse, au cours d'un rêve prémonitoire : pourrait vous signifier des difficultés importantes dans le cadre de vos fréquentations. Certains désaccords ou mésententes suffiraient à provoquer des ruptures préjudiciables.

INFIDELITE
* En être la victime : resserrement des liens affectifs, réconciliation, joie et bonheur au foyer.

INFIRME
* Se voir infirme : perte de situation, d'argent, de biens, les litiges ou procès seront gagnés à la cause de vos adversaires, souffrance morale, lassitude, découragement.
* Voir une personne infirme : avertissement d'une prochaine menace que vous pourriez vivre à vos dépens.

INFIRMERIE (se reporter à HOPITAL)

INFIRMIERE
* Voir une infirmière : des épreuves difficiles en prévision. Vous recevrez aide et protection. Vous serez soutenu dans vos démarches et les actions de votre défense.

INFLATION
* La connaître : de mauvaises estimations vous ont fait prévaloir de résultats différents de la réalité.

INFORMATIONS
* En prendre connaissance par un support quelconque : présage de nouvelles importantes dont il faudra vous préoccuper ; de votre initiative dépendra votre prochaine évolution, de l'amélioration de vos affaires, du réglement de certains litiges, de relations avec votre milieu familial ou professionnel.

INFRACTION
- Certaines irrégularités de vos décisions seront désapprouvées par votre entourage. Jalousie, envie, méchanceté. Un climat d'agressivité est à prévoir.

INGENIEUR
* Avec lequel vous êtes en relation : des conseils judicieux seront d'une aide efficace dans la conclusion de vos affaires.
* Etre ingénieur : vos activités nécessiteront certaines qualités ou dispositions pour lesquelles vous recevrez les moyens nécessaires. La réussite peut vous être acquise par l'effort et le souci de vous réaliser.

INGRATITUDE
- Quelques soucis d'ordre relationel avec certaines personnes de votre entourage. Vous resterez incompris et mésestimé.

INITIALES
- Toutes lettres identificatrices d'une personne de vos relations ou symboliques d'une situation caractéristique préciseront la valeur de la prémonition. L'analyse de ces données devra être confrontée avec les autres aspects du rêve : le support, la forme et la couleur des lettres, la matière utilisée, les circonstances de l'événement etc... auquel cas, il vous suffira de vous reporter à la rubrique concernée.

INJURES
- Attitude malveillante et offensante de vos adversaires dans le réglement d'une affaire pour laquelle l'avantage va vous revenir. Soyez prudent

de telle manière à éviter un climat passionnel dont vous pourriez être la victime.

INJUSTICE
* La commettre : vos méthodes ne se préoccupent guère des convenances, des circonstances prochaines apporteront quelques gênes dans des relations malmenées par vos agissements.
* La subir : malchance, des initiatives que vous souhaitiez à votre avantage servent les intérêts de vos adversaires.

INONDATION
* De sa demeure : soucis familiaux, des querelles, des propos offensants, des actions malveillantes, des interventions légales vous seront préjudiciables, soucis financiers, perte d'argent. Vos biens et vos acquis subiront quelques dommages, des larmes, détresse, maladie.

INSCRIPTION
- Remarques identiques à la rubrique INITIALES, à noter toutefois, outre le message perçu, l'examen de l'écriture complétera votre interprétation.

INSCRIPTION FUNERAIRE
- De mauvaises nouvelles vous parviendront, annonce d'une maladie, d'un décès. Des affaires en suspens dans le cadre d'une succession, d'un héritage.

INSECTES
- Des difficultés, des préoccupations, des relations avec autrui perturbées par des désaccords et des disputes.
* Etre piqué par un insecte : petite contrariété financière, vous avez été berné dans la discussion d'une affaire.

INSPECTEUR
* Académique : vos connaissances et votre expérience seront contestées par de proches relations envieuses de votre évolution.
* Des finances : difficultés à prévoir en rapport avec l'administration dont les conséquences seront de votre fait.
* De police : des contraintes financières, des oppositions ou litiges sur le réglement d'affaires délicates, des actes désapprouvés par le milieu familial, professionnel ou social, des conflits dont la résolution reste à déterminer.

INSTITUTEUR (vous reporter à la rubrique MAITRE D'ECOLE)

INSTRUCTEUR MILITAIRE
- Des principes utiles à la conduite de vos affaires dont l'évolution provoquera quelques conflits d'intérêts.

INSTRUMENT DE MUSIQUE
- Des nouvelles ou des événements modifieront de manière conséquente votre vie affective. Selon l'instrument, le message prémonitoire sera différent. L'importance de celui-ci sera renforcé par rapport à son utilisation et au morceau de musique interprêté. Chaque paramètre dont vous aurez le souvenir complétera votre étude.

INSULTES (voir INJURES)

INTERDICTION
* Officielle : diverses contraintes seront suffisantes pour vous imposer des choix différents dans la réalisation de vos objectifs. Passer outre vous conduirait à des litiges préjudiciables à votre réputation.
* Autre : avertissement d'un proche danger contre lequel il serait souhaitable de vous prémunir.

INTERETS
- Apportez la sagesse nécessaire dans l'accomplissement de vos activités. L'oubli de cette règle vous imposera des sacrifices financiers rigoureux jalousie de vos rivaux de par votre situation.

INTERPRETE
- Des difficultés de communications ou de compréhension nécessiteront l'assistance de tierce personne dans la connaissance de l'événement.

INTERROGATOIRE-INTERROGER
* Vos rivaux confrontent leur opinion et s'associent pour mieux s'informer de vos faits et gestes.

INTESTINS
- Dans la mesure ou cette partie de l'organisme apparaît malade, dans votre rêve, il est préférable de vous attendre à des soucis qui vous toucheront personnellement. L'essentiel des difficultés rencontrées sera, en premier lieu, en rapport avec vos biens propres et vos acquis. Soucis, contrariétés dus à des relations familiales envieuses de votre situation, avides de détourner en leur faveur des avantages en votre possession, détresse morale, santé déficiente, malaises, maladie.

INVALIDE (voir INFIRME)

INVENTAIRE
* Procéder à un inventaire : phase d'attente et de réflexion afin de mieux connaître les circonstances vécues et vous permettre de corriger les modalités de vos projets.

INVENTION
* Réaliser une invention : désir de changer votre condition et d'exprimer votre personnalité, des circonstances particulières vous permettront de mettre en valeur vos idées créatrices, des rencontres intéressantes et passionnantes, de nouvelles possibilités de carrière.

INVITATION
* Etre invité : d'heureuses nouvelles vous permettront de renouer des relations affectives ou amicales rompues pour des raisons diverses, rencontres, retrouvailles, joie et bonheur.
* Faire une invitation : vous risquez de fréquenter des personnes à la moralité douteuse, fourbes et hypocrites, déloyauté, trahison.
* Voir une personne de votre connaissance invitée par un inconnu : infidélité, tromperie, trahison.

IRRIGATION
- Certaines de vos démarches conviendront à l'évolution de vos souhaits. Des perspectives heureuses dans un proche avenir.

IVRESSE
* Se voir en état d'ivresse : découragement et solitude morale. Vous ne parvenez pas à franchir les difficultés actuelles et vous cédez aux attaques rivales, peines, chagrins, désillusions. Vous serez moqué et calomnié. Perte d'estime.
* Voir une femme en état d'ivresse : douleur profonde et remords. Vous serez responsable d'une action commise au détriment d'un de vos proches.

J

perfection, harmonie, stabilité, fidélité.

JACINTHE
- Amour et tendresse, sentiments sincères et profonds d'une personne aimée.

JAGUAR
- Crainte et désarroi. Vos ennemis envisagent des actions déloyales afin de vous retirer le profit d'une situation acquise. Leurs moyens seront importants, leurs appuis solides et vous risquez quelques pertes en cette affaire.

JALOUSIE
* La subir : vous aurez la supériorité dans le réglement d'une affaire délicate et vos adversaires utiliseront à votre égard des procédés dont vous pourriez regretter l'usage.

JAMBES
* Se voir avec des jambes de mauvaise constitution, malades, difformes, blessées, amputées : Présage de difficultés dont l'importance sera en rapport avec l'état de la jambe, mésentente, disputes, querelles, des litiges, dont certains pourraient voir une procédure en justice, des ruptures affectives, des pertes financières, dettes, maladie.
* Se voir avec une jambe de bois : malchance, malheur, votre situation se verra gravement compromise par l'échec de vos démarches dans une affaire délicate.

JAMBON
* Cuit : des réalisations financières, des gains d'argent, une amélioration de votre situation, des projets espérés vont pouvoir ainsi se concrétiser.
* Cru : vous devrez affronter quelques contrariétés de gens mal intentionnés avant de connaître la solution à vos problèmes.

JAPON
* Envisager un voyage au Japon : présage d'une réussite particulièrement brillante et exemplaire.

JARDIN
* De bel aspect, à l'entretien soigné, aux plantes et aux fleurs vivaces, aux fruits mûrs et de qualité : joie et bonheur, réussite, succès, chance, des amitiés sincères. Un amour réel et profond, des conditions de vie heureuse.
* A l'aspect abandonné, de mauvais entretien, aux plantes desséchées, aux fleurs fanées, aux fruits secs, avariés : tristesse, insuccès, échec, solitude morale, impuissance, maladie.
* Entouré d'une clôture ou d'un mur : vous recevrez aide et protection d'une personne influente ou d'une relation affective.
* Saccagé, piétiné par diverses personnes : jalousie, envie, des querelles et des attaques violentes.
* Dont on assure une remise en état ou un entretien important : fin de vos soucis, soulagement et satisfaction.

JARDINIER
- Promesse d'amélioration de vos conditions, aide et soutien dans vos réalisations, protection de vos intérêts, réconfort dans votre solitude, chance.

JAVELOT
- Signe de conflits et d'opposition dans vos proches relations. Vous serez peu protégé par rapport aux arguments développés par l'adversaire. Agissez avec prudence.

JESUITE
- Des secrets, des confidences inavouées, des actions discrètes mais efficaces.

JET D'EAU
- Gaieté du cœur, paix de l'âme, joie de l'esprit, vous rencontrerez une période moins troublée, plus en conformité avec vos désirs.

JETEE (portuaire)
* La voir ou s'y trouver : déceptions en affaires, projets retardés, des ressources financières amoindries, des amitiés se sont perdues. D'autres possibilités vont se réaliser qui apporteront la solution recherchée.

JETER
* Un objet devenu inutile : vous redéfinirez de nouvelles dispositions pour concrétiser vos projets.
* Un objet utile, de valeur : inquiétude et soucis, vous agirez de manière inconsciente ou irréfléchie dans la résolution d'une situation délicate.
* Des pierres à des personnes de votre connaissance : honte et humiliation. Vous voulez vous défendre de circonstances désastreuses dans lesquelles vous avez été associé.
* Des papiers ou documents : difficultés diverses, des contraintes administratives ou professionnelles, des contestations juridiques, dont vous subirez les inconvénients.

JEUNE FILLE
- Perspective de bonheur, une fraîcheur candide, une naïveté dans les idées, les pensées, les actes, de la franchise et de l'honnêteté, à condition de la voir vêtue de blanc ou de couleur claire. Dans le cas contraire, il est préférable de montrer toute prudence dans vos relations.
* La voir pleurer, ou de mauvaise humeur : des contrariétés et des déceptions. Un désir longtemps espéré ne se réalisera pas.

JEUNE HOMME
* Dans un rêve d'homme : de mauvaises intentions, des projets pernicieux, des soucis et déconvenues. Vous serez confronté à de sérieux problèmes.
* Le redevenir pour un homme : nostalgie des temps passés, regret des erreurs commises ou des échecs rencontrés depuis son adolescence. Besoin de recréer une vie différente en rapport avec ses désirs et ses besoins.
* Dans un rêve de jeune fille : promesse d'une rencontre prochaine, ou possibilité de rupture avec la personne aimée.

JEUNER
* Se voir en cette situation : des problèmes de santé, une maladie difficile à vivre, des soucis d'argent.

JEUNESSE
* Voir ou rencontrer des jeunes gens : présage des instants de liberté et de gaieté, d'insouciance et de décontraction, de plaisirs divers.

JEUX (voir JOUER)

JOCKEY
* Se voir jockey : vos entreprises dépendront moins de vos efforts que de la chance. N'en remettez pas, pour autant, vos décisions au hasard.

JOIE
- Attendez-vous à recevoir de mauvaises nouvelles.

JONC
- Flexibilité de caractère, indécision, incapacité à respecter ses engagements, tels seront les risques de vos relations dans la conclusion d'affaires prochaines.

JONGLER-JONGLEUR
- Vous serez brillant dans la manière d'entreprendre et de conduire vos activités.

JONQUILLES
- Joie et bonheur en famille, des rencontres heureuses.

JOUER
* Aux cartes : vous serez habile dans l'art de convaincre vos adversaires.
* Jeux de hasard : vous manquez de fermeté dans vos décisions et vous laissez le soin à d'autres personnes d'assurer ce que vous devriez accomplir.
* A des jeux de réflexion : vous affronterez des rivaux particulièrement rusés et patients.
* A des jeux d'enfants : vous restez inconscient des réalités, et préférez ignorer la gravité des situations auxquelles vous êtes confronté.

JOUES
* Saines, colorées : des nouvelles heureuses, réussite et succès dans la réalisation de vos souhaits.
* Ridées, amaigries : lassitude morale, contrariétés, soucis, difficultés, problèmes de santé.

JOUR
- Il sera important de noter le moment de la journée constatée lors de votre rêve.
* Une journée à son début : vous signifiera un cycle nouveau favorisant votre climat social, vos entreprises, vos relations affectives ou professionnelles, améliorant vos ressources financières, vous apportant la guérison en cas de maladie.
* La mi-journée : précise l'activité intense et la concrétisation de vos projets.
* La journée à sa fin : vous annonce la conclusion d'une période, la fin d'un cycle.

JOURNAL
* L'acheter, le lire : des nouvelles vous seront commmuniquées qui peuvent modifier certaines décisions de votre existence. Des actions importantes devront être considérées pour accroître vos biens et vos acquis ou les protéger dans une situation défavorable, changement important.
* Vendre, jeter, déchirer un journal : malchance, mensonge, tromperie, duperie, misère.

JOURNALISTE
- Vous serez détenteur d'informations nécessaires à la conduite de vos affaires. La précaution exigera que vous en mainteniez la discrétion pour une meilleure efficacité.

JUGE
* Avoir affaire à un juge : des complications dans vos activités ou vos relations familiales, des controverses, des discussions. Vos intérêts seront particulièrement défavorisés. Vous serez en contradiction avec des autorités légales, administratives ou judiciaires, dépenses importantes et pertes financières.
* Se voir juge : la manière dont vous maintiendrez vos affaires, ne pourra être appréciée. Vous serez

désapprouvé, des ennemis se dresseront contre vos décisions arbitraires, vos actions seront critiquées.

JUGEMENT
* Assister à un jugement : vous supporterez les conséquences d'affaires mal maîtrisées, dans lesquelles vous avez fait preuve de certaines imprudences, des relations ont su utiliser vos faiblesses et mettre à leur profit les avantages d'une situation délicate, perte d'estime et de considération, dettes d'argent, soucis divers.

JUIF
* Etre en affaire avec un juif : des actions n'ont pas reçu de votre part toutes les réflexions nécessaires. Les tentatives pour retrouver une position d'autorité ne seront pas suffisantes. Les discussions seront vaines, des pertes d'argent, des soucis financiers, dettes.

JUMEAUX
- Des nouvelles surprenantes et heureuses, des circonstances inattendues qui auront des répercussions favorables sur des situations en attente, chance et succès.

JUMELLES
* En faire usage : vous serez clairvoyant dans vos entreprises et ne négligerez aucun des détails nécessaires à une évolution positive. Vous n'ignorerez rien du comportement de vos adversaires.
* Si vous êtes observé avec des jumelles : vous risquez d'être importuné par des gens jaloux et mesquins, des bavardages oisifs et malséants.

JUMENT
- Symbole représentatif de la femme et de son comportement. Il semblerait que l'on puisse par analogie identifier le présage d'un événement en rapport avec l'épouse, ou une relation affective, selon l'attitude et les réactions de cet animal.

JUNGLE
* S'y trouver : vos affaires sont embrouillées et inextricables. Vous aurez les pires difficultés pour trouver une solution convenable, débours d'argent et ennuis de santé, des amitiés vous feront défaut, solitude morale.

JUPE
- D'une manière générale symbolise et identifie des rapports entre homme et femme. Ainsi :
- POUR UN HOMME
* Voir une jupe : une femme de votre connaissance ne vous reste pas indifférente.
* Une jupe élégante, raffinée : vous serez en compagnie d'une personne de grande qualité.
* Courte, serrée, ou relevée : des personnes aux mœurs peu recommandables.
* Longue et étroite : moralité et respectabilité.
* Sale et rapiécée : désillusion et tristesse.
* Avec des tâches : votre vie privée fait l'objet de commèrages.
- POUR UNE FEMME
* Voir une jupe : une prochaine rencontre aura son importance.
* Une jupe élégante : vous conviendrez d'un certain succès auprès du sexe opposé.
* Rapiécée, de mauvaise qualité : vous serez mésestimée par vos connaissances masculines.
* Courte, serrée, aux dimensions inconvenantes : vous serez fréquentée pour des raisons que vous ne souhaitez pas.
* Aux dimensions trop longues : vous serez déconsidérée, moqueries et bavardages.

* Avec des taches : intrigues et calomnies.
* Voir un homme porter une jupe autre qu'un costume national ou traditionnel : honte et malheur.

JURER-JURON
- Votre manière de pratiquer les événements et de vous comporter à l'égard d'autrui ne retiendra pas un accueil favorable. Vous resterez à l'écart des milieux d'influence dont la fréquentation vous aurait pourtant été indispensable.

JURY
- L'appréciation de vos mérites sera favorable d'une évolution attendue de votre carrière. Vous serez enfin reconnu et estimé.

JUSTICE
- Si au cours d'un rêve, il est fait allusion, par un symbole quelconque à des notions en rapport avec la justice, des circonstances vous feront entrer en conflit avec les autorités légales des pertes d'argent sont à envisager.

K

humanisme, bonté, dévouement.

KAKI
- Couleur en rapport avec des tenues militaires, mais qui pourrait être dans quelques cas celle de vêtements spécifiques. Cette couleur symbolise des difficultés, des problèmes d'ordre divers, des relations pénibles avec autrui : des contestations.

KANGOUROU
- Des personnes de votre proche entourage vous seront hostiles, des projets seront contrariés et compromis, disputes, fâcheries. Vos adversaires resteront difficiles à maîtriser.

KAYAK
* En faire usage dans d'excellentes conditions, parvenir à franchir les obstacles, vaincre les courants contraires, éviter les écueils : présage d'une réussite dans l'évolution de vos affaires. Changement favorable et positif de vos conditions.
* Sombrer, ne pouvoir évoluer : vous resterez dans l'incapacité de résoudre vos difficultés.

KEPI
* Porter par son propriétaire : des relations avec les autorités légales, des soucis, des contrariétés, des contestations. Vous aurez quelques peines à justifier vos arguments.
* Posé sur un support ou accroché à une patère : satisfaction et détente. Vos soucis s'effaceront pour laisser place à une meilleure compréhension.

KERMESSE
- Déception en affaires, désillusion sentimentale. Les propos de vos espérances s'évanouiront, de nouvelles réflexions vous seront profitables pour reconstruire des projets et d'autres conditions de vie.

KIDNAPPER
* Assister à l'enlèvement d'une personne : des événements imprévus vont vous surprendre et provoquer un climat passionnel, préjudiciable à la gestion de vos intérêts.

KIMONO
* Le porter, en bon état : vous marquerez la victoire sur vos adversaires par des épreuves mettant en valeur vos qualités de droiture et de courage.

KIOSQUE
* A musique : réconfort de l'âme, paix du cœur, nostalgie de souvenirs anciens.
* A journaux : des nouvelles parmi lesquelles un choix s'imposera selon l'importance et l'urgence que vous aurez déterminées.

KLAXON
* L'entendre : signe précurseur d'événements malencontreux dont vous allez subir l'influence.

KNOCK OUT
* L'infliger à votre adversaire : vous triompherez sans partage et sans condition.

KYSTE
- Des problèmes en suspens dont vous pourriez connaître quelques déboires à trop vouloir attendre.

L

dureté des sentiments, mutisme, conformisme.

LABORATOIRE
- Des sujets d'inquiétudes. Diverses entreprises de votre initiative ne sont pas conformes à vos espérances. Vous rechercherez des solutions intermédiaires pour satisfaire des exigences extérieures.

LABOURER
- Des promesses de réussite, des espérances de gains par votre courage et votre ténacité. Les déceptions, les tracas, les échecs seront définitivement effacés par de nouvelles perspectives d'avenir.

LABOUREUR
* Le voir : présage favorable à des circonstances heureuses qui modifieront avantageusement votre avenir.
* Mal vêtu : déception, échec, des soucis proches.

LABYRINTHE
* Y entrer, s'y trouver, s'y perdre : de grosses difficultés dans un avenir rapproché : une situation complexe dans vos activités professionnelles, des événements troubles dans vos rapports affectifs, des relations délicates avec le milieu familial. Vous resterez seul à tenter de résoudre vos problèmes.
* Réussir à en sortir : des solutions heureuses vous permettront de vaincre l'adversité. Des séquelles toutefois resteront dont il faudra vous méfier.

LAC
- Diverses affaires de votre connaissance sont en l'attente d'un réglement ou d'une solution. Il importe de prendre des décisions qui puissent satisfaire vos intérêts.
* Un lac aux eaux limpides et calmes : vos espoirs se confirmeront, chance et promesse de réussite.
* Aux eaux troubles, sales, agitées, boueuses : des lendemains prometteurs de tracas, de peines et de chagrins, hypocrisie, méchancetés, lâcheté, trahison, des contraintes d'argent et de santé.
* Traverser un lac et parvenir sans incident sur l'autre rive : des changements heureux, réussite et succès. Votre situation connaîtra une amélioration intéressante, des rentrées d'argent, un avenir meilleur.
* Voir un lac sous la tempête, ou desséché, ou rempli de boue : ruine, misère, malheur.

LACET
- Représentatif des relations avec autrui.
* En faire usage : vous indique des sentiments divers de votre entourage à votre égard : méfiance, envie, jalousie, mesquinerie, mépris, des précautions seront à définir pour éviter des conflits générateurs de difficultés extérieures.
* Le casser : vous serez perdu par une mauvaise action ou une trahison d'une personne de votre entourage.

LACHETE
- Votre situation n'est pas des plus claires et vous rencontrerez des attitudes hostiles et malveillantes à votre égard.

LAGUNE
Des instants de paix et de solitude. Vous serez protégé des événements

extérieurs contraires à vos sentiments.

LAID-LAIDEUR
* Se voir en cette situation : vous n'avez que honte et dépit de circonstances qui ne vous ont été guère favorables et qui donnent occasion à vos adversaires de se réjouir.
* D'autres personnes sont laides : de mauvaises intentions se préparent à votre encontre.

LAINE
* La tondre : aisance financière de par votre acharnement au labeur.
* Travailler de la laine : gains financiers, prospérité.
* Porter un vêtement de laine : joie et réconfort au foyer, bonheur familial, sécurité financière.
* Brûler de la laine : revers de fortune.

LAISSE
* Tenir un chien en laisse : vous aurez toute sécurité pour réaliser des ambitions nouvelles : des protections vous resteront dévouées, des amitiés vous seront fidèles.
* Vous voir tenir un animal sauvage en laisse : vous réussirez à maîtriser vos adversaires et à les convaincre de vos droits.

LAIT
- Amour et tendresse, bonheur affectif, harmonie conjugale, joies et plaisirs familiaux, amitiés sincères, des perspectives heureuses, réussite, chance.
* Se laver avec du lait : purification des sentiments, désir de modifier ses idées et son comportement.
* Renverser du lait : mésentente, disputes, tromperies.
* Du lait aigri : duperies, contrariétés.

LAITIER
- Des nouvelles familiales heureuses. Un changement important et favorable va modifier de manière positive vos conditions de vie.

LAITUE
- Quelques contraintes familiales de courte durée, des rivalités, des disputes. Soucis d'argent et de santé.

LAMA
- Des fréquentations utiles à vos intérêts mais dont les sentiments à votre égard peuvent se modifier au contraire de votre confiance.

LAME
* Dont on fait usage contre vous : conflits passionnels, propos malveillants et querelles violentes, jalousie, vengeance, solitude morale, détresse.
* Que vous utilisez contre autrui : vous marquerez l'avantage de votre situation et saurez faire valoir la prédominance de vos droits.
* Une lame en mauvais état, ébréchée, tordue, rouillée : vous indiquerait des difficultés dans l'évolution de vos affaires et la justification de vos décisions.
* Une lame brisée : malchance, malheur, vos adversaires resteront maîtres de leurs initiatives.

LAMENTATIONS
* Les entendre : message d'un malheur prochain dont vous allez supporter la douleur cruelle et les événements qui la constitueront.

LAMPADAIRE PUBLIC
* Allumé : une aide efficace dans l'évolution de vos affaires. Des amitiés dévouées et désintéressées.
* Eteint : solitude et malchance.

LAMPE
* Allumée : joie familiale, bonheur, constance des sentiments, sérénité.
* Faible puissance : fragilité des rapports conjugaux ou familiaux, des contraintes affectives, des soucis de santé et d'argent.
* Eteinte : désillusion, incompréhension affective, disputes, larmes et chagrins, pertes d'argent, des ennuis de santé.
* La briser : des pertes financières, des querelles, des séparations, solitude, détresse.

LAMPIONS
- De prochaines réunions joyeuses. Des événements heureux et profitables. Un changement important dans votre existence.

LANCE
- Des oppositions et des rivalités dans des affaires familiales ou professionnelles. Disputes, fâcheries.
* La voir briser : funeste indication. Vos intérêts seront compromis, des soucis d'argent sont à prévoir, maladie.

LANCE-FLAMMES
- Des rivalités particulièrement nuisibles à votre réputation et à la progression de votre situation.

LANCE-PIERRES
- Vos adversaires utiliseront des moyens inhabituels mais efficaces pour vous destituer de vos droits. Vous serez humilié et contraint à certaines exigences.

LANDAU
* D'enfant : joie et bonheur, des circonstances affectives heureuses, promesse d'une vie nouvelle : naissance, rencontre amoureuse ou réconciliation, des liens durables et profonds.
* A chevaux : tendresse et amour, mariage.

LANDE
* S'y promener : période de solitude et de réflexion, transition entre deux situations avec des perspectives moins défavorables quant à l'avenir proche.

LANGOUSTE
* Vivante : jalousie, perfidie, des querelles avec des proches parents ou des amitiés de vieille date, des rancunes tenaces pourront subsister.
* Préparée à la consommation : des plaisirs familiaux. Des rencontres heureuses. De nouvelles amitiés ou des affections retrouvées.

LANGUE
* La voir : bavardages, commérages, ragots de votre fait ou de celui de vos connaissances.
* Voir sa langue saine et normale : vous serez favorisé dans vos démarches dès l'instant où vous ferez preuve de réflexion et de diplomatie.
* Etre dans l'incapacité de s'en servir : des circonstances brutales vous seront infligées pour lesquelles vous n'aurez que peu de moyens pour assurer votre défense.
* La voir difforme, enflée : ennuis de santé, contrariétés diverses.
* Coupée : vous serez rendu responsable d'une situation délicate.
* Tirer la langue à une personne : vous subirez honte et humiliation.
* La montrer à un médecin : problèmes de santé.

LANGUES ETRANGERES
* Pratiquer une langue étrangère : des changements dans votre manière de vivre, des nouvelles importantes et bénéfiques. Possibilité d'un

voyage lointain ou d'une activité en relation avec un pays étranger.

LANTERNE
* Avec une lumière franche et claire : de nouvelles perspectives vous seront proposées. Vous découvrirez une orientation différente de celle que vous recherchiez, joie et bonheur.
* Avec une lumière de faible intensité : des ennuis et contrariétés, des affaires infructueuses, des projets remis en question, des erreurs d'appréciation.
* Dont la lumière s'éteint : malchance, insuccès, maladie.

LANTERNE MAGIQUE
- Vos activités rencontreront quelques difficultés sérieuses, duperies, trahison.

LAPIN
- Des promesses de réussite dans la concrétisation de vos projets et l'extension de vos affaires, gains financiers, chance, joie et bonheur.
* Que l'on tue : incertitude de vos affaires, des décisions malencontreuses, de mauvais conseils.
* Que l'on mange : contrariétés dans l'évolution de vos projets, ennuis financiers.
* Un lapin blanc : signe de chance et de réussite.
* Un lapin noir : contrariétés, insuccès.
* Un lapin gris : des relations affectives heureuses.
* Un lapin roux : perfidie, trahison.

LAQUAIS
* Etre laquais : dépendance et servilité. Indifférence méprisante de votre entourage.
* Voir un laquais : certaines fréquentations manifesteront à votre égard des attitudes bienveillantes, dont la neutralité apparente trompera votre confiance.

LAQUE A CHEVEUX
- Conformisme et rigidité dans vos rapports avec autrui.

LARD
* Frais de belle qualité : gains d'argent, succès de vos affaires, joie et bonheur.
* Salé : des complications, soucis et chagrins.
* Manger du lard : des satisfactions imprévues et bénéfiques dans la gestion de vos affaires.
* Le cuire : imprévoyance et discorde.
* Couper du lard : maladie d'un de vos proches.

LARMES
- Des nouvelles heureuses et inattendues ; des souhaits se verront réalisés. Joie et bonheur ; des projets oubliés reprendront vie.

LARVES
- De prochaines contrariétés, des ennuis multiples devront être combattus avec attention et efficacité ; des contraintes avec de proches relations, des pensées sournoises, des agissements perfides.

LASSITUDE
- Votre impuissance à résoudre les diverses difficultés rencontrées, les échecs répétés auront des répercussions sur votre état de santé. Essayez de prendre des dispositions pour amoindrir cet handicap.

LASSO
* L'utiliser avec succès : de bon augure pour la continuité de vos actions et la réussite de vos entreprises.

LATIN
- Des propos avantageux et des secrets d'importance dont vous re servez la connaissance à quelques initiés de votre choix.

LAURIER
- Présage de récompenses, de distinctions, d'honneurs dont vous allez être bénéficiaire. Votre position sociale se trouvera confortée, des appuis amicaux vous seront proposés, des personnages influents vous montreront quelque intérêt.

LAVABO
* En faire usage : des soucis divers, des contrariétés cesseront prochainement. Vous saurez mettre un terme à des actions nuisibles et préjudiciables.

LAVANDE
- Désir de plaire et de séduire dans la modestie et la simplicité.

LAVE
* Incandescente : une situation passionnelle et violente contre laquelle vous n'aurez aucune possibilité d'influence et de maîtrise. De gros soucis sont à craindre sur divers aspects de votre vie intime. Des pertes financières fragiliseront votre position sociale.
* Eteinte, solidifiée : apaisement des conflits extérieurs à votre volonté. Des conséquences affectives et financières nuiront désormais à toute compréhension relationnelle.

LAVEMENT
* Prendre un lavement : ce soin d'aspect médical aura pour signification dans un rêve, la volonté de chasser de vos préoccupations les ennuis divers que vous subissez depuis quelques temps. Et plus particulièrement de rompre des fréquentations inutiles et nuisibles, désir de se libérer des maux de toutes sortes.

LAVER
* Se laver : besoin ou nécessité d'éliminer toutes les contraintes, de résoudre les difficultés importantes, de vous assurer d'un climat relationnel en rapport avec votre personnalité.
* A l'eau de source ou d'un torrent : de belles perspectives de réussite dans votre détermination.
* Avec de l'eau sale, trouble : malgré votre désir vous ne parviendrez pas à vous débarrasser des éléments perturbateurs.
* Avec du savon : vous devrez répondre aux accusations portées à votre encontre et justifier les arguments de votre défense.
* Voir une personne se laver : les suspicions, les propos injustes et calomnieux à l'égard d'une personne de vos relations resteront sans effet.
* Se laver les pieds ou ceux d'une personne : vous saurez reconnaître vos erreurs et accepter les principes d'une réconciliation. Vos ennuis cesseront.
* Laver du linge : vous mettrez un terme aux discordes et aux dissensions familiales.
* Laver des objets familiers : vous protégerez votre vie intime contre les tracas habituels et les contrariétés provoquées par autrui.

LAYETTE
* En faire l'acquisition : accroissement du cercle familial, compréhension affective, harmonie conjugale, bonheur, joies familiales.

LECHER

* Etre léché par un animal : vous êtes estimé et apprécié par votre entourage. La période de bonheur et de prospérité dont vous faites profit n'a pas été de votre usage exclusif. Des personnes aimées ont partagé votre joie. Vous avez su comprendre les difficultés des autres, les aider dans leurs démarches, les assister dans leurs besoins.

* Etre léché par une personne : vous êtes l'objet de fausseté, bassesses et hypocrisie pour tenter de vous séduire.

* Vous léchez une personne : vous faites preuve de soumission à défaut de personnalité.

LEÇON

* Donner une leçon : votre position vous assure de la considération et de l'autorité que vous appréciez. N'en faites pas un abus inconsidéré.

* La recevoir · vous savez reconnaître vos erreurs. Les conseils ou les remarques de personnes responsables et influentes guident votre conduite.

LEGISLATION

* La lire ou l'étudier : des ennuis prochains, des confrontations avec des relations d'affaires, des démarches officielles et juridiques. Vos intérêts seront menacés, des appuis devront compléter vos initiatives.

LEGS

* Le recevoir : des nouvelles connaissances, des relations d'affaires ou amicales. Estime et considération. Vos qualités pourront être appréciées et vous procurer des avantages particuliers.

LEGUMES SECS

* Que l'on voit : des ennuis et contrariétés, mécontentements, discordes familiales, propos malveillants, colère, soucis d'argent, santé délicate.

* Les mettre à la cuisson, les manger : des arrangements, des compromis seront l'amorce d'une solution prochaine.

LEGUMES VERTS

* Que l'on cultive au jardin : joies affectives ou familiales, tendresse des relations, compréhension mutuelle.

* Dont vous faites l'achat, ou le commerce : déception et contrariétés dans vos démarches, des contretemps, des projets remis en cause, tracas d'argent.

* Les avoir à la cuisson : disputes familiales, désaccords, querelles d'intérêt, des ennuis de santé.

* Les manger : soucis financiers, maladie.

LEOPARD

- Menace d'un danger. Des adversaires envisagent, quelques tentatives rusées pour léser vos intérêts, jalousie, fausseté. Ne vous laissez pas abuser des attitudes bienveillantes et par de fausses certitudes.

LEPREUX

- Vous ne parviendrez pas à remonter une situation en votre défaveur. Votre entourage restera hostile à vos initiatives, à vos efforts, à votre volonté de réussir votre tâche. Méfiance et suspicion, découragement et lassitude.

LESSIVE

* La faire : vous prendrez des dispositions pour faire cesser disputes et querelles dans le milieu familial ou professionnel. Réconciliation,

renouveau des liens affectifs ou amicaux.
* L'étendre pour la faire sécher : des bavardages nuisibles à la stabilité de vos rapports familiaux. Jalousie et méchanceté.

LETHARGIE
- Vous indique une proche période pendant laquelle vos idées, vos pensées, vos décisions et vos actes seront amoindris par des événements extérieurs plaisants à vivre. Vous serez heureux et détendu, message de prudence. Il sera utile de vous voir réagir afin de combattre cette béatitude.

LETTRE
- Il conviendra au lecteur de bien noter les caractéristiques de cette correspondance : le type d'écrit, le contenu, le signataire, les circonstances justifiant cet écrit, l'impression ressentie à cet instant. La multiplicité des cas, la variété des écrits rendent la pratique d'une définition incertaine, peu fiable. Il serait dommage de proposer une interprétation dont le risque à l'erreur deviendrait important. Toutefois, d'une manière générale, l'on peut retenir les remarques suivantes :
* Recevoir des lettres, en expédier : des nouvelles ou démarches importantes. Evolution de vos affaires personnelles, familiales ou professionnelles. Le contenu, l'origine, l'impression ressentie à la lecture vous indiqueront le présage favorable ou négatif du songe.
* Déchirer, détruire des lettres : déception, peines, soucis, échec de vos démarches : insuccès, pertes d'amitiés ou de relations, soucis financiers.
* La couleur du papier aura son importance, ainsi :
- Blanc : joie, bonheur, réussite.
- Bleu : relations avec des instances officielles ou administratives.
- Rose : relations affectives.
- Bordé de noir : maladie, décès.
* Des caractères lisibles devraient préciser la prémonition. Sachant qu'une lettre illisible vous indiquerait des dangers, des incertitudes, des craintes, des personnes mal intentionnées, des ennuis financiers.

LEVAIN
- Des circonstances bénéfiques favoriseront le développement de vos affaires et la réalisation de gains financiers.

LEVER (se)
- Une période de changement bénéfique s'annonce. Une prochaine évolution de vos affaires, une amélioration de vos conditions de vie, guérison en cas de maladie.

LEVIER
- Aide et appui vous seront proposés afin de résoudre vos difficultés avec succès.

LEVRES
* Belles, saines, souriantes : joie de vivre, bonheur affectif et familial, amitiés, réussite, solidité des sentiments.
* Pâles, amincies : peines, chagrins, colère et hostilité.
* Epaisses : confiance en soi. Honnêteté, profondeur des sentiments, sincérité.
* Pendantes : lâcheté, indécision, paresse, égoïsme.
* Mordues ou coupées : trahison.

LEVRIER
- Promptitude de décision, rapidité d'action, inconstance des sentiments.

LEVURE
- Des nouvelles intéressantes et bénéfiques, réglement d'affaires litigieuses, promesse d'amélioration financière, des circonstances favorables vous y aideront.

LEZARD
- Ne soyez pas trop confiant à l'apparence passive et nonchalante de vos interlocuteurs. Vous risquez d'être surpris à vos dépens d'une quelconque intervention dans vos affaires.

LIANE
* Placées sur votre chemin, elles peuvent constituer des obstacles gênants à l'évolution de vos affaires, mais si vous êtes habile, elles peuvent au contraire vous aider à progresser tout en devenant des pièges pour vos adversaires, le choix des décisions vous appartient.

LIBELLULE
- Inconstance de décisions et d'action. votre imagination ne peut rester fixée sur un sujet précis et s'y consacrer jusqu'à la conclusion.

LIBERTE
* Vous voir devenir libre : des épreuves diverses retarderont l'échéance d'une quelconque solution heureuse et satisfaisante. Le carcan de la vie quotidienne vous restera lourd à supporter.
* Si elle concerne une autre personne : le fait de la voir recouvrer sa liberté, vous présage une intervention de son initiative afin de régler un contentieux qui vous oppose et qui sera à votre désavantage.

LIBRAIRE
- De précieux conseils vous seront prodigués par des amitiés sincères et fidèles. La sagesse de leur réflexion sera l'élément indispensable à votre conduite et à vos décisions ultérieures.

LIBRAIRIE
- Quelques projets restés dans l'oubli ou l'incertitude pourront être réactivés et réalisés avec succès. Une nouvelle orientation de carrière, ou une modification de vos conditions. La réflexion et la décision prendront appuis sur des arguments solides et vérifiés.

LICENCIEMENT
* Qui vous concerne : désaccords dans vos activités professionnelles. Un conflit grave provoquera des risques sérieux d'une remise en cause de votre situation. Avertissement d'un danger proche.
* D'une personne de votre connaissance : vous préférez désavouer un collègue ou un ami plutôt que de l'associer à vos affaires.

LICORNE
- Des événements subits et préoccupants risquent de mettre en péril une situation que vous considériez comme définitive.

LIE DE VIN
- Des rancunes, des griefs, une certaine antipathie de quelques personnes de votre entourage ; de vieilles querelles dont le souvenir reste vivace.

LIEGE
- Vous serez dans l'incapacité de maîtriser de prochains événements, mais votre tempérament vous permettra de rester flexible aux exigences du moment.

LIENS-LIER
* Se voir attaché : des ennuis et tracas divers dont l'importance et

la gravité seront en rapport avec la qualité et la solidité des liens. En tenant compte de l'endroit où se situera cette action et la personne qui en prendra la responsabilité, vous aurez toutes indications pour estimer l'ampleur de cette circonstance.

* Briser ses liens : vous mettrez un terme à vos soucis.

* Attacher une personne : autoritarisme et arbitraire, la dépendance des autres à votre égard est trop grande et vous risquez quelques déconvenues cuisantes.

LIERRE

- Symbole d'un amour fidèle et d'amitiés sincères et dévouées.

LIEVRE

* Voir courir un lièvre : une opportunité heureuse d'améliorer votre situation va se présenter, ne laissez pas cette possibilité à d'autres personnes.

* Participer à une chasse au lièvre : promesse de réussite financière.

* Que vous réussissez à tuer : chance et succès. Vos espoirs se verront concrétisés par une réussite inattendue.

LILAS

- Votre amour ne durera que le temps du lilas. Ses promesses seront vite flétries et vous ne retrouverez pas le charme de sa séduction en d'autres lieux.

LIMACE

- Certaines de vos relations n'hésiteront pas à pratiquer des affaires douteuses dans lesquelles vous risquez d'être compromis si vous n'y prenez garde. Fourberie, duperie, corruption.

LIMANDE

- Sachez rester discret pour mieux acquérir des profits.

LIME

* A ongle : des ennuis prochains d'origine familiale ou en rapport avec vos activités professionnelles.

* A bois : malgré vos efforts vous ne pourrez vous faire reconnaître et apprécier.

* A métaux : des amitiés ou des relations sur le déclin. Votre influence devient négligeable.

LIMON

- Des possibilités de profit et de réussite financière, si vous procédez avec intelligence et méthode.

LIMONADE

* En boire : la simplicité et la modestie restent de vos qualités dans la réussite, joies familiales, sérénité.

LIN

- La richesse ne sera pas votre compagne, la pauvreté vous ignorera.

LINCEUL

* Vous recouvrant : craignez la maladie et la solitude. La gravité de vos soucis, l'importance des problèmes à résoudre. L'incapacité dans laquelle vous êtes actuellement de pouvoir leur trouver une solution vous laissent dans un état de santé déficient.

* Recouvrant une autre personne : grave maladie ou décès d'un de vos proches parents ou amis.

LINGE

* Du linge neuf, propre, de bel aspect : aisance au foyer, confort familial, joie et bonheur.

* Déchiré, troué, rapiécé : soucis d'argent, situation financière difficile.

* Sale, taché, malodorant : disputes querelles.
* Laver du linge : amélioration des rapports familiaux, compréhension, dialogue.
* Que l'on suspend pour faire sécher : vous serez la proie de ragots et de bavardages.
* Se changer de linge : votre situation se modifiera à votre avantage.

LINTEAU (de porte fenêtre)
* A l'état neuf ou d'aspect convenable : des changements favorables vont intervenir qui vous permettront d'améliorer votre lieu d'habitation.
* Vermoulu, brûlé : de sérieux ennuis, notamment financiers vous seront infligés. Votre foyer sera principalement concerné.

LION
* Le voir en liberté, indolent et placide : vous risquez de rencontrer dans votre vie active un adversaire dangereux et puissant.
* Que l'on chasse : votre témérité peut trouver sa récompense, ou vous procurer une situation désastreuse.
* Par lequel vous êtes attaqué : grave danger : un ennemi vous cherchera querelle au détriment de vos intérêts.
* Que vous capturez, que vous tuez : triomphe sur vos adversaires. Votre position sociale se trouvera confortée.
* Le voir en cage : vous aurez aide et protection pour vous garder contre d'éventuelles velléités de vos ennemis.
* Que vous domptez : votre influence sera d'importance et vous obtiendrez respect et considération.
* Voir une lionne et ses petits : bonheur et joie. Votre vie familiale sera dans une période heureuse et prospère.

LIQUEUR
- Certaines personnes cherchent à vous séduire. Leurs intentions ne sont pas des plus sincères. Vos affaires pourront être mêlées à des projets à la limite de la légalité. D'autres démarches concerneront vos intérêts familiaux pour lesquels des dommages financiers sont à redouter.

LIQUORISTE
- Personnage dont la fréquentation méritera quelques précautions lorsqu'il s'agira de prendre et d'assurer certains engagements financiers. Vous serez dupé, des pertes d'argent sont à prévoir.

LISERON
- Une certaine joie de vivre. Vous ignorez les préjugés. Votre manière de vivre préfère la bohème à la rigueur.

LIT
- Votre vie intime, personnelle ou familiale sera concernée. L'aspect de ce lit, son apparence, le lieu où il se trouve, la décoration, la luminosité de la pièce, les personnages composeront l'interprétation du rêve, ainsi :
* Un lit propre, ordonné, agréable : joie du cœur, bonheur affectif et familial. Paix de l'âme et de l'esprit.
* En désordre, sale, négligé : ennuis de santé, contrariétés familiales, contraintes d'argent, désaccords affectifs.
* En mauvais état, cassé, brisé : discordes affectives ou familiales, abandon, rupture, dommages financiers, maladie.
* Volé ou altéré par le feu : malchance, malheur, de gros ennuis en perspectives.
* Voir dans ce lit une femme inconnue et laide : infortune et misère.

* Y voir une personne inconnue, de sexe opposé : mésentente affective, infidélité conjugale.
* Etre assis au bord du lit : incertitude affective, vous craignez une décision qui vous engagerait.
* La tête de son lit : de mauvais propos, des médisances à votre sujet.

LITIERE

* Fraîche, propre, épaisse : d'heureuses perspectives. Un changement favorable à vos intérêts. Promesse d'argent. Rentrée financière. Votre situation progressera à votre convenance.
* Sale, croupie, malodorante : insuccès de vos entreprises, malchance, désarroi.

LITIGES

- Les rapports avec autrui se verront compliqués par des négligences ou des malveillances.
* Favorables, si vous en êtes responsable.
* Défavorables, si vous en supportez la contrainte.

LIVRES

* Voir un livre, le lire : chance et succès, des initiatives heureuses. Vos idées se concrétiseront par des projets solides et ambitieux. Bonheur.
* Faire l'acquisition d'un ouvrage : de nouvelles possibilités de situation ou financières.
* Déchirer, jeter, brûler un livre : de mauvaises nouvelles, désespoir, affliction, malchance.
* Des livres d'école : nouvelles orientations de carrière ou de responsabilité.
* Des livres techniques ou scientifiques : des connaissances indispensables à l'exécution de votre métier.
* Des livres littéraires : élargissement de vos connaissances.
* Des romans ou livres d'aventures : satisfaction , contentement de soi, plénitude.
* Des livres religieux : isolement, retour sur soi, pureté de sentiments et de conscience, respect de la vie, tendres pensées pour des personnes disparues.
* De comptes, de commerces : des contraintes d'argent, des contestations, des incertitudes financières.

LIVREE DE DOMESTIQUE

* la porter : votre dépendance à l'égard de certaines personnes de votre entourage vous conduira à quelques inconvénients d'ordre relationnel.

LIVRET

* De famille : des modifications importantes dans la structure familiale par mariage ou décès.
* Militaire : ne peut avoir de rapport qu'avec votre situation en regard des autorités concernées.
* De caisse d'épargne : des précautions utiles en matière de gestion financière.

LOCOMOTIVE A VAPEUR

* La voir : votre manière de vivre subira quelques changements.
* Heureux, si la vapeur vous apparaît blanche et légère.
* Désavantageux, si la fumée est noire et grasse.
* Qui s'éloigne : une période de votre vie prend fin. D'autres possibilités vont intervenir.
* Qui arrive vers vous : des circonstances différentes et nouvelles vont vous surprendre.
* A l'arrêt, prête au départ : nouvelles impromptues et subites.
* A l'arrêt, sans surveillance : retard, contretemps, embûches, des entraves diverses.

* Qui roule à vitesse normale : pleine réussite de vos projets, vos aspirations seront satisfaites.
* En panne, hors d'usage : infortune, malchance.
* En construction ou en réfection : des projets différents de ceux que vous aviez formulés dans un passé récent, de nouvelles perspectives d'avenir, des promesses de réussite.
* Se voir mécanicien : vous parviendrez à résoudre vos difficultés au mieux des circonstances et de par votre propre volonté.

LOGE
* De théâtre : vous serez reconnu et estimé tout en faisant l'objet de ragots envieux et déplacés.
* De concierge : vos faits et gestes seront épiés et pourront prêter à des médisances et des calomnies.

LOGER
* A titre provisoire dans un endroit inconnu : des problèmes épineux seront à résoudre dans le contexte familial, des contrariétés en perspective.
* A titre définitif dans un lieu agréable et plaisant : vos soucis prendront fin, une période heureuse va s'annoncer ; modifications heureuses de votre vie.

LOI (voir LEGISLATION)

LOINTAIN
* Apercevoir au loin : l'importance d'un changement de vie sera en rapport avec la portée de la vision et les éléments constitutifs du paysage.

LOIR
- Une certaine indolence qui pourra vous être préjudiciable.

LONGUE VUE
* En faire usage : l'évaluation de vos projets familiaux ou professionnels à long terme vous assure de résultats conformes à vos aspirations.
* Utilisée par une autre personne : des difficultés surgiront à une période éloignée dont la responsabilité incombera à vos adversaires.

LOQUET
* Se lever : surprise agréable et inattendue, des joies simples et heureuses.

LORD ANGLAIS
* Le rencontrer : vos projets se concrétiseront par des résultats en rapport avec votre attente et vos espérances. La ténacité de vos efforts et la maîtrise de vos sentiments détermineront une position sociale enviable et méritée.

LOTERIE
* Y participer : votre vie affective supportera quelques désagréments. Vos activités professionnelles seront décevantes, désillusion, malchance, insuccès.

LOTO (voir la définition JOUER)

LOTUS
- De nombreux soucis vous feront rechercher des solutions aptes à l'oubli et à l'éloignement.

LOUANGES
* Que vous faites : vous recevrez des gages d'amitiés de personnes qui apprécient votre loyauté et votre sincérité.
* Qui vous sont destinées : fausseté des sentiments, hypocrisie, des gens se prétendent être vos amis pour mieux vous utiliser.

LOUCHE
* L'instrument : votre comportement sera équitable à l'égard d'autrui. Sens de la mesure. Esprit d'économie.
* Un personnage : votre intuition vous conseillera d'apporter toutes réflexions utiles dans vos rapports d'affaires.

LOUER
* Un appartement, une maison : des changements de vos conditions de vie. Des perspectives différentes heureuses ou désagréables selon l'apparence des lieux et le confort que vous estimerez.

LOUP
- Des adversaires malveillants, sournois et fourbes sont de votre entourage. La moindre imprudence vous causerait des dommages irréparables. Incertitude, craintes, angoisses.
* Le chasser, le vaincre, le tuer : vous prendrez prédominance sur vos ennemis. Succès par votre courage et votre volonté.

LOUPE
- Appréciez à sa juste valeur chacun des détails qui seront de vos projets futurs. Il apparaîtra nécessaire d'assortir vos décisions de quelques sages conseils.
* La briser : vous serez abusé, de prochains ennuis.

LOUTRE
- Des relations proches vous seront de mauvais conseils dans l'espoir de mettre à leur profit quelques avantages de votre possession.

LOYER
* Se voir régler un loyer : assainissement de votre situation financière. Vos soucis s'estomperont progressivement et vous retrouverez l'équilibre moral et financier.

LUCARNE
* Se trouver dans une pièce éclairée d'une lucarne : solitude morale, détresse, insuccès, infortune, des projets retardés ou remis en cause, maladie.

LUCIOLES
- Des instants éphémères de bonheur. Illusions perdues, des souvenirs heureux.

LUMIERE
* Forte, intense, régulière : amélioration de vos conditions de vie. Réussite de vos activités, avenir prometteur, joies familiales, bonheur affectif.
* De faible intensité : incertitude, inquiétudes, désarroi, déboires affectifs, contraintes financières, des ennuis sérieux de santé.
* Qui s'éteint : infortune, insuccès, malchance, malheur.

LUNE
- Annonce d'un changement important en relation avec l'existence du rêveur.
* Pleine lune : clarté lumineuse brillante : succès dans vos entreprises. Gains financiers. Joies affectives. Promesse d'une union heureuse. Des amitiés sincères et dévouées.
* Pleine lune. Halo lumineux : des instants malchanceux, des incertitudes en affaires, des soucis affectifs, des relations professionnelles douteuses.
* Croissante, clarté lumineuse : des projets verront une conclusion favorable à vos intérêts. Fidélité affective.
* Croissante avec un halo : vous devrez vous heurter à de sérieux

obstacles afin d'atteindre vos objectifs, des rivalités vous seront particulièrement nuisibles.
* Décroissante, clarté lumineuse : déception dans vos activités, des projets ne pourront aboutir malgré vos efforts, insuccès, malchance.
* Décroissante avec un halo : vos démarches resteront infructueuses, désillusions, des contraintes financières, dettes d'argent, de fausses amitiés, infidélité conjugale.
* Assister à une éclipse de lune : déboires sentimentaux, chagrins, peines de cœur, séparation.
* La voir disparaître derrière des nuages : des instants douloureux vous seront imposés, souffrances et incertitudes.
* Qui s'éloigne pour revenir, qui disparaît, qui devient noire, qui tombe : péril, détresse, de graves événements vous seront infligés : perte de situation, rupture affective, maladie familiale, décès d'une personne aimée, difficultés financières, perte d'argent.
* Lune rousse, tachée de sang : menace d'un grave danger.
* Lune sombre ou voilée : des instants d'incertitude et de malchance.
* Qui se reflète à la surface d'une étendue d'eau, calme et uniforme : des activités professionnelles fructueuses. Espérances de gains financiers.
* Dont les reflets sont contrariés à la surface d'une étendue d'eau, agitée par le vent : dommages corporels, accident, ennuis de santé.
* Se trouver sur la lune : chagrins, solitude morale, détresse.

LUNETTES
* Les porter : vos pensées, vos idées, vos décisions seront réfléchies. Vos actes conformes à la stricte orientation que vous avez déterminée.
* Les perdre ou les casser : des erreurs de jugement seront néfastes à la gestion de vos affaires.
* Portées par une autre personne : vos adversaires évaluent vos activités et sont en mesure d'entamer des actions qui peuvent compromettre vos efforts.

LUSTRE
* Eclairé : des circonstances heureuses et bénéfiques que vous souhaitiez, vous ne recevrez que désagréments et déboires. Déceptions et désillusions, insuccès dans vos démarches, malchance.

LUTH
- Joie intime, plaisir de la solitude et de la méditation, tendance mélancolique.

LUTIN
- Chance affective, réussite sentimentale, rencontre nouvelle ou réconciliation. Partage des sentiments, tendresse et compréhension, joie et bonheur.

LUTTE
- Présage de difficultés intenses et de contrariétés, oppositions, disputes, querelles familiales, professionnelles, des complications dans vos relations avec autrui.
* Avoir l'avantage de cette lutte . vous triompherez de vos adversaires, des séquelles subsisteront qui pénaliseront vos rapports ultérieurs.
* Perdre la lutte : vous serez bafoué, humilié. Solitude, détresse.

LUXE-LUXURE
- Cette opulence dont vous faites profit vous attirera des jalousies et beaucoup de relations inutiles et coûteuses. Vos ressources financiè res s'amenuiseront, des contraintes

diverses vous seront imposées. Disputes familiales, malchance affective, dettes d'argent, détresse.

LUZERNE
- Plaisirs champêtres dans une ambiance familiale heureuse et détendue.

LYCEE (se reporter à la définition ECOLE)

LYNCHAGE
- Des propos violents, des attitudes hostiles, des actes irréfléchis et répréhensibles vous seront infligés par des personnes de votre entourage, jalouses de vos intérêts. Solitude morale. Des problèmes de santé.

LYNX
- Vous devrez affronter des adversaires rusés et avides.

LYRE
- Tendresse, passion. Un amour heureux et sans histoire.

LYS

Pureté des sentiments que l'on vous porte. Sincérité des relations affectives et amicales. Loyauté et désintéressement. Sachez ménager et entretenir ce climat. Une trop grande rudesse vous serait fatale.

M

tristesse et nostalgie.

MACHER
- Oppositions avec des familiers, discussions, litiges, querelles d'intérêt.

MACHEFER
- Des contraintes financières, des promesses de gains non satisfaites. Duperie, trahison de personnes de votre connaissance.

MACHINE
* En parfait état de marche : les diverses circonstances de votre vie familiale ou professionnelle vous procurent satisfactions et contentement. Plénitude.
* A l'arrêt : des ennuis divers, des embûches, des erreurs. Vos démarches restent infructueuses.
* En panne : insuccès, infortune, malchance.

MACHINE A COUDRE
- Vous trouverez la solution à une affaire délicate. Une nouvelle orientation de vos projets.Promesse de succès.

MACHINE A ECRIRE
- Des nouvelles importantes. Votre situation pourrait être améliorée dans des conditions avantageuses. Réconciliation affective ou familiale, déplacement ou voyage possible.

MACHINE A LAVER
* Le linge : entente conjugale et familiale.
* La vaisselle : harmonie affective et amicale.

MACHINES-OUTILS
- Vos activités seront au mieux de vos espérances, amélioration de vos conditions, des projets financiers.

MACHOIRE
* Solide, de bel aspect : des perspectives favorables à la progression de vos affaires, des bénéfices financiers, des appuis de confiance dans vos relations.
* Blessée, déformée : des complications familiales, vos entreprises péricliteront. Soucis d'argent.

MACON
- Votre courage et votre détermination vous assureront de parvenir à la réalisation de vos projets. Succès prochain, bonheur intime et familial.

MADONE
* La prier : réconfort du cœur, paix de l'âme et de l'esprit.

MAGASIN
* Voir un magasin agréable, aux vitrines alléchantes : de prochaines occasions de modifier votre existence vont se présenter. Des nouvelles heureuses, des rencontres intéressantes. Promesse de réussite.
* Pénétrer dans ce magasin : des changements importants, des souhaits se verront réalisés, vos idées se concrétiseront. Succès, bonheur intime.
* Acheter ou louer un magasin : modification de vos activités professionnelles. Promotion ou changement de situation.
* Le posséder : confort financier, aisance au foyer, sécurité familiale.

* Vide de toutes marchandises : déception, peines et chagrins, des obstacles nombreux, soucis d'argent, solitude, maladie.
* Sortir d'un magasin : des erreurs d'appréciation sur la conduite à tenir et les décisions à prendre. Une orientation différente vous sera préférable.
* Un magasin fermé : insuccès, malchance.
* Un magasin en feu, rempli de fumée : disputes, querelles violentes, des personnes de votre connaissance vous porteront préjudices, litiges, procès.

MAGICIEN
- Evolution favorable de vos affaires, des précautions seront à prendre afin d'éviter des tromperies, abus de confiance. Certaines promesses risquent de vous décevoir.

MAGISTRAT (se reportcr à JUGE)

MAGOT
* Le posséder : cupidité et avidité terniront les relations favorables à vos intérêts. Une prochaine solitude est à redouter.

MAIGRE-MAIGRIR
* Se voir maigrir : de sérieux ennuis vous guettent. La malchance perturbera vos affaires, des chagrins, des querelles, jalousie et envie de votre entourage, des complications de santé, maladie.
* Voir une autre personne maigrir : la réussite sera de votre côté, au détriment de personnes de votre connaissance.

MAILLES (de filet)
* Que l'on voit : des intentions malveillantes, un complot, des pièges, des intrigues vous sont destinés. Prenez garde de ne pas vous emprisonner.

MAILLOT DE BAIN
- Des plaisirs familiaux, déplacement ou voyage de courte durée.

MAINS
* Des mains jolies et raffinées : tendresse du cœur, réussite affective, joie et bonheur.
* Des mains fortes, puissantes : réussite financière. Vos activités seront fructueuses et bénéfiques.
* Des mains blanches, propres, soignées : constance des sentiments, sincérité, loyauté.
* De petites mains, grêles et difformes : infidélité, fausseté, impuissance.
* Des mains dures et calleuses : réussite par le labeur et l'opiniâtreté.
* Sales, négligées : moralité douteuse, paresse insatisfaction.
* Avec des poils : malchance, malheur.
* Sans doigts : pertes financières, maladie.
* Douloureuses, blessées, ensanglantées : peines et chagrins, séparation, rupture.
* Se brûler par mégarde les mains : disputes familiales, jalousie.
* Amputées : malheur, maladie, perte d'une personne aimée.
- Perdre la main gauche : décès de la mère, de la femme, d'une sœur, d'une fille de vos enfants, d'une amie très proche.
- Perdre la main droite : décès du père, du mari, d'un frère, d'un fils de vos enfants, d'un ami proche.
* Se laver les mains : de mauvaises circonstances vous obligeront à déterminer des solutions contre les accusations et les calomnies dont vous êtes l'objet.
* Baiser la main : affectation et hypocrisie.
* Vos mains sont liées : difficultés et tracas.

* Regarder ses mains : incertitude de l'avenir, craintes et angoisses.

MAIRE

- Des recommandations ou des appuis vous seront prodigués afin de régler des affaires délicates, des personnes influentes pourront intervenir en votre faveur.

MAIRIE

- Certains problèmes particuliers exigeront une solution immédiate. Il ne s'agira pas nécessairement de désagréments, mais de contraintes administratives liées à l'évolution d'une affaire importante.
- Une fonction que vous y occuperiez déterminerait une progression de carrière dans vos activités professionnelles avec des conditions avantageuses et honorifiques.

MAIS (voir CEREALES)

MAISON

* Construire sa propre maison : de nouvelles perspectives d'avenir. Evolution de votre situation ou changement favorable de fonction. Réussite, succès.
* Neuve, solide, de belle apparence, chaude et claire, que vous possédez : stabilité professionnelle, sécurité financière, aisance au foyer, joie et bonheur, sérénité, plénitude, vie paisible et heureuse.
* La voir grande, haute et large : réussite financière, gains d'argent. Ressources importantes. Abondance et richesse. Chance et succès.
* Y réaliser des travaux de réfection : nouvelle orientation de vos conditions de vie. Changement de situation, perspective prometteuse, réussite.
* La voir penchée et enflée : apportez toutes les précautions nécessaires aux événements dans lesquels vos affaires seront concernées. Médisances, calomnies, mauvais propos, fausseté, fourberie, hypocrisie, trahison.
* Voir sa maison en mauvais état, délabrée, humide, sombre : activités professionnelles défaillantes, dégradation de votre situation. Insuffisance de vos ressources financières, dettes d'argent, querelles familiales, mésentente affective, santé déficiente, maladie.
* Se voir quitter sa maison : incapacité à résoudre les difficultés. Impuissance. Lassitude.
* La voir tomber en ruines, s'effondrer : maladie grave d'une personne aimée, décès, douleur cruelle.
* La voir démolir : perte de vos acquis et de vos biens, dettes financières, malchance, maladie.
* La voir brûler : misère, détresse, malheur.
* Une maison inconnue, vide, sombre, humide : disputes familiales, oppositions, querelles d'intérêt, mésentente affective, soucis, chagrins, tristesse.
* Voir un inconnu pénétrer dans sa maison : duperies, hypocrisie, trahison.
* Voir une femme jeune et jolie, inconnue dans sa maison : bonheur affectif, harmonie conjugale. Le cœur sera comblé.
* Voir plusieurs femmes inconnues vieilles et laides : bavardages, médisances, calomnies, trahison.

MAISON CLOSE

- Des promesses de gains financiers par des procédés douteux et illicites. Vos activités resteront lucratives sous la dépendance de personnes avides et sans scrupule.

MAISON DE CORRECTION

- Entraves familiales ou professionnelles, discussions, litiges, des contraintes avec la justice. Risque de procès.

MAISON DE RETRAITE (vous reporter à RETRAITE)

MAITRE

* D'armes : disputes et querelles avec des personnes de votre entourage. Propos malveillants, heurts, fâcheries.

* De chai : amélioration de votre situation financière, accroissement de vos acquis et de vos biens.

* De danses : réussite affective, joie et bonheur. Promesse d'une union heureuse et durable.

* D'école : de sages conseils vous assureront d'une progression dans de nouvelles activités. Réorientation professionnelle. Changement de fonction pour laquelle un complément de formation sera nécessaire.

* D'internat : solitude morale, période de réflexion sur votre passé et votre devenir. Inquiétudes, angoisses.

* De musique : sérénité de l'âme et de l'esprit, joie d'un bonheur retrouvé, compréhension affective, entente familiale.

MAITRESSE DE MAISON

* La voir aimable et souriante : joie et bonheur au foyer, ordre, propreté, bonne gestion des affaires familiales. Aisance et confort. Harmonie conjugale.

MALADE-MALADIE

* Se voir malade : chagrins, déboires, des contrariétés familiales, des ennuis dans vos activités. Retards, embûches, des relations vous poseront quelques problèmes, obstacles financiers, dettes, incertitude, inquiétudes.

- La gravité de votre maladie situera l'importance de vos difficultés. Votre guérison marquera la fin de vos soucis.

* Resté sans secours et sans soin : lassitude, détresse morale, solitude affective et amicale. Vous serez abandonné face à l'adversité.

MALFAITEUR (voir la rubrique VOLEUR)

MALHEUREUX (voir MISEREUX)

MALHONNETETE

- Si tel est votre comportement, attendez-vous à des attitudes hostiles et répréhensibles de la part des personnes de votre entourage.

MALLE

* Pleine qui vous accompagne lors d'un voyage : présage favorable de réussite dans vos espérances.

* Pleine, sans usage ou destination : inquiétudes, angoisses, des circonstances contraires pour lesquelles vous n'avez aucune maîtrise.

* Que vous égarez, que l'on vous dérobe : précarité de votre situation, activités professionnelles peu fructueuses. Rapport conflictuel avec autrui.

* Vide : insuccès de vos entreprises, contrariétés financières, soucis d'argent, désillusion.

MALPROPRETE (voir SALETE)

MALTRAITER

* Se voir en cette situation : des propos ou des actions malveillantes de proches parents ou de relations intimes, jalousie, envie, désaccords, disputes.

MAMELLES

* Gonflées de lait : période heureuse de satisfactions dans la réalisation de vos souhaits, amélioration

de votre situation, aisance financière, sécurité au foyer, bonheur familial.

MAMMOUTH
- Puissance et solidité d'une situation enviable et recherchée dont vous pourriez faire profit. Le choix de vos décisions, l'opportunité de vos actions, l'appui d'amitiés réelles et dévouées seront déterminants dans la conclusion de vos démarches.

MANCHES
* Amples, élégantes, propres : activités fructueuses, gains d'argent, prospérité, bonheur, joies affectives.
* Etroites, sales, tachées : difficultés professionnelles, soucis financiers, hypocrisie, tromperie, mésentente affective et familiale.

MANCHOT
- De tristes circonstances vous accablent. Votre situation traversera une crise difficile qui se concluera à votre désavantage : vos conditions de vie devront s'adapter à des changements importants. Vos activités professionnelles seront compromises sinon rompues, pertes d'acquis ou de biens. Perte de procès, en cas de litige grave. Séparation affective, rupture, maladie d'un proche parent, décès d'une personne aimée.

MANDARINE
* Saine, mûre, de belle apparence : joie sentimentale, réussite affective, de tendres projets, perspective de bonheur, promesse d'union.

MANDAT POSTAL
- Des dépenses imprévues et désagréables. Soucis d'argent. Contrariétés

MANDOLINE
- Nostalgie affective. Des peines de cœur, des regrets.

MANEGES
- Des activités plaisantes, sans grand rapport lucratif mais suffisantes. Sérénité du cœur et de l'esprit. Cette conduite de vie restera superficielle en rapport des difficultés réelles que vous persistez à fuir.

MANGEOIRE
* Remplie : assurance de réussite dans la continuité de vos affaires. Stabilité de vos ressources financières.
* Vide, délabrée : des ennuis et tracas divers mettront en péril vos acquis et la pérennité de vos activités.

MANGER
* De bon appétit : des réalisations fructueuses dans vos activités professionnelles. Chance, succès.
* Des plats cuisinés avec recherche : aisance d'argent, fortune, prospérité, honneurs et distinctions.
* Avec peu d'appétit, des mets de mauvaise préparation : insuccès de vos entreprises. Inquiétude d'argent, des contraintes familiales, déception affective. Tristesse, maladie.
* Avec ses doigts : vos agissements seront critiqués, moqueries, médisances.

MANNEQUIN
* La personne : Une manière de vivre dans des sphères différentes de celles habituellement rencontrées. Des facettes de plaisirs et de joies éphémères. Des relations de courte durée. Une réussite occasionnelle pour une remise en cause permanente.

* Le présentoir à vêtements : inconsistance de votre position sociale. Vos fréquentations resteront à l'écart de vos préoccupations. Incompréhension et solitude morale. Des perspectives peu encourageantes.

MANOIR
- De belle construction, à l'aspect soigné : vos souhaits se concrétiseront de manière inespérée. Fortune, respectabilité, situation excellente.

MANSARDE
* Y résider : pauvreté et tristesse. Insuffisance d'argent, dettes financières. Votre situation reste pénible. Eloignement de ceux qui se devaient de vous aider. Solitude.

MANTE RELIGIEUSE
- Des rapports avec autrui que vous souhaitiez sincères et désintéressés dévoileront des sentiments cupides. Des actions sournoises rendront vos affaires précaires.

MANTEAU
* De bonne coupe, ajusté à vos mesures, de tissus et de couleur agréables : chance et protection.
* Le porter : réussite dans vos entreprises. Vos démarches seront conclues par des accords favorables à vos intérêts. Soutien de vos proches, aide affective.
* Porter par une autre personne : auquel cas de sérieux appuis vous seront offerts par l'un de vos intimes ou familiers. L'efficacité de vos efforts sera d'autant meilleure que vous serez accompagné dans vos entreprises.
* Le perdre, ou le voir troué, déchiré : perte d'amitié, solitude, malchance.

MANUCURE
- Fausseté des sentiments, hypocrisie, duperie. Vous serez abusé et trompé dans vos relations avec autrui. Des erreurs d'appréciation sur le comportement de relations étrangères à vos fréquentations seront lourdes de conséquences.

MAQUEREAU
- Vous serez utilisé et exploité sans que vous puissiez vous en rendre compte. Vous en serez moqué et ridiculisé.

MAQUIGNON
- Des affaires seront difficiles à traiter. Les résultats obtenus vous paraîtront satisfaisants sans que pour autant certaines de vos exigences aient été réalisées.

MAQUILLAGE
* D'une personne : vous aurez à fréquenter diverses relations hypocrites, fausses, fourbes, qui parviendront à vous tromper et à vous trahir.

MAQUIS
- Des instants de solitude et d'angoisse. Certaines difficultés ne pourront trouver de solution à votre avantage. Stagnation de vos ressources financières.

MARAIS
- De prochaines contrariétés auxquelles vous devrez faire face avec précautions. Des contraintes vous seront imposées dans vos activités. La sagesse de vos décisions devrait vous écarter du danger qui menace votre situation professionnelle et familiale.
* Se voir y patauger, s'y embourber, être pris au piège : insuccès, malchance, misère et pauvreté. Votre situation sera gravement perturbée. Des sacrifices financiers, des

pertes d'argent, dépenses importantes, dettes, maladie.

MARATRE
- Discordes affectives ou familiales.

MARBRE
- Des souhaits, des projets, des obligations seront particulièrement difficiles à satisfaire. Votre énergie, votre volonté, vos efforts devront être soutenus avant que vous puissiez parvenir aux résultats prévus. Vous ne devrez compter que sur vous-même. Vos amis ou relations seront indifférents à vos préoccupations.

MARC
* D'alcool : réconfort et soutien amicaux.
* De café : déception et amertume.

MARCHAND
(voir MAQUIGNON)

MARCHE
- Lieu représentatif d'une des scènes de votre existence, où les divers événements qui la composent se trouvent réunis.
- De ce fait vouloir imposer au lecteur une interprétation d'après quelques faits généraux supposerait refouler une quantité appréciable de paramètres utiles à la connaissance de la prémonition. Ainsi il sera important de reprendre les points suivants :
- L'activité du marché, l'animation, la foule, les produits vendus, les marchandises achetées, le bruit, les cris des marchands, l'ambiance, l'éclairage, les odeurs, les raisons de votre présence à ce marché, les personnes rencontrées, les discussions effectuées, etc...
* Un marché animé, vivant, actif serait de bon augure pour vos activités et vos espérances. Dans la mesure ou d'autres critères relevés restent positifs : foule accueillante, luminosité, etc...
* Dans le cas contraire : des difficultés sont à craindre pour la gestion de vos affaires et la réalisation de vos projets.

MARCHE A PIEDS-MARCHER
- Présage des changements dont l'importance et la signification seront en regard des conditions de cette marche, ainsi :
* Marcher à vive allure, d'un pas ferme et décidé : vous parviendrez à réaliser vos objectifs sans entrave particulière. Des facilités vous seront proposées dans l'exécution de votre tâche. Chance et succès.
* Marcher d'un pas normal ; sans excès : aucune contrainte particulière, des circonstances favorables.
* D'un pas lent et hésitant : des incertitudes, des contrariétés sans gravité mais dont la réflexion vous serait utile afin d'éviter des pièges possibles.
* A reculons : crainte, angoisse. Vos activités vous posent quelques soucis dont la résolution vous paraît impossible dans la situation du moment. Des soucis d'argent et de santé sont à prévoir.
* Marcher en boitant, avec une canne ou des béquilles : insuccès, échec, des pertes d'acquis, de biens, des contraintes financières, dépenses d'argent, dettes, maladie, détresse.
* Ne pouvoir marcher : vos adversaires auront gain de cause sur le fruit de vos activités.
* Entendre marcher : des nouvelles graves dans un proche avenir.

MARE-MARECAGE (se reporter à la rubrique MARAIS)

MARECHAL-FERRANT (se reporter à FORGERON)

MAREE

- La variation des périodes de chances et de revers d'une vie humaine peut être assimilée aux divers mouvements du flux et du reflux. Ainsi à :

* Marée descendante : accalmie de vos soucis, apaisement, détente de l'esprit.

* Marée montante : période de tension, d'obligations, de responsabilité.

MARGARINE

- Des aléas de situation, des préoccupations financières, des contraintes avec des personnes proches de vos sentiments nécessiteront quelques adaptations sans gravité.

MARGUERITE

- Passion et simplicité, dans la tendresse et la compréhension.

MARI

* Rêver d'un mari sans être mariée : vous rencontrerez prochainement une personne qui deviendra votre compagnon pour très longtemps.

* Rêver de son mari : des instants heureux de bonheur et de compréhension affective.

* Rêver à certains événements fâcheux susceptibles de provoquer une rupture pourrait être de circonstances si vous n'y prenez garde.

MARIAGE

* Assister à un mariage.

- Pour un célibataire : promesse d'un bonheur prochain.

- Pour une personne mariée : de multiples soucis d'ordre familiaux ou financiers

* Assister à son propre mariage.

- Si vous êtes célibataire : des modifications avantageuses de vos conditions de vie.

- Si vous êtes marié : mésentente conjugale, séparation, rupture.

* Pour des personnes mariées.

- Voir son conjoint se remarier : présage des difficultés sentimentales pouvant se conclure par une séparation définitive.

MARIN-MATELOT

- Des événements perturbateurs vont apporter quelques changements inattendus dans votre vie. Vos décisions devront être réfléchies et ne pas céder aux pressions extérieures.

MARIONNETTES

- Inconstances de vos sentiments. Instabilité de vos décisions. Des personnes peu scrupuleuses guettent les moindres faux pas pour les mettre à leur profit.

MARJOLAINE

- Déception amère. Nostalgie.

MARMITE

* Remplie, sur le feu : vie au foyer heureuse et aisée. Sérénité. Plénitude.

* Vide, abandonnée : déception. Désaccords affectifs. Soucis financiers. Des ennuis de santé.

* Brisée : conflits familiaux. Désarroi. Malchance.

MARMOTTE

- Votre discrétion dans votre conception de la vie vous fait sous estimer par autrui.

MARQUIS,MARQUISE
- Des rencontres agréables, des promesses d'une évolution favorable de vos projets, des perspectives heureuses de vos conditions de vie.

MARRAINE
- Réconfort affectif. Soutien et appui dans des instants difficiles et angoissants.

MARRON
* Le fruit du marronnier cru : discordes familiales, mésentente affective, disputes.
* Des marrons grillés : chance inespérée, succès.

MARRON D'INDE
- De petits gains financiers. Détente familiale.

MARTEAU
* Le voir : une occasion d'apporter quelques changements dans vos activités.
* En faire usage : vous parviendrez au succès par votre opiniâtreté au labeur.
* En être frappé : vous serez sous la contrainte et la domination des personnes autoritaires et cyniques.

MARTRE
- Des risques de pertes d'argent par abus de votre confiance. Des personnes de votre entourage vous sont particulièrement hostiles. Jalousie. Méchanceté.

MARTYRE
* Le voir : des pensées malveillantes, des actes irréfléchis ou incontrôlés seront préjudiciables à vos intérêts.
* Etre martyre : la conséquence de vos agissements vous sera néfaste si vous ne pouvez vous maîtriser.

MASQUES
- Sous des apparences bienveillantes, doucereuses, certaines personnes de votre entourage pratiquent la fourberie, l'hypocrisie. De vieilles rancunes renaîtront pour activer des intrigues. Vous serez trahi.

MASSACRE
- Un climat d'agressivité et de haine destabilisera l'environnement affectif et familial. Des peines et des chagrins. Des conséquences pénibles et douloureuses. Risque de maladie grave.

MASSAGE
- Message de précaution susceptible de vous prévenir d'une défaillance de votre santé qui vous poserait quelques problèmes.

MASSIF DE FLEURS (voir PARTERRE DE FLEURS)

MASSUE
* En faire usage : des contraintes extérieures vous obligeront à utiliser des moyens disproportionnés aux arguments adverses. L'efficacité en sera appréciée dès l'instant où vous mettrez à raison vos ennemis.

MASTIQUER
- Une période d'incertitude et d'interrogation face à des attitudes adverses peu ouvertes à vos projets.

MASTURBATION
- De gros problèmes vous préoccupent. Déceptions cruelles. Amertume. Solitude morale. Détresse.

MASURE
- Pauvreté et misère feront de vos prochaines perspectives des instants de douleur et de chagrins.

MAT DE COCAGNE
* Parvenir à son sommet et décrocher des objets. Réussite dans vos activités. Evolution de votre carrière. Estime de votre entourage.
* Ne pouvoir grimper : malchance. Infortune. Des moqueries.

MAT DE VOILIER
* Haut et entoilé : des nouvelles heureuses. Chance et bonheur. De nombreux projets. Des espérances.

MATELAS
* De bonne qualité, propre, agréable : aisance au foyer, confort familial.
* Déchiré, sale, malodorant : contrariétés diverses. Lassitude. Désespoir.

MATHEMATIQUES
* Les étudier : rencontres prochaines de personnes d'un certain savoir. Possibilité d'une collaboration de quelque durée dans le cadre de vos activités. Un perfectionnement de vos connaissances pourrait être envisagé.

MATIN
- Début d'une autre période de vie. Heureuse si la clarté est agréable et l'atmosphère apaisante.

MATRAQUE
- Des relations particulièrement difficiles et heurtées avec certaines personnes de vos relations. Une situation conflictuelle pourrait s'ensuivre et provoquer des ruptures définitives.

MAUDIT
* Maudire une personne : l'inconstance de votre humeur vous écarte de toutes possibilités d'une entente avec votre entourage.
* Etre maudit : votre comportement à l'égard d'autrui ne vous laisse que rancune et colère.

MAUSOLEE
- Nostalgie de souvenirs perdus à jamais, de personnes chères à notre cœur dont la disparition reste cruelle.

MAYONNAISE
Réussie, de qualité : des joies familiales sans importance mais suffisantes pour apporter le bonheur au foyer.
* Dans le cas contraire : atmosphère déplaisante, aigreur des rapports affectifs, disputes.

MECANICIEN
Des promesses d'une évolution positive de vos conditions financières par un changement avantageux de votre position sociale.

MECANISME
* En bon état de fonctionnement : de bon augure pour la réussite et la continuité de vos affaires. Chance et succès.
* Démonté, en panne : insuccès et malchance.

MEDAILLE
* Honorifique : vous êtes estimé et apprécié dans votre milieu social.
* Religieuse : paix de l'âme. Sérénité du cœur et de l'esprit.

MEDAILLON
- Une personne aimée vous manifeste son attachement et son dévouement. De grands instants de tendresse et d'amour.
* Le perdre : présage fâcheux.

MEDECIN
* Le voir, lui parler : vos ennuis restent insolubles. Des personnes

extérieures à vos activités vous seront précieuses afin de vous aider dans vos réflexions et vos décisions. Libre à vous d'en assurer les initiatives. Période de lassitude morale et physique.
* Etre médecin : vous serez soulagé des contrariétés diverses qui vous assaillaient. La manière que vous avez utilisée retiendra l'estime de vos proches.

MEDICAMENTS
* Faire usage de médicaments : des solutions inespérées et attendues à vos problèmes. L'efficacité en sera d'autant meilleure si l'absorption vous paraît agréable et qu'aucun effort ne vous soit exigé.

MEDISANCE
- Vous prédit quelques circonstances désagréables à l'initiative d'autrui qui perturberont vos activités en laissant quelques séquelles nuisibles pour la continuité de vos actions.

MEDITATION
- Période d'incertitude et d'interrogation. Des sujets vous préoccupent et la manière de les aborder pose quelques problèmes.

MEDUSE
- Déconvenues, désillusions, des personnes peu recommandables risquent d'apporter quelque gêne dans vos activités.
* En subir la piqûre : vous serez trompé, perfidie et trahison.

MEGERE
- Rapports affectifs ou familiaux difficiles et peu enviables. Vous serez sous la dominance d'une personne exclusive qui imposera sa manière d'apprécier les événements et qui ne supportera aucune contestation.

MELANCOLIE
- Tristesse et regrets d'une période de bonheur et de joies d'un passé proche.

MELON
- Vous ne restez pas suffisamment prudent dans vos rapports avec autrui. Votre ignorance de certains faits, votre crédulité, votre inexpérience, vous procureront désagréments et chagrins.

MENACES
* En recevoir : annonce d'un danger proche. L'on vous cherchera querelles. Des rancunes tenaces, des jalousies, des attitudes hostiles déclancheront dans peu de temps des actions délicates et pénibles pour vos affaires.

MENAGE
* Le faire : désir de laisser à l'écart les contrariétés diverses, les nombreux soucis qui peuvent vous assaillir. Une réflexion judicieuse sur vos activités vous assurera la clarification de vos problèmes et une meilleure compréhension pour le proche avenir.
* Fait par une autre personne : vous recevrez aide et conseils pour la résolution de certaines de vos préoccupations.

MENAGERE
- Des aspects bénéfiques à votre foyer. Joie simple et bonheur partagé. Chance affective.

MENAGERIE
- Ce rêve vous indiquera les divers niveaux de dangers qui peuvent vous menacer, même si à l'heure

présente vos adversaires sont démunis de moyens d'action. Chacun des animaux peut vous signifier un danger particulier utile à votre connaissance.

MENDIANT
- De prochaines épreuves vont bouleverser vos conditions de vie et laisser quelques dommages à vos ressources financières. Des litiges d'intérêts se concluront de manière défavorable. Perte d'avantages, de biens, de procès.

MENOTTES
* Les porter : vous aurez le désavantage d'une situation dans laquelle toutes les précautions d'usage n'ont pas été respectées. Vos adversaires se réserveront le choix des procédés susceptibles de répondre à leur recherche.
* Les voir porter par une personne : de mauvaises nouvelles vous parviendront.

MENSONGE
- Perfidie, rouerie, trahison de personnes proches de vos sentiments. Déception. Chagrins.

MENTHE
- Quelques instants de détente et de satisfactions. Plaisir de l'amitié.

MENUISIER
* Le voir accomplir sa tâche : des nouvelles répondront à vos souhaits. Amélioration de vos conditions de vie par une modification de vos activités ou un changement de fonction. Joie et bonheur. Confort familial.

MENUISERIE
- Vos fréquentations seront destructrices de vos intérêts et détermineront des changements de situation particulièrement désastreux.

MER
* Une mer calme, paisible, aux vagues claires : présage favorable de vos aspirations. Chance. Succès. Sérénité du cœur et de l'esprit.
* Une mer agitée, aux flots troubles : incertitude, angoisse, des contrariétés diverses vous seront infligées. Des soucis ou chagrins affectifs. Des heurts familiaux. L'aspect financier devra faire l'objet d'attentions particulières afin de pallier à des dépenses d'argent imprévues. Des problèmes de santé.
* Tomber à la mer : insuccès, malchance. Votre situation sera des plus critiques. Des changements importants et désavantageux à prévoir.
* S'y noyer : funeste présage. Danger. Malheur.
* Nager sans difficultés dans des eaux calmes : les circonstances vous sont favorables et devraient assurer la réussite de vos projets.
* Nager dans des eaux agitées : des embûches, des tracas, des instants difficiles dans la conduite de vos affaires.
* Marcher sur la mer : période euphorique de conditions exceptionnelles pour concrétiser des ambitions.
* Voir des eaux profondes : des perspectives de situation d'autant plus confortables que la vision sera meilleure et lointaine.

MERCENAIRE
- Des succès à l'abri des scrupules et des bienséances, à l'avantage de ceux qui contestent certaines de vos conditions financières.

MERCERIE
- De petites activités sans grande motivation. Profits négligeables. Des bavardages oisifs, de peu de portée.

MERCURE
- Vos conditions vont se modifier en risquant de vous apporter un important changement de situation.

MERE
* Voir sa mère dans un rêve : présage d'événements dont les conséquences vous concerneront particulièrement, ainsi :
* La voir heureuse, souriante, détendue : présage favorable à une vie affective, familiale en conformité avec les souhaits ou les désirs de votre mère.
* La voir triste, en pleurs : vous indiquerait des difficultés particulières pour lesquelles les solutions envisagées seront contraires aux intérêts familiaux.
* La voir malade : de mauvaises nouvelles.
* Se quereller avec elle : de très fâcheux présage.

MERINGUE
- Des promesses douteuses vous conduiront à d'amères désillusions.

MERLE
- Des nouvelles colportées par la rumeur de votre environnement. Des bavardages dont certains peuvent vous apporter quelques renseignements.

MESSE
* Assister à la messe : joie du cœur. Paix de l'âme. Tendres pensées pour des personnes aimées disparues. Soucis d'un équilibre heureux dans votre milieu familial. Réconfort affectif à l'égard de vos proches.

MESURES
* Prendre des mesures : vous aurez nécessité d'examiner les caractéristiques d'une situation avant de prendre des engagements. La méfiance sera de rigueur.
* Voir une personne prendre des mesures : vous serez observé, critiqué, jugé, dans votre comportement et vos actions. Présage de quelque sanction possible à votre égard.
* Se mesurer avec une personne : climat de conflits peu souhaitable si vous devez engager des intérêts.

METAMORPHOSE
- Votre situation se verra modifiée dans des proportions importantes dont la valeur et la qualité seront en rapport avec les résultats observés. Vos perspectives vous seront agréables si cette opération est heureuse.

METEORE
* Assister à sa chute : de graves événements remettront en cause vos conditions de vie, vos rapports affectifs et familiaux, vos ressources financières. Peines, chagrins, maladie.

METIER A TISSER
- Par le courage, l'obstination et une lutte constante, vous obtiendrez une position sociale enviée. Vous recevrez l'estime de vos proches auxquels vous offrirez joie et bonheur.

METRO
* Le prendre : vous indique divers changements successifs, de peu de durée, de votre situation. Ces modifications dépendront des conditions du voyage, des nécessités de votre présence, de l'atmosphère, de la foule, de la propreté des lieux, de l'éclairage. D'une manière générale,

la circulation de ce moyen de transport en tunnel laisse présager des perspectives d'avenir incertaines, peu engageantes.

MEUBLES
* De bel aspect, entretenus et soignés : aisance financière, confort au foyer, pérénité de votre situation.
* Abîmés, cassés, sales : des ennuis financiers, disputes familiales, contrainte de santé, malchance.
* Les voir changer de pièces : changement de vos conditions de vie.
* Les voir disparus ou volés : des pertes d'argent ou de situation. Epreuves familiales, maladie.
* Les voir brûler : malchance, malheur.

MEUGLEMENT
- Un brusque changement de situation, des conditions nouvelles de vos activités peu conformes à vos aspirations.

MEULES
* De fourrage : promesse d'une situation aisée. Fortune. Richesse. Réussite.
* De moulin : bien-être familial, joie et bonheur.
* De rémouleur : décès familial ou séparation malheureuse.

MEUNIER-MEUNIERE
- Présage de circonstances heureuses, favorables à vos intérêts notamment financiers. L'activité de ces personnes, la physionomie de leur visage, la tenue, l'accueil, préciseront votre prémonition.

MEURTRE (voir CRIME)

MIAULEMENT
- Des relations de votre entourage bienveillantes et de bonne courtoisie vous surprendront par le mensonge et la perfidie.

MICRO (phone) : voir MICROSCOPE

MICROSCOPE
- Vous aurez tendance à amplifier des événements et à exagérer des pensées ou des paroles sans commune mesure avec la réalité des faits.

MIDI
- Significatif du niveau de réalisation de vos affaires ou de vos projets. Cette période de la journée vous situera l'apogée de vos espérances, de vos ambitions.

MIEL
- Chance et profit. Vos activités seront au mieux de vos intérêts. Prospérité et fortune. Aucun problème de santé. Guérison pour les personnes malades.

MIGRAINE
- Des ennuis de courte durée, préoccupants par leur répétition.

MIGRATION ANIMALE
- Un nouveau cycle de vie, d'autres perspectives, des projets renouvelés et différents, de meilleures possibilités de se réaliser. Un message d'espoir et de bonheur.

MILLET
- Paix au foyer. Des moyens modestes mais suffisants.

MILITAIRE (se reporter à SOLDAT)

MIME
- Des découvertes inattendues et pertinentes sur des situations évidentes mais discrètes.

MIMOSA
- Délicatesse des sentiments douceur affective, bonheur sincère mais fragile.

MINE-MINEUR
- Réussite par l'acharnement et le labeur. Des instants pénibles, des sacrifices, des épreuves, promesse d'aisance financière, de confort au foyer, d'entente familiale.

MINISTRE
* Le rencontrer : des espoirs d'une évolution de vos conditions de vie, d'une amélioration de votre situation, se verront échouer, malgré votre volonté d'aboutir et les moyens que vous avez du y consacrer. Déception amère.
* Se voir ministre : vous parviendrez à l'obtention de certaines ambitions, mais avec un succès éphémère.

MINUIT
- Cette partie de la nuit présage des moments difficiles de votre existence. Malchance, malheur.

MIRAGE
- Des promesses trompeuses, des envies inaccessibles, des illusions gâchées par manque de maturité.

MIROIR
- Des personnes de peu de confiance vous entourent. Perfidie. Duperies. Trahison. Des rapports affectifs ou familiaux troublés par le mensonge. Des peines. Des problèmes de santé.
* Un miroir brisé : rupture affective. Séparation familiale. Des entraves dans vos relations d'affaires. Malchance et malheur.

MISERE-MISEREUX
* Se voir en cette situation : des conditions difficiles vous seront imposées par vos adversaires. Des responsabilités moindres dans vos activités, des ressources financières diminuées, des soucis dans vos relations avec autrui. Peu d'amitiés. Solitude, détresse, maladie possible.

MISSIONNAIRE
* Le rencontrer : des nouvelles lointaines. Des soucis de personnes que certaines circonstances ont éloignées. Votre cœur sera bouleversé, des changements sont à prévoir qui pourront vous procurer quelques contraintes.

MITE
- La négligence vous fera ignorer des risques d'argent de peu d'importance mais dont la multiplicité engagera des dommages nuisibles à vos intérêts. Hypocrisie de votre entourage. Des propos sournois à votre encontre.

MITRAILLER-MITRAILLEUSE
* L'utiliser : votre hâte d'amener certains problèmes à la solution que vous avez déterminée peut vous créer un climat passionnel peu souhaitable et dangereux. Vos rapports avec autrui risquent d'être agressifs et perturbés.

MOBILISATION
* Voir des personnes être mobilisées : des événements graves et tristes vont vous affliger. Votre vie sera bouleversée par l'annonce d'une maladie longue et cruelle d'une personne chère à votre cœur. Chagrins. Malheur.

MODE
* S'y intéresser : besoin d'échapper à votre univers habituel, de modifier vos habitudes.

MODELE
* Prendre une personne pour modèle : des critères de références vous sont indispensables pour fixer des objectifs que vous souhaiteriez atteindre. Peut également vous indiquer un renoncement à votre propre personnalité.

MOELLE
- Des profits financiers discrets mais utiles. Guérison ou amélioration de la santé d'une personne en mauvaise condition.

MOINE
- Besoin d'isolement et de paix intérieure. Retour sur soi. Sérénité.

MOINEAUX
- Des relations dont il serait préférable de vous méfier sous des apparences agréables. Certains engagements se traduiront par des ennuis sérieux. Pertes d'argent. Contraintes affectives. Des commérages, des médisances.

MOISISSURE
* En remarquer dans sa demeure : déboires affectifs, déceptions familiales. Dépenses d'argent inhabituelles. Chagrins. Maladie. La situation deviendra préoccupante si vous ne prenez aucune décision énergique.

MOISSON
- Promesse de réussite dans vos activités. Amélioration de vos conditions de vie. Prospérité, aisance financière, joies familiales.
* Une moisson mauvaise ou détruite : insuccès, malchance, des inquiétudes prochaines.

MOLLETS
* Sains et normaux : vos affaires progresseront sans difficulté particulière, espérances de succès.
* Blessés, difformes, anormaux : vos démarches resteront infructueuses, des contraintes diverses, notamment financières. Vous serez critiqué, déception.

MONTGOLFIERE (voir BALLON DIRIGEABLE)

MOMIE
- De vieilles affaires oubliées ressurgiront. Bien que certaines circonstances vous soient ignorées, vous serez confronté avec des litiges particulièrement désagréables, disputes, querelles.

MONASTERE
- Les épreuves récentes vous font ressentir un besoin d'isolement. Vous souhaitez vous mettre à l'écart des relations diverses dont la fréquentation s'est révélée destructrice de vos intérêts. Sérénité du cœur et de l'âme.

MONNAIES
* Du papier monnaie : des difficultés imprévues et contrariantes, inquiétudes, tristesse, des oppositions d'intérêt.
* Des pièces de monnaie : soucis d'argent, dépenses inattendues, des pertes ou des dettes.
* De collection : des circonstances étonnantes et imprévues qui pourraient favoriser vos projets.
* De la fausse monnaie : vous la voir imprimer ou utiliser vous serait d'un fâcheux présage pour vos futures transactions.

MONOCLE
* En faire usage : votre connaissance des faits ne sera que partielle. Vous risquez de laisser dans l'ombre des sujets essentiels à la bonne marche de vos affaires.

MONSTRE
- De funeste augure. Quels que soient ses apparences, ses attitudes, son comportement, la vision d'un monstre vous réserve des événements qui vous seront particulièrement pénibles à vivre. Les conséquences auront nécessairement des répercussions sur votre situation financière et votre santé.
* Le voir fuir : vos épreuves cesseront prochainement.

MONTAGNE
* L'apercevoir : des difficultés futures dans la progression de vos affaires.
* En faire l'ascension et parvenir au sommet : réussite de vos entreprises. Vous triompherez des obstacles divers placés sur votre route. Amélioration de vos conditions de vie. Joie intime.
* En redescendre après ce succès : satisfaction profonde, détente de l'esprit, bonheur réel.
* Ne pouvoir terminer l'escalade, l'importance et la difficulté des nombreux obstacles rendent vos efforts inutiles. Malchance, insuccès de vos ambitions, tristesse.
* Chuter pendant l'ascension : de cruelles déceptions. Echecs. Malheur.
* Agitée par des secousses telluriques, dont le sol crache de la fumée ou du feu : un danger menaçant. Péril. Détresse.

MONTER
* Vous voir accomplir cette action, présage de votre volonté d'aboutir à des solutions heureuses dans l'exécution des tâches que vous désirez obtenir, des projets que vous souhaitez mener à leur terme. La facilité avec laquelle vous parviendrez au but fixé, les difficultés rencontrées seront autant d'indicatons utiles à votre prémonition.

MONTRE
- Des événements importants et décisifs, des décisions fondamentales engageront votre avenir. Des faits inéluctables se produiront.
* Aux aiguilles arrêtées : de fâcheux contretemps à l'évolution de vos projets, des circonstances imprévues.
* Dont vous avancez ou retardez l'heure : des modifications dans la progression de vos affaires.
* Que vous dérobez : il est possible que les faits vous soient avantageux mais la réprobation et la honte vous affecteront.
* Que vous offrez à une personne aimée : présage heureux d'un bonheur partagé.
* Possédée par une tierce personne : avertissement d'une prochaine période où vos intérêts vous seront reprochés.
* La perdre, la brisée : malchance. Echec.

MONUMENT FUNERAIRE
* D'indication contraire. Ce rêve présage de difficultés insurmontables pour lesquelles l'obligation vous sera imposée de renoncer à toute volonté de poursuivre vos efforts. Des projets d'importance seront concernés, dans divers domaines qui vous tiennent particulièrement à cœur. Malchance. Tristesse et chagrins.

MOQUERIE
* En être la victime : vos détracteurs auront l'avantage d'une situation dont le mérite devait vous revenir, honte et chagrins.

MORCEAUX **(voir DEBRIS D'OBJET)**

MORGUE
- De pénibles épreuves en perspectives. Souffrances cruelles et imprévues. Douleurs et chagrins.

MORSURE
* Etre mordu : vos adversaires se montreront particulièrement hostiles. Jalousie. Méchancetés, haine pernicieuse. Vous supporterez la contrainte d'humiliations et de dommages à vos intérêts.
* Mordre une personne : votre agressivité pourra se révéler bénéfique à l'égard de vos opposants, mais vous ne serez pas à l'abri d'éventuelles réactions violentes.

MORT (se reporter à DEFUNT)

MORUE
* Séchée : des contraintes d'argent, des soucis familiaux, des ennuis de santé sont à craindre.

MOSAIQUE
- Une situation complexe. Des événements troubles, malsains. Les rivalités réciproques feront adopter des attitudes ambigües et néfastes à une conclusion immédiate de vos affaires.

MOTEUR
- Selon son état et son degré de fonctionnement, vous pourrez préjuger des diverses situations que vous allez prochainement rencontrer.
* Neuf, en parfait état de marche : d'excellentes conditions pour concrétiser vos désirs.
* En panne, usagé, défaillant : des contraintes diverses. Des entraves. Des embûches. Retards, soucis d'argent et de santé.

MOTOCYCLETTE
- Vous reporter à l'interprétation « automobile ». En tenant compte toutefois des critères propres à ce moyen de transport : autonomie moins importante, confort et sécurité moindres, investissement et coût d'utilisation plus faibles. Ce qui pourrait signifier des changements déterminants dans votre existence, mais de portée plus réduite, avec des conséquences moins marquées.

MOTS
- La prémonition pourra être renforcée, précisée si au cours de votre rêve vous parvenez à noter tout ou partie des paroles entendues, ou des phrases lues sur un support quelconque.

MOTS-CROISES
- Plaisirs et détente, de l'esprit dont l'entière solution vous confortera dans la justesse et la précision de vos vues, en regard de décisions réfléchies, construites, calculées.
* Ne pas terminer une grille : vous aurez à faire face à des adversaires rusés et pertinents.

MOUCHARD
- Des gens sans scrupule, fourbes, inconstants d'humeur et de sentiments.

MOUCHES
- Représentatives de personnes insolentes, envieuses, jalouses, malhonnêtes. Vous subirez des propos malveillants, des bavardages futiles, des médisances, des tracasseries diverses.
* Les attraper, les tuer : vous éliminerez des rivaux gênants et compromettants.

MOUCHOIR
- Des épreuves dans un proche avenir. Des peines affectives, des chagrins, des doutes sur la réalité et la profondeur des sentiments de l'être aimé. Des remises en question de promesses, de projets. Séparation. Abandon. Inquiétude. Angoisse.

MOUDRE
* Du café : chagrins affectifs, annonce d'une séparation prochaine. Contrariétés d'argent.
* Des céréales : accroissement de vos acquis et de vos biens. Richesse. Fortune.
* Du poivre : vous aurez connaissance d'une nouvelle affligeante. Déception amère.

MOUETTES
* Les voir en vol : de mauvais soucis vous préoccupent, envie de fuir, besoin de liberté et d'espace.

MOUILLE
* Se voir mouillé : déception et contrariétés dans la progression de vos affaires, des relations vous ridiculisent par leur jugement hâtif.

MOULES (voir COQUILLAGES)

MOULIN A EAU, A VENT
* En activité : de belles perspectives d'avenir, des promesses de bonheur, de profits, de richesse. Réussite de vos activités, aisance financière, joie familiale.
* Inerte, en panne : obstruction dans vos démarches. Des contrariétés diverses et préoccupantes, des solutions s'imposent. Solitude morale.

MOURIR
* Se voir en cette situation : vous abordez une période qui sera la conclusion d'une longue étape de vie. Les épreuves récentes, cruelles, feront place à de meilleurs événements dont vous tirerez joie, bonheur et satisfaction. Un changement radical et profond de vos conditions de vie.

MOUSSE
* De bière : voir BIERE
* De mer : voir ECUME DE MER
* Marin : voir MARIN
* La plante : des inquiétudes affectives et financières, de prochaines contrariétés qui pourraient provoquer des modifications importantes et définitives.

MOUSTACHES
* Plus épaisses qu'à l'ordinaire : accroissement de vos acquis et de vos biens. Sûreté de soi, confiance dans les événements. Chance et succès.
* Minces, fragiles : de piètres résultats pour des efforts importants. Déception. Amertume.
* Se couper la moustache : fâcheux présage. De prochaines circonstances tristes et cruelles.

MOUSTIQUES
- Des rapports avec autrui qui dégénereront en conflit. Vous serez harcelé de propos acerbes et désobligeants, et offensé par des attitudes haineuses et humiliantes.

MOUTARDE-MOUTARDIER
- Des contrariétés diverses. Jalousie ou envie de personnes proches de vos habitudes. Des réflexions amères sur votre manière de vivre. Des rapports contrariés par un climat hostile à votre encontre.

MOUTONS
- Représentatif des acquisitions prochaines en faveur du foyer et de votre vie intime.
* Un grand nombre de moutons en troupeau : accroissement de vos biens. Richesse. Prospérité.
* Entendre un mouton bêler : d'heureuses nouvelles. Concrétisation de vos souhaits.
* Des moutons éparpillés au pâturage, qui se battent : des obstacles, des entraves à la réalisation de vos projets, hostilité de vos proches.

* Que l'on voit tués ou morts : de funeste présage. Un malheur pourrait vous surprendre.
* Des moutons blancs : sincérité des sentiments à votre égard. Tendresse. Affection. Joie affective.
* Des moutons noirs : jalousie, envie dans votre environnement familial, des ennuis de santé.
* Tondre un mouton : aisance financière, réussite d'argent.
* Laine de mouton : prospérité, richesse, fortune.

MOUVEMENT-SE MOUVOIR
- Tout mouvement, accompli sans effort particulier, sans gêne ni restriction de quelqu'ordre qu'elles puissent être, vous indique d'heureuses circonstances favorables à vos intérêts.
* Dans le cas contraire : l'importance des soucis que vous rencontrerez sera en rapport des entraves physiques que vous aurez à subir.

MUET
* Se voir dans cette situation au cours d'un rêve : des événements vous seront particulièrement pénibles à supporter. Les solutions possibles vous seront refusées ou retardées. Vous resterez impuissant. Des ennuis de santé, lassitude morale.

MUGISSEMENT
* De la mer, du vent : rumeurs inquiétantes d'un prochain bouleversement de votre existence dans votre milieu familial. La valeur d'interprétation sera renforcée si ces mugissements vous apparaissent perçus dans une atmosphère sombre ou nocturne.

MUGUET
* De nouvelles perspectives de bonheur. Renaissance affective, réconciliation, des joies profondes avec la personne aimée.
* Fané, que l'on jette ou que l'on détruit : présage d'une séparation affective. Chagrins. Tristesse.

MULE-MULET (vous reporter à la rubrique ANE)

MUNITIONS
* En voir ou en posséder : des sentiments revendicatifs peuvent vous conduire à des excès peu compatibles avec la réalité de vos affaires et la manière dont vous devez protéger vos intérêts.
* En faire usage : serait d'une mauvaise indication.

MUR
* L'apercevoir devant soi : de prochaines entraves à la réalisation de vos projets.
* Le longer : vos moyens actuels restent insuffisants pour envisager une solution équitable à vos intérêts.
* Le franchir, parvenir au faîte, marcher dessus : vous réussirez dans vos ambitions, consoliderez vos projets. De nouvelles possibilités pour mener à bien vos entreprises. Joie intime, satisfaction.
* Se voir entouré de murs sans autre motif que celui de vous retenir prisonnier : vos adversaires maintiendront sur vous des moyens vous réduisant à l'impuissance. Insuccès, malchance.
* Etre protégé par des murs hauts et épais : aide et soutien de personnes influentes proches de vos intérêts.
* Bâtir un mur : besoin de sécurité, recherche d'une protection ou d'appui dans vos démarches actuelles.
* Le voir s'écrouler : déception, déconvenues, insuccès, malchance.
* Démolir un mur de sa propre initiative : retour à de meilleures conditions. Fin de vos ennuis.

MURER
* Les ouvertures d'une maison : mise à l'écart de contraintes et de soucis dont les épreuves ont modifié votre manière de vivre et votre comportement à l'égard d'autrui. Désir d'oubli et de changement.

MURES
- Des satisfactions et des plaisirs dans la tendresse et l'amour.

MURMURES
* Les entendre : vous serez soumis à des médisances, des calomnies, des mauvais propos. Présage d'actions plus marquées à votre égard.

MUSEAU
* D'un animal domestique : affection, reconnaissance, estime dont vous recevrez les faveurs.

MUSEE
- Votre univers de relations et de connaissances s'élargira à de nouveaux domaines dont l'étude vous sera utile à des fréquentations différentes mais précieuses.

MUSELIERE
* Portée par un animal : vos rivaux devront se limiter à de simples suppositions sur la manière dont vous gérer vos affaires.

MUSICIEN
* Le fréquenter : vous êtes à la recherche d'un réconfort et d'un soutien qui puissent vous aider dans les épreuves présentes.

MUSIQUE
* Agréable, plaisante : paix de l'esprit, joie de l'âme. Vos préoccupations touchent à leur fin, des promesses de bonheur.
* Triste ou discordante : ennuis et chagrins. Tristesse, désarroi, angoisse.

MUTILATION
* Mutiler une personne : vous accablerez de souffrances ; l'une de vos proches relations par dépit ou jalousie.
* Se voir mutilé : des épreuves de tierces personnes affaibliront vos ressources. Certaines défaillances sont à redouter. Santé perturbée. Désarroi.

MYOPIE
- Une mauvaise interprétation d'événements sensibles à votre manière de vivre fera le succès de vos adversaires.

MYOSOTIS
- Nostalgie de souvenirs heureux.

N

pureté et profondeur des qualités morales et affectives.

NACRE
- Rêve annonciateur de difficultés prochaines.

NAGER
* Dans des eaux calmes et paisibles : des circonstances favorables à l'évolution de vos affaires. Des promesses d'une réussite prochaine. Des profits. Richesse. Prospérité. Joie et bonheur.
* Dans des eaux tumultueuses mais limpides : des difficultés à vaincre, des risques possibles mais des perspectives intéressantes d'une amélioration de votre situation.
* Dans des eaux agitées, boueuses, tourbillonnantes : des contrariétés, des épreuves, de nombreux problèmes, incertitude, angoisse.
* Ne pouvoir rejoindre la rive : menace d'un danger. Vous serez confronté à des épreuves d'autant plus grandes que vos efforts seront rudes.
* Se noyer : échec, malchance, malheur.
* Apprendre la natation : vous perdrez votre dépendance à l'égard d'autrui.
* Pratiquer la nage sous-marine : malgré vos efforts, et votre volonté de vaincre, vos rivaux sauront vous contraindre à respecter leur décision.
* Participer à une épreuve sportive : (voir ATHLETE)

NAIN
- La réalité des faits restera inférieure aux dimensions que vous souhaitiez donner à vos ambitions ou à vos projets. De piètres résultats en regard des prévisions établies. Moqueries, médisances.

NAISSANCE
* Apprendre une naissance : des nouvelles heureuses et attendues dans vos relations affectives. Des instants de bonheur. Joie du cœur.

NAPHTALINE
- Des circonstances nouvelles vous conseilleront de protéger certains intérêts des convoitises de vos fréquentations.

NAPPE
* Joliment décorée en revêtement de table : joie familiale, bonheur intime. Plaisirs et détente. Echange de cadeaux.
* Que l'on retire de la table : fâcherie, disputes, séparation.
* Tachée, salie, déchirée : misère, infortune.

NARCISSE
-Infidélité. Approche d'une séparation cruelle mais inéluctable.

NARCOTIQUES
* En faire usage : des relations douteuses vous engageront dans des entreprises illicites, desquelles vous n'obtiendrez que désillusions amères et pertes financières.

NASSE A POISSONS
* Pleine : promesse de gains financiers. Chance. Succès.

NATTE
- Pauvreté et malchance. L'insuccès de vos démarches imposera des conditions autres que celles recherchées.

NATTES DE CHEVEUX
* Joliment arrangées : joie intime, bonheur affectif.
* En désordre : brouille, fâcheries, disputes.

NAUFRAGE
* Assister à un naufrage : présage d'un danger menaçant vos acquis et vos biens. Des risques financiers, une remise en cause de vos conditions de vie.
* Etre naufragé : des circonstances éprouvantes, des contraintes financières, des pertes d'argent, dettes, infortune, détresse et solitude.
* Etre secouru : des gens influents vous préserveront des difficultés essentielles dues à votre situation du moment.

NAUSEE
- Avertissement d'un proche danger qui pourrait compromettre certains de vos intérêts. Des relations de votre entourage vous surprendront dans leur manière d'agir et vous créeront quelques soucis.

NAVET
- Déception et amertume. Infidélité conjugale. Perte d'amitié. Solitude morale.

NAVIGATION
* La pratiquer : souci d'indépendance et d'autonomie dans la réalisation de vos entreprises.

NAVIRE MARCHAND (vous reporter à la rubrique BATEAU)

NAVIRE DE GUERRE
- Vous placerez la conduite de vos intérêts sous la protection de personnes influentes. Des relations de haut niveau. De solides appuis. Des compétences particulièrement efficaces.
* Si ce navire vous paraît hostile, attendez-vous à de sérieux problèmes dont la conclusion restera à l'avantage de vos adversaires.

NECESSAIRES
* A cirage : vous prendrez certaines dispositions pour régler une affaire en conflit avec votre entourage.
* De couture : de nouvelles possibilités vous seront proposées pour améliorer vos acquis professionnels.
* De toilette : il vous faut envisager de mettre un terme aux diverses critiques provoquées et entretenues par certaines personnes.

NECROLOGIE
- Signe annonciateur de nouvelles alarmantes.

NEFLES
- Des contrariétés néfastes à votre situation sociale.

NEGOCIANT (voir COMMERCANT)

NEGRE
- Des complications dans la gestion de vos affaires et dans vos rapports affectifs. Des rivaux pourront se montrer particulièrement offensifs. Vous devrez faire appel à toutes vos ressources. Trahison. Désillusions. Disputes.

NEIGE
- Des soucis, des peines, des angoisses. Vous devrez affronter des circonstances défavorables à vos intérêts. Vos adversaires se montreront particulièrement vigilants dans la justification de leurs arguments. Des contraintes vous seront imposées, des ennuis financiers. Pertes d'argent. Dettes. Peu de soutien de

votre entourage. Déception profonde et amère. Solitude morale. Détresse. Risque de maladie.

NENUPHAR
- Sous des apparences trompeuses, des promesses ou des certitudes peuvent masquer des dangers insoupçonnés.

NETTOYAGE-NETTOYER
- Gage de réussite pour un avenir différent de celui que vous connaissez. Vous examinerez avec lucidité les raisons de vos insuccès et de vos échecs, afin d'éliminer les divers sujets de contrariétés, de soucis. Cette tâche pourrait vous paraître contraignante et fastidieuse, mais le choix ne sera pas de votre initiative. Ainsi vous serez à même de prendre toutes décisions conformes à vos espérances.

NEUF
- Sous cet aspect, tout objet ou matériel que vous pourriez remarquer, présagerait de conditions futures positives à vos désirs.

NEVEU
- Présage favorable aux liens affectifs familiaux.

NEZ
* Démesuré : vantardise. Curiosité déplacée, inconvenante à l'égard d'autrui.
* Blessé : ennuis familiaux ou professionnels. Disputes. Querelles.
* Ne pouvoir respirer : des contraintes, des obstacles dans la négociation ou le réglement d'une affaire.
* Le voir enflé : calomnies, médisances à votre égard.
* Le gratter avec ses doigts : embarras, difficultés dans le choix d'une décision importante.
* Mettre ses doigts dans son nez : vulgarité dont vous serez victime.
* Le voir saigner : des contraintes d'argent.

NICHE
* En faire usage : pauvreté et misère. Vous serez humilié et bafoué.
* D'un animal domestique : compréhension de votre entourage. Aide affective.

NID D'OISEAUX
* Que l'on voit construire : promesse d'un bonheur affectif, d'une prochaine union heureuse et durable.
* Que l'on voit avec les oiseaux, rempli d'œufs ou d'oisillons : joie et bonheur au foyer. Accroissement du cercle familial.
* Dont les petits reçoivent la becquée : vous aurez pleine conscience de vos responsabilités et votre foyer ne manquera d'aucune nécessité.
* Vide, abandonné : détresse affective. Soucis. Chagrins.
* Que l'on détruit : vous serez victime de vos propres agissements et vous paierez les conséquences de vos actes.

NIDS D'ANIMAUX NUISIBLES OU PARASITES
- Menace d'un danger susceptible de compromettre l'environnement familial et de porter atteinte à vos intérêts.
* Le détruire serait de bon augure.

NOBLESSE
* Etre en relation avec une personne de ce rang : vos espoirs de parvenir à une position sociale conséquente et honorable ne seront pas satisfaits.
* Se voir recevoir un titre : déconvenues amères d'une ambition irréalisable.

NOCES
- Présage de difficultés prochaines qui risquent d'assaillir votre foyer et de déstabiliser votre environnement.

NOEL
- Cette fête et cette période de l'année vous conforteront dans des perspectives heureuses d'un nouveau départ dans la vie, d'une renaissance de vos espérances, de conditions bénéfiques pour une réussite ultérieure.

NŒUD-NOUER
* Se voir faire un nœud à une parure vestimentaire (cravate, foulard) dont c'est la vocation ; à un objet dont c'est la fonction (ficelle, corde) : présage de conditions favorables pour solutionner vos difficultés et parvenir ainsi à réaliser vos ambitions.
* Faire un nœud à des vêtements dont ce n'est pas l'usage, à des endroits inusités : complications de vos affaires. Manque de clairvoyance et de jugement dans la gestion de vos intérêts.

NOIR-NOIRCIR
- Annonce de prochains événements ou de circonstances malheureuses dont vous supporterez la peine et le chagrin. De graves désagréments vous seront infligés.

NOISETIER
- Aide et protection vous seront accordées pour sécuriser vos acquis et vos biens.

NOISETTES
- Des privations, des sacrifices vous permettront d'assurer sous les meilleures auspices des périodes contraignantes. Sens de la rigueur dans la gestion de vos affaires.

NOIX
- Mésentente familiale. Disputes. Des propos aigris et envieux. Diverses difficultés ou obstacles de votre environnement familial. Chagrins et solitude.

NOM
* Entendre son propre nom : une personne aimée se trouve dans la situation de détresse.
* Le lire sur un support à la portée de chacun : votre position sociale ou vos activités seront en rapport avec des audiences publiques vous assurant une certaine notoriété.
* L'écrire : vous serez dans l'obligation d'assurer certains engagements.
* Changer de nom : des soucis et des chagrins.
* Recevoir un surnom : votre acceptation de certains principes vous fera sous-estimer et déconsidérer.
* Une femme change de nom : peut signifier un prochain mariage ou des désagréments selon sa situation du moment.

NOMADE
- Précarité de votre situation. Instabilité de vos sentiments. Incertitude.

NOMBRE
- Selon le contexte du rêve et la valeur qu'il vous aura été possible de retenir, le nombre apparu, lu ou entendu, peut déterminer plusieurs interprétations symboliques mais particulièrement pertinentes. Il est important de souligner qu'il sera en rapport direct avec le thème principal du rêve : du simple rendez-vous à une rétribution financière, les motifs sont variés. Avec un peu d'expérience en la matière vous serez particulièrement surpris, convaincu, enthousiaste de la véracité de votre rêve dont la précision

peut atteindre ce niveau, à quelque variance près (due à l'inertie de votre capacité de mémoriser volontairement pendant votre sommeil).

NOMBRIL
* Le voir ou le toucher, peut pressentir des prochaines contrariétés dont le sujet serait victime et, qui par diverses étapes, le conduirait à connaître des ennuis de santé.

NONNE
- Un prochain changement de votre situation familiale ou sociale qui devrait s'orienter vers de meilleurs horizons après de dures épreuves.

NOTAIRE
- Toutes relations avec ce notable, tous documents de sa production vous indiqueraient des événements importants, graves, en rapport avec le milieu familial.

NOTES
* Que l'on rédige : vous reporter à « ECRITURE ».
* De musique : des instants de joie et de bonheur. Bien-être intime. Sérénité.

NOUER (voir NŒUD)

NOUGAT
* En recevoir : tendresse et compréhension. Réconfort de l'amour maternel.

NOUILLES
- Des entraves financières. Des complications familiales. Des relations affectives tendues. Annonce d'un climat passionnel peu propice au dialogue et à la compréhension.

NOURRICE
- Rêve de femme : désir de maternité.

NOURRISSON-NOUVEAU NE
- Présage de changement favorable à vos conditions de vie. De nouvelles perspectives de situation familiale ou sociale. Joie et bonheur. Réussite affective.

NOURRITURE-SE NOURRIR (se reporter à la rubrique MANGER)

NOUVELLES
- Que vous les receviez, quel que soit le procédé utilisé, vous présage des événements importants susceptible de remettre en cause les modalités de votre vie présente. Selon le contexte de votre rêve, et le contenu des informations communiquées dont vous aurez souvenance, vous déterminerez la valeur positive ou défavorable du message.

NOUVELLE ANNEE
- Frontière entre deux époques, cette période que vous remarquerez dans un rêve vous annoncera un changement inéluctable de vos conditions.

NOYADE-NOYE
* Se noyer : avertissement d'un grave danger vous menaçant et dont les événements peuvent atteindre divers domaines sensibles à votre cœur ou à vos intérêts.
* Etre secouru : des personnes dévouées vous seront d'un précieux secours pour vous assister dans votre désarroi et vous conseiller.
* Vous portez secours à une personne de votre connaissance : sollicitude et bienveillance pour l'un de vos proches dans le besoin.
* Secourir une personne inconnue : vous aurez la maîtrise d'une situation particulièrement complexe.
* Etre volontairement noyé par une personne : des craintes à l'égard de

certaines personnes de votre entourage dont vous pourriez connaître des agissements malveillants.

NOYAU DE FRUIT (voir la définition de PEPINS)

NOYER (l'arbre fruitier)
- Diverses contrariétés, de nombreux obstacles. Des contraintes affectives ou familiales. Des précautions devront être envisagées si vous désirez protéger votre univers habituel.

NU
* Se voir entièrement dénudé : honte et misère. Détresse morale. Solitude affective. Maladie.
* Une personne étrangère inconnue dans cette situation : querelles familiales. Des intérêts seront concernés. Des contraintes d'argent, des pertes financières. Des risques d'une procédure de justice à votre encontre.

NUAGES
- Selon l'aspect de ces nuages dans le ciel, leur importance, leur densité, vous aurez connaissance des événements heureux ou des circonstances désastreuses que vous devrez vivre dans quelques temps.
* Blancs, légers, peu fréquents : des instants paisibles et heureux. Sérénité. Joie affective. Bonheur familial.
* Nombreux, sombres, épais : détérioration de vos conditions de vie. Des ennuis, des tracas, incertitudes et angoisse.

NUIT
* Claire, lumineuse : tranquillité de l'esprit. Joie intime. Repos du cœur.
* Sombre, inquiétante : des instants pénibles, des journées agitées en prévision, des épreuves futures.
* D'une très grande brillance, soudaine et éphémère, illuminée par la lune d'une clarté exceptionnelle : présage d'une prochaine union heureuse et durable.

NYMPHES
* Les voir : vos sentiments deviendront sincères et profonds à l'égard d'une personne que vous appréciez. Votre cœur sera comblé et heureux.
* Les voir disparaître : déboires sentimentaux. Insuccès.

joies affectives. Promesse de bonheur.

OASIS
- Un grand moment de bonheur dans une période d'incertitude et d'angoisse. Vous accomplirez un voyage lointain dont vous faisiez depuis longtemps le projet.
* Quitter l'oasis : de nouveau les épreuves et les sacrifices.

OBEIR
* A une personne . restez vigilant à toute action que vous pourriez entreprendre, une spontanéité trop vive serait cause d'imprudences.

OBELISQUE
- Des projets particulièrement ambitieux ne vous laisseront pas la gloire que vous souhaitez acquérir.

OBESITE
- votre situation connaîtra une évolution au delà de toutes espérances. Aisance financière. Prospérité. Fortune. Réussite.

OBSCURITE
* Se trouver dans une obscurité profonde, angoissante, oppressante : des événements contrariants, des tracas, de prochaines controverses.
* Une obscurité reposante, détendue, intime : détente, période de confidences et de méditations. Retour sur soi pour une meilleure compréhension.

OBSEQUES (voir ENTERREMENT)

OBSERVATOIRE
- Des circonstances ou des événements passionnants, des instants extraordinaires, mais peu en rapport avec les nécessités dont vous devez vous préoccuper.

OBSTINATION
* En faire preuve : dans la mesure où elle vous paraît conforme au contexte du rêve, elle sera le garant d'une détermination dans la réalité de vos objectifs.

OBSTACLES
- Figuratif des difficultés que vous allez devoir affronter, tout obstacle contourné ou franchi présage des meilleures dispositions pour trouver les solutions adéquates.
* Se trouver arrêter dans sa progression par un obstacle infranchissable : des contretemps, des entraves, l'évolution de vos affaires se verra quelque peu perturbée.

OCEAN (se reporter à la définition MER)

OCULISTE
- Vous recevrez aide et appui par une personne de votre entourage afin de vous assister dans les pénibles démarches qu'il vous faudra exécuter. Réconfort moral.

ODEURS
* Agréables : des perspectives heureuses d'une prochaine amélioration de vos conditions de vie.
* Désagréables, nauséabondes : jalousie, inimitiés, querelles à votre détriment, des ennuis de santé.

ODIEUX (vous reporter à la définition INJURES)

ŒIL
* Douloureux, vision troublée : inquiétudes, angoisses d'autant plus graves que votre perception visuelle sera perturbée, des chagrins, tristesse.
* Recouvrer la vue et l'usage normal de son œil vous indiquerait une résolution, au mieux de vos intérêts, de vos difficultés.
* Rester aveugle, au cours d'un rêve : serait le signe de graves perturbations de votre existence. Sachez prendre des précautions utiles.
* Des marques colorées, des cernes autour des yeux : état de fatigue prononcée, lassitude morale ; des rixes inutiles et nuisibles.
* Blesser une personne aux yeux : vos agissements seront préjudiciables aux intérêts d'autrui.
* Etre soi-même blessé à l'œil par une personne de votre connaissance : cette même personne, ou son proche environnement, par des propos malveillants ou des actes nuisibles, nuira à votre réputation et à vos intérêts.
* Une vue excellente : détermine une parfaite compréhension des problèmes et un jugement lucide sur le déroulement des événements.
* Une vue défaillante : votre dépendance à l'égard d'autrui risque de vous procurer quelques déboires dont vous aurez à souffrir.

ŒIL DE BŒUF
* Voir cette fenêtre ancienne : vous préférez la modestie au luxe exagéré, la tranquillité et la solitude à des mondanités.

ŒIL DE PERDRIX
- Des contraintes dans vos relations avec autrui, malentendus, méprises.

ŒIL DE VERRE
* Le porter : la vérité qui vous sera communiquée sera tronquée et falsifiée.

ŒILLERES
- Vous restez obstiné dans vos manières de penser ou d'agir. Le comportement des personnes de votre entourage reste étranger à vos préoccupations.

ŒILLET
- Délicatesse de mes sentiments sincères et profonds, votre amour m'est précieux, votre amitié nécessaire.

ŒUFS DE POULE
* Les voir dans un panier, les ramasser à la ponte : des circonstances heureuses, bonheur, joie en famille, réussite financière, entente conjugale.
* Gober des œufs : plaisirs inconditionnels de l'existence.
* Les préparer à la cuisson, les manger : des instants privilégiés de satisfactions avant de nouvelles et difficiles épreuves. Des querelles, des chagrins.
* Des œufs durs : des joies annonciatrices de contraintes prochaines.
* Acheter des œufs : accroissement de vos avantages.
* En trouver : réussite affective. Rencontre nouvelle ou mariage. Promesse d'une future naissance.
* Les vendre : des profits pour le foyer.
* Laisser tomber un œuf : disputes familiales. Dissenssions.
* Casser des œufs : commérages. Querelles familiales.
* Des œufs pourris : médisances. Calomnies. Votre réputation sera gravement compromise.
* Les jeter sur une personne : vous serez humilié.

* En être la victime : inimitiés. Offenses. Disgrâce.
* Des œufs gâtés, aux mauvaises couleurs : des chagrins familiaux, mésentente ou infidélité.

ŒUFS DE PAQUES
- Joie affective. Bonheur au foyer. Des heures de tendresse avec les enfants. Promesse d'un événement heureux et souhaité.

OFFENSES (se reporter à la rubrique HUMILIATION)

OFFICE RELIGIEUX (se reporter à la rubrique MESSE)

OFFICIER
* Le rencontrer : présage favorable à une évolution avantageuse de vos conditions de vie. Des promesses d'amélioration de votre situation financière.

OGRE (se reporter à la rubrique GEANT)

OIES DOMESTIQUES
* Les voir : aisance, prospérité, bonheur affectif, soutien amical.
* Les entendre : des commérages, des médisances à votre encontre.
* Garder des oies : vous serez victime de mauvais propos, de commérages, de calomnies.
* Les attrapper : réconciliation affective. Des promesses de bonheur. De meilleures conditions financières.
* Que l'on gave : des promesses de gains, des profits, prospérité et succès.
* Faire rôtir une oie ; la manger : évolution favorable de vos affaires, aisance et confort au foyer.
- La grosseur de l'oie, vivante ou rôtie, influencera sur la prémonition.

OIES SAUVAGES
* Les voir voler : annonciatrices de pertes financières dans un avenir proche. Vos acquis, vos biens pourront être mêlés à de sombres querelles d'intérêt ou de rivalités.

OIGNONS COMESTIBLES
* Crus : de petites contrariétés sans importance.
* Cuits : des inquiétudes inconsidérées vous ont fait exagérer une situation quelconque.

OIGNONS DE CULTURE OU D'AGREMENTS (se reporter à GRAINES)

OISEAUX
* Voir des oiseaux voler ou perchés : des espérances de bonheur. Des promesses d'un avenir en conformité avec ses souhaits et ses ambitions.
* Des oiseaux migrateurs : annonciateurs d'un changement de vos conditions de vie.
* Entendre des oiseaux chanter : des nouvelles prochaines.
* Voir des oiseaux à terre, qui sautillent : période d'insatisfactions et de déboires.
* Qui couvent au nid : des promesses de bonheur affectif et de joies familiales.
* Dénicher des oiseaux : vos agissements déprécieront votre réputation.
* Les effrayer, les capturer : peines de cœur. Pertes d'intérêts. chagrins.
* Prisonniers dans une cage : vous resterez sous la dominance de personnes contraires à vos sentiments.
* Qui s'échappent d'une cage : des circonstances favorables à vos affaires.
* Donner à manger aux oiseaux : vie de famille heureuse. Joie affective.

* Qui vous apparaissent menaçants, hostiles : de prochaines circonstances défavorables.
* Tuer des oiseaux : mésentente affective ou familiale. Discordes. Séparation. Rupture. Des craintes financières.
* Des oiseaux nocturnes, des rapaces vous indiquent des épreuves à surmonter, des ennemis à vaincre. En conséquence les détruire serait favorable à vos intérêts.
* Tout oiseau posé sur une personne : vous prévient d'une intention particulière à votre égard.

OLIVES
* Que l'on aperçoit sur l'arbre : présage heureux : des affaires fructueuses. Joies affectives. Entente conjugale ou réconciliation. Guérison pour les personnes malades.
* Que l'on cueille ou que l'on ramasse à terre : des ennuis affectifs. Tromperies. Infidélités. Inconstance des sentiments. Versalité.
* Que l'on achète : l'intérêt prime sur la sincérité des sentiments.
* Que l'on mange : peines affectives. Incertitude.
* Des olives pourries : mésentente affective. Séparation.

OLIVIER
- Bonheur au foyer. Entente affective et familiale, des relations d'amitiés sereines. Paix du cœur et de l'esprit.
* Le rameau d'olivier : amélioration des rapports entre les personnes. Détente, compréhension.

OMBRE
* Se trouver à l'ombre d'un feuillage : crainte à l'égard des circonstances de la vie. Manque de courage et de fermeté.
* Quitter cet endroit ombragé : des décisions heureuses, des initiatives profitables.
* Voir son ombre : des soucis et des peines.
* L'ombre de personnes étrangères : des craintes injustifiées.

OMELETTE
* La préparer : une personne de votre connaissance, intéressée à vos affaires vous rendra visite.
* La manger : des soucis d'argent. Des ennuis affectifs ou familiaux.

ONCLE
- Des discussions d'intérêt. Des rivalités familiales.

ONGLES
- Préfiguratif d'ennuis financiers et de rapports familiaux détériorés par des querelles d'intérêts ou de litiges dans le cadre de vos activités professionnelles. Des soucis, des chagrins. Tristesse et solitude. Risque de maladie.

ONGUENT
* Agréable et parfumé : vos relations amicales et d'affaires sont au mieux de vos intérêts.
* A l'odeur amère : de mauvais sentiments à votre égard. Médisances, jalousie.

OPERA
- Représentatif sous une forme symbolique des événements particulièrement marqués du devenir du rêveur. Les jeux de scènes, les sujets évoqués, le thème de l'acte vous dévoileront la prédiction attendue.

OPERATIONS BOURSIERES voir BOURSE (Palais de la)

OPERATION CHIRURGICALE (vous reporter à CHIRURGIE)

OPERETTE
- D'heureuses circonstances amèneront la fin de vos soucis et de vos

épreuves. Réconfort moral. Joie intime.

OPIUM
- Vous reporter à l'interprétation de « DROGUE » et « NARCOTIQUE »

OPPRESSION (vous reporter à l'interprétation HUMILIATION)

OPTICIEN (voir la définition d'OCULISTE)

OR
* Voir de l'or : présage de succès, d'honneurs, mais aussi de désagréments et de conflits.
* Acheter de l'or : des soucis, des tracas, médisances, jalousie.
* Posséder de l'or : amélioration de vos conditions de vie. Des activités fructueuses et rentables.
* Amasser de l'or en quantité : fortune, richesse, prospérité, solitude morale, angoisse.
* Trouver de l'or : joies éphémères, des contraintes prochaines.
* Voler de l'or : mésentente familiale, conflits professionnels.
* Des bijoux en or : orgueil et vanité.
* De la vaisselle en or : fortune et pouvoir.
* Des objets fabriqués avec des alliages : hypocrisie, fausseté, des pertes de considération, des ennuis d'argent.

ORAGE
* Le voir au lointain. L'entendre : signe annonciateur de difficultés prochaines dans des domaines qui vous sont particulièrement sensibles et qui laisseront quelques dommages.
* Etre pris dans un orage : des contraintes financières, pertes d'argent, évolution de vos affaires compromises, retardées, détérioration des rapports familiaux, mésentente affective, solitude et chagrins.
* En être protégé, en s'abritant dans une demeure : vous recevrez aide et appui d'une personne influente.

ORANGER
- Présage de bonheur affectif et de prospérité au foyer.

ORANGES
- Des plaisirs, des joies contrariés par des chagrins. Chaque circonstance heureuse devra supporter des contraintes susceptibles de détruire vos acquis.

ORATEUR (vous reporter à DISCOURS)

ORCHESTRE (vous reporter à MUSIQUE)

ORCHIDEE
- Orgueil et prétention.

ORDONNANCE
* Se voir prescrire une ordonnance : présage d'une prochaine résolution de vos difficultés et d'une amélioration de vos conditions de vie.

ORDRES
* Recevoir des ordres d'un familier : entente affective, compréhension.
* Recevoir des ordres d'une personne inconnue ou de relations professionnelles : difficultés dans votre milieu social. Des contraintes dans un proche avenir.
* Donner des ordres à une personne de votre environnement familial : des contrariétés en perspective. Vos souhaits ne pourront se réaliser que par votre propre détermination et votre seule volonté.

* donner des ordres à une personne inconnue ou de votre milieu professionnel : votre position vous assure du respect et de l'estime d'autrui.
* Religieux : une longue période de sacrifices et de solitude à l'écart de vos habitudes.

ORDURES (voir la rubrique IMMONDICES)

OREILLER
- Joies affectives, compréhension mutuelle. Confidences, promesses, des engagements pour un proche avenir.
* Sale, déchiré : tristesse et solitude.

OREILLES
- Vous indiquent d'apporter toutes précautions à l'usage que l'on fera des paroles que vous pourriez énoncer ou des actions que vous envisageriez d'entreprendre.
- Toutes anomalies, blessures, malformations de cet organe : présageraient de difficultés graves, de soucis, de contrariétés que vous auriez à subir de votre environnement familial ou professionnel.
* Se nettoyer les oreilles : vous adopterez de meilleures dispositions à l'égard de votre milieu relationnel.
* Se boucher les oreilles : l'absence de compréhension envers vos amitiés sera préjudiciable au développement de vos projets.

ORGANES SEXUELS (voir SEXE)

ORGE
- Accroissement de vos acquis et de vos biens. Aisance financière, prospérité et fortune. Joie au foyer. Sérénité du cœur et de l'esprit.

ORGIE
- Des plaisirs inconsidérés, des associations éphémères avec des gens de basse qualité ne seront guère profitables à la progression de vos affaires. Les amis d'hier deviendront vos ennemis de demain.

ORGUES
* D'église : préfigurent des cérémonies dont le caractère vous sera indiqué par le thème du morceau entendu et les circonstances de l'audition.
* De fantaisie : des nouvelles, des événements favorables ou malheureux en rapport avec la musique interprétée.

ORGUEIL
* D'une personne de votre connaissance : diverses contrariétés vous seront infligées. Vous aurez à vous méfier des relations que vous pourriez entretenir avec votre entourage sous contrainte de devoir subir des attitudes malveillantes.
* Se voir orgueilleux : de pénibles instants seront de votre futur. Vos associations risquent de vous conduire à l'insuccès et à l'échec.

ORIFLAMME
- Des nouvelles heureuses. Joie au cœur et à l'esprit. Des projets verront une conclusion inespérée de nouvelles espérances.

ORNIERE
- présage de difficultés passagères mais pertinentes dont vous pourriez avoir à souffrir.
* S'y embourber serait fâcheux à vos intérêts.

ORPHELIN
* Se voir en cette situation : des difficultés relationnelles avec autrui vous conduiront à une période

d'isolement et de solitude que vous pourriez mettre à profit pour reconstruire de nouvelles amitiés.

ORTIES
- Fausseté, hypocrisie, attitudes équivoques de vos relations. Vous serez trompé, trahi. Votre échec vous procurera quelques dommages financiers.

OS-OSSEMENTS
- De prochains ennuis bouleverseront votre existence. Vous serez soumis à des perturbations telles que votre santé sera gravement atteinte : perte de situation, rupture affective, maladie ou décès d'une personne chère à votre cœur. Des ennuis financiers préoccupants, des pertes d'argent, des dettes. Ces événements seront d'autant affligeants que la quantité des ossements sera importante et ancienne. Solitude morale. Détresse, Malheur.

OSEILLE
* Fraîche et de qualité : votre situation sociale comporte quelques avantages.

OSIER
- Vous restez flexible à toutes suggestions ou idées dont il vous paraît qu'elles puissent être d'une quelconque utilité.

OTAGE
- Vous serez soumis à de rudes pressions afin de vous imposer des conditions différentes de celles que vous recherchez. Des querelles d'intérêts familiales ou professionnelles, des avantages particuliers dont vous avez le mérite seront le centre du débat. Accepter les principes d'une négociation vous conduirait à une perte grave et à une soumission sans merci.

OTARIE
- Une personne sincère et dévouée fait partie de votre entourage. Il se peut que votre aide lui soit nécessaire. Ne la décevez pas en prenant des attitudes d'indifférence. Les circonstances de la vie vous imposeront des besoins que vous pourriez lui soumettre.

OUATE
- Diverses contrariétés nécessiteront des précautions judicieuses de votre santé, des risques de faiblesses ou de malaises seront à considérer dans un proche avenir.

OUBLIETTES
- Menace de circonstances préjudiciables à vos projets dont vous n'avez aucune conscience. Des intrigues, des complots sont envisagés par vos adversaires pour provoquer votre fin.

OURAGAN
* Le voir à l'horizon : vous devez affronter des évènements désastreux contre lesquels vous n'aurez aucune ressource. Une longue période d'ennuis et de chagrins s'ensuivra pendant laquelle il est souhaitable que vous puissiez bénéficier d'un soutient affectif sincère et dévoué.

OURS
- Un adversaire rusé, habile, puissant, influent est de votre entourage. Sous des aspects bienveillants, il parviendra à vous placer dans une situation susceptible de mettre en péril vos conditions de vie : dépréciation de vos activités professionnelles, reconditionnement de vos moyens financiers, dénigrement auprès de vos relations, intrigues.
* Le rendre inoffensif, le tuer vous serait d'un heureux présage.

OUTILS DE JARDINAGE

* En faire usage dans des conditions appropriées vous indiquerait des changements bénéfiques pour votre bien-être familial.

OUTILS DE TRAVAIL

- Vous serez actif à la manière dont vous souhaitez remodeler votre avenir en favorisant ainsi des possibilités nouvelles ou revalorisées dans le cadre de vos activités professionnelles.

OUTRE

* Remplie avec un liquide de bonne qualité : réussite dans vos activités, chance.

* Vide, détériorée : misère et pauvreté.

OUVRIERS

* Les rencontrer, leur parler : une période de labeur et d'acharnement à vos occupations devra être franchie avant d'envisager une amélioration sensible de vos conditions d'existence.

* Les voir hostiles, en grève ou inactifs : des erreurs d'appréciation dans les choix de votre orientation.

OVATION (voir la définition APPLAUDISSEMENTS)

P

bonheur affectif. Joies familiales. Prospérité au foyer.

PACTE-PACTISER
- L'acceptation de conditions soumises à de quelconques formalités vous engageant de manière difficilement contestable sera pour vous l'amorce à de profondes déceptions ou méprises dont les conséquences feront le profit de vos adversaires.

PAGE
* D'un cahier, d'un livre : des nouvelles vous seront communiquées dont vous pourriez avoir à déplorer le contenu.
* Le serviteur : votre rôle ne sera pas celui que vous souhaitez obtenir.

PAILLE
- Symbolise l'état décadent de vos affaires. Une sombre période de sacrifices et de privations compliquera vos rapports avec autrui et amenuisera vos ressources financières. Incertitude. Angoisses. Pauvreté et misère. Des ennuis de santé.

PAIN
* Manger du pain frais, blanc, agréable au goût : aisance financière. Sécurité matérielle. Bonheur au foyer. Joie familiale.
* Voir ou manger du vieux pain, sec, dur, moisi : des tracas divers, de nombreux soucis. Affaires en régression. Difficultés financières. Mésentente au foyer.
* Acheter ou manger du pain chaud : des ennuis de santé. Malaises. Fatigue.
* Cuire son pain ou assister à sa cuisson : succès dans vos activités. Joie financière. Chance.
* Porter du pain en quantite dettes d'argent. Soucis financiers.
* Manquer de pain : perte de situation.
* Jeter du pain : présage contraire à vos intérêts.
* Le rompre : discordes familiales. Jalousie.
* Des petits pains : des profits négligeables.
* De la mie de pain : pauvreté. Misère.
* Des miettes de pain : imprévoyance.

PAITRE
* Voir un animal au pâturage : promesse d'une évolution positive de votre situation sociale et financière.

PAIX (voir l'interprétation de PACTE)

PALAIS
- Préfigure des désillusions et des peines cruelles. Des souhaits ne pourront se réaliser, vos désirs se concrétiser. Des erreurs d'appréciation, des jugements hâtifs, de mauvais conseils, des personnes malintentionnées vous ont fait surestimer des ambitions pour lesquelles certaines prédispositions étaient défaillantes. Malchance.

PALAIS DE JUSTICE
* Le voir : certaines de vos difficultés pourraient se traduire par des litiges pour lesquels l'intervention de la justice deviendrait nécessaire. Des inquiétudes, désarroi et chagrins.

PALEFRENIER
- Chance et succès. De prochaines rencontres. Une évolution favorable de vos affaires. Des conclusions heureuses à vos démarches.

PALETTE DE PEINTRE
- Nostalgie de souvenirs heureux et de tendres moments. Des regrets. Des chagrins. Des pensées pour préparer d'autres instants de bonheur.

PALEUR-PALIR
- De mauvaises nouvelles contrarieront vos activités et amèneront quelques perturbations dans votre vie affective.

PALIER D'ETAGE
* S'y trouver : stabilité ou stagnation de vos affaires en attente d'un prochain changement évolutif ou défavorable.

PALISSADE (vous reporter à la définition de MUR)

PALMIER-PALMERAIE
- Des projets anciens se concrétiseront. Joie et bonheur d'une réalisation tellement attendue.

PAMPLEMOUSSE
- Vos rapports affectifs subiront les contrecoups des humeurs de votre partenaire et des aléas de la vie courante.

PANCARTE
- Des conseils ou des mises en garde contrarieront vos projets. Ces inquiétudes devraient vous conduire à prendre des précautions utiles dans votre manière d'agir.
- Toutes indications, inscrites sur cette pancarte dont vous pourriez retenir les éléments avantageraient la compréhension du rêve prémonitoire.

PANIER
* Rempli de victuailles ou de fleurs : joie au foyer. Bonheur affectif. Des rencontres, des retrouvailles, des sentiments longtemps inavoués vous seront dévoilés.
* Vide, en mauvais état : de la tristesse et du chagrin, des instants de solitude.

PANNE
- L'importance, la gravité de la panne par rapport à l'objet considéré situeront la qualité et l'ampleur des ennuis que vous allez devoir subir afin de poursuivre votre tâche.

PANORAMA (vous reporter à la définition de PAYSAGE)

PANSEMENT
- Certaines dispositions atténueront vos difficultés vous assurant ainsi de perspectives plus conformes à vos recherches et à vos espérances.

PANTALON
* Porté par un homme : sécurité financière, confiance en soi, détermination à l'égard d'autrui.
* Porté par une femme : possibilité d'une prochaine union.
* Perdre son pantalon : vous subirez des échecs dans vos entreprises. Moqueries. Humiliations.
* Que l'on déchire : des ennuis d'argent, des désagréments dans vos rapports affectifs ou professionnels.
* Que l'on retire : vous laisserez les avantages d'une situation à vos adversaires.

PANTHERE
- Par des manœuvres rusées et sournoises, vos rivaux envisagent

certaines actions particulièrement violentes à l'égard de votre position sociale et des avantages dont vous avez le profit. Perfidie. Calomnies. Dénigrements. Votre réputation sera atteinte. Des soucis financiers.
* La chasser, la tuer : marquerait l'emprise sur vos détracteurs et la fin de vos ennuis.

PANTIN
- La manière dont vous avez géré vos affaires, l'esprit d'indécision dont vous avez fait preuve, l'inconstance de vos efforts vous seront reprochés et amèneront quelques dommages à vos finances.

PANTOUFLES
- Des instants de bonheur paisible au foyer. Sérénité de l'esprit. Joie du cœur. Harmonie conjugale. Existence heureuse et détendue.
* Les égarer, les perdre : des ennuis affectifs. Disputes. Déboires. Séparation. Eloignement.

PAON
- Des personnes de votre entourage apportent quelques vanités, dans la manière de s'imposer en société afin de justifier leurs prétentions ou leur connaissances au détriment d'autrui. Des conséquences sur vos relations et vos amitiés. Méfiance et fausse courtoisie sont à redouter.

PAPE
- Réconfort intime. Joie intérieure. Des instants douloureux, de cruelles épreuves ont quelque peu modifié vos raisons d'être. Présage bénéfique d'une conduite différente de vos pensées et de vos actes.

PAPIERS
- Des affaires urgentes, importantes, réclament toute votre attention. Vous devrez agir rapidement pour pallier aux premières conséquences.
* Des papiers officiels, administratifs : des contrariétés, des risques financiers. Litiges possibles avec l'environnement judiciaire.
* Des papiers manuscrits : des nouvelles affectives ou familiales, des rapports d'amitiés.
* Du papier monnaie : (voir ARGENT et BILLET DE BANQUE)
* D'identité : contestations, litiges avec les autorités judiciaires ou légales.
* D'emballage : des protections utiles à la défense de vos acquis, des appuis dans vos démarches.
* Des papiers peints : modifications heureuses de votre environnement social : des changements bénéfiques de situation, de relations, de ressources, d'habitat.
* Des papiers que l'on déchire, coupe, jette ou brûle : des affaires devront être réglées rapidement : des pertes d'argent, des ennuis affectifs, des querelles.

PAPILLON
- Inconstance d'humeur et de décisions. Infidélité affective ou d'amitié. insouciance à l'égard de vos proches.
* Attraper un papillon : relation sentimentale de courte durée de votre fait si vous êtes solitaire, de votre partenaire si vous êtes marié.

PAQUEBOT (vous reporter à la rubrique BATEAU)

PAQUES
- Des changements heureux et de circonstances dans votre milieu familial.

PAQUET
- Des nouvelles heureuses. Des modifications avantageuses de votre manière de vivre. Des décisions

sages et réfléchies vous permettront d'orienter votre situation sociale vers des possibilités différentes, prometteuses de réussite et de succès.

PARACHUTE
* En faire usage : divers initiatives de votre responsabilité confirmeront des choix nouveaux sur la conduite de vos affaires. Les circonstances de la descente, l'aspect du terrain à votre arrivée au sol vous renseigneront sur vos prochaines perspectives.

PARADE MILITAIRE
- présage favorable marquant plus particulièrement la fin de vos conflits, une période de calme et de bonheur, et l'amorce d'une vie nouvelle.

PARADIS
- Période de bonheur et de joie. Vous serez conforté dans tous les divers aspects de votre vie. Chacun des domaines sensibles à votre cœur vous sera privilégié. Des instants merveilleux.

PARALYSIE
- Des contrariétés particulièrement violentes ne recevront pas de solution dans l'immédiat. Vos affaires souffriront de cet état de fait et quelques dommages financiers sont à craindre. Déception. Incertitude. De sages conseils vous seraient utiles.

PARAPET
* En parfait état : des amitiés sincères et dévouées vous resteront fidèles dans l'adversité. Leur présence et leur conseils seront de précieux atouts dans la détresse.

PARAPLUIE
- Des relations intimes ou amicales vous assisteront par leurs conseils ou leur appui dans de prochaines démarches. Des intérêts seront concernés et de saines précautions à leur protection vous seront utiles.
* Cassé, détérioré : des amitiés vous décevront par un comportement perfide et opportuniste.

PARASOL
- Projet de voyages et de détente familiale. Bien-être au foyer. Bonheur de vivre.

PARATONNERRE
- Une situation conflictuelle qu'il serait souhaitable de résoudre par vos propres efforts sans intervention de personnes ignorantes de vos préoccupations.

PARAVENT
- Des vérités cachées, des secrets conservés jalousement, des confidences inavouées.

PARC
- Détente et réconfort après de pénibles instants. Réflexion sur les événements rencontrés, prémice à de sages décisions pour votre devenir.

PARCHEMIN
- De sérieuses contrariétés vont compromettre votre situation. Les indications portées sur ce document pourront préciser vos inquiétudes. Des litiges surgiront en relation avec vos biens et vos acquis. Crainte d'intervention d'autorités judiciaires.

PARDESSUS (vous reporter à MANTEAU)

PARDONNER
- Des peines et des regrets qui vous seront dévolus en contrepartie de l'ingratitude malveillante d'autrui.

PARENTS
* Rencontrer ses parents en rêve : vous annonce des événements graves et importants. Selon qu'ils seront d'apparence aimable, souriante ou au contraire, fâchée, ce présage vous sera favorable ou pénible. Sachez tenir compte de leur attitude et des conseils que vous pourriez recevoir. Ces éléments seront déterminants dans la conduite à tenir.

PARESSE (vous reporter à LETHARGIE)

PARFUMERIE
* La voir ou s'y trouver : votre réputation est associée à des affaires particulièrement délicates à résoudre. Vous devrez combattre des adversaires rusés, malins, fourbes, qui par divers procédés chercheront à triompher de vos arguments, sans que pour autant il soit tenu compte des valeurs anciennes, à votre avantage, qui vous ont fait apprécier et estimer de tous.

PARFUMS
* Agréables, discrets : l'appréciation des personnes de votre entourage à votre égard peut-être considérée positive, favorable aux activités que vous développez.
* D'odeurs désagréables : une certaine hostilité se manifestera contre vos actions et vous ne pourrez considérer avoir les faveurs nécessaires à l'évolution de vos affaires.
* Que l'on vous fait sentir ou que vous recevez en cadeau : vous serez abusé et trompé sur les véritables intentions de cette personne.
* Que vous offrez : vous parviendrez à vos fins et saurez convaincre vos interlocuteurs.

PARKING (vous reporter à GARAGE)
- A noter toutefois, selon qu'il sera fait usage de ce parking à l'extérieur, des valeurs d'interprétation atténuées par rapport à un emplacement souterrain.

PARI-PARIER
- Tendance à vouloir engager l'évolution de vos affaires selon des dispositions hasardeuses. Les conséquences seront fâcheuses pour la gestion de vos intérêts et le jugement de vos proches. En rêve, cette symbolique aura une signification toute particulière et vous engagerait à faire preuve d'une grande prudence.

PARJURE
* D'une autre personne : malveillance, méchancetés, humiliation dont vous serez victime.
* Dont vous êtes responsable : déshonneur et disgrâce à votre égard.

PARLER-PAROLES
- Toutes conversations, entendues lors d'un rêve, révéleront en clair ou selon une déduction appropriée des messages dont il sera préférable de tenir compte pour l'approche des événements futurs. Par rapport à l'intonation de la voix et le comportement de la personne, il sera aisé de conclure la prémonition. Ainsi :
* Une voix douce, gentille, aimable : aide et appui. Compréhension. Attitude favorable à vos arguments. Evolution positive de vos affaires. Réalisation de vos souhaits.

* Une voix forte, hostile ou inquiète : vous indiquera des circonstances défavorables au cours desquelles vous serez opposé à des tierces personnes. Des litiges graves. Des interventions extérieures à vos habitudes sont à prévoir.
* Parler avec difficultés, ne pouvoir parler : un environnement affectif ou social hostile à vos considérations personnelles vous laissera impuissant face aux attaques dont vous subirez les effets.

PARLOIR
- Vos propos risquent d'être utilisés à l'encontre de vos intentions. Une certaine rigueur dans votre comportement favoriserait le secret de vos affaires.

PARQUET
* De justice : des relations particulièrement difficiles avec des autorités légales dans le cadre d'affaires familiales ou professionnelles pour lesquelles vous n'auriez pas nécessairement gain de cause.
* D'un habitat : (voir PLANCHER)

PARRAIN
- Peut-être en rapport avec le baptême d'un enfant. En d'autres cas : aide et secours seront à prodiguer auprès d'une personne de votre connaissance. Votre amitié lui sera précieuse afin d'atténuer sa solitude et son désarroi.

PARTIES SEXUELLES (voir la rubrique SEXE)

PARTERRE DE FLEURS
* Agréablement décoré, de jolies fleurs, de bon entretien : joie au cœur. Compréhension affective. Aide et appui dans vos démarches. Soutien moral. Bonheur au foyer.
* De mauvais aspect, aux fleurs fanées, piétinées : des conflits familiaux. Oppositions et querelles. Désespoirs. Lassitude morale.

PARTIR
* Se voir partir : des événements soudains et imprévus. Besoin de fuir, de modifier ses habitudes, de rompre avec son passé, ses ennuis, ses tracas. Des contraintes dues aux circonstances retarderont vos projets mais vous prendrez certaines dispositions pour conjurer le mauvais sort, et retrouver un climat favorable à vos souhaits et à vos intérêts. Des perspectives heureuses à long terme.

PARTITION MUSICALE
* Ecrire une partition : joie et satisfaction. Vous disposerez des meilleurs arguments pour réaliser vos ambitions, à l'abri des contraintes extérieures à vos désirs.
* La lire, l'exécuter : la dominance de personnes étrangères à vos pensées défavoriseront les initiatives personnelles dont vous manifestez l'intérêt.

PAS
* Des traces de pas : message de prudence à l'égard de tierce personne. Vous êtes l'objet d'une surveillance attentive. De prochaines actions à l'encontre de vos intérêts sont à redouter.
* Entendre des pas : des nouvelles proches. Des contrariétés, des peines. Vous serez sous la contrainte de défendre votre position et vos acquis.

PASSAGE
* Clouté : des obligations dans la gestion de vos activités dont vous pourriez tirer profit si vous en acceptez les contraintes.

* Interdit : des obstacles imprévus à l'avantage de vos adversaires.
* A niveaux : la progression de vos affaires sera moins favorisée que celle de vos rivaux. Quelques retards risquent de perturber les conclusions de vos efforts.
* Souterrain : insuccès de vos démarches. Des choix nouveaux se prêteront mieux à l'évolution envisagée.

PASSANT
- Selon la physionomie, l'attitude, le comportement des personnes que vous verriez d'une fenêtre ou que vous croiseriez dans la rue, il vous sera possible de déterminer la valeur du présage qui vous informe de prochaines nouvelles modificatrices de vos conditions actuelles.

PASSEPORT
- Des difficultés prochaines. Contestations ou litiges avec les autorités administratives. Des retards, des entraves relatives à certaines évolutions de vos affaires liées à un déplacement ou à un voyage.

PASSERELLE
* Ce moyen de liaison reste provisoire et fragile. Ce qui vous indique des circonstances favorables à la progression de vos affaires dont il serait souhaitable de vous voir bénéficier, à court terme, en vous assurant des précautions d'usage.

PASSOIRE
- Vous aurez nécessité à éliminer certaines des affirmations développées par la partie adverse et retenir que des arguments qui puissent défendre votre position.

PASTEQUE
- Des contrariétés multiples provoquent divers embarras de santé et une lassitude morale dont il faudrait prévoir les conséquences.

PATAUGER
- Des affaires embrouillées, une situation complexe, des contrariétés dans l'évolution de vos projets, des contraintes financières. Un état de santé déficient. Désillusions et chagrins.

PATE
- Des joies et des petits profits sans grande importance mais utiles à votre ambition.

PATES
- Préfigurent des circonstances favorables à l'obtention d'avantages divers, de profits, de relations familiales heureuses et réconfortantes.

PATINAGE-PATINER
- Des événements impromptus vous obligeront à prendre des décisions hâtives et quelque peu risquées. Votre opportunité, votre intuition, votre maîtrise pourront être le gage d'un succès réel.
* Chuter : serait d'un fâcheux présage annonciateur d'ennuis et de tracas. Malchance.
* Voir des personnes de votre connaissance : des initiatives indispensables à la gestion de vos affaires ne seront pas de votre responsabilité. Vous pourriez être sous la dépendance de rivaux hostiles à vos démarches.

PATISSERIE
* Le local : des contrariétés diverses et variées pourront avoir des conséquences sur votre comportement à l'égard d'autrui et amener quelques troubles de santé qui perturberont vos activités.
* Les gâteaux : (vous reporter à la rubrique GATEAUX)

PATRE
- Des charges familiales d'une grande importance seront de votre responsabilité. La pérennité de votre foyer dépendra de votre détermination dans la gestion des intérêts communs.
* D'un troupeau de bêtes, vives et grasses : accroissement de vos acquis et de vos biens.
* D'un troupeau de bêtes maigres et peu nombreuses : régression. Soucis financiers. Dettes.

PATRON (vous reporter à la rubrique DIRECTEUR)

PATURAGE
* De belle apparence, à l'herbe verte et grasse : prospérité, fortune, aisance financière, chance et succès dans vos activités.
* De montagne : des obstacles, des difficultés seront à surmonter avant de constater quelques profits.
* A l'herbe rose, desséchée, des ennuis financiers, des problèmes de santé. Insuccès. Malchance.

PAUVRE-PAUVRETE
* Se voir en cette situation : difficultés de toutes sortes : financières. affectives, relationnelles. Des risques de maladie sont à craindre. Lassitude morale. Détresse.
* Voir d'autres personnes en état de pauvreté : annonce de manœuvres ou d'intrigues de vos rivaux à votre encontre dont vous auriez à subir les dommages.

PAVE-PAVER
- Des circonstances défavorables. Des oppositions à vos projets. Des altercations. De mauvais propos à votre encontre. Des actions malveillantes. Risque de procès. Des ennuis avec la justice.

PAVILLON (vous reporter à MAISON)

PAVOT
- Mensonge, tromperie, trahison.

PAYE (vous reporter à salaire)

PAYER (voir règlement)

PAYS
- Rêver d'un pays ou d'un lieu quelconque se reportant à un pays aura des conséquences directes sur la prémonition. Compte tenu des caractèristiques propres à chacun d'entre eux, il reste difficile d'en faire l'énumération. Il sera aisé au lecteur d'en établir la supposition en regard de ses propres sentiments, impressions ou intuitions à l'égard du pays considéré et de ses habitants.

PAYSAGE
- La vision d'un paysage, les divers éléments qui le composent, des animaux, des arbres, de la végétation, l'état du ciel, la luminosité, etc... composeront un ensemble d'informations dont la synthèse suffira à conclure la valeur de la prémonition. Il est évident qu'en rapport du plus grand nombre d'éléments positifs, meilleure sera votre formulation. Par exemple :
* Un paysage grandiose, ensoleillé contemplé du sommet d'une colline : amour, joie, bonheur.
* Un paysage sous un ciel orageux, sombre et désolé : soucis, chagrins.
* Contempler un paysage : indique une situation de stagnation ou d'attente avant l'annonce d'un futur changement.

PAYSAN
* En activité, dans des conditions conformes à l'exécution de sa tâche : vous disposez de meilleures

chances pour réaliser vos projets et parvenir aux résultats que vous souhaitez. vous serez récompensé de votre labeur et de votre opiniâtreté. Promesse de réussite.
* Malade, dans de mauvaises conditions : de nombreux obstacles, des ennemis et des tracas. Des chances aléatoires.

PEAU
* Une jolie peau, fine, délicate : vous êtes aimé, joie du cœur, bonheur intime, sérénité.
* De mauvaise couleur, fanée, ridée : des contrariétés, de nombreux soucis, maladie.
* Foncée, noirâtre : de mauvaises pensées ou actions à votre égard, infidèlité, adultère.

PEAU DE BETE
- A l'exclusion des fourrures qui font l'objet d'une étude séparée, la possession d'une peau de bête détermine des tracas, des contrariétés en rapport avec l'importance de la peau et le caractère de l'animal. Incertitude.

PEAU D'UN TAMBOUR (voir tambour)

PECHES
* Les voir, les cueillir mûres et de belles couleurs : vos rapports affectifs sont au mieux de vos souhaits. Réussite sentimentale, joie du cœur, bonheur profond.
* Amères, vertes : déception amoureuse, fâcheries, disputes.

PECHEUR-PECHER A LA LIGNE
- Toutes actions de pêche présagent des circonstances favorables et bénéfiques pour l'avenir du rêveur, d'autant que la pêche sera productive de poissons en nombre et en qualité. Promesse de richesses et de profits. Bonheur intime et familial.
* Sortir de l'eau des objets inusités : serait le signe de déboires et de tromperies dont vous serez la victime.

PEDALER
- Des possiblités de changer à votre avantage certaines conditions de votre existence ce qui supposera quelques efforts d'adaptation et de volonté de votre part.

PEDICURE
- Des affaires délicates réclameront les conseils éclairés d'une personne aimée. Réconfort moral et affectif.

PEIGNE
* Voir un peigne : présage de discordes dans vos relations, des calomnies, des médisances, duperies et trahisons.
* Se peigner : vos affaires connaîtront un début de résolution à votre avantage. Un climat de compréhension favorisera vos rapports affectifs. Atténuation de vos soucis et de vos chagrins. Promesse de meilleures conditions de vie.
* Des cheveux difficiles à peigner : quelques tracas avant de parvenir à la solution recherchée.

PEIGNOIR
- Détente affective, réconciliation, renouveau des sentiments. Un prochain bonheur.

PEINE
* Le sentiment : des prochains instants de bonheur et de joie
* La condamnation : réussite de vos démarches, succès de vos entreprises.

PEINTRE
- La reconnaissance d'une tâche ardue, malaisée, exigeant des peines

et des sacrifices viendra en son temps, vos mérites seront appréciés et votre situation sociale sera en rapport avec vos souhaits.

PEINTURE
- Tout dessin ou tableau représentatif d'une situation de vie, d'un personnage, d'un animal ou d'une autre manière, d'une image précise et évocatrice peut être considéré comme un présage excellent. Toute autre représentation incompréhensible, indéchiffrable devra être interprétée comme fâcheuse au devenir du songeur. Les couleurs utilisées vous apporteront des précisions complémentaires selon les définitions proposées à la rubrique « couleurs ».

PELER
* Un fruit : des ennuis familiaux, incompréhension et disputes.

PELERIN-PELERINAGE
- Votre position sociale sera confortée après une période éprouvante de sacrifices, de soucis, de solitude. Prémice d'un changement profond de vos habitudes.

PELERINE
- Des relations peu scrupuleuses à l'égard de vos pensées.

PELICAN
- Des relations parfois très utiles, parfois très gênantes dans l'évolution de vos démarches.

.PELISSE DE FOURRURE (voir la rubrique FOURRURE)

PELLE
* En faire usage de manière utile et précise : évolution favorable de vos affaires. Promesse de gains.
* Toutes autres circonstances présageraient des ennuis, des altercations nuisibles à vos projets.

PELLICULES
- Des nouvelles désagréables, quelques soucis sans gravité.

PELOTE
* De ficelle : protection d'amitié ou de relation.
* De laine : une excellente gestion de vos interêts. Sécurité financière.

PELOUSE
* A l'herbe grosse, verte, bien coupée : démarches fructueuses, des affaires saines et profitables, des profits.
* A l'herbe séchée, jaunie, en mauvais état : malchance, insuccès de vos activités, pertes d'argent, dettes, ennuis de santé.
* A l'herbe qui repousse, reverdissante : de nouvelles perspectives, des opportunités de réussite, promesse de gains, guérison.

PELUCHE
- Des animaux en peluche vous rappellent de tendres souvenirs d'enfance et des liens affectifs très profonds qui ne sont pas rompus quelles que peuvent avoir été les circonstances.

PENCHER
* Se pencher : incertitude, faiblesse, soumission ou humiliation selon le contexte du rêve.
* Une autre personne : vous parviendrez à justifier vos revendications.

PENDRE
* Du linge : désir profond de modifier ses conditions de vie. Annonciateur d'un prochain changement favorable aux intentions du rêveur

* Des objets dont ce n'est pas la vocation : tracas divers, insuccès, malchance.

PENDU
- Cette pénible circonstance préfigure un changement inéluctable qui va modifier vos habitudes et votre comportement. D'une manière générale ce rêve vous annonce des faits contraires à vos intérêts, à vos projets, à votre manière de vivre. Il apportera de profonds bouleversements dans la cellule familiale ou relationnelle.

PENDULE (voir la rubrique HORLOGE)

PENICHE (voir la rubrique BATEAU)

PENITENCE
- De mauvaises nouvelles, des contrariétés, des fâcheries familiales.

PENSION-PENSIONNAT
* S'y trouver : préfigure une période d'isolement, de chagrins, de séparation affective, désarroi, quelques ennuis de santé.

PENTE
- Son profil, son apparence détermineront l'importance des difficultés qu'il vous faudra résoudre.

PEPIN DE FRUIT
- Prémice de prospérité, de fécondité, d'accroissement de vos acquis et de vos biens.

PEPINIERE
- Excellent présage. Profits. Richesse. Fortune.

PEPITES
* Trouver des pépites : chance et succès. Promesse de gains financiers. Des profits. Joie et bonheur.

PERCE-OREILLES (vous reporter à la rubrique INSECTES)

PERCEPTEUR
* Etre en affaires avec ce fonctionnaire : des difficultés sont à prévoir en relation avec des autorités légales, ou des personnes ayant pouvoir d'influence sur la gestion de vos affaires. Soucis d'argent. Des contraintes financières.

PERCHE
* Réussir un saut à la perche : vos projets se concrétiseront au mieux de vos intérêts. Chance. Des marques d'estime de vos proches.
* Tendre une perche à une personne en difficultés : aide et appui d'une personne dont l'estime vous est acquise.

PERCHOIR D'OISEAUX
- Stagnation de vos affaires. Retard dans les démarches entreprises. Des soucis affectifs. Des questions à l'encontre de vos intérêts. Bavardages. Ragots. Médisance.

PERDRE
* Sa réputation : vous subirez les conséquences de vos actions à l'égard d'autrui. Des engagements que vous n'avez pas respectés, des affaires illicites, des profits immérités. Jalousie et trahison.
* Un objet : des retards dans la progression de vos projets, des formalités se révèlent indispensables. Des relations privilégiées ou familiales vous cherchent querelles par des moyens peu à votre honneur.
* Se perdre : une situation embrouillée et complexe. des amitiés qui s'écartent de vos fréquentations, des erreurs sur les choix à effectuer, dans la conduite de vos démarches. Vous avez ignoré certaines précautions, des soucis d'argent. Inquiétude. Angoisse.

PERDRIX-PERDREAUX
- Des jalousies dans les rapports affectifs ou sociaux, des rivalités dans vos affaires. Des discussions peu avantageuses susciteront des altercations avec des personnes de vos préférences.

PERE
- Votre conduite à l'égard du milieu familial reste critiquée. Des reproches pourront créer une situation de contraintes et d'obligations qui laisseront quelques dommages dans votre vie propre.

PERLES
- Elles annoncent très souvent des soucis et des larmes, des souffrances et des querelles.

PERQUISITION
- Une rumeur de perquisition à votre domicile, laisse présager des litiges dont il sera nécessaire de trouver solution devant les autorités judiciaires. Des biens familiaux ou des acquis professionnels feront l'objet des contestations à votre désavantage.
* La subir : malchance, des conflits graves, risque de saisie judiciaire, de procès.

PERRON
- Des changements importants dans votre existence. Certaines conditions vont se modifier. Des affaires délicates trouveront une solution au mieux de vos intérêts, après quelques soucis transitoires.

PERROQUET
- Des personnes de votre entourage, peu discrètes, se préoccupent de mener des intrigues à votre encontre.

PERRUCHES
- Des propos malveillants, des actions sournoises et perfides vous feront perdre le bénéfice de démarches importantes dont la réussite modifirait de manière conséquente votre situation sociale.

PERRUQUE
- Soucis de masquer ses intentions véritables sous des aspects bienveillants. Tromperie. Mensonge. Hypocrisie.

PERSIENNES
* Ouvertes : de prochaines circonstances heureuses. Des rencontres nouvelles. Vos démarches seront profitables à vos intérêts.
* Fermées : période de solitude et de chagrins. Des contraintes familiales. Séparation affective. Rupture.

PERSIL
- Des alibis à des causes dont nul ne peut se méprendre.

PESEE-PESER
- Vous n'échappez à aucun des moyens nécessaires à la connaissance de vos droits ou de vos intérêts. Vous resterez ainsi en mesure de répondre à certaines attaques de vos rivaux et de justifier vos arguments.

PESTE
- Des conséquences supportées par les personnes responsables de vos intérêts, dans le cadre de vos activités, vous procureront quelques dommages financiers.

PETALE DE FLEURS
- Des sentiments délicats, de tendres pensées. Une sensibilité extrême.
* Les voir se flétrir : une attitude indifférente ou hostile vous ont éloigné d'une personne qui vous

était attachée par des liens affectifs profonds.

PETARD
- De fausses rumeurs, des informations mensongères, des intrigues de bas-niveau amèneront quelques frayeurs sans inconvénient notoire.

PETIT
- Ce qui vous apparaît, en rêve, plus petit que nature, dénonce diverses contrariétés dans vos activités, dans vos projets susceptibles de conduire à des résultats différents de ceux que vous recherchiez. Des espérances déçues, des attentes ou des efforts inutiles, des relations affectives superficielles et éphémères.

PETIT-DEJEUNER
- Vous informe d'une prochaine période de tracas, de litiges graves qui occasionneront de nombreuses démarches auprès de personnes d'influence. Des soucis financiers apporteront l'obligation de réaliser un emprunt d'argent de courte durée.

PETIT LAIT
- Des contrariétés, des disputes, quelques soucis d'argent.

PETIT PAIN
- De petits profits sans grand intérêt.

PETIT POIS
- De mauvaises nouvelles risquent de contrarier vos projets. Des affaires déficientes. Des ennuis de santé.

PETITION
* La voir circuler : des intrigues vous seront favorables. Un complot provoquera quelques dommages dans vos relations et vous laissera certaines disponibilités pour réorganiser vos activités.

PETRIN DE BOULANGER
* En activité : des chances de réussite. Promesse de gains financiers et de profits.
* Vide : insuccès. Infortune. Pauvreté. Désarroi.

PETROLE
- Des relations de votre entourage auxquelles vous prêtiez peu d'attentions vous apporteront d'utiles conseils et des appuis sérieux dans la résolution d'une affaire délicate.

PEUPLIER
* Avec son feuillage d'été : des projets se concrétiseront. Succès dans vos activités, des gains financiers. Votre situation sociale évoluera de manière confortable.

PEUR
- Des événements particulièrement éprouvants. Vous disposerez de peu d'arguments pour justifier votre position. Vos adversaires vous surprendront par les appuis dont ils feront usage. La maîtrise des sujets à l'avantage de leurs intérêts, des sentiments malveillants à votre encontre. De gros problèmes à l'horizon.

PHARE
- Des dangers sont à craindre dans un avenir proche. Les précautions que vous apporterez dans la négociation de vos affaires vous feront éviter le pire.

PHARMACIE-PHARMACIEN
- Les pénibles moments que vous vivez cesseront prochainement. De sérieux espoirs d'une meilleure position par rapport à vos contraintes actuelles. Un soutien affectif, des

amitiés sérieuses vous seront d'un précieux réconfort.

PHOQUE (vous reporter à la rubrique OTARIE)

PHOTOGRAPHIE

* De personnes de votre entourage : des événements en rapport avec ces mêmes personnes vont se produire. Pour la plupart des cas, des affaires restent en suspens, pour lesquelles subsiste un contentieux. De vieilles rancunes seront réactivées. Des reproches resteront à votre actif.

* De personnes inconnues : des rencontres nouvelles dont la fréquentation pourra préciser des liens profonds et durables.

* De personnes défuntes : marque d'affection et de tendres sollicitudes. Il est possible que certaines affaires prochaines soient d'un quelconque rapport avec les dites personnes.

* Photographie en noir et blanc : événements tristes ou neutres.

* En couleurs : événements favorables.

* Donner des photographies à une personne : vous cesserez toutes relations. Départ définitif.

* Recevoir des photographies : des relations seront précieuses à vos sentiments, des liens durables se confirmeront.

PHOTOGRAPHIER

* Une personne : de tendres sentiments vous assureront d'un mariage heureux.

* Se faire photographier : l'apparence que vous souhaitez faire approuver par votre entourage ne présente que peu de similitudes avec vous-même.

PHYSIONOMIE

- La physionomie d'une personne aura une importance fondamentale dans l'interprétation du rêve. Selon qu'elle vous paraîtra agréable, souriante, détendue, ou au contraire triste, fâchée, la prémonition vous sera favorable au contraire.

PIANO

* Voir un piano : des heures proches de bonheur.

* Entendre jouer de cet instrument : le morceau interprêté est agréable, vous recevrez de bonnes nouvelles et d'heureuses circonstances vous conforteront dans vos espérances. Un air triste serait de mauvaises indications.

* Jouer du piano : si l'interprétation est joyeuse et plaisante, et que vous la fassiez avec plaisir et facilités, vous aurez de grandes satisfactions dans votre vie intime.

PIC

* L'oiseau : des nouvelles déplaisantes qui pourraient vous apporter des contrariétés.

* D'une montagne : (voir la rubrique MONTAGNE)

PICORER

- Des activités de peu d'importance et d'un rapport négligeable.

PIE

- De mauvais présage. Vous annonce de fausses nouvelles, des rumeurs inexactes. Malentendus. Calomnies. Médisances. Des petits larcins contre vos intérêts.

PIECES

* De monnaie : soucis d'argent. Dépenses superflues ou imprévues.

* D'un habitat : si les pièces sont d'apparence agréable, d'heureuses

circonstances favoriseront vos espoirs.

* De théatre : des promesses trompeuses. Illusions. Vous serez déçu et amer.

* De tissus : accroissement de vos acquis et de vos biens. Richesse. Profits.

* De vin de bonne qualité : des rapports heureux avec votre entourage. Des instants de plaisirs et de détente.

PIEDESTAL (voir ESTRADE)

PIEDS

* Des pieds sales, difformes, malades, tracas, embûches, soucis de toutes sortes. Peines. Tristesse.

* Aux mensurations inusitées : affliction, désarroi.

* Blessés, amputés : des épreuves cruelles. Souffrances et chagrins, séparation, maladie. Deuil. Des conséquences financières importantes.

* Etre mordu au pied : jalousie. Antipathie à votre égard.

* Avoir les pieds attachés : vos adversaires obtiendront l'avantage dans l'évolution et le réglement d'une affaire délicate à laquelle vous réserviez beaucoup d'importance.

* Baiser les pieds d'une personne : repentir.

* Une personne vous baise les pieds : hypocrisie.

* Se laver les pieds : fin de vos tracas. Vous retrouverez sérénité et espérances.

* Marcher pieds nus : pauvreté. Misère.

* Marcher sur la pointe des pieds : manque de confiance en soi. Timidité.

PIEGE

- Annonce des difficultés dont vous risquez les conséquences si ce piège fonctionne à votre encontre.

- Un adversaire que vous y verriez retenu serait de bon augure pour vos intérêts.

PIERRES

- Présage peu favorable à vos espérances. Des contrariétés diverses perturberont votre existence et sèmeront le trouble dans vos relations. La quantité, la grosseur, l'usage qu'il en sera fait, seront des indications complémentaires permettant de situer l'importance et la gravité des événements.

* Les jeter à une personne : honte et humiliation. Vous commettrez des actions malheureuses et préjudiciables.

* Que l'on vous jette : vous serez bafoué et humilié.

* Dont vous faites un tas pour vous en débarrasser : vous aurez l'initiative d'événements qui vous seront favorables pour mettre fin à vos soucis.

* Manger des pierres : insuccès de vos affaires. Honte à l'égard d'autrui. Rancune et désarroi.

PIERRE A AIGUISER

* En faire usage : vous envisagez de régler certaines affaires délicates d'une manière peu honorable. Querelles et dissenssions. Des rancunes persisteront.

PIERRE-PONCE

- Certaines affirmations pourraient guider vos recherches si vous consentiez à y prêter toute l'attention indispensable.

PIERRE PRECIEUSE

- Vous réserve des circonstances à votre avantage si vous en faites

l'acquisition ou que vous la possédez : accroissement de vos acquis ou de vos biens. Richesse. Fortune. Honneurs et distinctions.
* Vous la faire dérober, ou la perdre : malchance. Insuccès. De prochaines difficultés.

PIERRE DE TAILLE
* Brute ou équarrie : vous disposerez des meilleurs atouts pour concrétiser vos espérances et parvenir au succès.

PIERRE TOMBALE
- Des nouvelles tristes et cruelles.

PIETINER
- Des affaires en attente. Retards. Embûches. Entraves. Stagnation de vos projets.

PIEU
- Des points d'appui nécessaires à l'évolution de vos activités, des amitiés utiles. Des conseils précieux, des personnes influentes.
* Taillé en pointe : de nouvelles acquisitions. Extension de vos biens.

PIEUVRE
- De très fâcheux présage. Danger proche. Péril menaçant. Des adversaires intriguent et envisagent de porter atteinte à vos intérêts.
* Etre retenu prisonnier par ses tentacules : perte de situation. Contraintes financières.

PIGEONS
* Les voir voler : des nouvelles agréables en conformité avec vos désirs.
* Posés à terre ou perchés : joies affectives. Tendres relations. Plaisirs en amitié. Bonheur intime.
* Qui s'échappent à votre approche : des projets d'union retardés ou rompus. Des soucis de cœur.
* Auxquels vous donnez à manger : il vous faudra consentir à quelques sacrifices pour retenir et séduire la personne aimée.
* Les entendre roucouler : tendresse et compréhension.
* Que l'on capture : fiançailles, mariage.
* Que l'on tue, que l'on mange : des ennuis, des peines cruelles.

PIGEONNIER
* Avec des pigeons : joie et bonheur au foyer. Bien-être familial. Promesse d'événements heureux.

PILIER
- De solides arguments pour la défense de vos intérêts, vous avez conscience de vos responsabilités et prenez les moyens nécessaires pour les assumer.

PILLAGE
- Préfigure des circonstances dont les conséquences peuvent être néfastes à votre foyer et à vos biens.

PILOTE
- Des changements importants dans vos conditions de vie qui pourront bouleverser certaines de vos habitudes.

PILULES
- Réconfort moral ou désagrément selon le plaisir ou la répulsion que vous éprouverez à l'absorption de ce médicament.

PIMENT
- Des émotions fortes dans la résolution d'une affaire incertaine.

PIN-PINEDE
- Bien-être intérieur. Quiétude morale. Détente du cœur et de l'esprit.

PINCEAU

- Selon l'usage que vous en ferez et auquel il est destiné, il vous sera possible d'en situer l'interprétation selon la rubrique concernée.
* A l'état d'abandon : des propos de peu de valeur, des personnes de peu d'importance, qu'il paraît préférable d'ignorer ou de mépriser.

PINCER

- Quelques petites blessures d'amour propre sans gravité.

PINCES-PINCETTE

- Des rapports aigres. Tendres dans le couple.

PINGOUIN

- Des relations envahissantes, sans aucune prérogative particulière pour vos intérêts.

PINSON

- De bonnes nouvelles. De tendres relations affectives.

PINTADE

* Vivante : des relations superficielles sans grand intérêt.
* Rôtie : des rencontres familiales heureuses et attendues.

PIOCHE

* En faire usage pour des circonstances appropriées : promesse de réussite dans vos entreprises et de récompense dans le succès par l'effort et l'opiniâtreté.
* Dans un cas où cet outil servirait de moyen d'attaque ou de défense, attendez-vous à de graves soucis.

PIOLET

- Des arguments nécessaires à la progression de vos projets. Des moyens indispensables à la réussite de vos entreprises.

PIPE

- Bien-être intérieur. Sérénité face aux événements de votre vie. Sagesse de vos décisions. Lenteur réfléchie et recherchée dans vos actions.
* La briser : serait de mauvais augure.

PIQUE-NIQUE

- Plaisir de la vie en famille et de joyeux instants, de rencontres peu fréquentes.

PIQUET (vous reporter à la définition du mot PIEU)

PIQUET DE GREVE

- Des retards dans la concrétisation de vos espérances. Certains de vos projets seront contrariés par des événements extérieurs à vos ambitions. Déception. Amertume. Une remise en cause probable de vos recherches.

PIQURE

* D'insectes : des rivalités apporteront quelques virulences dans le cadre de vos discussions et certaines altercations risqueront de vous procurer des dommages.
* Médicale : des ennuis divers auront raison de votre santé physique et morale. Vous recevrez aide et réconfort d'une personne aimée ou d'une amitié sincère.

PIRATE (vous reporter à la rubrique CORSAIRE)

PIROGUE (vous reporter à la définition du mot KAYAK)

PIS D'ANIMAUX DOMESTIQUES

* Remplis de lait : prospérité. Richesse. Abondance. Fécondité.

PISCINE

* Remplie, animée, de bonne fréquentation : des satisfactions dans l'évolution de vos entreprises. Une halte heureuse et bienfaisante après des instants d'efforts et de sacrifices.

PISSENLIT

- Joie et bonheur dans les relations affectives ou amicales.

PISTE

- des moyens de résoudre vos difficultés, des perspectives de solution à vos préoccupations. La tâche sera peu aisée, des incertitudes, des angoisses.

PISTOLET

- Querelles et inimitiés. Des oppositions surgiront de votre environnement familial ou professionnel, des contraintes de situation ou financières vous imposeront des démarches indispensables à la protection de vos intérêts.

* Une arme enrayée : malchance. Insuccès.

PISTON

* De moteur, ou de machine à vapeur : selon l'état de la pièce et l'usage qu'il en sera fait, ce rêve indique la nécessité de se préoccuper des arguments nécessaires à vos activités ou l'insuccès de vos démarches par négligence de certains détails à l'apparence quelconque ou secondaire.

* D'une personne : de fausses relations ou amitiés vous décevront lorsque vous les solliciterez.

PITIE

- Représentative de l'affection et de l'amitié que l'on vous porte si vous en êtes l'auteur à l'égard d'autrui.

PITRE

* Faire le pitre : de mauvais choix, un dosage irréfléchi de vos efforts, des rapports relationnels superficiels, trompeurs, intéressés, laisseront un déséquilibre dans vos affections et vos pensées. Déceptions amères. Chagrins. Solitude morale.

PIVOINE

- Affection et tendresse dans la discrétion et la sincérité.

PLACARD

- Selon l'usage qu'il en sera fait, les divers objets qui pourront s'y trouver rangés, le lieu de son emplacement, vous pourrez obtenir l'interprétation convenable.

PLACE

- Ce rêve est à considérer de la même manière que la définition relative à « MARCHE ».

- Il sera nécessaire de tenir compte des éléments constitutifs de cette place : les bâtiments, les diverses habitations, l'animation générale ou particulière. Les personnes rencontrées, la luminosité, les raisons de votre présence, l'itinéraire suivi sur cette place, les inscriptions lues sur les divers supports : affiches, journeaux. L'heure approximative de votre passage. Si au cours de ce périple vous avez observé plus particulièrement certaines scènes caractéristiques, attardez-vous à les analyser.

- Une place détermine une phase de changement modifiant vos conditions actuelles. La traverser aboutira à conclure une évolution ou une régression en relations avec les aspects évoqués ci-dessus.

* Y rester en attente : une période de stagnation est à prévoir.

PLAFOND
* En bon état, refait à neuf : protection. Sécurité. Assurance d'un avenir meilleur et réconfortant.
* Qui se lézarde, s'effrite, taché, irrégulier : des soucis et tracas divers. Incertitude et angoisse. Maladie d'un proche parent.
* Qui s'effondre : maladie grave. Décès familial. Perte d'une personne aimée. Perte de situation. Dommages financiers. Dettes. Des contestations de biens.

PLAGE
* De galets : des contrariétés multiples à l'évolution de vos affaires. Vous serez agacé et persécuté.
* De sable, ensoleillée : des changements favorables conforteront votre bonheur et vos aspirations. De belles promesses pour votre devenir.

PLAIDOIRIE
- Des préoccupations en relation avec des organismes officiels, des litiges. Des controverses avec des personnes influentes. Risques de dommages financiers si vous ne parvenez pas à réunir toutes les affirmations justificatrices de vos revendications

PLAIE
- Des ennuis de santé. Des tracas d'argent, conséquences de vos actions récentes dont la conclusion vous a été défavorable. Solitude affective et morale.
* Pour laquelle vous recevez des soins : aide et secours d'une personne aimée ou d'une amitié sincère.

PLAINE
- Remarques similaires à celles énumérées pour « MARCHE » et « PLACE ». Selon les critères suivants :
- Situation de la plaine par rapport à son propre environnement : montagnes, collines, fleuves, ville, village, l'ensoleillement, ou un ciel nuageux, des champs verdoyants, riches de cultures ou à l'abandon, les raisons de votre présence, l'heure approximative ; votre itinéraire du point que vous venez de quitter vers celui où vous orientez vos pas. L'aspect de ces deux sites sera d'une indication primordiale : le déplacement effectué dans votre rêve représente une évolution importante de votre condition. L'analyse de ces diverses informations sera très riche d'enseignements pour déterminer la prémonition.
* Une situation statique : vous indiquerait une période d'attente de vos projets ou aspirations.

PLAINTE
- Présage de difficultés prochaines pour lesquelles vous devriez supporter des contraintes conséquentes sur les aspects affectifs et financiers. De cruels instants d'incertitude, d'angoisses. Solitude morale. Santé déficiente.

PLAISANTERIE
- Des instants de détente et de délassement. Si vous êtes l'initiateur de plaisanteries agréables et de bon goût, vous faites preuve de sociabilité. Vous avez grand besoin de communiquer avec autrui, à la recherche d'un nouvel horizon affectif ou amical. Ce rêve peut aussi vous indiquer une période différente de celles que vous venez de vivre où vous retrouvez, enfin, des moments de bonheur intense.

PLANCHE
- Interprétation diversifiée selon que cette planche fait partie d'un

ensemble tel que : plafond-palissade auquel cas il est préférable de se reporter à la rubrique considérée.
* Planche, seule, en bon état : de bonnes conditions pour préparer et organiser des projets futurs.
* Que l'on coupe : tracasseries diverses.
* Que l'on ajoute à d'autres planches : des possibilités d'association d'affaires ou d'amitiés.

PLANCHER
* En bon état, refait à neuf : aisance au foyer. Bien-être familial. Sécurité. Pérennité affective.
* D'aspect médiocre, sale, irrégulier, détérioré : soucis familiaux. Mésentente. Des contraintes d'argent, des soucis de santé.
* Qui se lézarde, et s'effondre : séparation affective. Maladie grave. Perte d'une personne aimée par décès. Perte de situation, dommages financiers. Dettes. Procès.
* Que l'on nettoie, lave, ou balaye : vous aurez l'initiative de décisions aptes à modifier vos conditions actuelles pour un avenir conforme à vos désirs.

PLANETE
* La vision d'une planète, dans un rêve : vous annonce des changements importants de votre situation. Des événements graves ou heureux bouleverseront des habitudes de vie de manière inéluctable.

PLANTATION
- Prospérité. Fortune. Richesse. Aisance financière. Sécurité au foyer. Joie et bonheur.

PLANTER
- Des promesses d'un avenir meilleur. Perspective d'une situation affective et financière en progression. Espérances. Confiance en soi.

PLANTES
- De belle apparence, vertes, grasses, en croissance : joie. Bonheur. Douceur au foyer. Sécurité d'esprit et de cœur. Aisance financière. Bonnes conditions de santé.

PLANTON (vous reporter à FONCTIONNAIRE)

PLATRE
* La matière : tristesse et chagrin. Des tromperies. Dettes d'argent. Désillusions amères. Pertes affectives ou d'amitié. Divers tracas vous préoccuperont. Maladie.
* Le pansement : risque d'accident. Danger.

PLEURER
* De joie : de bonnes nouvelles. D'heureuses circonstances vous feront réaliser des espérances attendues : retour affectif, réconciliation familiale. Récupération d'argent. Gain de procès. Des moments de joie et de bonheur.
* De chagrins : séparation affective. Perte d'une personne aimée. Lassitude morale. Détresse.

PLOMB
- Incompréhension de votre partenaire, manque d'esprit et de clairvoyance. Des erreurs graves de jugements.

PLOMBIER
- Une personne de votre entourage vous assistera dans la résolution de vos difficultés. Soutien financier. Réconfort moral. Appuis dans vos démarches officielles.

PLONGEUR-PLONGER
- Des initiatives particulièrement heureuses vous assureront d'un changement favorable à vos entreprises. Promesse de réussite.

PLONGEUR SOUS-MARIN (vous reporter à la rubrique NAGE)

PLUIE

- Annonciatrice de tristesse et de chagrins. La pluie vous présage des journées difficiles, solitaires, cruelles parfois.

* Pluie fine : de petits ennuis, des contrariétés de toutes sortes. Des contretemps. Période d'attente et de réflexion; quelques restrictions financières.

* En averses de courte durée : des soucis intermittents sans grande importance si le soleil réapparaît. Dans le cas contraire certains de vos projets seraient retardés ou compromis.

* D'orage : malchance. Insuccès. Echec. Des risques affectifs ou financiers à redouter.

* Etre à l'abri : vous serez aidé et secouru dans la période difficile que vous traversez.

PLUMEAU

* De ménage : vous serez sous la dépendance de personnes peu affables.

* D'apparat : plaisirs de la fête, des rencontres joyeuses. Détente de l'esprit. Joie intime.

PLUMES D'OISEAU

* De couleur claire, légère, agréable : des événements prochains vont clarifier une situation embrouillée et atténuer vos diverses contraintes.

* De couleur foncée, sales, ébréchées : des contraintes, des soucis. Des personnes de votre entourage vous chercheront querelles. Des rivalités sentimentales ou financières.

* Ecrire avec une plume : des nouvelles heureuses ou désagréables selon la couleur de la dite plume.

PNEUMATIQUES

- Leur apparence influencera la réalité de la prémonition. Des pneumatiques en bon état, pour une utilisation convenable serait d'un présage heureux pour assurer des circonstances en votre faveur. Dans le cas contraire, des embûches, des contrariétés diverses risquent de perturber la progression de vos affaires.

POCHES DE VETEMENTS

- Secret et confidences. Sécurité et générosité. Confort et disponibilité à l'égard de vos proches.

* Trop pleines : égoïsme et désordre.

* Vides : pauvreté. Misère.

* Trouées : malchance. Malheur.

* Avoir les mains dans ses poches : mépris des autres. Paresse. Inconvenance.

POELE DE CHAUFFAGE

* Allumé : confort familial. Joie et bonheur. Aisance financière. Entente affective.

* Eteint : contrariétés d'argent. Chagrins affectifs. Disputes familiales.

* Avec de la fumée ou de la suie : désaccords. Altercations. Maladie grave. Séparation affective. Perte de situation.

* Sur lequel on se brûle : médisances. Calomnies.

POELE A FRIRE

- Plaisir de la vie familiale. Bonheur affectif. Des amitiés désintéressées. Des soucis perdus.

POEMES

- A considérer selon le thème choisi et le message qu'il sera possible de transcrire.

POIDS DE MESURE (vous reporter à la rubrique PESEE)

POIGNARD

- Inimitiés. Querelles. Des actes malveillants risquent de vous porter préjudice. Rancune. jalousie.
* En faire usage : vous vaincrez vos adversaires sans pour autant exclure des déboires conséquents pour vos affaires.
* En être frappé : de pénibles nouvelles vous parviendront. Douleur cruelle par perte d'un proche, rupture affective ou perte de situation.
* Jeté à terre, ou sur un support en guise de défit : un péril grave vous menace. Danger pour vos proches.

POIGNEE DE PORTE

* La saisir : des décisions efficaces et heureuses.
* Délabrée, brisée : insuccès, malchance.

POILS

- A considérer en rapport avec le sexe de la personne :
* Pour un homme : les poils représentent la force, la virilité, le pouvoir. Selon la densité, il vous sera facile de déterminer les possibilités de la personne vue dans le rêve, ou de vous-même.
- L'absence de poils, les perdre ou les raser, les voir blanchir subitement : indique des ennuis graves de santé. Maladie.
* Pour une femme :
- Les voir pousser en des endroits inhabituels : annonce des événements malheureux, préjudiciables à la stabilité des rapports affectifs. De gros soucis en perspective.

POINÇON

* Cachet d'authenticité : son usage approuve la confiance de vos amis à votre égard et l'honnêteté de vos actes en rapport avec autrui.
* L'outil : sa forme particulière le rapproche des armes blanches, dans la mesure où il n'est pas utilisé dans le cadre de sa réelle destination.

POING

- Présage de querelles. Inimitié. Agressivité. Des actes violents apparentés à la vengeance sont à redouter.

POIRE

* Prêtes à cueillir, d'aspect agréable, mûres : de belles perspectives de réussite dans vos relations affectives et professionnelles. Joie et bonheur. Réalisations de vos souhaits.
* Manger une poire : de mauvaises nouvelles. Des contrariétés aux conséquences imprévues.
* Une poire détériorée, rongée par des insectes ou des vers : tromperie. Chagrins affectifs, Séparation.

POIRIER

* En fleurs : de bonnes nouvelles engageront votre avenir en concordance avec vos aspirations.
* Couvert de fruits : réussite de vos intentions. Promesse de bonheur. Joie affective. Activités professionnelles fructueuses.

POIREAU

- Dissenssions familiales. Disputes. Fâcheries.

POIS

- De manière générale ce légume vous annonce des soucis d'ordre divers en relation avec vos activités professionnelles. Des rapports affectifs difficiles susceptibles d'aboutir à une séparation.

POISON
- Des événements graves, perturbateurs de conditions de vie que vous considériez comme définitives. Une remise en cause brutale et violente. Haine et violence. Vengeance. Vos adversaires vous seront particulièrement nuisibles.

POISSONNERIE
- Des relations divergentes à vos préoccupations entraîneront la dégradation rapide de votre situation financière.

POISSONNIER
- Une personne proche de vos intérêts utilisera avec profit et à son avantage le résultat de vos efforts. Des concessions deviendront nécessaires afin que soit appréciée votre légimité.

POISSONS
- Représentatif de la réalité de votre vie, la vision de poissons vous renseignera sur votre devenir. Ainsi des poissons :
* Vivants, de taille conséquente : vos désirs se trouveront concrétisés de manière inespérée. De belles perspectives d'avenir.
* Vivants, de petite taille : des réalisations contraires à vos ambitions. Des espoirs déçus.
* En pêcher : promesse de richesse.Profit à venir. Chance d'autant plus grande que la pêche sera avantageuse en qualité et en nombre.
* Manger du poisson : chance. Richesse et profits.
* Les tuer, les voir morts : insuccès. Malchance. Echec.

POISSON D'AVRIL
- malgré le sérieux apporté dans la manière de résoudre vos problèmes, vous resterez l'objet de moqueries de la part de vos relations.

POISSON ROUGE
- Chance et succès dans vos projets sentimentaux qui peuvent ne pas se conclure si ce poisson vous échappe. Une quelconque blessure ou maladie serait signe de contrariétés diverses par jalousie ou méchanceté de votre entourage.

POISSON-VOLANT
- Duperie, fausses promesses de vos proches relations.

POITRINE
* Large, bien bâtie, de solide constitution : chance et succès dans l'accomplissement de vos activités. vos acquis et vos biens se verront protégés. Espérances.
* Etroite, difforme, maladive : des contraintes nombreuses et variées. Des luttes morales. Des combats avec les événements. Insuccès. Malchance.

POIVRE
- Soucis. Contrariétés. Déception avec le milieu familial et professionnel.

POIVRON
- Individualisme d'un caractère agressif et autoritaire.

POLICE
- Des relations difficiles avec vos proches, ou des personnes de votre connaissance. De nombreux soucis dégénéreront en de pénibles contestations. Vos biens devraient être tout particulièrement concernés. Vos ressources financières feront l'objet d'investigations gênantes, soupçonneuses. Des litiges seront sous la responsabilité d'autorités officielles ou de personnages ayant certains pouvoirs de décision.
* Un représentant de la Police de quelqu'ordre que puisse être sa

fonction d'abord aimable, compréhensif, disponible à vos arguments : vos démarches resteront favorables à vos intérêts. Des contraintes financières sont à craindre.
* Si ce représentant de la loi vous reste hostile, répréhensif : vous resterez sous la contrainte d'affaires mal réglées, conclues à la hâte dont les conséquences amèneront des restrictions ou privations de biens. Des pertes d'argent. Angoisse.

POLISSAGE
* L'action de polir vous laisse entendre des amitiés peu sincères dont l'apparence de leurs affirmations sera contradictoire avec leur véritable intention.

POLITESSE
- Cette noble qualité peut révéler une personne affable, courtoise, racée, ou cacher un filou notoire.

POLITIQUE
- Toute personne en relation avec ce domaine, que vous pourriez voir ou rencontrer au cours d'un rêve : indique des déceptions, des déboires. Des espérances trompées.

POLYGAMIE
- Instabilité d'humeur, de caractère. Indécision. Inconstance ou infidélité affective.

POMMADE
- Aux constituants agréables : désir de plaire, dont l'excès peut conduire à l'hypocrisie.
* A l'odeur âcre : des ennuis de sante.

POMMES
* De belle apparence, aux fraîches couleurs, mûres : joie affective. des sentiments sincères et profonds auront une conclusion heureuse. Le cœur sera comblé dans vos espérances et vos désirs.
* Vertes, âcres : déception. Disputes et querelles.
* Véreuses, pourries, détériorées : séparation affective. Tristesse. Désarroi.
* Que l'on coupe : séparation affective. Eloignement d'une personne aimée.
* Que l'on épluche : des revers de caractère vous seront dévoilés.
* Cuites : des ennuis de santé.

POMME DE PIN
- La patience de vos sentiments devrait mener la conduite de vos affaires à des résultats prometteurs et enviables.

POMMIER
* En fleurs : des espérances d'une vie nouvelle. rencontre affective d'importance ou réconciliation après une longue période de séparation.
* Couvert de fruits : promesse d'une union heureuse et durable. Joie intense. Paix du cœur.

POMMES DE TERRE
- Aisance au foyer, sécurité d'argent à l'abri du besoin et des premières nécessités.

POMPE A EAU
* En usage : vos ennuis verront un début de résolution grâce à l'appui d'amitiés sincères et à des actions indispensables à une meilleure stabilité de vos affaires.

POMPIER
* Les voir en activité : de grandes épreuves. Détresse. Péril. Malheur. Vos ambitions, vos espérances, vos projets seront ruinés. Désastres financiers. Solitude affective. Isolement de vos amitiés. Lassitude. Maladie.

* En fin d'incendie : vos soucis vont toucher à leur fin. Les périodes cruelles laisseront place à des jours heureux et paisibles.

POMPONS
- Aide morale. Réconfort affectif.

PONT
- Un pont est l'un des éléments qui, dans le déroulement d'un rêve, vous apporte l'indication d'un changement de situation. Une période de votre vie s'achèvera pour être remplacée par une phase différente, dont vous connaîtrez les modalités selon les critères que vous relèverez à la fin de votre parcours. Dans certains cas, cette vision peut être en rapport avec des aspects juridiques de grande importance pour vos intérêts.
* Un pont de bonne construction, solide, trapu : excellent présage. De meilleures conditions seront de votre perspective.
* Traverser un pont pour rejoindre l'autre rive : vos espérances se réaliseront au mieux de vos intérêts.
* Sur lequel vous ne parvenez pas à poursuivre votre chemin : obstacles divers, accident : des projets seront contrariés, retardés, remis. Des ennuis s'ensuivront.
* Un pont en mauvais état, au parapet détérioré, à la chaussée déformée vos projets ne seront pas assortis de toutes les garanties nécessaires. Des risques d'échec ou d'insuccès.
* Qui s'effondre, qui brûle : danger. Péril. Malheur.
* A la chaussée pavée : des querelles. Des disputes. Oppositions familiales ou relationnelles. Vos acquis, vos biens seront l'objet des débats. Des interventions de la justice.
* Passer sous un pont : des jours tristes. Inquiétudes et angoisses. Incertitude de vos projets.

PONT-LEVIS
* Abaissé : des soutiens amicaux, des appuis dans vos démarches. Réconfort.
* Relevé : solitude. Désarroi. Lassitude morale.

PONT DE NAVIRE MARCHAND
- Période de transition entre deux périodes de votre vie. Nostalgie des heures passées. Interrogation sur votre devenir.

PONTON
- Désir de changement. Besoin d'un autre avenir. Etape intermédiaire avant de nouvelles perspectives de votre vie.

PORC (vous reporter à COCHON)

PORC-EPIC (vous reporter à HERISSON)

PORCELAINE
* En faire l'acquisition : vous constituerez prochainement votre foyer. Mariage.
* Que l'on voit : union heureuse. Joie et bonheur.
* La casser : mésentente. Disputes. Querelles familiales.
* Des éclats que l'on recolle : réconciliation affective.

PORCHERIE
- La gestion de vos intérêts réclame quelques précautions dans la manière de résoudre les difficultés. La négligence vous procurera de nombreux soucis. Des ennuis financiers sont à redouter.

PORT
* S'y trouver : des nouvelles heureuses. De prochaines modifications à vos conditions de vie devraient vous apporter bonheur et joie de vivre.

PORTAIL
* Fermé : vos démarches resteront infructueuses. Déception. Désillusions. Des amitiés compromises. Des contraintes financières.
* Ouvert : vous recevrez aide et compréhension. Des idées prendront forme. Des souhaits se concrétiseront. Espoir de bonheur et de réussite.

PORTE-COCHERE
- Certains désirs resteront inaccessibles à vos intentions et à vos possibilités. Des regrets amers.

PORTE D'HABITATION
* Fermée : insuccès. Mésentente affective ou familiale. Déception d'amitiés. Peines et chagrins.
* Ouverte : bonheur au foyer. Joie affective. Amitiés. Chance.
* Arrachée, délabrée, détériorée : de gros soucis. Des poursuites de justice. Abus de confiance. Vol. Perte de vos acquis et de vos biens. Des contraintes d'argent. Dettes. Rupture affective. Maladie. Décès d'une personne aimée. Détresse. Malheur.
* Etre jeté à la porte : humiliation. Offense. Honte.

PORTE DRAPEAU
- Sens de l'honneur. Fierté. Courage. probité.

PORTE FEUILLE- PORTE MONNAIE
- Dont vous faites usage : gestion minutieuse de vos affaires. Ordre. Epargne. Economie. Satisfaction intime.
* Le perdre : misère. Gêne financière. Soucis.

PORTE MANTEAU
* L'utiliser : halte bénéfique entre deux périodes de vie. Repos. Préparation de nouveaux projets. Réflexion. Plaisir de la famille.

PORTE VOIX
* L'entendre : présage d'un danger. Péril pour vous ou l'un de vos proches.

PORTIER
- Des confidences sur certaines activités doivent rester votre secret.

PORTRAIT (vous reporter à PHOTOGRAPHIE)

POSTE (vous reporter à BUREAU DE POSTE)

POSTICHE (vous reporter à MASQUE)

POT A EAU
- Simplicité et modestie. Sérénité familiale qui pourrait conduire à des fâcheries et des mésententes si par mégarde vous le cassiez.

POT DE FLEURS
- Des nouvelles d'une personne aimée.

POT DE VIN
- Des réussites intempestives par des moyens discrets. Prêtez toutes prudences à des relations qui pourraient devenir source de conflit.

POTAGE
- Détente au foyer. Plaisir de la famille et des amis.

POTAGER
- Sérénité. Paix de l'esprit. Sécurité au foyer.

POTEAU (vous reporter à la rubrique PIEU)

POTENCE (vous reporter à la rubrique GUILLOTINE)

POTERIE
- Bien-être familial. Joies des amis.
* La briser : disputes. Fâcheries.

POTIRON (vous reporter à CITROUILLE)

POU(X)
- Des amitiés intéressées, des relations douteuses risquent de vous apporter quelques gênes si vous persistez dans leur fréquentation.

POUBELLE
* La voir : quelques préoccupations de peu de valeur risquent de perturber des conditions de vie à l'écart des échecs passés.
* Se voir y fouiller : des événements désagréables vont apporter déception et chagrins à votre foyer.
* En jeter son contenu : des initiatives pertinentes protégeront votre intimité des querelles nuisibles.

POUDRE A FUSIL (vous reporter à MUNITIONS)

POUDRE DE RIZ
- Fâcheuse précaution à vouloir dissimuler certaines vérités sous des aspects agréables à l'esprit.

POUDRIERE
- Une situation conflictuelle particulièrement désastreuse à la sauvegarde de vos acquis et de vos biens. De graves menaces pèsent sur la stabilité de votre situation.
* la voir exploser : ruine et malheur.

POULAILLER
- Aisance au foyer. Joie et bonheur. Confort familial.

POULAIN
- Des nouvelles heureuses. Un grand moment de bonheur pour les rapports affectifs et le cercle familial.

POULE
- Présage de bonheur et d'entente affective, de joie familiale, de chance et de réussite dans votre foyer.
* Que l'on voit couver : promesse d'une naissance.
* La voir pondre des œufs : des nouvelles heureuses. Le cercle familial s'agrandira. De promesses de gains.
* L'entendre caqueter : compréhension mutuelle. Des rapports conjugaux ou familiaux sincères et réels.
* Avec des poussins : promesse d'un heureux événement.
* Chevauchée par un coq : bonheur conjugal.
* La manger : aisance financière. Sécurité au foyer.
* Tuer une poule : triste présage de circonstances qui risqueraient de briser votre bonheur familial.

POULIE
- Des aides précieuses vous assureront d'un secours nécessaire dans le réglement d'une affaire délicate.

POUMONS
* De parfaite constitution, sains, et vigoureux : réussite de vos activités. Succès. Confiance en soi. Autorité. Détermination. Volonté.
* De constitution faible, maladive : insuccès. Faiblesse. Malchance. Incertitude. Crainte. Angoisse.

POUPE DE NAVIRE
* S'y trouver : bilan de sa vie écoulée. Nostalgie des souvenirs heureux ; des regrets sur des amitiés perdues ; des disparus chers à notre cœur ; des réflexions constructives sur le devenir. Vous êtes à la frontière d'une autre destinée.

POUPEE
* Pour un adulte : serait l'indication d'un esprit puéril, peu en rapport avec les réalités de la vie.

POUPON
- Présage d'un heureux événement : naissance. Fiançailles ou promesse de mariage. Peut également préciser une réconciliation affective inespérée et pourtant souhaitée de longue date.

POURBOIRE
- Ne négligez pas de menus conseils qui pourraient vous garantir de quelques tracas.

POURRITURE
- Des activités malchanceuses. Insuccès de vos démarches. De mauvaises relations. Amères déceptions. Soucis d'argent et de santé.

POURSUITE
* Poursuivre une personne : vous subissez les inconvénients d'une décision malencontreuse. Des erreurs graves vous occasionneront des déboires financiers. Des projets contrariés. Si au cours de cette poursuite vous rattrappez votre adversaire, vous atténuerez vos soucis malgré quelques dommages.
* Etre poursuivi : vos adversaires recherchent quelques conciliations dans le réglement d'une affaire, mais dont vous pourriez être victime.

POUSSER
* Une personne : vous aurez la responsabilité d'une situation délicate pour laquelle aucune de vos proches relations n'accepte le principe d'une collaboration.
* Des objets lourds et encombrants : votre situation ne sera guère enviable. Nécessité de pallier à certaines défaillances de votre environnement. Des précautions utiles pour assurer la sauvegarde de vos intérêts personnels.

POUSSIERE
* La voir ou la subir : des événements graves, perturbateurs de vos conditions de vie présente, selon l'importance et la quantité de poussières. Ainsi :
* La poussière qui pourrait recouvrir légérement le sol de votre maison : des ennuis divers de peu d'importance. Des tracas financiers. Des relations difficiles avec votre environnement familial.
* La poussière résultant de l'effondrement d'une maison ou d'un tremblement de terre : présagerait des circonstances dramatiques pour le devenir du rêveur. Un grand malheur l'obligera à redéfinir l'entier de son existence. Ruine financière. Divorce. Maladie grave. perte d'une personne aimée.
- Il est évident qu'entre ces deux exemples, une variété infinie de cas possibles peut être envisagée. Il appartiendra à la personne concernée de trouver la juste mesure pour situer la prémonition selon le contexte.

POUSSINS
- Joies affectives et familiales. Des rapports heureux et réconfortants avec vos proches.

POUTRE
* De bel aspect, trapue, solide : sécurité financière. Situation confortable. Pérennité de vos conditions. Fidélité conjugale. Joie et bonheur.
* A l'aspect peu engageant, fendue, vermoulue : des perspectives négatives de votre devenir. De nombreux soucis vous rejoindront.

POUX (vous reporter à la rubrique POU)

PRAIRIE-PRE (vous reporter à la définition PATURAGE)

PRECIPICE
- Figuratif d'épreuves douloureuses, des malheurs, que l'adversité vous réserve, la vision d'un précipice reste de grande importance dans le domaine des prémonitions.
* Rester aux abords, le suivre le long des arêtes faîtières, dominer les diverses parois : de bon augure. Vous aurez la maîtrise des événements. Chance et succès dans la résolution des problèmes.
* Tomber dans un précipice : malchance. Malheur. une situation cruelle sera particulièrement difficile à résoudre. De graves préjudices moraux et financiers.
* Réussir à s'en échapper, seul, ou avec l'aide de personnes venues à votre secours : regain d'espoirs. D'autres espérances vous assureront d'un meilleur avenir.

PREDICATEUR-PREDICATION
- De peu de valeur prémonitoire à l'exclusion du sermon qui peut vous apporter un message d'importance selon ce qu'il pourra vous rester en souvenir.

PREDICTION (vous reporter à PROPHETIE)

PRESBYTERE
- Promesse d'un événement heureux en rapport avec vos sentiments et votre attente.

PRESQU'ILE
- Vous ne cesserez aucune des relations qui vous sont chères par le cœur ou l'esprit dans la situation nouvelle que vous avez décidée.

PRESENT (voir la définition CADEAU)

PRESIDENT
- De la République : des espérances de situation pour lesquelles vous aviez sollicité maints appuis ne se concrétiseront pas. Echec et déception. Des personnes influentes se révéleront néfastes à vos intérêts.
* Directeur général : des circonstances favorables et imprévues vous conduiront à des perspectives différentes de celles que vous aviez envisagées, avec une réussite inespérée.

PRESSE-PAPIER
- La prudence conseillera vos démarches. La sagesse de vos décisions prévaudra sur la hardiesse irréfléchie de vos adversaires.
* Le jeter à terre, le briser : présage néfaste. Malchance et malheur.

PRESSER-PRESSOIR
- Vos projets deviendront réalité et vous pourrez envisager l'avenir sous de meilleurs auspices.

PRESTIDIGITATEUR
- Vous serez séduit et enthousiasmé pour constater dans quelques temps que vos intérêts financiers ont été lésés.

PRET-PRETER
* A une personne : votre disponibilité à l'égard d'autrui ne vous sera pas rétribuée selon les convenances en usage. Disputes. Querelles. Duperie.

PRETRE
- Symbole de toutes circonstances en rapport avec la religion, la Foi en Dieu, les cérémonies heureuses ou tristes, des pensées ou actions qui s'y rattachent, de son comportement à l'égard de sa conscience, etc...La vision d'un prêtre dans l'un de vos rêves ne peut être interprêtée que dans cette ligne de raisonnement.
- Ainsi, selon que le prêtre sera d'humeur accueillante ou désagréable, que ses habits sacerdotaux correspondront à une certaine situation de votre connaissance, dans des lieux précis en rapport avec des faits vécus, il vous sera possible de déterminer la prémonition dans une valeur positive tels que : cessation de vos soucis, aide et secours, réconfort moral, baptême, fiançailles, mariages. Dans le cas contraire : des souffrances morales, de cruelles épreuves qui ne pourront vous épargner.

PRIE DIEU
- Solitude morale. détresse. Chagrins.

PRIERE
- A l'exclusion des prières rituelles, il vous sera intéressant de noter le souvenir des souhaits que vous avez tenu à exprimer dans votre prière. D'autres rêves prémonitoires vous indiqueront si cette espérance se verra concrétisée ou non.

PRIMEVERE
- Constance en amour, fidélité de vos sentiments.

PRINCE-PRINCESSE
- La définition actuelle de votre situation ne vous laissse pas la possibilité de construire des plans hypothétiques qui n'ont aucune chance de se réaliser.

PRINTEMPS
- Renaissance à la vie. D'autres joies, d'autres possibilités de réalisations, des activités différentes, de nouvelles perspectives d'avenir. Espoirs. chance. Bonheur. Gaieté au cœur.

PRISON
* La voir : des dangers certains sont énoncés. Risques d'épreuves et de souffrances compromettantes pour votre situation affective et relationnelle. Des actions de votre fait ou provoquer par vos adversaires en contradiction avec certaines convenances en vigueur dans votre milieu d'influence.
* S'y trouver : perte de situation. Abandon affectif. Des ennuis de santé. Inquiétudes. angoisse. Vos adversaires se réjouiront de votre condition.
* S'en voir s'échapper de quelque manière que cela soit : vous présage la fin de vos soucis.

PRIVATION
* Vous voir manquer de nourriture : pauvreté et misère. Echec de vos entreprises. Des adversaires particulièrement actifs compromettront vos acquis.

PRIX
- Dεs valeurs chiffrées dont vous pourriez avoir conservé le souvenir devraient préciser la réalité de la prémonition par des indications utiles à votre comportement.

PROCES
* Devoir affronter un procès : des soupçons pèsent sur votre comportement et vos agissements. Des attitudes contraires à celles que souhaitent vos adversaires. Des ennuis graves, sources de conflits, de litiges. Des altercations violentes, des sentiments haineux imposeront l'arbitrage de personnes extérieures à votre milieu relationnel habituel.

PROCES VERBAL
* Dont vous faites l'objet par des personnes nanties des pouvoirs officiels : des nouvelles brutales et désavantageuses pour lesquelles des mesures de protection de vos intérêts devraient être décidées sans tarder. Des actions familiales ou de votre milieu professionnel engendreront des soucis imprévus.

PROCESSION
* Participer à une procession : tourments et angoisses sont de vos pensées. Nostalgie d'un passé heureux, des heures de bonheur et de joies intenses, des craintes pour un proche avenir. Des changements vont se produire ; des épreuves et des peines. Tristesse.

PROCURATION
* Vous l'accordez à une personne : l'attribution de votre confiance pour des facilités de votre convenance, confortera les positions de vos rivaux.

PRODIGALITE
- Vos satisfactions du moment ne doivent pas vous faire ignorer les réalités de votre situation. Vous perdrez toute autorité sur vos adversaires.

PROFANATION
* D'un lieu sacré, réservé au culte : de très mauvaise indication. Des actes irréfléchis, incontrôlés vous procureront des désastres irréparables.

PROFESSER-PROFESSEUR (voir la rubrique ENSEIGNER)

PROFIT (voir la définiiton BENEFICES)

PROJECTEUR
* Dont vous faites usage : vous décélerez et mettrez en valeur des secrets utiles à vos affaires.
* Dont vous êtes victime : vous souffrirez de vos qualités de discrétion, sinon de votre timidité face à vos responsabilités qui se développent vers des tendances peu en rapport avec vos habitudes. Des confidences dont vous souhaiteriez conserver la teneur seront dévoilées.

PROJECTILE (vous reporter à MUNITIONS)

PROMENADE-SE PROMENER
* En solitaire : la gravité de vos ennuis vous fera recherćher l'indépendance de toutes contraintes à l'égard d'autrui et de vos affaires. Vous souhaitez un changement dont l'échéance sera proche.
* Avec une personne aimée : retrouvailles. Réconciliation. Renouveau affectif. Promesse d'un avenir heureux.
* Avec des personnes de votre famille : des plaisirs, des joies, des instants de bonheur.
* Avec des personnes inconnues : des nouvelles heureuses, relatives à un changement de situation ou de conditions.

PROMESSE-PROMETTRE
* Recevoir une promesse : ne restez pas trop confiant dans l'attitude d'autrui à votre égard.

* Faire une promesse : vous ferez preuve de déloyauté dans vos propos et dans vos attitudes et votre entourage vous deviendra hostile

PROMOTION SOCIALE
* La recevoir : auquel cas vous retrouverez une fonction intéressante dans la profession qui vous convient, ou vous parviendrez à des responsabilités en rapport avec vos compétences.

PROPHETIE
- Soyez très attentif à la compréhension du message dont vous aurez connaissance, des conditions inhabituelles vous feront vérifier cette affirmation prémonitoire.

PROPRIETAIRE
* Le devenir : des contraintes prochaines. Vos choix n'ont pas reçu toute la réflexion nécessaire. Votre hâte à résoudre certains aspects de vos problèmes vous a fait négliger l'essentiel.
* Rencontrer le sien : des changements en perspective qui vous décevront.

PROSPECTUS
- Des nouvelles ou des rumeurs affecteront la rigueur de vos jugements et la discipline de vos actions. Une attitude hypocrite de vos relations devrait vous inciter à la prudence.

PROSTITUEE (se reporter à la rubrique FILLES DE JOIES)

PROTEGER-PROTECTEUR
* Protéger une personne : le propos de vos démarches ne sera pas perçu par vos interlocuteurs selon sa véritable identité. Vous serez déçu et humilié : moqueries.
* Etre protégé : une personne proche de vos sentiments vous apportera aide et soutien dans la réalisation de vos affaires.

PROUE DE NAVIRE
- Des changements importants effaceront une longue période de soucis et de chagrins. Une autre approche de vos espérances, une conception différente de vos projets modifieront à votre avantage la conclusion de vos efforts.

PROVERBE
- Des conseils de sagesse dont la pratique atténuera l'incertitude de vos réflexions. La prudence de vos actions compensera l'inexpérience dans la conduite de vos affaires.

PROVISEUR
- Une autorité nécessaire dans votre environnement social orientera certaines de vos décisions vers des perspectives partagées avec quelques personnes de votre choix.

PROVISIONS
- Présage d'une courte période d'agitation contre laquelle vous serez protégé des conséquences éventuelles néfastes à votre stabilité affective ou financière.

PROXENETE
- Des fréquentations peu recommandables vous amèneront à traiter des opérations illicites dont le profit vous procurera certaines satisfactions. Mais vous risquez de rencontrer des personnes habiles en la matière auprès desquelles vous serez redevable.

PRUNEAUX-PRUNES
* Fraîchement cueillis : des plaisirs intimes. Satisfaction, contentement, joie de vivre.

* Verts, amers : désillusions, disputes, fâcherie.

PSAUMES
- Des conseils judicieux et un appui solide de l'un de vos proches. Réconfort moral.

PUANTEUR
- Médisances, calomnies, de mauvais propos à votre encontre. Des jalousies conduiront vos adversaires à nuire à votre réputation.

PUCES
- Des ennuis et tracas divers. Des rapports avec des personnes de votre entourage contrariés par des propos malveillants.

PUITS
* Voir un puits : des promesses de réussite. Gains d'argent. Sécurité financière. Evolution de vos affaires selon vos intentions initiales.
* Rempli d'eau : chance et succès. Votre position sociale sera des plus enviée. Fortune. Richesse.
* Tirer de l'eau du puits : de nouvelles fréquentations pourraient se conclure par des liens affectifs profonds, prémices à de prochaines noces.
* Aux eaux claires : ce mariage sera heureux.
* Aux eaux troubles : mésentente conjugale. Infidélité.
* Dont l'eau déborde : honte et déshonneur. Malchance.
* Aux eaux basses : pauvreté, misère.
* Creuser un puits : de nouvelles initiatives pour remédier à vos soucis présents et améliorer ainsi vos conditions.
* Détruire ou combler un puits : mauvais présage. Maladie grave pour l'un de vos proches. Perte de situation. Désastre financier.
* Tomber dans un puits : insuccès. Malchance. Malheur de graves circonstances vont assaillir votre foyer.

PUNAISE
- Disputes. Querelles. Des propos humiliants à votre encontre. Disputes d'argent. Des soucis de santé.

PUNITION
- Des actions malencontreuses porteront à médisances. Des ennuis dans vos rapports affectifs.

PUPITRE
* De musicien : vous devriez vous consacrer à des activités qui puissent vous écarter de vos préoccupations actuelles.
* D'écolier : présage d'un changement de condition dans un proche avenir.

PUREE
- Indicatrice de soucis financiers et de détresse morale.

PURGATIF-PURGE
- Signification identique à celle de LAVEMENT.

PURGATOIRE
- Malchance et malheur, des conditions de vie à l'encontre de vos désirs. Des changements importants, des périodes de souffrances cruelles. Maladie, détresse morale.

PURIN
- De funeste augure si vous faites une chute dans cette matière. Des déboires de toutes sortes affligeront votre vie journalière. Vous serez moqué, ridiculisé, des dépenses d'argent. Des ennuis de santé. Vos conditions d'existence seront l'objet de débats.

PUS
- De mauvaises influences de certains de vos proches dans la conduite de vos affaires. Désagréments et contrariétés. Des amitiés seront perdues. Vos rapports affectifs se détérioreront.

PUSTULES
- Certains désaccords avec vos proches vous conduiront à des attitudes négatives sinon hostiles à la réussite de vos projets. Tristesse et solitude.

PUTAIN (vous reporter à la rubrique de FILLES DE JOIES)

PUTOIS
- Des adversaires dangereux dans leurs procédés et les intentions malveillantes à l'encontre de vos désirs. Hypocrisie et méchancetés.

PUZZLE
- La complexité d'une situation supposera beaucoup de méthode et de patience avant de parvenir aux résultats souhaités. Vos adversaires apporteront toute la ruse nécessaire à contrecarrer l'essentiel de vos efforts par des manœuvres particulièrement pertinentes.

PYJAMA
- Joie du foyer, plaisir de la maison. Intimité affective. Des jaloux dont il vous faut vous méfier.

PYRAMIDE
- Des ambitions ou des projets peu en rapport avec les moyens dont vous disposez. Vos forces s'épuiseront à vouloir poursuivre des tâches inaccessibles.

Q

symbole de la jalousie, de l'hypocrisie, de l'égoïsme.

QUAI
- Présage de prochaines modifications de vos conditions de vie. Des démarches ou des événements inattendus bousculeront d'une manière heureuse ou éprouvante vos désirs ou vos projets. Etape intermédiaire d'une situation irréversible.

QUENOUILLE
- Des plaisirs familiaux. Bien-être affectif. Joie intime. Compréhension mutuelle.
* Une quenouille brisée : signifierait disputes et séparation.

QUERELLES
- D'une manière générale assister ou participer à une querelle dans l'un de vos rêves ne sera pas favorable à vos intérêts ou à vos rapports affectifs. Il précise au contraire de réelles inimitiés, de véritables dissenssions ou la jalousie, la rancune, la haine ne seront pas étrangères. Des précautions seront à prendre en amont de la réalité afin de préserver vos acquis.

QUESTIONS
- Le souvenir de ces questions sera intéressant pour préciser le rêve prémonitoire. Des incertitudes restent posées et devraient trouver solution en rapport avec vos préoccupations essentielles du moment.

QUETE
- Des amis ou des relations de votre connaissance sont dans le besoin. Votre soutien et l'appui que vous pourriez leur apporter dans les contraintes du moment leur seraient d'un grand secours.

QUEUE
* D'un animal : une affaire délicate trouvera sa conclusion à titre transitoire mais qui aura l'avantage de vous satisfaire. L'animal concerné vous apportera les précisions sur les caractéristiques des relations avec votre environnement.
* Faire la queue : des retards dans l'évolution de vos projets, des contraintes extérieures à vos décisions. Des soucis d'argent, incompréhension affective. Médisance de vos rivaux dont les intérêts seront favorisés.

QUILLES
* Jouer aux quilles : des contrariétés diverses mettront vos projets en difficultés. Vos rivaux conserveront la supériorité des intrigues dont vous serez victime.

QUINCAILLERIE
- Vous bénéficierez des meilleures dispositions pour affronter et résoudre les tracas divers générés par vos adversaires. Vos chances de vous déjouer des obstacles seront d'autant plus fortes que le magasin vous apparaîtra important et achalandé.

QUITTANCE (interprétation similaire à FACTURE)

QUITTER
* Une personne : de prochaines retrouvailles à l'occasion de circonstances imprévues aboutiront à une

réconciliation durable.
* Ses vêtements : d'autres circonstances de vie seront favorables à l'évolution de vos projets.
* Ses chaussures : séparation affective. Chagrins.
* Sa famille, son domicile : des changements en prévision mais qui resteront défavorables à vos intérêts.

R

lettre représentative d'inconscience et d'irréalisme devant les difficultés. Des conflits passionnels violents sont à redouter.

RABBIN (similaire à l'interprétation de PRETRE)

RABOT-RABOTER
- Des circonstances diverses obligeront certaines décisions d'importance. Une grave maladie familiale, la perte d'une personne aimée, des obligations financières, dettes d'argent. Soucis de situation. Tristesse. Solitude.

RACCOMMODAGE
- Des privations. Ennuis d'argent et de santé. Des disputes familiales de peu de gravité.

RACCOURCI
* L'emprunter : des initiatives heureuses et bénéfiques dans la résolution de vos activités. Vous marquerez votre indépendance et votre lucidité face aux intrigues de vos adversaires.

RACINES D'ARBRE
- Symbole des contrariétés diverses, des nombreux soucis de la vie de chaque jour, mais aussi de la pérennité d'une situation en rapport avec l'importance et la grosseur constatées. La vision de racines d'arbre dans un rêve devra être interprêtée en tenant compte du contexte relevé, ainsi :
* Des racines d'un arbre à l'épais feuillage, en fleurs, ou couvert de fruits : dans ce cas votre situation serait des plus favorables et supposerait une longue période de stabilité et de tranquilité.
* D'un arbre dénudé, desséché : malchance. Infortune.

RACLER-RACLETTE
- Vos ressources s'amenuiseront à devoir affronter des difficultés contre lesquelles vous ne disposez d'aucune faveur particulière.

RACONTER
* Se voir raconter une anecdote, une histoire : des instants de détente dans un contexte troublé par des événements pénibles, déprimants. Besoin de compréhension et de sollicitude à l'égard de vos préoccupations.

RADAR
- Un jugement perspicace associé à la détermination de vos actions vous préviendront des pièges ou obstacles imposés par les circonstances.

RADEAU
- Votre situation est des plus inquiétantes. Certaines solutions vous éviteront des désastres insurmontables, dans l'attente de meilleures circonstances. Solitude et détresse. Lassitude morale.
* Si vous sombrez avec le radeau : malchance. Malheur.

RADIATEUR DE CHAUFFAGE
* En activité : appui et réconfort affectifs dans un moment de lassitude et d'incompréhension.
* Froid ou en panne : solitude morale. Tristesse.

RADIO
* L'entendre : des nouvelles susceptibles de modifier votre position vous parviendront. En contrepartie

de démarches préalables. Votre initiative sera bénéfique à l'évolution que vous souhaitiez.

RADIOGRAPHIE
- Des faits ou des circonstances dont vous ignoriez la gravité vous seront révélés par une personne de votre entourage dont l'estime vous est acquise. Votre intérêt vous conseillera de prendre certaines mesures indispensables en relation avec vos proches.

RADIS
- Des soucis divers, sans grande valeur mais suffisamment agaçantes pour contrarier vos activités. Des rapports décevants avec autrui.

RAFALE DE VENT
- Des contrariétés pénibles et impromptues destabiliseront les éléments constitutifs de votre environnement social ou affectif. Certaines actions vous deviendront indispensables pour atténuer les risques encourus dans vos démarches.

RAFRAICHISSEMENT
* Se rafraîchir : présage de paix et de tranquilité au milieu d'épreuves et de chagrins. Signe d'un prochain renversement de situation à votre avantage.

RAGE
- Les mauvais propos ou certaines actions malveillantes de votre entourage seront motifs à provoquer un climat passionnel préjudiciable à vos affaires. Des décisions malencontreuses risqueraient de vous desservir et d'aggraver ainsi la situation. Sentiments de vengeance à l'égard de personnes perfides.

RAGOUT
- Vous ne recherchez pas l'obligation de disposer d'arguments clairs et précis, à la compréhension de chacun. Une situation trouble et confuse aura votre préférence.

RAIE
- Des perspectives d'une amélioration de vos conditions si vous parvenez à déjouer certaines ruses ou perfidies de votre environnement relationnel. Quelques précautions vous seront nécessaires pour conserver l'avantage.

RAILS
- Une prochaine évolution de vos affaires. Une progression notable des événements en votre faveur. Promesse d'une vie différente, en conformité avec vos désirs.
* Envahis par des herbes sauvages : des retards ou des projets remis en question. Possibilité d'un changement dans vos recherches ou aspirations.

RAISINS
- Présage d'autant heureux que les grains vous paraîtront juteux et de belles couleurs. Divers avantages seront de vos faveurs. Promesse de succès dans vos entreprises, des rapports affectifs heureux. Joie et bonheur.
* Verts ou acides : mésentente, disputes : des soucis d'argent, stagnation de vos affaires.

RAISINS SECS
- Des contrariétés diverses, dans la gestion de vos affaires. Incompréhension affective. Querelles. Inimitiés. Des privations financières préoccupantes.

RAJEUNIR-RAJEUNISSEMENT
* Dans des proportions modérées, ce rêve vous indiquerait une longue période propice à de meilleures conditions de vie, qui puisse supposer

une résolution favorable de vos divers problèmes. Soulagement et satisfaction.

* Dans d'autres cas : par une trop grande accentuation de cette faveur, des ennuis graves sont à attendre.

RAMEAU

* Au feuillage vert et dense : progrès dans la résolution de vos difficultés. Espérances profondes dans la continuité de meilleures circonstances.

* Desséché : déceptions amères. Insuccès. Echec.

RAMES-RAMER

- Avec des rames en bon état, conformes aux nécessités, que vous utilisez sans contraintes particulières : vos efforts deviennent productifs d'avantages bénéfiques à vos espérances. Vos affaires aboutiront à une solution heureuse après de nombreux sacrifices, et de par votre propre volonté.

* Avec des rames d'aspect détérioré, inadaptées, que vous maniez avec efforts : des contraintes et des épreuves dont il vous sera difficile d'éliminer les effets néfastes. Des retards qui pourront déterminer une remise en cause de vos projets.

* Avec des rames brisées : malchance. Infortune.

RAMONEUR-RAMONER

* Des ennuis d'une grande importance vous seront infligés par des personnes de votre entourage. Des contraintes financières. Vos acquis et vos biens seront contestés. Lassitude morale. Votre détermination, face à ces circonstances, décidera de votre devenir.

RAMPE D'ESCALIER, DE BALCON

* De bonne fabrication, en bon état : des amitiés sincères et dévouées seront votre défense pour solutionner vos difficultés présentes.

* Détériorées, hors d'usage : solitude. Vous serez abandonné et méprisé. Désillusions amères.

RAMPER

- A considérer selon les données caractéristiques du rêve. Diverses significations peuvent être suggérées par rapport à la situation évoquée :

* Soi-même : fatigue, lassitude, maladie, crise grave dans l'évolution de vos affaires.

* Voir une autre personne ramper : des actions sournoises et malveillantes vont vous surprendre et compromettre votre réputation. Restez vigilant à l'encontre de personnes aptes à vous porter préjudice.

RANÇON

- Péril de votre situation. Certains de vos adversaires feront usage de moyens à l'écart des convenances pour imposer le choix qui conviendra le mieux à leurs intérêts.

RANGEMENT-RANGER

- Des nécessités extérieures vous imposent de clarifier vos affaires, d'éliminer tous sujets non conformes à vos besoins. Cette initiative concernera également vos amitiés dont certaines n'ont que faire dans vos préoccupations.

RAPACE

- Représentatif des adversaires à vos intérêts, tout rapace vu en songe doit vous inciter à la prudence. De ce fait toute décision utile à la sauvegarde de vos acquis vous assurerait d'amoindrir sinon d'éliminer les conséquences des prochains conflits.

RAPE-RAPER
- Des chagrins et des peines. Déception d'amitiés. Des relations décevantes. Des efforts peu productifs ou néfastes à la réalité de vos affaires.

RAPIECER
- Un vêtement ou un objet utilitaire : des solutions rudimentaires vous écarteront pendant quelques instants d'un désastre. Votre situation restera peu enviable et méritera quelques adaptations afin de vous rendre disponible à d'autres orientations plus favorables à vos espérances.

RAPETISSER (voir la définition PETIT)

RAQUETTE
* A neige : une solution inattendue ou une aide inespérée dans une période difficile à vivre.
* De tennis : présage favorable à la réussite de vos ambitions par l'appui d'amitiés en accord avec vos pensées.

RASER
- Vous serez trompé, trahi et humilié par des amitiés supposées solides ou par des proches de votre environnement familial. De cruelles déceptions dans vos rapports affectifs. Peine et chagrins.

RASOIR
- Voir cet instrument préfigure de dangers dont les conséquences vous seront particulièrement éprouvantes. Agissez avec précaution en assurant toutes garanties indispensables.

RASSASIER
- Préfigure une période satisfaisante sur chacun des aspects sensibles de vos affaires. Chance et réussite.

RASSEMBLEMENT
* De personnes : à examiner selon les faits ou éléments significatifs du rêve, mais d'une manière générale ce critère particulier vous indique des faits contraires à vos objectifs dont les initiatives seront sous la dépendance de vos adversaires. Des intrigues ou complots. Des bavardages ou rumeurs malveillantes à votre encontre, d'autant plus prononcés que ce rassemblement vous paraîtra hostile.
* D'animaux domestiques : favorable à la concrétisation de vos espérances. Des promesses à une réussite prochaine et d'une évolution de votre situation.

RAT
- Des relations perfides et nuisibles. Fausseté, hypocrisie associées à la ruse et à l'expérience. Des instants difficiles en perspective d'autant que le nombre en sera plus élevé. Vos acquis et vos biens supporteront des dégradations regrettables.
* Les tuer : vos rivaux seront soumis à vos décisions.

RATEAU
- Soyez méfiant à l'égard de vos fréquentations. Des contrariétés peuvent surgir à l'occasion de sujets épineux ou d'affaires mal réglées. Des attaques sournoises et inattendues vous laisseront colère et amertume.

RAUQUE
* Entendre une voix ou un son rauque : des ennuis graves et perturbateurs de votre existence. Menace d'un proche danger.

RAVAGES
* Les subir vous annonce d'importantes difficultés dans le domaine financier, en conséquence d'actions menées par certaines de vos relations. Dépenses d'argent. Des intérêts financiers compromis. Dettes. Risque de maladie.

RAVIN (vous reporter à la définition de PRECIPICE)

RAYER
- Cette action effectuée sur un support quelconque dans un but autre qu'utilitaire prêtera à des conséquences d'intérêts financiers. Des ennuis de santé. Lassitude morale.

RAYONS
* De lumière, de soleil : présage d'une nouvelle période heureuse propice à de meilleures possibilités pour la réalisation de vos projets. Des espérances nouvelles, des circonstances favorables.
* De bicyclette : soucis dans les rapports avec autrui.

RAZ DE MAREE
- Brusque changement de situation. Des événements contraires bouleverseront vos conditions de vie. De graves conséquences sont à redouter. Malchance et malheur.

REBELLES-REBELLION
* Se trouver en cette situation laisse supposer de graves conflits d'autorité ; des heurts dans vos rapports hiérarchiques ou avec des personnes influentes. Les appréciations qui pourront être envisagées ultérieurement desserviront votre cause. Les conclusions seront néfastes à votre devenir.

REBUT
* Mettre des objets au rebut : indice de contrariétés et de perte d'argent. Votre attitude a manqué de clarté et vos décisions de fermeté.

RECEL-RECÈLER
- Vos fréquentations vous compromettent dans des démarches suspectes et des actions illicites pour des profits discutables et aléatoires. Message de prudence à l'égard de vos décisions ultérieures.

RECEPTION
* De quelqu'importance qu'elle puisse être, et quelles que soient les personnes concernées, une réception confirme l'échec de vos démarches afin de résoudre certaines difficultés graves, ou de modifier à votre avantage des circonstances malheureuses. (Ne pas confondre avec invitation)

RECETTE DE CUISINE
- Des modalités différentes de celles que vous pratiquez conviendront mieux à l'évolution de vos affaires si vous décidez d'en suivre les conseils.

RECHAUFFEMENT-SE RECHAUFFER
- Détente et bien-être. De meilleures conditions font présager d'une amélioration de votre existence. Chance prochaine.

RECIF
- De mauvais signe. Approche d'un danger qui risque de mettre en péril vos entreprises et de réduire à néant vos efforts. De sérieuses précautions seront à prendre.

RECIPIENT
- Selon son contenu et la quantité relevée, l'usage auquel il est destiné,

il vous sera aisé de situer la prémonition.
* Un récipient plein : chance et succès. Avenir heureux.
* Vide : infortune. Malchance. Maladie.
* Brisé : tristesse. Angoisse. Séparation affective. Décès.

RECLAMATION-RECLAMER
* Si cette action est de votre initiative, attendez-vous à des ennuis litigieux dont les appréciations vous seront désavantageuses. Des pertes d'argent. Des relations se feront discrètes. Une certaine solitude.

RECOLTES
* De qualité, abondantes : réussite de vos entreprises. Promesse de gains. Amélioration de vos conditions de vie. Joie et bonheur.
* Médiocres, de mauvaise qualité : infortune. Malchance. Votre situation va se détériorer et vous procurer des difficultés d'importance.
* Détruites par les intempéries : malheur.

RECOMMANDATION-RECOMMANDER (vous reporter à la rubrique PROTEGER, PROTECTEUR)

RECOMPENSE
* Recevoir une récompense : les intentions positives de vos démarches se verront approuvées. Des débouchés inespérés à des souhaits dont vous désespériez de voir la concrétisation. Chance. Succès.
* Attribuer une récompense : vos relations vous seront acquises et dévouées, des liens amicaux se renforceront.

RECONCILIATION
* Se réconcilier avec une personne : des perspectives heureuses d'une entente renouée, de relations affectives favorisées par un climat de compréhension et de bons sentiments.
* Ne pas accepter les principes d'une réconciliation : des inimitiés. Propos malveillants. Disputes, querelles, pertes d'amitiés, rupture affective.

RECONFORT
* Que l'on prodigue : vous recevrez aide et soutien dans des circonstances pénibles et douloureuses.

REÇU
* Le recevoir : votre prudence approuvera toute initiative suffisante à justifier vos démarches ou vos propos.
* Le donner : vos réalisations ne prêteront pas à contestations. De sages précautions à l'opposé des actions malveillantes de vos rivaux.

RECULER
- Des craintes et des angoisses. La perspective d'échecs successifs ne vous laisse aucune disposition particulière pour assurer de nouvelles initiatives aptes à vous procurer un début de réussite.

REDEVANCES FISCALES
- Des contrariétés prochaines. Litiges, contestations, désaccords avec des personnes influentes ayant droit de regard sur la gestion de vos affaires.

REFECTOIRE
- Vous rechercherez la compagnie de personnes d'opinions ou de situation similaires à la vôtre. Des contacts nécessaires à votre isolement différents de ceux auxquels vous êtes attaché, mais qui resteront superficiels.

REFLECHIR (vous reporter à la rubrique MEDITATION)

REFUGE
- Les pénibles épreuves du moment seront allégées par la compréhension et le soutien de personnes proches de votre entourage. Aide financière et réconfort moral. Espoir d'une prochaine amélioration.

REFUS
* Essuyer un refus : attitude désobligeante de vos relations. Vexation. Humiliation. D'autres faits de même signification pourraient intervenir précisant un conflit ultérieur.

REGARD
- L'expression du regard d'une personne, d'un animal dont vous auriez retenu les caractéristiques sera l'un des fils conducteurs pour définir votre prémonition. L'analyse des sentiments perçus sera utile à une meilleure connaissance des prochains événements.

REGATE
- Période de luttes et de conflits dont vous ne parviendrez à en résoudre les événements que par votre seule détermination, à l'égal de vos adversaires.

REGIMENT
- Présage des circonstances défavorables à des degrés divers, selon la situation du régiment.
* Au repos : avertissement d'un éventuel danger contre lequel vous devriez vous prémunir.
* En marche : des événements malencontreux vont modifier vos projets et vous apporter des contraintes particulièrement éprouvantes.
* Au défilé : période de changement favorable à de nouvelles perspectives de bonheur.

REGLEMENT
* Que vous effectuez : des litiges verront leur conclusion marquant ainsi la fin de vos soucis dans une affaire délicate.
* Que l'on vous adresse : réconciliations des amitiés reviendront après une période de rancunes. Un contentieux pénible s'effacera avec des retrouvailles heureuses et espérées.
* Administratif : des règles ou des consignes dont la connaissance sera suffisante au respect de votre position sociale et à la justification de vos arguments.

REINS
* Souffrir des reins : des ennuis de santé pouvant conduire à une grave maladie. Une intervention chirurgicale peut être nécessaire. Chagrins.

REINE
* D'interprétation identique à celle décrite dans la rubrique « IMPERATRICE ».

REINE-CLAUDE (vous reporter à la définition de PRUNE)

REJOUISSANCES-SE REJOUIR
- Ces plaisirs en réalité vous annoncent des difficultés et de nombreuses contrariétés, conséquences de l'échec de vos démarches afin d'améliorer votre situation ou de provoquer un changement. Des amis sur lesquels vous espériez feront défaut. Détresse, malchance.

RELEVER
* Se relever après une chute : votre détermination à poursuivre les actions entamées afin d'amener certaines affaires à votre avantage ne devrait pas ignorer les ruses de vos rivaux. Se relever seul vous

confortera dans vos propos et la justification de vos arguments.

* Avec l'aide d'une personne : soutien, appui de vos proches, compréhension affective. Des conseils seront précieux à la conduite de vos affaires, des personnes influentes peuvent vous assister dans vos démarches.

RELIEUR-RELIURES-RELIER

- Certaines nécessités vous conseilleront d'adopter une attitude rigoureuse dans la manière d'aborder et de résoudre vos difficultés. Des conseils expérimentés viendront en appui de vos recherches.

RELIGIEUX-RELIGIEUSE

- Vous rencontrerez une période particulièrement difficile à vivre. Des ennuis fréquents sur divers sujets, des tracas, embûches répétitives dont vous ne parvenez pas à surmonter les inconvénients. Lassitude morale. Grande fatigue. Des appuis affectifs vous réconforteront et soulageront vos peines. Promesse d'un changement de situation à court terme. Une orientation nouvelle à vos projets.

RELIGION

- Signe précisant votre désir de modifier votre comportement dans la vie de chaque jour. Vous aspirez à de meilleurs principes de moralité et des rapports humains plus conformes à votre définition.

RELIQUE

- Aucune particularité significative dans la valeur prémonitoire d'un rêve. Simple rapport affectif auquel vous accordez des qualités propres à vos désirs:

REMBOURSEMENT (vous reportez à la rubrique REGLEMENT)

REMEDES (vous reportez à la rubrique MEDICAMENTS)

REMERCIEMENT

- La réciprocité de cette convenance vous indique des rapports avec autrui favorables à vos intérêts et en conformité avec la progression que vous souhaitiez donner à vos affaires.

REMORDS

- Inquiétude d'une situation dont vous n'avez pas suffisamment apprécié les circonstances.

REMORQUEUR

- Aide et secours dans des négociations longues et difficiles pour lesquelles vous ne disposez pas de toutes les justifications nécessaires.

REMOULEUR

- Signe précurseur d'une prochaine période d'hostilité et de conflits préjudiciables à votre situation sociale et financière. Certains de vos adversaires prendront toutes dispositions pour vous contraindre à la défaite.

REMPART

* En être protégé ; se trouver au sommet : la période éprouvante de vos difficultés actuelles connaîtra un dénouement heureux. Vous serez conseillé et soutenu par une personne qui vous prodigue son amitié et son estime. Des espérances de réussite dans un proche avenir

REMPLIR

* Un récipient : des circonstances positives et constructrices à la

progression de vos affaires, promesse de gains financiers. Annonce de profits, chance

RENARD
* Mauvais présage, une relation de votre entourage se révèlera nuisible à vos ambitions et à vos intérêts. Les diverses actions menées à votre encontre, contrariantes et perturbatrices de vos activités, porteront quelques préjudices à vos finances, des conséquences dans vos repas d'affaires.
- Le capturer, le tuer : vous triompherez des évènements contraires à vos souhaits.

RENDEZ-VOUS
* Fixer un rendez-vous et l'honorer présage de nouvelles orientations à vos projets et l'amorce d'un changement favorable de vos conditions. Chance et succès.

RENES
* Indicatrices d'une maîtrise de vos affaires et de l'autorité nécessaire sur votre environnement, des perspectives intéressantes sur votre devenir.
- Les laisser libres ou les retirer : détente et repos après des efforts satisfaisants et honorables.
- Ne pas réussir à les fixer, les voir rompues : insuccès, échec de vos entreprises, détresse morale, lassitude.

RENNES
* De belles promesses d'avenir, des succès prometteurs conforteront vos aspirations et assureront le développement de vos activités.

RENONCEMENT-RENONCER
* Toute forme de renoncement dans vos activités ou votre vie intime vous indique une période pendant laquelle vous connaitrez une certaine lassitude physique et morale. Des précautions seraient utiles pour atténuer cette circonstance.

RENTIER
* Peut être l'indicatif d'une certaine réussite qui vous laisserait ainsi à l'abri des nécessités et du besoin. Il vous faudra considérer l'attitude et le comportement de cette personne. Si elle se montre bienveillante, agréable dans les rapports que vous pourriez avoir, votre position se trouvera confortée.

RENVERSER
- Une personne : annonce d'un grave danger, des menaces de prochains évènements mettant en péril votre situation.
- Un objet : des embûches dans la progression de vos entreprises, quelques soucis financiers, Certaines idées ou actions devront être modifiées afin de vous adapter aux évènements.

REPARATION-REPARER (vous reporter à la rubrique TRAVAUX)

REPAS (vous reporter à la rubrique DEJEUNER)

REPASSER
- Du linge : meilleures disponibilités familiales, des aspects déplaisants s'atténueront pour laisser place à des rapports affectifs conformes à votre attente.

REPASSEUR A COUTEAUX
* Des personnes de votre entourage provoqueront discordes et querelles. Des soucis affectifs perturbateurs de votre situation.

REPONDRE
* Selon la manière dont vous le ferez, vous parviendrez à l'obtention d'une meilleure compréhension

et à un resserrement des liens ou au contraire à provoquer des dissenssions regrettables.

REPOS-REPOSER
* Dans la mesure ou cette fonction n'est pas une nécessité due à une maladie ou à une grande lassitude physique ou morale, ce repos vous indique une période heureuse et détendue à l'abri des soucis et contrariétés.

REPRESAILLES
- Des actions négatives viendront au détriment de votre réputation et de vos affaires. Vous devrez probablement affronter des événements incontrôlables et injustifiés. Période de doute, d'incertitude et d'angoisse.

REPRIS DE JUSTICE
* Le voir : certaines actions malveillantes de vos adversaires risquent de compromettre l'évolution de vos conditions. Des contrariétés diverses, des soucis multiples vous obligeront à modifier votre comportement.
* Etre repris de justice : des actes répréhensibles dont vous avez la responsabilité ne pourront être ignorés de vos fréquentations. Indifférence et mépris. Solitude morale et affective.

REPRISER (vous reporter à la rubrique RACCOMODAGE)

REPROCHES-REPRIMANDES
* Vos difficultés seront résolues, vos objectifs assurés en conformité avec vos aspirations, vos désirs satisfaits mais aux désavantages de vos partenaires ou rivaux qui ne manqueront pas de vous le faire savoir.

REPTILES
* Symbole des adversaires hostiles à vos pensées ou actions, des circonstances contraires à l'évolution de vos affaires, des soucis multiples provoqués par autrui, le reptile que vous pourriez remarquer dans un rêve serait de fâcheuse indication. Des épreuves douloureuses, cruelles vous seront infligées. Jalousie, envie, rancune, méchanceté, perfidie, duperie, rouerie, trahison. Des menaces d'une extrême gravité pèsent sur vos conditions de vie, votre foyer, vos finances, votre situation. Les conséquences peuvent être particulièrement désastreuses, de sérieux risques de maladie.
* L'importance des évènements, les effets que vous constaterez sur votre existence seront directement en rapport avec la sensation répulsive que vous avez ressentie dans votre rêve, la grosseur, les dimensions du reptile, la présence de plusieurs de ses congénères, les couleurs, les mouvements de ces reptiles, l'endroit où vous les avez remarqués, les raisons de leur présence, etc...
* La vision d'un ou plusieurs reptiles dans un rêve est l'une des prémonitions les plus significatives et les plus fortes dans la réalisation du message. Tout objet, toute image, toute indication susceptibles de rappeler la physionomie d'un reptile prend la même valeur que celle de l'animal.

REQUETE
* Des offres financières en relation avec vos activités peu sérieuses, déboires, déceptions, amertume.

REQUIN
* Des adversaires avides et combatifs, des tracas financiers. Votre situation sera quelque peu agitée par des attaques sournoises et dangereuses. Incertitude, angoisse.

RESINE
* Des contrariétés diverses dans vos relations avec votre entourage.

RESPIRATION-RESPIRER
* De manière aisée : des conditions particulièrement heureuses à l'évolution de vos affaires. Vous resterez confiant et déterminé pour affronter les contraintes extérieures à votre volonté.
* Difficile : de pénibles instants d'incertitude et d'angoisse face à une situation sur laquelle vous n'avez aucune maîtrise.

RESTAURANT
* Des amitiés retrouvées, des projets partagés, des idées nouvelles mais qui n'auront pas la réalisation recherchée ou souhaitée. Des erreurs de jugement, déception, désillusion.

RESTAURATEUR
* Personnage influent, il participera avec autorité au choix des orientations de vos projets professionnels et engagera votre réputation de manière abusive. Une position délicate à défendre.

RETARD
* Se voir dans cette situation présage des contretemps dans vos activités qui peuvent vous procurer quelques échecs cuisants et définitifs.

RETRAITE
* L'agitation et les remous de vos préoccupations cesseront pour laisser place à une période de calme et de détente. Vous apprécierez les petits plaisirs et les joies familiales. De meilleurs instants de bonheur.

RETROUVER
- Son chemin, une personne, un objet égaré : indice d'une modification en votre faveur des évènements dont la teneur vous deviendra signe d'espoir dans une meilleure approche de vos problèmes.

RETROVISEUR (interprétation identique à MIROIR)

REUNION
* Présage de soucis imprévus et contrariants dans l'évolution de vos projets. Des espérances ne deviendront pas réalité. Vous aurez nécessité de réorganiser vos activités et de prévoir des solutions diversifiées afin de faire face aux prochains évènements.

REVEIL MATIN
* Des nouvelles désagréables vous surprendront

REVEILLER
- Se réveiller : chance et succès, des possibilités inattendues vont vous permettre d'envisager une amélioration de votre condition. De nouvelles perspectives, des propositions constructives et prometteuses. Espoir et bonheur.
- Une personne : des conflits et oppositions dans vos relations habituelles. Votre jugement sera critiqué et prêtera à conséquences.

REVEILLON
* Cette fête joyeuse avec sa famille et ses amis marquera dans un rêve la fin d'une période avec tout ce qu'elle aura pu comporter d'heureux et de triste. Période nostalgique des bilans avant de nouveaux chemins de vie.

REVENANTS (consulter la rubrique FANTOMES)

REVERBERE
* La lassitude de votre situation sera amoindrie par une personne

chère à votre cœur. Des hypothèses d'une amélioration prochaine sont probables dans la mesure où vous resterez lucide et vigilant.

REVES (vous reporter à VISIONS)

REVOLTE-REVOLUTION (vous reporter à la rubrique EMEUTE)

REVOLVER (vous reporter à la rubrique FUSIL)

REVUE MILITAIRE
* Selon vos propres circonstances cette revue sera la signification d'une paix retrouvée après de pénibles moments, prémice à des heures de bonheur et de joie, ou l'amorce d'un changement vers une période cruelle et douloureuse.

RHINOCEROS
* Des rivaux se révèleront agressifs et violents à votre encontre, des précautions seront à respecter pour protéger votre situation, des conflits possibles, des conséquences désastreuses.

RHUM
* Promesse d'une amélioration notable de vos relations et une compréhension retrouvée.

RHUME
* Des aléas familiaux, des controverses, des discussions perturberont vos relations avec autrui. Perte d'argent. Des rapports avec des personnes extérieures au foyer seront désobligeants à votre égard.

RICANER-RICANEMENT
- Jalousie et méchancetés de certaines personnes de votre entourage. Lesquelles, par dépit, peuvent vous être néfastes.

RICHE
- Se voir riche : vous êtes parvenu au sommet de vos possibilités. Ce dont vous pouviez espérer vous a été ainsi procuré. la chance reste encore avec vous dans la mesure où vous éviterez tout risque inutile.

RIDEAUX
- De belle qualité, blancs et propres : joie intime, bonheur familial, des espoirs d'une vie nouvelle, d'heureuses circonstances, chance, succès.
- Sales déchirés : soucis, peine et chagrins.

RIDES
* Peut présager quelque maladie, des soucis importants et durables, mais aussi la pérennité des sentiments et le long partage d'une vie commune. Expriment également une longévité remarquable pour la personne vue dans votre rêve.

RILLETTES (voir la rubrique PATE)

RIRE
- De personnes étrangères : raillerie, moquerie de votre entourage, de mauvais propos dont vous serez victime.
- Le vôtre : vous ne parvenez pas à prendre conscience des réelles préoccupations qui sont de votre responsabilité.

RIVAGE
* Perspectives d'un prochain changement de condition dont la valeur vous sera précisée par l'aspect et les constituants du rivage.
- Un rivage de cailloux et de pierres aux arbres desséchés aux eaux tumultueuses serait d'un fâcheux présage.

- Par contre des rives verdoyantes, au sable fin, aux eaux calmes et limpides vous promettent des heures agréables et heureuses.

RIVAL
- Le rencontrer : des évènements malencontreux amèneront des conflits douloureux dans vos rapports affectifs, des attaques pernicieuses créeront un climat de malaise et de mépris à votre égard.

RIVIERE (de signification identique à FLEUVE)

RIZ
* Vos revenus s'amélioreront sensiblement, après une période de soucis et de privations. Espoir d'une vie agréable et heureuse. Joie profonde.

RIZIERE
- Promesse de gains financiers et de meilleures conditions de vie après une période de labeur et de sacrifices.

ROBE (de signification identique à celle de JUPE et HABILLEMENT)

ROCHER
* La manière dont vous aborderez son escalade et la rapidité avec laquelle vous réaliserez cette opération présageront du succès de vos entreprises.
* Dans le cas de difficultés particulières, de contraintes, d'impossibilité de terminer votre course, attendez-vous à d'amères désillusions, des soucis financiers probables.

RODEUR-RODER
* Vous aurez à supporter la jalousie et l'envie d'autrui, des rancunes tenaces alliées à des motifs financiers devraient vous faire redouter le pire.

ROGNONS
* Déconvenues familiales, soupçons et méprises.

ROI (de signification identique à EMPEREUR)

ROMAN
* Plaisir et détente. Une période agréable à vos sentiments et vos réflexions.

RONCES
* Désagréments, relations difficiles avec votre entourage, des propos inconvenants, disputes, querelles, des tracas dans la résolution de vos activités, ennuis pécuniers.

ROSEAU (interprétation identique à celle de JONC)

ROSEE
* Prémice à d'heureux évènements, annonce de changements agréables et bénéfiques joie intime, bonheur de vivre.

ROSES
* Symbole de sentiments purs et nobles, de la tendresse et de l'amour, de la joie du cœur, de la vie intime, des roses aperçues en rêve seraient un indice favorable pour votre devenir.
- Des roses à l'éclosion : un nouvel et merveilleux amour.
- Les cueillir, les offrir : promesse de fiançailles ou de mariage.
- Se piquer aux épines : chagrin amoureux, disputes.
- Des roses fanées : déception, disputes, séparation.
- Des roses blanches : pureté des sentiments.

- Des roses rouges : passion ardente.
- Des roses jaunes : jalousie.
- Des roses roses : tendresse et amour.

ROSSIGNOL
- Amour heureux, de tendres sentiments, fidélité, harmonie conjugale.
* Le voir ou le mettre en cage : des brouilles, fâcheries, mésentente affective.

ROTI
* Réussite personnelle, satisfaction intime, aisance financière. Joie et bonheur dans la maison.

ROUE
* Vous signale de proches changements dans votre manière de vivre. Selon que la roue tourne :
- Rapidement : des espérances se verront réalisées, chance et succès, des gains financiers.
- Lentement : des résultats décevants, des projets seront remis en cause.
- Arrêtée : stagnation de vos entreprises, insuccès, échec.
- Déteriorée, brisée : malchance, malheur.

ROUE A AUBES (voir définition relative à ROUE)

ROUE DE LOTERIE
* Des soucis et contrariétés. Votre situation financière sera compromise, votre position sociale fera l'objet de débats peu favorables à vos intérêts. Malchance, solitude morale.

ROUE DE MOULIN (voir la rubrique MOULIN A EAU)

ROUET
* Joies de la maison. bonheur familial, amour et compréhension.

ROUGE A LEVRE
* Fausseté des sentiments, hypocrisie, trahison, disputes et fâcheries.

ROUGE-GORGE
- Une amitié discrète et sincère sur laquelle vous devriez prendre appui.

ROUGEOLE
* Divers ennuis, des contrariétés multiples seront perturbateurs d'une santé rendue fragile par des évènements sans cesse éprouvants.

ROUILLE
* Des amitiés perdues, des rapports affectifs décevants, des erreurs dans la réalisation de vos aspirations, retards, contretemps, annulation, insuccès, malchance.

ROULETTE
* Vous tenterez des actions audacieuses et convainquantes qui pour des raisons externes à vos impératifs et à votre volonté se concluront dans la déception et l'échec.

ROUTE
* La route est l'un des symboles essentiels du rêve prémonitoire. Lieux de transit entre deux situations, il sera intéressant pour le lecteur de relever certaines caractéristiques dont l'interprétation précisera l'analyse de votre songe. Ainsi, il faudra considérer le moyen de transport éventuel, le paysage environnant, l'heure approximative du parcours, le trajet effectué, etc... Les conclusions obtenues définiront

les évènements prochains de votre devenir.

ROUX-ROUSSEUR
- Des cheveux roux, ou la peau tacheté : signe indicatif d'une personne jalouse, de peu de confiance dont la fréquentation ne sera pas sans déboire.

RUCHE
- En activité : prospérité, fécondité, richesse et fortune.

RUE (consulter AVENUE)

RUELLE
* Pauvreté et misère, des affaires insignifiantes, des perspectives peu encourageantes, solitude morale.

RUGIR-RUGISSEMENT
- Que vous entendez : annonce de faits importants qui troubleront votre quiétude et déstabiliseront vos occupations.
- Que vous poussez : vous mettrez à la raison vos détracteurs.

RUINES
* Echec de vos entreprises, insuccès, malchance, perte de votre acquis, de vos biens. Votre situation devrait faire l'objet d'un examen attentif afin d'envisager d'autres possibilités que celles que vous venez de quitter. longue période de solitude et de détresse, maladie familiale, perte probable d'une personne aimée. Des conséquences dans le cadre de cette disparition.

RUISSEAU
* Vous reporter aux rubriques EAUX et FLEUVE en considérant les proportions différentes de ces deux cours d'eau.

RUPTURE (Vous reporter à la rubrique DISPUTES)

S

souffrances, tristesse et solitude.

SABLE
- Situation incertaine. Des risques d'événements dont la teneur peut vous amener à des contraintes sérieuses dans la résolution de vos affaires.

SABLES MOUVANTS
- Menaces de danger. Les circonstances vous obligeront à peser toutes décisions, à vous entourer de toutes les précautions nécessaires avant d'agir. Perfidie de vos adversaires. Trahison. La moindre erreur vous serait fatale.

SABLIER
- De prochaines épreuves. Séparation affective. Rupture. Grave maladie d'une personne aimée dont il faut craindre une issue douloureuse et cruelle.

SABOTAGE
- Vos rapports sociaux seront au plus mal et dégénéreront en de pénibles conflits sans solution susceptible d'apaiser les passions.

SABOTS
- Votre situation ne sera guère enviable. Des sacrifices vous seront imposés avant de retrouver une stabilité convenable de vos affaires. Des inquiétudes sur votre devenir.

SABRE
- Des conflits sérieux vous mettront en opposition avec certaines personnes de vos relations. Des paroles ou des actes malveillants engageront votre réputation et menaceront vos rapports avec autrui. Des contraintes financières.
* En faire usage de manière victorieuse : Les diverses oppositions de vos rivaux seront moindres. Vous parviendrez à imposer les objectifs que vous avez retenus.
* Dans le cas contraire, de sérieux problèmes vous seront posés dont la conclusion restera désavantageuse et humiliante.
* Un sabre brisé serait d'une fâcheuse indication.

SAC (de jute ou de toile)
* Plein : abondance, richesse, profit. Aisance financière.
* Détérioré : vos projets n'apporteront pas toutes les espérances que vous aviez envisagées. Déception.
* Vide : pauvreté. Misère, Infortune.

SAC A DOS
- Des ennuis en perspective. Des contraintes d'argent vous imposeront certaines privations momentanées mais préoccupantes.

SAC A MAINS
- Représentatif des premières nécessités du foyer, les objets contenus dans un sac à mains qui ne serait pas conforme aux habitudes décèlerait des difficultés d'ordre divers qu'il sera nécessaire de résoudre à court terme.

SAC DE VOYAGES
- Des décisions modificatrices de vos principes de vie. Des orientations nouvelles à certains de vos projets qui seront bénéfiques et constructives d'un avenir heureux.
* Le poser à terre, le vider de son contenu : retard, contretemps ou

échec de vos espoirs. Déception et amertume.

SACREMENTS
- Il vous sera indispensable de bien considérer les circonstances qui vous font recevoir les sacrements. Mais d'une manière générale, ce rêve semble indiquer des ennuis graves de santé et une longue période de maladie.

SACRISTAIN-SACRISTIE
- De prochaines cérémonies heureuses en rapport avec la famille ou des amitiés proches.

SAFRAN
- Préfigure de mauvais soucis prémices à la maladie et à un décès de l'un de vos proches, douleurs et chagrins.

SAGE-FEMME
- D'heureuses nouvelles vous surprendront et vous réjouiront : naissance, baptême, fiançailles ou un proche mariage selon votre situation et les circonstances de votre vie familiale.

SAIGNEE-SAIGNER
- Annonce des faits dont vous supporterez les conséquences. Querelles familiales, douleur affective. Solitude morale, larmes et chagrins.

SAINDOUX
- Des soucis financiers sans grande importance dont l'essentiel est la responsabilité de personnes peu scrupuleuses dans la gestion de vos intérêts.

SAINT
- La rencontre avec un saint dans l'un de vos rêves serait d'un présage bénéfique à votre devenir. Votre attitude, le respect des principes énoncés, la sagesse de votre vie et de vos pensées, vous incitent à poursuivre cette voie.

SAISIE
- Peu favorable à vos intérêts. L'annonce d'une saisie, devoir vivre ses effets dénoncent des ennuis graves en relation avec certaines autorités légales. Des arguments indispensables à votre défense vous feront défaut. Impuissance et désarroi. Des pertes d'argent. Une grave remise en cause de vos projets. Détresse. Solitude.

SALADE
- Des rapports avec autrui compliqués par des affaires d'intérêts. Des discussions peu profitables à vos objectifs. Des dommages financiers sont à redouter. Des conséquences sur votre vie intime et familiale. Malchance. Incompréhension.

SALAIRE
- Votre position sociale connaîtra un changement bénéfique. Vos revenus se trouveront améliorés, vous apportant ainsi la sécurité et la quiétude d'esprit. Réconfort.

SALAISONS
- Ce principe de conservation apparaissant dans un rêve ne peut que déterminer des ennuis de toutes sortes agaçants et néfastes à votre vie de chaque jour.

SALE, SALETE, SE SALIR
- Une malpropreté, quels que soient la personne, le sujet ou l'objet concerné, vous indiquera des soucis divers dont la gravité sera en rapport avec l'importance de la saleté constatée. Des précautions vous resteront à définir afin de limiter les inconvénients de ces prochains événements.

SALIERE
- Des menaces sérieuses pèsent sur vos rapports affectifs et amicaux. De prochaines dissenssions peuvent compromettre votre bonheur.

SALIVE
- Déceptions dans les amitiés. Insuccès dans vos associations. Tromperie. Humiliation.

SALLE D'AUDIENCE
- Des contrariétés d'importance peuvent trouver leur solution à votre satisfaction dans une affaire préoccupante.

SALLE DE CLASSE
- Des regrets sur des perspectives non satisfaites dans la recherche de vos ambitions. Des projets retardés ou compromis. D'autres plans seront à réfléchir dont la mise en vigueur sera bénéfique à vos affaires.

SALLE A MANGER, SALLE DE SEJOUR
- De prochaines rencontres familiales, des retrouvailles. Une réconciliation d'importance. Des amitiés reconstituées, renouvelées, des promesses d'un avenir heureux. Bonheur familial. Joie affective.

SALLE DE FERME
- Aisance financière. Plaisirs de la famille et des rencontres, de proches amitiés. Joies des discussions et veillées tardives. Des confidences et des projets. Sécurité contre les rigueurs extérieures au cercle familial. Cohésion des membres de la famille face aux dangers et aux incertitudes de la vie.

SALLE DE REUNION (vous reporter à la définition de REUNION)

SALLE DE TRIBUNAL
- Des litiges se verront réglés par des décisions arbitraires mais définitives au contraire de vos arguments.

SALON
- Intimité de la famille, bien-être, réconfort, détente, repas. Echange des projets communs. Bilan des événements passés, prospective sur l'avenir. Joie et bonheur.

SALON PROFESSIONNEL (vous reporter à la définition EXPOSITION)

SALON DE MODES (vous reporter à la rubrique MANNEQUIN)

SALPETRE
- Ennuis familiaux. Difficultés d'argent. Lassitude morale. Maladie.

SALSIFIS
- Une opportunité de réussite inespérée, une occasion de faire fructifier vos acquis professionnels.

SALOPETTE
- Des tâches peu plaisantes vous seront imposées. Des contrariétés dont la résolution rapide s'imposera si vous ne souhaitez pas connaître des mesures plus rigoureuses.

SALTIMBANQUE
- Des rapports avec autrui peu conformes à vos désirs. La cupidité et la perfidie seront vos principaux adversaires. Des moqueries acerbes gratifieront votre conduite et vos actes.

SALUER
- Une personne de votre connaissance ou présentement inconnue suppose une rencontre prochaine avec cette même personne. Des problèmes graves, importants seront évoqués qui engageront votre avenir et vos responsabilités, des litiges pourraient se voir résolus. Des conflits évités ou retardés.

SANATORIUM (vous reporter à la rubrique HOPITAL)

SANDALES
- Des contraintes financières, des soucis familiaux ou professionnels vous imposeront un style de vie peu en rapport avec vos préférences et vos habitudes. Des efforts d'adaptation vous seront indispensables.

SANDWICH
- Quelques instants de réconfort dans une période déprimante et austère. Des amitiés perdues. Des ennuis financiers.

SANG
- De fâcheuse indication. Vous annonce divers sujets de contrariétés dont l'importance et la gravité pourraient avoir quelques rapports avec le sérieux de la blessure, la quantité de sang constatée, l'endroit de la plaie. De toute évidence votre santé sera directement concernée et vous devriez connaître des instants pénibles de douleurs et d'inquiétudes, Conséquences d'actions diverses menées à votre encontre où vos intérêts se sont retrouvés particulièrement menacés.
- Il peut s'agir également d'un avertissement sérieux vous informant d'une éventualité d'accident pour vous ou l'un de vos proches. Le contexte du rêve devrait vous préciser cette caractéristique associée aux circonstances propres de votre existence.

SANGLIER
- Représentatif d'un adversaire particulièrement dangereux dont le comportement peut mettre à mal vos projets et ruiner vos espérances pour quelques temps. La prudence et la ruse vous seront nécessaires pour déjouer ses tentatives nuisibles.
* Le capturer, l'abattre vous seraient d'une indication favorable à votre devenir.

SANGLOT-SANGLOTER (voir la rubrique PLEURER)

SANGSUES
- Défavorables dans son interprétation, de multiples contrariétés vont perturber votre vie quotidienne et modifier quelque peu votre environnement. Peut être le prémice à des bouleversements plus inquiétants.

SAPIN
- De très bon augure. L'aspect du sapin vu dans votre songe vous renseignera sur la prémonition qui en résultera. L'importance et la qualité de son feuillage, ses dimensions, le site dans lequel il pourrait se situer, seront autant de critères favorables à la connaissance du prochain avenir.
- Le sapin vous annonce des faits importants modifiant de manière heureuse vos conditions de vie. Sérénité. Paix du cœur et de l'esprit. Votre situation sociale et affective connaîtront désormais des circonstances à votre avantage. Joie intime.

SAPIN DE NOEL
- Des souvenirs heureux de réunion familiale pleine de joie, de gaieté,

de tendresse. Des perspectives prochaines de rencontres, présage d'un événement surprenant, en relation avec vos proches parents ou amis.

SARBACANE
- Des attaques sournoises de bas niveau à votre encontre. Des actions qu'il serait souhaitable de ne pas négliger, vos adversaires pouvant acquérir une certaine habilité dans les manœuvres entreprises.

SARCOPHAGE
- Période de chagrin et de nostalgie. Des regrets d'une vie heureuse. De tendres souvenirs à l'égard d'une personne disparue.

SARDINES
- Des réalisations financières diversifiées et prometteuses. Des succès dans la réalisation de vos entreprises.

SARRASIN
- Infortune, pauvreté, misère.

SATIN
- Aisance financière. Confort au foyer. Réussite de votre vie intime. Joie familiale.

SAUCE
* Au goût agréable et à la préparation raffinée : vous connaîtrez une période propice aux plaisirs de la vie, après de longs moments de préoccupation. Bonheur au foyer. Sécurité financière.

SAUCISSE
- Des perspectives nouvelles dans la réalisation de certains de vos projets. Chance et succès. Des gains financiers. Des profits conforteront votre vie familiale par le bien-être que vous pourriez ainsi apporter.

SAUCISSON
- Simplicité dans votre vie intime, dissociée de toute considération financière. Solitude à l'abri des fréquentations fausses et intéressées.

SAUGE
- Indice d'une amélioration de votre santé et de meilleures conditions de votre existence.

SAULE-SAULE PLEUREUR
- Nostalgie d'une période de vie heureuse à tout jamais compromise. Tristesse et chagrins. Perte de l'être aimé. Rupture affective.

SAUMON
- Des promesses de richesse par la patience et le courage. La solitude vous sera préférable à des associations futiles et néfastes.

SAUNA
- Des ennuis de santé persistants et contrariants.

SAUT-SAUTER
* Exécuter sans aucune difficulté un saut qui vous assure ainsi de franchir l'obstacle sans inquiétude sera d'une indication heureuse pour la réussite et la continuité de vos projets. Vous triompherez de vos adversaires. Vos arguments seront reconnus et appréciés.
* Dans le cas contraire, des ennuis divers seront de votre lot quotidien. Des inquiétudes. Des angoisses pour votre avenir.

SAUTERELLE
- Menace de contrariétés dont vous pourriez être la victime si vous ne prenez garde à certains agissements de votre entourage. Des dommages financiers sont à redouter. Restez vigilant à toute intrigue ou manœuvre déloyale.

SAUTILLER
- Insatisfaction. Impatience. Angoisses.

SAUVAGE
* Se voir en cette situation : diverses circonstances malheureuses vous isoleront de votre milieu social et affectif. Lassitude morale. Fatigue, impuissance. Vous n'aurez guère de possibilités de résoudre vos difficultés si vous ne cherchez pas à recréer des contacts profitables à vos intérêts.
* Voir un sauvage : préfigure des ennuis graves et d'importance qui vous concerneront. Des dommages financiers en découleront qui pourraient décider de la pérennité de vos acquis et de vos biens.

SAUVETAGE-SAUVER
* Etre sauvé par une personne : des circonstances en votre faveur vous feront bénéficier de l'aide et de l'assistance d'une personne dont les conseils vous seront fort précieux dans la résolution de vos problèmes.
* Sauver une personne : une situation particulière et délicate réclamera une maîtrise et une connaissance parfaite pour lesquelles vous aurez toutes dispositions nécessaires.

SAVANT
- Les nécessités de la vie vous disposent à orienter vos capacités vers des horizons différents en conformité avec vos aspirations et vos contraintes. Un changement d'activités ou de milieu professionnel pourra être étudié avec succès.

SAVON
* A votre usage : divers moyens vous assureront de votre défense en contradiction des accusations et des mauvais procès que l'on tente de promouvoir à votre encontre.

SAXOPHONE
- Des bavardages sans grand intérêt, des ragots futiles, des rumeurs diverses encombreront votre vie et vos rapports avec autrui.

SCANDALE
* Le subir : des oppressions et des menaces constitueront l'essentiel de vos rapports avec votre entourage.

SCAPHANDRE
- Une période particulièrement trouble vous imposera des initiatives déterminantes dans la conduite de vos affaires face aux intrigues et aux attaques de vos ennemis, des risques et des contraintes. De votre manière d'agir dépendra votre victoire.

SCARABE
- Chance et succès dans vos entreprises. Des moments inattendus de joie et de plaisirs.

SCARLATINE
- Des tracasseries d'ordre divers malméneront vos affaires et provoqueront des perturbations dans votre vie familiale.

SCEAU-SCELLER
- Certains faits délicats seront conclus de manière convenable avec l'adhésion des partis concernés et feront l'objet d'un accord incontestable.

SCENE DE THEATRE
- Vous serez mis en évidence bien malgré vous et au contraire de vos souhaits. Diverses influences apporteront des corrections à vos projets laissant croire à des perspectives plus conformes à vos recherches. Déception, amertume, des difficultés financières associées à des

défaillances de votre santé. Fausseté, hypocrisie des sentiments.

SCEPTRE
- Vos succès présents ne doivent pas vous égarer en de vaines imaginations peu compatibles avec les réalités. Des contraintes prochaines vous suffiront pour une réflexion appropriée à des ambitions plus mesurées.

SCIE
- Oppositions et querelles. De sérieux désaccords avec des proches relations entraîneront une situation conflictuelle. Des décisions seront nécessaires pour protéger les divers constituants de votre vie. Pertes d'argent. Des ennuis de santé. Lassitude.

SCIURES
- Infortune et malchance. Vos affaires ne connaîtront pas l'évolution que vous recherchiez, des déboires nombreux occasionneront quelques pertes financières. Des relations affectives en déclin. Chagrins. Santé délicate.

SCORPION
- La perfidie et la traîtrise d'une personne proche de vos sentiments vous surprendront. Des conséquences graves sur votre manière de vivre. Malheur.
* Le tuer : vous serait particulièrement bénéfique.

SCULPTEUR-SCULPTER
- Vous souhaiteriez remodeler votre existence selon les principes qui vous conviennent le mieux. Les conditions actuelles ne retiennent pas votre agrément. Désir de changement. L'état des travaux de sculpture vous renseignera sur la réalité de vos désirs et leur chance de voir une conclusion prochaine.

SEAU
* Rempli d'eau propre et limpide : chance et succès.
* Avec de l'eau trouble : soucis et désagréments.
* Vide : des pertes d'argent. Des ennuis divers.

SECHAGE-SECHER
- Cette opération préfigure des modifications notables dans vos relations avec autrui. Réconciliations affectives ou amicales. Des aides pour des appuis inespérés dans des démarches délicates, vous assurant d'une position moins instable qu'à l'habitude. Amélioration prochaine.

SECOURIR (vous reporter à la définition SAUVER ; SAUVETAGE)

SECRET
- Des informations confidentielles de grande importance vous seront révélées. A charge pour vous d'en assurer la confidentialité. Votre confiance sera éprouvée et jugée par des personnes influentes.

SECRETAIRE
- Des aides ou appuis dans vos démarches, des confidences utiles à vos entreprises. Des soutiens discrets mais précieux dans la progression de vos affaires.

SEDUCTEUR-SEDUIRE
- De prochaines contrariétés affectives. Des tentatives de divers milieux modifieront de mauvaises manières les rapports conjugaux.

SEICHE
- Une période préoccupante, contraire à vos espérances.

SEIGLE
- Heureux présage d'une réussite de vos activités.

SEIN
* Une belle poitrine, aux mensurations idéales : réussite et bonheur. Joie affective. Harmonie conjugale. De profonds sentiments d'amour.
* Aux seins chargés de lait, d'une grosseur importante : fécondité, prospérité, annonce d'un prochain événement heureux. Bien-être familial.
* Aux seins fanés, flétris : peines et chagrins. Des soucis familiaux. Maladie.
* Avoir des seins anormaux ou supplémentaires : infidélité conjugale. Adultère. Trahison. Chagrins.
* Une poitrine aux seins inexistants : des sentiments coupables. Manque d'amour et de tendresse.
* Une poitrine velue : malheur au foyer.

SEL
- Diverses contrariétés notamment financières troubleront les rapports affectifs et la vie familiale. Dissensions, disputes. Quelques ennuis d'argent ou de santé. Malchance.

SELLE
* En faire usage : progression avantageuse de votre situation. Des aspects financiers favoriseront certaines espérances. Chance et succès.
* La retirer : période d'attente et de réflexion. Des nécessités obligeront la correction partielle de vos objectifs prochains.

SELLE (aller à la)
- Vous présage une période difficile pendant laquelle de nombreux sacrifices vous seront imposés. Des échecs en divers domaines. Inquiétude pour l'avenir. La réflexion vous conseillera de modifier vos plans afin d'envisager d'autres possibilités.
- Cette circonstance en sera d'autant plus grave que votre besoin sera pressant, abondant. Le fait d'être souillé de vos propres excréments serait d'une indication fâcheuse. Auquel cas il est à redouter des ennuis particulièrement sérieux. Détresse. Solitude.

SELLIER
- D'heureuses affaires vous rassureront sur vos perspectives d'avenir.

SEMAILLES-SEMER
- Des promesses de réussite financière et d'améliorations de vos conditions de vie, dans un proche avenir. Chance et succès.

SEMINAIRE (d'interprétation identique à celle de MONASTERE)

SEMOULE
- Abondance de biens. Aisance financière. Profits. Joie et bonheur. Assurance d'une vie paisible et heureuse.

SENTIER
- Une lente progression de vos affaires. Les divers obstacles rencontrés, sur le parcours : broussailles, rocailles, détours, etc...Vous renseigneront sur les difficultés à vaincre.

SENTINELLE
- Vous serez protégé et sécurisé. Toute information susceptible de porter contrainte à votre manière de vivre sera dc votre connaissance. Présage d'un danger à l'égard de votre foyer ou de vos activités. Certaines précautions seraient utiles.

SEPARATION
- Solitude morale et affective de courte durée, propice à la méditation et à de sages réflexions. Eloignement bénéfique à la définition d'une autre manière de vivre.

SEPULTURE (vous reporter à la rubrique TOMBE)

SERAIL
- Opulence et prospérité. Des goûts pour divers plaisirs coûteux et dissolus.

SERENADE
- Confusion de sentiments apparemment sincères avec des attitudes flatteuses sinon hypocrites.

SERIN
- Sentiments discrets. Tendresse et amour.

SERINGUE
- Aide et secours dans la résolution d'affaires délicates et pénibles. Espoir d'une prochaine modification à votre avantage des circonstances affligeantes dont vous avez été victime.

SERMENT
- Des engagements honorables assureront de votre confiance certains accords qui ne seront pas nécessairement respectés par les partis concernés.

SERMON
- Peut être considéré comme l'avertissement à des actes répréhensibles dont vous pourriez être victime, ou que vous risqueriez de commettre. Les paroles énoncées au cours de ce sermon seraient utiles à une meilleure connaissance de votre prémonition.

SERPENT (vous reporter à la rubrique REPTILES)

SERPILLIERE
* En faire usage : certaines décisions de votre fait apporteront des changements bénéfiques dans vos rapports avec autrui, des conséquences intéressantes sur vos réalisations, des conditions meilleures vous permettront de considérer l'avenir avec sérénité.

SERRE
* De jardin : joie du cœur. Paix de l'esprit. Repos et détente. Méditation profitable à votre devenir.
* D'un oiseau de proie : sérieuses menaces sur la pérennité de vos affaires qui seraient compromises si une blessure survenait.

SERRURE
* Dont vous assurez l'ouverture : des perspectives nouvelles sécuriseront votre avenir. Des réflexions bénéfiques décideront de projets constructifs à votre devenir.
* Difficile à ouvrir : des obstacles divers et contrariants retarderont l'évolution de vos affaires. Des espérances seront déçues.
* Que vous ne parvenez pas à ouvrir : échec de vos entreprises. Insuccès. Malchance.
* Dont vous assurez avec facilité la fermeture de votre plein gré : vous prendrez toutes dispositions utiles pour protéger et défendre vos acquis.
* Ouverte par effraction : de proches relations, familiales ou amicales, menacent la validité de vos biens et de vos acquis.
* Regarder par le trou de la serrure : jalousie, perfidie et méchancetés diverses vous seront infligées par certaines personnes de votre proche entourage.

SERRURIER
- Vous recevrez aide et appui dans la résolution des problèmes complexes et ennuyeux. Réconfort. Soutien. Compréhension.

SERVEUR-SERVEUSE
- Calomnies, médisances, propos malveillants colportés par autrui troubleront votre vie intime et familiale.

SERVICE
* Rendre service à une personne : vos qualités de sérieux et d'efficacité seront appréciées. L'estime ainsi reconnue vous sera un atout important dans de prochaines difficultés.
* Dont vous bénéficiez : des connaissances proches de vos relations vous apporteront aide et réconfort dans la résolution de problèmes épineux et délicats.

SERVIETTE DE TOILETTE
* Dont vous faites usage : des nouvelles heureuses et bénéfiques si cette serviette vous apparaît propre et de bel aspect ; des contrariétés et des chagrins dans le cas contraire.

SERVITEUR (de signification identique à celle de SERVEUR)

SEUIL (d'une habitation)
- Des faits importants et modificateurs de vos conditions de vie vont intervenir. Certaines adaptations seront indispensables pour faire face à un changement inéluctable. Il sera nécessaire de considérer les circonstances qui vous obligent à franchir le seuil de cette maison. Quel est le résident habituel, l'apparence générale de cette maison, l'environnement, la luminosité, les odeurs particulières, les personnes rencontrées, l'accueil, etc... Seul, l'examen approfondi de ces différents critères permettra de mener à bien l'étude de votre rêve prémonitoire.

SEXE
- Cette vision, à l'exclusion de tous rapports amoureux : précise des aspects en relation avec diverses circonstances de votre vie propre dont la réflexion peut vous conduire à constater certains échecs dans la recherche de vos objectifs. Lesquels concernent tout autant des considérations affectives que professionnelles ou financières.
- La situation du rêveur dans le « vécu » de ce rêve, fournira des réponses élémentaires à l'examen de cette prémonition. Les différentes possibilités, multiples et variées, suffiraient à constituer un ouvrage spécifique d'un très grand intérêt, mais qui dépasse le cadre de cette présente étude.
- De manière indicative, sommaire, rapide, et afin de guider le lecteur dans ses recherches, voici quelques interprétations relativement fréquentes sur ce type de rêve :
* La vision d'un sexe à l'inverse du sien, d'une personne inconnue, normalement constitué : des souhaits ou désirs refoulés, contretemps, retards, embûches, échecs.
* La vision d'un sexe à l'inverse du sien, difforme, anormalement constitué, sans système pileux : infidélité conjugale, tromperies, des recherches de changement de situation compromises, des erreurs de jugement et d'appréciation sur la conduite de vos affaires. Echec. Insuccès. Infortune. Pauvreté et misère.
* Toute tentative de relation avec une personne du sexe opposé qui ne peut se conclure de manière attendue, toute relation avec une personne de même sexe, toute vision de circonstances appropriées à ce domaine qui apparaîtrait ne pas

correspondre à des normes habituellement reconnues serait d'un fâcheux présage.

SHOOTER
- De bon augure si la frappe de ballon est énergique, précise et que le but fixé soit atteint.
* De mauvaise indication si le coup de pied est manqué.

SIEGE
- De bel aspect, confortable : bien-être familial. Joie et bonheur. Entente affective. Compréhension mutuelle.
* Détérioré, sale, brisé : disputes, querelles, échec, malchance.

SIFFLET-SIFFLER
* Le voir, l'entendre : avertissement de prochains ennuis caractéristiques de troubles divers dont vous supporterez les conséquences.
* En faire usage : vous avez perçu le danger et l'insouciance heureuse, dont vous faites preuve, vous conforte dans la certitude de vaincre vos adversaires.

SIGNAL-SIGNALISATION
- Toute indication visuelle, ou affichée, ou parlée, définissant un proche danger, vous apporte la certitude de rencontrer à brève échéance des difficultés particulières dont les inconvénients vous seront imputés.

SIGNATURE
- Que vous apposez sur un document approprié : des décisions importantes seront conclues en votre faveur. La progression de vos affaires sera améliorée en accord avec vos souhaits et vos aspirations. Chance et succès.

SILLONS
* Tracés droits et profonds : réussite de vos entreprises. De grands espoirs d'une situation heureuse et aisée.
* Des tracés sinueux et aléatoires : incertitude. Crainte. Des inquiétudes sur votre avenir. Malchance.

SINGE
- Des adversaires rusés, habiles, rapides et sournois. De prochaines réalisations de votre fait risquent de ne pas aboutir selon la définition que vous avez établie si vous ne prenez garde à cet avertissement.
- Sinon vous affronterez duperie, rouerie, vol. Des pertes d'argent, des tracas divers, nombreux et multiples.

SIROP
* De fruit : plaisirs éphémères, petits profits.
* Médicamenteux : des ennuis de courte durée. Amélioration prochaine.

SKI
- Des solutions rapides et efficaces mais dont la témérité peut dépasser vos possibilités actuelles.

SLIP
- Vous retrouver en cette tenue : pauvreté et misère. Humiliation. Vous serez ridiculisé et bafoué.
* Porté par une autre personne : diverses significations peuvent se confondre. Le contexte du rêve pourra préciser l'indication de la prémonition.

SMOKING
- D'heureuses nouvelles ou décisions d'importance vous feront participer à des festivités ou cérémonies dont vous risquez d'être la cause.

SŒUR
- Réconfort, soutien, compréhension dans la résolution de vos problèmes. De précieux conseils seront utiles à vos démarches.

SŒUR RELIGIEUSE (vous reporter à la rubrique RELIGIEUSE)

SOIE-SOIERIE
- Des plaisirs aisés dans une atmosphère confortable et sécurisante. Des relations envieuses et jalouses.

SOIF
* Avoir soif : vous indique une situation d'inquiétudes et d'angoisses. Des ennuis divers. Lassitude et détresse.
* La soif que vous étancherez avec de l'eau fraîche et propre vous confortera dans la joie et le bonheur. Chance et succès.
* Se désaltérer avec de l'eau impure, malodorante, d'une température désagréable : chagrins et tristesse, maladie.
* Ne pouvoir calmer sa soif malgré ses efforts : malchance, malheur.
* Recevoir de l'eau, afin de se désaltérer, d'une personne du sexe opposé : une rencontre affective dont le suivi pourrait se conclure par une union heureuse.

SOINS-SOIGNER
- Des circónstances favorables à vos intérêts ouvriront une période heureuse, propice à un renouveau de vos activités. Des amitiés sincères et dévouées, un soutien affectif profond et fidèle vous assureront de leur aide et de leur appui dans vos efforts et votre lutte.

SOIR
- L'approche de la nuit recèle quelques dangers ou traîtrises. Des événements contraires marqueront un changement important de vos habitudes, sous réserve de soucis et de difficultés aux effets désagréables.

SOL (vous reporter à la rubrique PLANCHER)

SOLDATS
- Indice fâcheux de prochains ennuis dont vous aurez à souffrir et qui nécessairement provoqueront une remise en cause de votre manière de vivre, de vos acquis, de vos biens, de votre situation.
- Des nouvelles tristes et cruelles seront portées à votre connaissance. Maladie grave. Disparition brutale d'une personne aimée. Décès. Séparation affective. Perte de situation. Des conflits, des oppositions, des querelles, des altercations violentes conduiront à des actions préjudiciables à votre réputation et à vos intérêts. Dommages financiers. Pertes d'argent. Litiges judiciaires, procès.
- La situation du soldat que vous verriez en songe aura son importance : quelle est sa tenue de parade ou de combat ? Est-il au repos, à l'exercice, ou sur le champ de bataille ? Quelles sont ses occupations ? etc... L'ensemble de ces différents paramètres vous situera le niveau des événements et le degré d'intensité de vos préoccupations.

SOLDES
- La validité de vos arguments et la constance de vos efforts ne seront pas appréciées autant que vous le souhaitiez. Certaines concessions s'imposeront afin de vous faire admettre dans un milieu hostile à votre personnalité.

SOLE
- Des opportunités affectives et financières.

SOLEIL

* Un lever de soleil aux couleurs et à la lumière resplendissantes sont d'indication favorable pour les divers sujets qui vous tiennent à cœur. De belles perspectives, prometteuses de succès dans vos entreprises. Espérances de gains et de profits, amélioration de votre condition. Joie et bonheur. Chance affective.

* La position du soleil au zénith précise l'obtention et la concrétisation de vos projets. Vos ambitions seront satisfaites. Succès.

* Un soleil couchant est le signe d'une période en cours d'achèvement. Des réflexions seront utiles pour apprécier et estimer les tâches accomplies, envisager de nouveaux projets. Cette position du soleil peut aussi vous signifier divers échecs à l'encontre de vos intérêts. Des maladies dans votre entourage, des souffrances cruelles.

* Un soleil aux couleurs rougeâtres : présage néfaste. Détresse. Malheur.

* Le voir disparaître derrière les nuages : des obstacles divers à l'évolution de vos activités. Quelques désagréments de courte durée.

* Une éclipse de soleil : maladie grave. Deuil possible.

* Aux mouvements anormaux, au parcours inhabituel, des indications de mauvais augure pour la destinée de personnes chères à vos sentiments.

* Dont on aperçoit les rayons lumineux inondant la maison : joie et bonheur. Plaisirs de la famille. Protection. Chance.

* Dont les rayons se réflètent sur des parois vitrées ou brillantes, ou à la surface des eaux : des espérances déçues. Des promesses non réalisées, insuccès et malchance.

SOLITAIRE-SOLITUDE

* Se voir en cette situation : présage des difficultés dont vous aurez peine à surmonter les épreuves et les conséquences. Lassitude morale. Des ennuis de santé. Des amitiés décevantes ou inexistantes.

SOMMEIL (voir la définition de DORMIR)

SOMMET

* Atteindre le sommet d'un édifice publique, d'une colline, d'une montagne : vous indique des conditions favorables à la réalisation de vos projets. Une réussite inespérée vous apportera considération et profits. Votre situation se trouvera améliorée. Chance et succès.

* L'apercevoir : quelques difficultés vous seront encore opposées mais avec la certitude de disposer de circonstances moins éprouvantes. Promesse d'un avenir différent. Des joies prochaines.

SOMMIER (de même signification que MATELAS)

SOMNAMBULE

- La multiplicité et l'importance des épreuves rencontrées vous laissent désormais insensible à la peine et aux chagrins.

SOMNIFERE

- La décision de fuir vos responsabilités n'écartera pas pour autant les dangers qui persisteront.

SONGES (vous reporter à VISION)

SONNETTE

* Au timbre agréable et plaisant : des nouvelles heureuses et réconfortantes.

* A la sonorité agressive : désagréments et soucis.

SORCIERE
* La voir ou la rencontrer : hypocrisie, méchancetés, des pensées et actions malveillantes, des intrigues et complots, des pièges. Maladie.
* La voir s'enfuir : vos préoccupations touchent à leur fin.

SORTIE-SORTIR
- Cette action réalisée sans difficulté, sans embûche ou obstacle, détermine quel que soit le lieu considéré, de nouvelles perspectives à vos intentions ou à vos projets.
* Dans le cas contraire, des entraves diverses vous signaleraient de graves soucis d'ordre affectif ou familiaux, des pertes d'argent, des problèmes de santé.

SOT
- Le comportement d'un individu de cette catégorie peut compromettre des relations utiles et précieuses.

SOUDURE
- Durabilité des sentiments et des rapports affectifs ou amicaux.

SOUFFLER-SOUFFLET
- Des inimitiés, des querelles, dont vous serez la victime. Certaines médisances ont été particulièrement efficaces et nuisibles à vos relations. Solitude.

SOUFFRANCES-SOUFFRIR
- Des personnes de votre entourage manifestent quelques revendications à votre égard. Jalousie, envie, dépit. Des intrigues, des complots porteront atteinte à votre réputation et à vos activités. Des conséquences graves sur votre santé. Lassitude morale.

SOUFRE
- Vos rapports affectifs ou familiaux risqueront d'être particulièrement agressifs. Des hostilités, des altercations, des propos violents. Des précautions vous seront utiles afin d'éviter des situations conflictuelles.

SOULIERS (se reporter à la rubrique CHAUSSURES)

SOUPE
- Quiétude familiale. Sérénité. Joie et bonheur.

SOUPIERE
- Aisance financière. Confort au foyer. Plaisir de la famille.

SOUPIR
- Des démarches retardées. Des contraintes sans gravité. Déceptions. Mécontentement.

SOUPIRAIL
- Des inquiétudes risquent de confirmer la dégradation d'une situation contre laquelle vos ressources resteront insuffisantes. Les événements risquent d'être contraires à vos objectifs.

SOURCE
- Joie et bonheur. Des nouvelles perspectives à votre avenir. Des pensées heureuses, des actions constructives. Renaissance à une vie différente conforme à vos souhaits. Promesse d'une réussite affective, d'une évolution favorable de vos activités. Fécondité. Prospérité. Fortune.

SOURCILS
* Normaux, conformes à votre physique ou à celui de la personne considérée : des conditions normales dans vos relations avec autrui.

* Que vous perdez, clairsemés, rasés ou brûlés : des conflits familiaux, des contraintes professionnelles, pertes d'argent, maladie, rupture affective.

SOURD
- Des nouvelles particulières vous blesseront. Votre position sociale pourra être mise en danger. Des risques graves de désaccords profonds et de troubles familiaux. Maladie possible.

SOURIRE
- Présage d'une entente heureuse entre les membres de la cellule familiale ou des amitiés proches, des satisfactions dans les domaines auxquels vous êtes particulièrement attachés.

SOURIS
- Fausseté des rapports et des sentiments. Hypocrisie, fourberie. Vous serez abusé et compromis.

* La voir s'enfuir ou la capturer : présage favorable. L'emprise sur vos rivaux sera définitivement acquise.

SOUS-MARIN
- Une situation délicate à vivre. Des conditions particulières à la protection de vos intérêts supposeront des décisions et des actions discrètes et efficaces. Des inquiétudes. Des ennuis financiers. Des rapports affectifs ou familiaux peu favorables.

SOUS-SOL
* D'une habitation : vous reporter à la rubrique SOUTERRAIN.

SOUTENEUR (vous reporter à la rubrique PROXENETE)

SOUTERRAIN
- De pénibles épreuves, des contrariétés difficiles à résoudre, des incertitudes, des angoisses. Des interrogations sur votre devenir. Vous recherchez des solutions à vos problèmes et des moyens efficaces pour soutenir vos efforts.

* En trouver l'issue et parvenir à la sortie : vos préoccupations trouveront une solution heureuse.

SPAGHETTIS
- Une situation confuse demandera beaucoup d'habilité avant de parvenir à la solution recherchée.

SPECTACLE
- Selon la qualité de ce spectacle, les circonstances et les conditions de votre présence, les sujets évoqués, les participants, l'ambiance, les éléments constitutifs de l'environnement, vous pourrez déterminer la signification prémonitoire du message.

* Ne pouvoir y assister : des retards, des contretemps, diverses contrariétés occasionneront certains dommages à l'évolution de vos affaires. Des pertes financières sont à craindre. Des amitiés seront compromises.

SPIRALE
- Vous parviendrez progressivement à force de recherches et de patience à la réalisation de ce qui vous tient le plus à cœur.

SQUELETTE
- Grave et longue maladie. Décès. Malheur.

STADE
- Une saine émulation associée à de nombreux appuis amicaux motiveront vos efforts pour réaliser vos objectifs.

STATUE
* En état, conforme à ses origines : chance et honneur. Vos aspirations retiendront l'attention de vos interlocuteurs. Vous serez satisfait et comblé.
* Détériorée, mutilée, brisée : malchance. Insuccès de vos entreprises. Echec, déception, amertume.

STEPPE
- Période de solitude morale et d'incertitude dans la compréhension des événements qui vous assaillent.

STYLO
- Des nouvelles seront portées à votre connaissance dont la teneur vous déplaira, déception, chagrin.

SUAIRE
- De mauvaise augure : une maladie longue et éprouvante pourrait avoir raison de vos ambitions.

SUCCESSION (vous reporter à la rubrique HERITAGE)

SUCRE-SUCRERIES
- Plaisirs des rencontres familiales et des confidences discrètes. De petites nouvelles de vos proches.

SUEUR
- Cet état physique vous laisse indiquer de graves ennuis de toutes possibilités dont les répercussions entameront votre résistance physique et votre santé.

SUICIDE
- Préjudices financiers et moraux, rupture affective ou familiale. Perte de biens. Dettes financières. Risque d'une longue et pénible maladie. Solitude morale. Détresse.

SUIE-SUIF
- Présage d'un malheur prochain. Maladie. Des soucis importants dans la gestion et la protection de votre patrimoine. Des conflits familiaux complexes et préoccupants. Lassitude. Détresse.

SULTAN
* Le voir, le rencontrer : certaines personnes de votre entourage risquent de vous décevoir par une attitude et un comportement peu en rapport avec la confiance et la sincérité de vos sentiments. Des déboires possibles. Vos intérêts seront compromis.
* Etre sultan : vous ne laisserez aucun scrupule dans la conduite de vos affaires, en considérant vos adversaires avec mépris et cupidité.

SUPPLICE (vous reporter à la rubrique SOUFFRANCES)

SURNOM
- Des moqueries de votre entourage. Votre personnalité réelle sera ignorée et bafouée.

SURPRISE
- Des événements étonnants mais contradictoires.

SURPRISE PARTIE
- Réunion familiale ou amicale reportée. Des rencontres envisagées seront annulées. Déception.

SURVEILLANT (vous reporter aux rubriques GARDE ET GARDIEN)

SURVIVRE-SURVIVANT
* Etre dans cette condition : des événements contraires à vos espérances resteront insuffisants pour détruire l'essentiel de vos acquis. Ces dures épreuves redéfiniront d'autres perspectives sur des motivations renouvelées, différentes des précédentes, à l'écart de vos adversaires.
* Rencontrer un survivant : la dureté de vos rapports avec autrui, la manière d'imposer vos arguments revendicatifs ne suffiront pas à écarter certaines pressions menaçantes d'un rival particulièrement tenace.

T

chance et succès.

TABAC
* En vrac : contrariétés et soucis. Vos démarches ne fourniront pas les résultats escomptés, des amitiés ou des relations sur lesquelles vous comptiez vous procureront déception et amertume. Des retards financiers, des dépenses imprévues. Une longue période d'attente.
* A priser : des plaisirs raffinés mais illusoires dont la pratique vous laissera à l'écart d'intentions bienveillantes pourtant nécessaires à votre équilibre.
* Débit de tabac : des contraintes extérieures à vos décisions destabiliseront des projets essentiels à votre devenir. Vous ne pourrez concrétiser vos espérances que par l'acceptation de sacrifices éprouvants.

TABLE
- Figurative du devenir du songeur dans ses rapports affectifs et familiaux, de la stabilité du foyer, des modifications heureuses ou tristes du cercle familial. Ainsi :
* Une table dressée, agréablement décorée, avec une belle nappe blanche : joie et bonheur. Promesse d'une nouvelle famille. Réconciliation. Une prochaine union. Perspectives d'une naissance.
* Une table en désordre, à la nappe salie, tachée : mésentente, disputes, querelles, désunion. Des soucis financiers.
* Une table renversée, détériorée : malchance. Malheur.

TABLEAU DE PEINTRE
* Dont la représentation est nettement identifiable, aux couleurs chatoyantes, au tracé de qualité, digne d'un artiste de grand renom : réussite et succès. Vos ambitions se concrétisent. Un avenir heureux et prometteur.
NOTA : il sera intéressant de réaliser l'interprétation de la scène que vous auriez vue dans votre rêve. Elle définie toujours un message important.
* Un tableau quelconque, sans valeur artistique, dont la scène représentée est floue et sans caractère : insuccès. Malchance. Difficultés de toutes sortes, peines et chagrins.
* Déchiré, brisé : de mauvais augure.

TABLEAU NOIR
- Période favorable à la réflexion afin de faire le bilan de ses connaissances ou de ses préoccupations. D'autres orientations peuvent se révéler profitables. Prenez conseils auprès de personnes averties et expérimentées.

TABLIER
- Des soucis et des peines. Vous devrez admettre certains sacrifices afin de parvenir à la résolution de vos problèmes. Des contraintes vous seront imposées.

TACHES
- Médisances, calomnies. Des disputes dans votre entourage. Mésentente. Vos agissements à l'égard d'autrui restent déloyaux et malhonnêtes.

TACHES DE ROUSSEUR
- Caractère versatile, difficile à vivre, jaloux et autoritaire. Inconstance des sentiments.

TAIE D'OREILLER (vous reporter à OREILLER)

TAILLE
* Une personne, un animal domestique, un objet, aux dimensions plus importantes que celles habituellement pratiquées : présagent la réussite. Amélioration de vos conditions. Progression de vos affaires. Gains et profits.
* A l'inverse, des dimensions moindres que la normale : annoncent des résultats décevants. Insuccès.

TAILLEUR
- Des rapports affectifs contrariés. Déloyauté, mensonges. Dissimulation.

TAILLIS
- Des ennuis de peu d'importance mais qui peuvent devenir de sérieux obstacles si vous constatez une végétation dense et fournie.

TALC
- Santé déficiente. De mauvais propos avec des personnes de votre entourage.

TALISMAN
- Réconfort moral, aide et protection. Des instants difficiles vous seront épargnés, ou du moins allégés par une proche relation.

TALON DE PIED
* Douloureux ou blessé : l'on cherchera à porter préjudice à votre réputation et à vos intérêts.

TALUS
- Quelques difficultés dans la progression de vos entreprises.

TAMBOUR
- Des nouvelles qui peuvent vous être désagréables. Annonce des changements importants et modificateurs de vos conditions de vie.

TAMBOURIN
- Des rumeurs persistantes contrarieront des relations affectives fragiles.

TAMIS-TAMISER
- Les circonstances vous obligeront à distinguer des arguments inutiles et superflus de ce qui peut être important pour l'évolution de vos démarches.

TAMPON-MARQUEUR
- Des nouvelles graves d'une personne agissant pour le compte d'un organisme officiel et influent, des contrariétés dans un proche avenir.

TANDEM
- Une association dont la motivation sera dépendante de la compréhension de vos interlocuteurs.

TANIERE
- L'occasion de rendre inoffensives certaines personnes de votre entourage, hostiles à votre manière de vivre et au succès de vos entreprises.

TANTE
- Mésentente familiale. Maladie.

TAON
- Des adversaires à vos ambitions. Des propos malveillants, des actions nuisibles vous seront opposés. Disputes. Colère.

TAPIOCA
- Chance et succès. Des promesses de gains et de profits.

TAPIS
- Bien-être familial. Confort. Aisance financière. Intimité affective. Joie et bonheur. Votre situation

sociale sera au mieux de vos espérances.

TAPISSER
- Votre habitation : d'heureux changements en perspective. De nouvelles conditions bénéfiques aux rapports affectifs et familiaux. Joie intime. Les événements extérieurs à votre foyer se résolvent au mieux de vos espérances.

TAPISSERIE
- Plénitude de vos sentiments. Des constats satisfaisants sur la conduite de vos affaires et des résultats obtenus.

TAPISSIER
- De nouvelles propositions vont améliorer la gestion de vos intérêts et conforter la réussite de vos entreprises.

TARENTULE
- Des ennuis dangereux et pervers. Danger.

TARIFICATION
- Vos obligations imposeront des contraintes qu'il vous sera difficile de franchir sans l'acceptation des règles prescrites par vos rivaux.

TAROTS
- Des inquiétudes pour votre devenir. Des interrogations sur certaines décisions qu'il vous paraît hasardeux de prendre. Crainte d'un échec éventuel et de conséquences graves. Si vous pratiquez les tarots pour connaître votre futur, des faits que vous aviez décelés vous seront confirmés.

TARTE (vous reporter à la rubrique GATEAU)

TASSE
- Plaisirs du foyer. Compréhension mutuelle, des relations affectives heureuses.
* La casser : serait d'un fâcheux présage.

TATOUAGE
- Mascarade. Désir d'impressionner et de séduire. Des sentiments trompeurs, des relations mensongères.

TAUDIS
- Certaines de vos actions se conclueront par de fâcheuses conséquences préjudiciables à votre vie intime et familiale.

TAUPE
- Des attaques sournoises et discrètes, dommages financiers. Des projets compromis. Retards, embûches.

TAUREAU
- Représentatif de personnes influentes qui, à des titres divers, possèdent certains pouvoirs de décisions sur vos affaires. Il peut s'agir notamment de vos supérieurs hiérarchiques, de relations dont les interventions régissent vos revenus financiers.
* Voir un taureau : avertissement d'un danger proche contre lequel vous feriez bien de vous prémunir.
* Un taureau furieux et menaçant, qui vous poursuit : de graves ennuis. Les rapports avec des personnes de rang supérieur vont se détériorés. Votre situation sera compromise. Risque de perte de votre emploi.
* Le chasser, le faire fuir, le tuer : vos soucis seront effacés pour quelques temps.

TAVERNE
- Période d'attente dans un cycle d'événements agités et perturbateurs. Des solutions favorables vont permettre d'atténuer vos préoccupations. De meilleures dispositions pour l'avenir. Des amitiés différentes qui peuvent vous être utiles ultérieurement.

TAXI
- De prochaines nouvelles évolutives de votre manière de vivre. Des éléments nouveaux qui modifieront les perspectives de vos espérances. Changement prochain dont les conséquences seront définies par l'itinéraire emprunté et la destination choisie.

TEIGNE
- Contrariétés diverses de votre entourage, d'ordre relationnel.

TEINDRE-TEINTURE
- Il vous sera nécessaire de dissimuler certains faits à la connaissance de vos proches. Votre attitude ne sera pas sans reproches, et vous resterez à la merci d'une découverte inopinée de votre opération.

TELEGRAMME
- De prochaines nouvelles dont la résolution réclamera une intervention immédiate et efficace.

TELEPHONE
- Des événements particulièrement importants pour votre situation. Des initiatives heureuses créeront de nouvelles relations susceptibles de modifier dans des proportions avantageuses vos conditions de vie future. Chance et succès.

TELESCOPE
- Vos habitudes vous éloignent des réalités de vos affaires. Participer à des sujets extérieurs à vos propres définitions sera préjudiciable à la gestion de vos intérêts.

TELEVISION
- Des événements importants changeront certains des projets que vous aviez envisagés. Il vous sera indispensable de vous adapter rapidement à cet état de fait. Des initiatives réfléchies, des actions immédiates corrigeront des aspects défavorables.

TEMOIN
- Vous serez mêlé à des affaires dont vous ne tirerez aucun profit mais qui prêteront à conséquences dans votre devenir.

TEMPETE
* La voir au lointain : de prochaines circonstances bouleverseront vos conditions de vie. Des épreuves nombreuses et cruelles modifieront chacun des domaines de vos préférences. Des sacrifices, des privations. Dommages financiers. Solitude affective. Détresse morale. Lassitude. Maladie.
* S'y trouver : malchance. Malheur.

TENAILLES
- Divers tracas avec des personnes de votre entourage. Des remarques acerbes, des réflexions douteuses, des attitudes contraires à vos intérêts, des réactions hostiles à vos démarches.

TENEBRES
- De fâcheuse indication. Une longue période d'ennuis et de chagrins. Incertitude. Angoisse. Des craintes pour l'avenir. Menaces de danger.

TENTE
- Des instants d'isolement à l'égard de vos relations et des sujets qui

vous préoccupent. Période de réflexion propice à de nouvelles dispositions, en conformité avec vos nécessités actuelles.

TERRASSE
- De meilleures perspectives pour envisager des solutions favorables à vos intérêts, des projets nouveaux marqueront une étape décisive vers des orientations autres que celles que vous pratiquiez.

TERRE-TERRAIN
* En culture : promesse de gains financiers. Prochaines améliorations de vos conditions de vie. Joie et bonheur.
* En friche : insuccès. Echec. Votre avenir se présente sous des auspices peu favorables. De nombreuses difficultés seront à votre actif.
* Etre recouvert de terre : vous serez humilié et baffoué. Des contraintes d'argent. Des chagrins affectifs.
* Terre cuite : des rapports affectifs fragiles à l'approche d'une déception qui vous perturbera profondément.

TERRIER
- Des erreurs d'appréciation, des contraintes dans l'exécution de vos affaires retarderont l'évolution de vos entreprises. Cette situation pourrait faire le profit de vos adversaires.

TERRINE
- Joie familiale. Plaisir de l'amitié. Rencontres heureuses.

TESTAMENT
- Des contraintes familiales. Des altercations peu souhaitables. Des querelles d'intérêts. Des litiges qui remettront en cause l'intégralité des rapports affectifs. Les nécessités d'une solution obligeront à des interventions légales et officielles. Des dommages financiers. Des peines et chagrins.

TESTICULES
* Douloureux, blessés : vous subirez affronts et humiliations. Vos adversaires gagneront la cause pour laquelle vous réserviez tous vos efforts. Malchance. Maladie.

TETARD
- Les prémices d'intrigues destinées à combattre vos intérêts et à porter atteinte à votre position sociale prennent leur essor dans votre milieu professionnel. Des soucis affectifs auxquels vous devriez prêter toute l'attention nécessaire.

TETE
* Aux dimensions plus grandes que normales : chance et succès. Indicatif de conditions de vie en accord avec vos espoirs. Vos ambitions seront comblées.
* Aux dimensions anormalement réduites : insuccès. Votre situation va se dégrader pour vous laisser démuni à l'écart de tout lien affectif ou amical.
* Blessée, tranchée : malheur. Ruines et misère.
* De mort : haine et vengeance. Péril.

TETER
- Sécurité affective. Sérénité du cœur et de l'esprit.

THE
- Le réglement d'une affaire délicate exigera de la diplomatie, de la courtoisie, et beaucoup de patience.

THEATRE
- Des espérances déçues, diverses démarches pour lesquelles vous souhaitiez aboutir à des solutions heureuses pour votre avenir se solderont par des échecs. Tromperies et humiliations.

THERMES
* S'y rendre, y suivre un traitement : espoir d'une prochaine amélioration de vos conditions après de pénibles épreuves morales, affectives et financières.

THERMOMETRE
* Atmosphérique : l'indication des températures vous renseignera sur l'évolution des affaires entreprises et des résultats que vous pourriez en attendre.
* Médical : des ennuis de santé pourraient vous surprendre et vous contraindre à quelques repos.

THON
- Certains de vos projets exigeant de rudes efforts et un travail patient et solitaire. Promesse de richesse. Fortune et honneurs.

THYM
- Des contrariétés familiales, des peines.

TIGRE
- Des adversaires particulièrement vigilants risquent de mettre à mal l'évolution de vos entreprises. Hargne vengeresse, méchancetés, appât du gain et du profit.
* Le capturer : serait d'un signe favorable à vos intérêts.

TILLEUL
- Des relations amicales vous reviennent. Amélioration de votre état de santé.

TIMBALE
- Des nouvelles dont il sera fait grand bruit.

TIMBRE POSTE
- A priori vous indique des nouvelles importantes en relations avec des affaires familiales.
- Toutefois tenez compte des indications portées sur ce timbre et de l'image symbolique représentée.

TIMBRE DE SONNETTE-TINTEMENT
- (vous reporter à la rubrique SONNETTE)

TIRE-BOUCHON
- Incitation à quelques plaisirs susceptibles d'atténuer des instants difficiles. Des rencontres heureuses et réconfortantes.

TIRELIRE
- La sagesse vous conseille de réduire vos dépenses, incitation à la prudence et à une saine gestion de vos affaires.

TIRER
* Avec une arme à feu : avertissement vous est donné de prochains événements conflictuels dans lesquels vous serez mêlés.
* Un véhicule quelconque : décadence de vos affaires. Tristesse et misère.

TIROIR CAISSE
- Des contraintes financières préoccupantes et répétitives.

TISANE
- Etat maladif alarmant. Des précautions sont à prendre.

TISONNIER
- Disputes. Querelles familiales. Fâcheries.

TISSAGE, TISSER, TISSERAND

- Un long travail de labeur vous fera revenir vers une situation sociale en rapport avec vos ambitions et vos connaissances. De meilleures perspectives d'avenir.

TISSU (vous reporter à la rubrique TOILE)

TOAST

- Des rencontres amicales empreintes de fausseté et d'hypocrisie. Des rapports intéressés et néfastes.

TOBOGGAN

- Vous serez soumis à rude épreuve dans la conduite de vos affaires. La maîtrise de vos sentiments et de vos décisions seront des gages de réussite.

TOILE

* Fine et de belle qualité : joie et bonheur, aisance financière.
* Grossière, rugueuse : succès de vos initiatives après de durs efforts et des contraintes nombreuses.
* Sale, de mauvaise qualité : insuccès, malchance.
* Que l'on déchire : séparation, rupture affective.

TOILE CIREE

- De mauvaises nouvelles. Hypocrisie, fourberie, intrigues, déception affective.

TOILE D'ARAIGNEE

- Vos adversaires constituent patiemment les arguments contre lesquels vous allez devoir vous défendre dans le conflit qui vous oppose.

TOILETTE (consulter les rubriques SE LAVER et NECESSAIRE DE TOILETTE)

TOIT

- Symbolise la protection de vos acquis et de vos biens. La sécurité de votre famille, l'aisance de votre foyer, ainsi :
* Un toit en bon état : vous indique des circonstances favorables à la gestion de vos intérêts et de votre patrimoine. Sérénité familiale.
* En réfection, ou à l'état de neuf : diverses circonstances vous obligeront à reconsidérer votre situation et votre carrière. De nouvelles perspectives que vous aviez retenues privilégeront vos désirs d'un changement de conditions. Chance et succès.
* A l'état d'abandon : malchance. Insuccès, de nombreux soucis. Des dommages financiers sont à craindre.
* En ruines, effondré : malheur. Péril.
* Faire une chute du toit : vos projets échoueront avant même que vous puissiez les mettre en œuvre.

TOLE

- Des conditions peu souhaitables vous laisseront affronter diverses contrariétés avec peu de protection et de sérénité à l'égard d'autrui.

TOMATE

- Railleries, moqueries, dénigrements.

TOMBE-TOMBEAU

- Préfigure des circonstances pénibles et cruelles dans lesquelles vous aurez des conflits à surmonter et à résoudre. Des peines et des chagrins. Un avenir incertain. Inquiétudes et angoisses. Des relations familiales aigries, hostiles, fermées à toutes possibilités de dialogue. Incompréhension affective. Séparation, rupture. Des calomnies. Dommages financiers. Des pertes et des dettes. Litige judiciaire. Procès. Risque sérieux d'une maladie longue et grave. Solitude morale. Détresse. Un contexte de vie s'achève. De prochains changements.

TOMBER

* A terre : malchance dans vos activités, insuccès de vos démarches. Des personnes, adversaires de vos projets, portent atteinte à votre réputation, des craintes financières. Il vous sera nécessaire d'examiner avec lucidité les raisons de votre échec avant d'envisager de nouvelles actions.

* Si vous avez été poussé : haine et vengeance. Des gens cherchent votre perte et peuvent y parvenir.

* Trébucher sans tomber : votre maîtrise de la situation vous a garanti d'un malheur.

* Etre aidé à se relever : aide et secours d'une personne qui vous porte estime et considération.

TONNEAU DE VIN

* Plein : richesse et profit. Chance et succès.

* Vide : pauvreté et misère. Insuccès. Malchance.

* Détérioré : malheur. Ruines. Péril.

TONNELET

- De petits profits sans grande importance mais utiles à la gestion de votre budget.

TONNELLE

- Des plaisirs affectifs. Joie du cœur. Des confidences. Des projets. Un instant de détente et de bonheur.

TONNERRE

* L'entendre gronder : des nouvelles prochaines amèneront quelques désarrois dans la conduite de vos intérêts et vos relations familiales. Signe annonciateur de contraintes dont il vous faut la solution à brève échéance.

TONSURE

- Période de sacrifices et d'abnégation dont vous aurez à supporter les obligations.

TORCHE

* Dont vous faîtes usage : vos préoccupations actuelles seront allégées par l'aide de personnes de confiance qui vous assisteront dans vos démarches. Espoirs d'une résolution favorable à vos conditions.

* Eteinte : déboires. Malchance. Détresse.

TORCHON

- Médisances, calomnies, des actions néfastes à votre réputation.

TOREADOR

- Des tentatives courageuses et risquées pour tenter d'apporter des solutions convenables à des rapports altérés par des conflits délicats et profonds.

TORNADE (vous reporter à la rubrique OURAGAN)

TORPEUR

- Manque de lucidité et de réflexion face à des circonstances peu favorables à vos espérances.

TORPILLE

- Des attaques perfides dont les conséquences seront défavorables à l'évolution de vos affaires.

TORRENT
* Aux eaux claires, vives, bondissantes : promesse de réussite dans vos entreprises. Joie et bonheur. Des relations affectives profondes et sincères. Chance et succès.
* Aux eaux impétueuses, boueuses : des risques financiers. Une situation compromise. Malchance.

TORTUE
- Stagnation dans la résolution de vos affaires. Les événements vous restent contraires. Certaines protections vous sont acquises. Vous parviendrez à la conclusion souhaitée au dépit de vos adversaires.

TORTURE
* En être victime : des propos malveillants, des médisances à votre égard. Inimitiés. Querelles. Jalousie. Envie. Méchancetés. Vous subirez les colères violentes de personnes proches dont les égarements resteront néfastes à vos intérêts. Souffrances morales.
* L'infliger à une personne : vous porterez préjudice de manière injuste et cruelle à l'une de vos relations contre laquelle vous restez persuadé d'avoir de justes revendications.

TOUPIE
* En faire usage : vos espérances motiveront vos engagements et vos efforts dans des affaires ou des projets dont le profit vous échappera. Découragement et lassitude. Votre confiance et votre sincérité à l'égard d'autrui devraient être révisées au mieux de vos intérêts.

TOUR
* S'il s'agit d'une tour d'une conception récente, avec les commodités de notre époque consulter la rubrique GRATTE-CIEL.

TOUR FEODALE
- Annonce des contraintes ou des difficultés dont la manière de les résoudre risque de vous être néfaste Des oppositions ou des rivalités. Inimitiés, querelles.
* La prendre d'assaut, la conquérir : vous aurez gain de cause sur vos adversaires.
* S'y trouver prisonnier : votre situation sera gravement compromise. Des craintes financières. Des soucis affectifs. Détresse morale. Solitude. Santé délicate.

TOURBIERE
- Des conditions difficiles de vie. Vos ressources seront des plus faibles, des privations, des sacrifices vous seront imposés. Isolement affectif. Des amitiés auront fui votre fréquentation. Solitude pesante. Détresse morale.

TOURBILLON
- A considérer selon le contexte du rêve :
* Des tourbillons d'air, ou d'eau dont vous n'avez eu, en aucun cas, à souffrir ; dont l'impression vous est restée agréable malgré un sentiments de peur ou de crainte : présage de circonstances favorables à vos ambitions. Les événements vont prendre des aspects nouveaux, prometteurs d'une vie trépidante et bénéfique. Peu de place sera laissé à l'ennui et à l'indolence.
* Dans le cas où ce tourbillon vous a fait connaître quelques périls avec une sensation d'angoisse insurmontable : une période agitée, contraire à vos habitudes bousculera vos projets. Divers dommages sont à redouter.

TOURNESOL
- Des promesses deviendront illusions.

TOURNEVIS
* L'usage de cet outil pour visser et fixer un objet favorisera le resserrement des liens affectifs ou amicaux. Promesse de bonheur.
* Dans le cas contraire : abandon, perte affective, ou d'amitié.
* En faire usage comme moyen de défense ou d'attaque : rupture brutale et violente. haine et vengeance.

TOURNOI
- La victoire dans des compétitions organisées sur ces principes : serait d'un présage excellent pour la conduite de vos entreprises. Votre réputation sera élargie au-delà du cercle de vos fréquentations habituelles. Des circonstances heureuses vous seront réservées.

TOURTERELLE
- Tendresse et amour. Joie affective. Bonheur du couple. Des confidences, des engagements pour l'avenir.

TOUX-TOUSSER
- Incertitude et angoisse d'un avenir peu engageant, des signes divers indiquent de prochaines menaces dont l'importance pourrait vous surprendre.

TRAC
* Connaître cet état : l'appréhension des prochains événements sera exagérée en regard des aptitudes que vous manifesterez pour en franchir les difficultés.

TRACES
* Toutes traces, de mains, de pas, de peinture, d'encre, etc... : vous indiqueront certaines particularités du comportement de votre entourage susceptibles de provoquer des heurts ou des rivalités par jalousie. Méchancetés. Dépit. Les ennuis risquent d'être perturbateurs de votre comportement relationnel avec autrui.
* Dont vous êtes l'initiateur : vous créerez un climat de méfiance regrettable dans votre position actuelle.

TRACTEUR AGRICOLE
- Des conditions exceptionnelles vous confirmeront l'évolution de vos ambitions et la réalisation de vos objectifs telles que vous les souhaitiez. Chance. Des gains et des profits concrétiseront vos espérances.

TRADUCTION-TRADUIRE
- Des circonstances ou des événements recevront des explications d'une réelle utilité dans la gestion de vos intérêts.

TRAFIQUANT
- De mauvaises décisions, des relations d'affaires sans scrupule, des actes cupides vous condamneront à la déchéance et à la ruine.

TRAHISON, TRAHIR, TRAITRE
- Déception, amertume, chagrins. Vous serez abandonné par ceux à qui vous aviez confié vos secrets et votre amitié. Ces fréquentations tireront profit de votre collaboration en faveur de vos adversaires.

TRAIN
- Des nouvelles importantes modifieront vos conditions de vie ; des projets ou des réalisations seront perturbés, des engagements remis en question, des adaptations deviendront indispensables. Les rapports affectifs et familiaux se verront bouleversés par des circonstances imprévues.
* Prendre le train : changement de votre manière de vivre. Vous devrez

concevoir et organiser votre existence de façon différente de vos habitudes.
* Voyager dans le train : vos affaires évolueront vers des solutions qui pourront conclure vos démarches. Des conditions honorables sinon avantageuses vous réconforteront. Des litiges se régleront convenablement. Chance et succès.
* A l'arrêt : stagnation de vos entreprises. Retards. Des entraves diverses. Déception. Soucis.
* Duquel vous descendez : le but fixé a été atteint. D'autres formes de vie doivent désormais être considérées.
* Un train qui déraille : malchance. Malheur.
- Dans ce type de rêve tous les éléments constitutifs devront être relevés et analysés avec minutie : les circonstances du voyage, le lieu du départ, le nom de la gare., la destination, l'heure, les personnes rencontrées, les bagages, la luminosité ; les différentes couleurs, les modalités à l'arrivée etc... Toutes ces informations resteront utiles à la connaissance de votre prémonition.

TRAINEAU
- Des instants de tendresse et de bonheur. Des sentiments sincères et profonds à l'égard d'une personne aimée. Amour fidèle et durable.

TRAIRE (des animaux domestiques)
- Prospérité, fécondité, aisance au foyer, joie et bonheur, chance et succès.

TRAITES BANCAIRES
- Des contraintes financières, des dépenses d'argent, dettes, diverses contrariétés pourront vous opposer à des personnes dont votre situation est redevable. De graves litiges. Des querelles. Un accord serait préférable à toute autre forme de procès.

TRAMWAY
- Une progression lente mais régulière de votre carrière, des perspectives relativement limitées devront prêter à réflexion. Des changements pourraient être profitables selon les caractéristiques du moment et les circonstances du voyage.

TRANCHEE
* Creuser une tranchée : vous envisagez une période de conflits dans les divers problèmes qui vous préoccupent. D'importants dommages vous seront infligés. Peu de domaines resteront épargnés par les souffrances. De cruelles déceptions seront de votre avenir.

TRANSFUSION SANGUINE
* Y participer : vous conviendrez des meilleures dispositions pour apporter aide et appui à une personne dans le besoin.
* La voir, en bénéficier : des ennuis importants vous laisseront sans ressource. La gravité de la situation vous sera allégée par l'intervention d'une personne influente et dévouée.

TRANSPIRATION-TRANSPIRER (vous reporter à la rubrique SUEUR)

TRAPEZE
- Des promesses suscitant l'enthousiasme mais dont l'usage abusif et répété vous conduira sans nul doute à un désastre insurmontable.

TRAPPE (consulter l'interprétation de OUBLIETTES)

TRAVAIL-TRAVAILLER
* Se voir en cette situation préfigure des circonstances favorables à

l'évolution du rêveur. Une période de prospérité et de richesse apportera toutes satisfactions. Joie et bonheur. Santé excellente.

TRAVAUX
* Effectuer ou voir des travaux de quelque nature qu'ils soient, à son domicile, dans des locaux à usage professionnel, dans des lieux publics : présagent une période de régression dans vos activités, ou certaines orientations risquent d'être remises en question. Attente, retard dans vos décisions. De fâcheux contretemps.

TRAVERSER
* Une voie de circulation pour rejoindre un lieu opposé à celui que vous quittez : préfigure un changement de situation dont la conclusion sera déterminée par rapport à l'analyse des éléments constitutifs du nouveau site.
* Sans encombre un passage difficile et dangereux : vous saurez prendre toutes dispositions nécessaires pour résoudre vos problèmes et parvenir à la conclusion en faveur de vos intérêts sans être tributaire d'autrui.

TRAVESTI (vous reporter à la rubrique MASQUE)

TREBUCHER
- La maîtrise des événements et une connaissance suffisante des ruses de vos adversaires ne vous mettent pas nécessairement à l'abri de toutes éventualités susceptibles de vous atteindre.

TREFLE
- Des perspectives de bonheur et de réussite dans la mesure où le trèfle vous apparaît convenable.

TREILLE
- Promesse de richesse, de profits. Prospérité et fortune.

TREMBLEMENT DE TERRE
- Un brusque changement de situation. Des événements brutaux et cruels bouleverseront les conditions de vie du rêveur et des personnes rencontrées dans le songe. Les circonstances en seront d'autant plus douloureuses que les dégâts occasionnés par ce seïsme seront d'importance : écroulement des maisons, présence de la poussière provoquée par la catastrophe, crevasses laissées dans le sol, personnes blessées et ensevelies sous les décombres.
* Un rêve dont le thème rappelle les caractéristiques d'un tremblement de terre vous annonce la prémonition d'un grave accident, d'une longue et pénible maladie, d'un décès, la disparition d'une personne chère à votre cœur, la perte de votre situation. Les conséquences seront intenses et profondes quant au devenir du songeur. Les acquis, les biens, les ressources financières, les liens affectifs subiront des dommages importants et irréversibles. Une longue période de soucis débute.

TREMPLIN
* En faire usage : des aides ou des appuis inespérés. Des faveurs de personnes influentes seront d'une grande efficacité dans la tâche que vous avez entreprise et qu'il vous faut mener à bonnes fins.

TRESOR
- La découverte d'un trésor laisse présager de graves soucis et des déceptions amères dans la réalisations de vos projets. Le profit et la richesse engendrés par votre courage et votre détermination seront à

la discrétion de vos adversaires. Des intrigues habiles et rusées sauront convaincre votre entourage, du bien fondé de leurs revendications. Vous serez dépossédé de vos avantages et de vos acquis ; vos actions seront désavouées. Détresse morale. Lassitude.

TRESSES DE CHEVEUX
- Une situation complexe et délicate trouvera une solution mieux adaptée à vos recherches et à vos inquiétudes.

TREUIL
- Une personne proche de vos relations saura vous seconder dans la négociation d'une affaire délicate et importante.

TRIBU
- Symbole représentatif du cercle affectif, familial et relationnel à partir duquel l'essentiel de votre forme de vie a été constitué.

TRIBUNAL
- Des litiges familiaux, des contestations sur la validité de vos acquis et de vos biens, des querelles provoqueront une situation confuse et tumultueuse, des décisions interviendront sous la responsabilité de personnes autorisées. Des contraintes financières. Des pertes d'argent. Inquiétude et angoisse.

TRICHER
- Les circonstances vous restant contraires, des dispositions peu recommandables mais efficaces pour une courte durée seront indispensables pour vous sortir d'un mauvais pas.

TRICOTER
- Vous serez moqué et humilié. Des médisances et des ragots seront colportés sur votre manière de vivre.

TRIDENT
- Des erreurs d'appréciation dans vos rapports sociaux seront particulièrement désastreuses dans la réalité de vos efforts.

TRIPES ANIMALES
- Des résultats peu probants dans l'approche et la résolution de vos difficultés. Déception et amertume.

TROC
- Ce type d'échange ne préfigure que des contrariétés et des déceptions dont vous supporterez les effets pour une période prolongée audelà de vos estimations.

TROGNON DE FRUIT
- Les excès de votre manière de vivre comporteront quelques risques dont vous pourriez regretter les conséquences.

TROMPETTE
- Annonce des événements nouveaux et perturbateurs. L'une de vos relations risque de jouer un rôle important et contraire à vos recherches.

TRONC D'ARBRE
- Sa grosseur, son état, son appartenance, vous renseigneront sur les particularités de votre condition future. La valeur de la prémonition sera d'autant plus bénéfique à vos intérêts que ce tronc d'arbre vous apparaîtra sain et vigoureux dans l'analyse de votre rêve.
* Maladif. Difforme : malchance. Vos espérances seront amoindries, retardées, ou déçues dans la réalité des faits. Divers obstacles défavoriseront l'évolution de vos projets

avec des résultats peu compatibles avec vos exigences.
* Coupé, abattu : malheur. Pauvreté et misère.

TRONE
- Des ambitions démesurées par rapport à vos réelles possibilités. Orgueil et vanité.

TROPHEE DE CHASSE
- Des marques de satisfaction et de reconnaissance vous seront prodiguées par des amitiés désintéressées et fidèles.

TROU
* Apercevoir un trou de dimensions quelconques, vous averti d'un grave danger qui risque d'atteindre votre réputation et la gestion de vos affaires.
* Dominer les abords de ce trou afin d'en examiner le fond et le contenu serait favorable à une amélioration de votre situation.
* Chuter dans le fond : malchance. De grandes difficultés vont assaillir vos habitudes.
- Les diverses matières remarquées sur les parois et dans le fond préciseront ces indications dans le contexte de votre rêve.

TROUER
* Un vêtement : l'appréciation de votre attitude par vos proches risque d'être à l'encontre de votre propre volonté.

TROUPEAU
* De bêtes grasses, repues : aisance financière, prospérité de vos entreprises, affaires florissantes. De belles perspectives d'avenir. Des gains et des profits.
* De bêtes maigres, maladives : malchance. Insuccès. Dommages financiers. Chagrins et soucis.

TROUSSEAU
- Accroissement du cercle familial par mariage ou naissance.

TRUELLE
- Par la peine et l'effort vous parviendrez à réaliser vos ambitions.

TRUFFE
- Chance inespérée dans la concrétisation de vos idées.

TRUIE
- Des perspectives heureuses dans la conduite de vos projets. Amélioration de votre situation. Des aspects financiers positifs concrétiseront vos espérances. Réussite méritée dans la recherche et la réalisation de vos ambitions.

TRUITE
- Des initiatives de votre fait favoriseront la progression de vos affaires. De belles perspectives financières vous assureront aisance et confort au foyer. Joie et bonheur d'une union familiale paisible et réussie.

TUER
- Une personne : de violentes discussions, des dissenssions, des propos et des actes malveillants vous opposeront à des proches. La situation sera particulièrement menaçante. Si les conclusions du moment vous restent préférentielles, de graves dommages marqueront désormais les rapports entre les personnes concernées, des préjudices affectifs et moraux feront barrière à d'éventuelles réconciliations. Des séquelles subsisteront dans le réglement définitif de cette affaire qui sera portée en justice.
* Un animal sauvage : vos adversaires seront dominés par les décisions que vous aurez su imposer. De

meilleures possibilités d'évolution pour un avenir proche.

TUILES

* En bon état : vous serez protégé contre les aléas de la vie de chaque jour. Divers avantages vous laisseront confort et aisance au foyer. Bonheur de la famille.

* Détériorées : des craintes financières. Des ennuis de santé. Des contrariétés affectives.

* Brisées : querelles, disputes, séparation affective.

* S'effondrant du toit : perte d'une personne de votre entourage, décès. Peines et chagrins.

TULIPE

- Un amour discret et passionné vous assure d'un mariage fidèle et durable.

TUMEUR

- Des rancœurs de votre environnement proche provoqueront un climat instable, perturbateur de vos initiatives et de vos efforts. Des altercations préjudiciables à votre réputation. Période difficile à vivre.

TUNNEL (de même signification que SOUTERRAIN)

TURBAN ORIENTAL

- Des affaires financières risqueraient de se conclure à votre avantage. Des gains d'argent importants. Héritage. Richesse et fortune. La couleur du turban sera à considérer en tout premier lieu.

TUTEUR

- Une présence affective dominante sinon pesante mais dont les conseils et le soutien seront particulièrement efficaces dans l'affrontement de vos difficultés actuelles.

TUYAUX

- Selon les caractéristiques du liquide transporté, de la qualité de la tuyauterie, des lieux parcourus, des personnes se trouvant à proximité, de l'usage final, il vous sera possible de déterminer la prémonition.

* Favorable : dès l'instant ou chacun des paramètres examinés ne comportera aucun aspect négatif.

* Une tuyauterie en mauvais état, ou assurant la conduite d'eaux usées : vous annoncerait des désagréments graves et compromettants.

TYPHON (vous reporter à la définition OURAGAN)

TYRANIE

* La subir : de violentes confrontations avec vos adversaires vous imposeront pendant quelques temps l'acceptation d'un pouvoir contraignant, sans dérogation particulière. Toute violation aux règles imposées vous entrainant à d'autres exigences au-dessus de vos capacités d'assimilation.

* L'imposer : votre incapacité à résoudre vos préoccupations essentielles vous conduira à prendre des mesures de peu d'efficacité en regard des facilités à disposition de vos opposants.

U

lettre indicatrice de conditions particulièrement désavantageuses à l'évolution de vos espérances.

ULCERE

* En être affligé : diverses contrariétés seront de vos occupations dans un avenir prochain. Les domaines essentiels seront d'ordre affectif et professionnel. Des médisances ou calomnies. Jalousie et trahison. Pertes d'argent. Déception. Votre santé posera quelques problèmes.

UNIFORME MILITAIRE

- Des orientations différentes de celles que vous pratiquez habituellement. Des chances d'une évolution de carrière vous restent ouvertes dans la mesure où vos décisions seront réfléchies et vérifiées.

UNIVERS

- Sérénité de l'âme et de l'esprit. Période de détente et de réflexion propice à l'imagination et à la création de nouvelles entreprises.

UNIVERSITE

- Des circonstances contraires à vos ambitions vous imposent un bilan sur votre passé récent. Recherche de nouvelles perspectives, de contrats propres à diversifier vos connaissances, de sujets d'activités qui puissent correspondre à vos goûts, votre savoir, votre compétence. Un changement de fonction est à prévoir.

URINE-URINER

- Des affaires délicates et pesantes vous laisseront dans l'ennui et l'inquiétude. Des problèmes de santé. Votre entourage marquera quelques lassitudes et indifférences à l'égard de vos préoccupations. Dépit et humiliation. Des contraintes d'argent. Solitude et chagrins.

URNE

* Electorale : des rapports avec autrui dont les avantages ne seront pas conclus en votre faveur.
* Funéraire : de tristes circonstances. Des événements pénibles.

USINE (se reporter à FABRIQUE)

USURIER

- Des circonstances à l'opposé de vos espérances vous feront rechercher des appuis auprès de personnes vigilantes dans leur souci de concrétiser leur volonté de vous voir échouer dans vos activités.

V

Méditation. Sérénité de l'esprit. Compréhension spirituelle.

VACANCES
- Quelques satisfactions heureuses et bénéfiques après de dures périodes. Des joies simples parmi des personnes qui retiennent votre agrément. Des liens affectifs ou amicaux se préciseront ; vos préoccupations deviendront moins actives ; les ennuis financiers seront moins pressants. De bonnes nouvelles devraient vous rassurer.

VACCIN-VACCINATION
- Aide et protection, secours moral et financier à une personne dans la détresse et le besoin.

VACHE
* Grasse : abondance, richesse, profits. Des promesses de bonheur. Joie affective. Aisance au foyer.
* Maigre : des ennuis de toutes sortes : difficultés financières, décadence de vos affaires. Situation compromise. Pauvreté, misère.
- La prédiction se trouvera renforcée par la présence d'un troupeau, la qualité du pâturage ou du fourrage.
* Traire une vache : fécondité. Prospérité. Joie familiale.
* Etre poursuivi par une vache : des adversaires jaloux et envieux cherchent à vous provoquer.
* Une vache blessée, écornée, malade : malchance, malheur ; des événements difficiles et éprouvants.
* Morte par accident ou maladie : pertes financières. Vos acquis et vos biens seront convoités et discutés.

VAGABOND
* Se trouver en cette situation : vous êtes en recherche de motivations et de conditions différentes de celles qui viennent de vous assurer du désastre que vous subissez. De nouvelles orientations seraient bénéfiques à la définition de votre avenir.

VAGUES
* Voir des vagues majestueuses, longues et belles : sérénité de l'esprit. Pérennité de votre situation. Joie et bonheur.
* Agitées, écumantes, aux eaux troubles : période d'instabilité et d'incertitude. Diverses préoccupations remettent en questions certains de vos projets.
* Etre porté par les vagues : dans la mesure où vous restez lucide et décideur de votre action, vous conserverez la maîtrise des événements ; dans le cas contraire, le pire est à redouter.

VAISSELLE
* En bon état, de qualité : présage heureux. Harmonie conjugale Bonheur au foyer. Joie affective. Chance.
* Sale, ébréchée, d'aspect quelconque ou désagréable : des soucis. Mésentente, disputes, désaccords conjugaux.
* Cassée, brisée : chagrins affectifs. Rupture.
* Que l'on achète : accroissement du cercle familial, retour affectif. Réconciliation.
* Que l'on nettoie : entente retrouvée. Des rapports affectifs renouvelés.

VAISSELIER
- Aisance financière. Confort familial. Prospérité.

VALET
* De chambre : vous reporter à la rubrique DOMESTIQUE.
* D'écurie : vous reporter à la rubrique GARCON D'ECURIE.
* De ferme : votre situation restera peu enviable et votre dépendance à l'égard d'autrui sera l'obstacle décisif à une éventuelle amélioration de votre condition.
* De pied : vous reporter à la rubrique DOMESTIQUE.

VALISE
- Des événements nouveaux vont imposer des solutions différentes à vos habitudes de vie. D'importantes décisions vous feront reconsidérer certains aspects de vos rapports avec autrui, des projets en cours d'élaboration ou dans la réalité de leur application. Des horizons inconnus vous feront bénéficier de motivations bénéfiques à vos intérêts. Présage positif.
* Ouverte, éventrée : déception et échec. De fausses espérances. Insuccès.

VALLEE
* Riante, colorée, harmonieuse, agréable, ensoleillée : Les diverses contrariétés, vos soucis, vos peines sont désormais achevés. Votre situation devient stable, susceptible de vous procurer toute satisfaction. Joie et bonheur.
* Peu accueillante, sombre, triste : il vous faut admettre encore quelques sacrifices avant d'arriver à la plénitude recherchée.

VALSE
- Vous vivez les derniers instants d'un bonheur qui s'éloigne à grand regret et dont vous conserverez longtemps la nostalgie.

VAMPIRE
- Des gens avides et profiteurs sont de votre entourage. Vous risquez quelques dommages financiers. Votre lucidité et un examen approfondi de la situation désamorcera l'exagération dans laquelle vous vivez.

VAPEUR
* D'une locomotive : impatience d'une situation dont la progression tarde à être constatée.
* De cuisine : de prochaines dissenssions familiales.

VARICES
- Quelques problèmes de santé dus à la fatigue et aux ennuis passés. Lassitude morale.

VARIOLE
* Une personne atteinte de cette maladie : des gains financiers inattendus mais nécessaires.
* Dont vous êtes affligé : votre comportement à l'égard d'autrui n'est pas sans reproche et quelques sanctions pourraient bien vous être destinées.

VASE
* De belle qualité, agréable d'aspect, en présentoir de fleurs : joie affective, de belles promesses de bonheur. Fidélité et profondeur des sentiments. Compréhension.
* Vide, détérioré, brisé : désaccord, mésentente, dispute, gêne pécunière. Des ennuis de santé.

VAUTOUR
- Des ennemis dangereux et puissants restent vigilants au déroulement de vos activités. La moindre erreur de jugement ou d'appréciation dans les décisions ou les actions

entreprises provoquera la perte irrémédiable de vos acquis. La prudence et la sagesse seront vos meilleures conseillères. Sachez que vos adversaires ont la patience et la ténacité pour eux.

VEAU

- Prémice d'un nouveau bonheur dont vous allez connaître les joies prochaines, en relation avec les diverses perspectives que vous aviez envisagées pour votre devenir. Les circonstances favorables et les efforts réalisés vous assurent d'un proche succès : amélioration de votre situation sociale, financière. Développement de vos activités. Réussite affective.

VEHICULE

- Vous reporter pour les interprétations générales à AUTOMOBILE et CAMION.
- Pour les véhicules militaires à : ARMEE,CASERNE, CHAR D'ASSAUT, KAKI, SOLDATS, etc...
- Pour les véhicules de police à : GENDARMERIE et POLICE.
- Pour les véhicules de pompiers à : POMPIERS.

VEILLE-VEILLER

- Période d'inquiétude et d'angoisse. Diverses préoccupations vont amplifier votre désarroi et modifier les habitudes dont vous aviez fait votre bonheur. Des peines et des chagrins bouleverseront vos lendemains.

VEILLEUR DE NUIT (vous reporter à la rubrique GARDIEN DE NUIT)

VEILLEUSE

* Allumée : lueur d'espoir et de réconfort dans une période agitée, trouble, tumultueuse. Quelqu'un vous reste fidèle et dévoué. Une chance modeste peut vous procurer des initiatives favorables au franchissement de ces instants pénibles.
* Qui s'éteint : solitude morale. Détresse. Chagrins.

VELOURS

* De qualité, aux couleurs recherchées et discrètes : richesse et profit. Votre position sociale est au mieux de vos espérances. Votre situation financière vous écarte des préoccupations matérielles. Considération et respect seront vos dus.
* Feutré, vieilli, sale : vos ambitions seront déçues au contact de personnes sans scrupule, avides de pouvoir. Vous resterez isolé et dépendant de contraintes peu à l'honneur de votre dignité.

VENDANGE

- Période de richesse et de profits. Vos démarches seront fructueuses, vos réalisations auront le succès que vous espériez, vos conditions de vie et vos ressources financières se verront améliorées avec avantage et faveur. Joie affective et familiale. De grands instants d'une paix retrouvée et d'un bonheur profond.

VENDEUR

- Vous serez soumis et contraint à des aspects qui ne sont pas les vôtres et qui vous limiteront dans le développement de vos activités. Des arguments au préalable satisfaisants risquent de décevoir vos espérances. Méfiance et amertume.

VENDRE-VENTE

- Cette opération financière, au cours d'un rêve : vous présage un prochain changement de vos conditions dont les conclusions devraient modifier certains aspects de votre avenir.

- L'importance et les motifs de la vente, les caractéristiques de la négociation, le profil des acheteurs, les modalités du réglement seront autant de critères nécessaires à votre analyse. La signification de la prémonition sera nécessairement différente selon les arguments constatés.

VENGEANCE
- Les événements sont restés contraires aux objectifs que vous aviez fixés quant au réglement et à l'évolution de vos affaires. La défaite vous restera acquise.

VENT
* Agréable, doux, de température convenable : des circonstances favorables à la réalisation de vos affaires, des certitudes d'une réussite heureuse et bénéfique.
* Agité, violent, de température contraire à ses habitudes : des rivalités feront abus de tracasseries et de déloyauté à votre égard afin de nuire à la progression de vos activités.
* Le vent qui par ses effets favoriserait un changement de temps : serait le présage d'une modification de vos conditions de vie en rapport avec l'état du ciel constaté.

VENTOUSE MEDICALE
- Diverses contrariétés, des soucis nombreux et embarrassants, chagrins et maladie.

VENTRE
* Bien portant, épais, fort : réussite financière et matérielle. Aisance au foyer. Plaisirs et joie de vivre.
* Maigre, malade, difforme : pauvreté, misère, désespoir.

VER
* Luisant : charme discret de l'amour. Joie intime. Chance affective.
* A soie : espérances de gains et de profits.
* De terre : petits larcins sans intérêt.
* Parasite : de funeste augure, d'autant qu'il s'attaquera à la personne humaine. Divers préjudices sont à redouter notamment financiers.

VERGE (vous reporter à la rubrique FOUET)

VERGER
- Abondance et prospérité. Bonheur affectif. Joie familiale.

VERGLAS (vous reporter à la rubrique GLACE)

VERMINE-VERMOULU (vous reporter à la rubrique MOISISSURE)

VERNIS A ONGLE
- Rouerie, perfidie, hypocrisie.

VERRE
* Plein : la signification de ce rêve ne peut avoir de valeur que si l'on tient compte du liquide contenu et de l'usage qui en serait fait. La rubrique correspondante devrait répondre à votre question.
* Vide : tristesse et chagrin. Solitude. Détresse.
* Brisé : séparation affective. Maladie. Décès.

VERROU (vous reporter à la définition de SERRURE)

VERRUE
- Des actions coupables dont il vous sera fait reproche si vous perdez la discrétion de vos affaires.

VERTIGE
- De bonne indication. Vos démarches aboutiront au-delà de toutes

espérances raisonnables et conforteront de manière heureuse vos divers projets.

VETEMENT (vous reporter à la rubrique HABILLEMENT)

VEUF-VEUVE

* Se voir en cette situation, au contraire de la réalité : prémice d'un prochain changement de situation bénéfique à vos intérêts affectifs ou financiers.

VIANDE

* Crue, saignante : souffrances. Déceptions. Peines et chagrins. Des ennuis de santé. Solitude morale.
* Cuite : amélioration de votre situation. Des perspectives de bonheur.
* Maladorante, souillée, à l'état de pourriture : insuccès, malchance, échec.

VICTOIRE-VICTORIEUX

- Déboires, défaite, humiliation dans un proche avenir.

VIEILLESSE, VIEUX, VIEILLE, VIEILLARD

- A considérer avec précautions. Dès l'instant où une personne âgée, intervient dans un rêve, vous affronterez des difficultés particulières dues à l'expérience de la vie, des sentiments contradictoires, des pensées ou des actions à l'opposé de vos méthodes ou de vos habitudes.

VIGNE

- Prospérité et abondance. Richesse et profits. Des perspectives heureuses d'un avenir meilleur.

VILLA (vous reporter à la définition MAISON)

VILLAGE

* Agréable, ensoleillé, au charme discret : votre situation s'apaisera ; vos activités, moins agitées, vous laisseront profiter d'une vie sereine et paisible.
* Triste, abandonné : des modifications dans votre manière de vivre aux désavantages de votre bonheur et de votre joie intime.
* Quitter le village pour la ville : changement important de vos activités professionnelles.

VILLE

* Active, animée, aux artères encombrées : votre vie va se modifier vers des activités intéressantes, passionnantes. Vous n'aurez que peu de disponibilités pour les loisirs. De nouvelles orientations, des choix différents, des ressources financières confortables, des perspectives d'avenir plus larges.
* Morne, triste, sale, malodorante : vos projets seront voués à l'échec, et vous devrez renoncer à poursuivre des objectifs démesurés à l'écart de vos compétences.

VIN

* De bonne qualité, agréable au goût et au regard : Aisance. Confort au foyer. Joie familiale. Plaisir de l'amitié. Des périodes heureuses de détente. Des rencontres sympathiques et enjouées.
* D'aspect médiocre, au goût fade, amer : disputes, fâcheries. Des rapports avec autrui compliqués, intéressés et peu motivants.

VINAIGRE

- Des ennuis et des querelles. Des contacts sociaux peu affables, ou les convenances sont ignorées, sinon irrespectueuses.

VIOLETTES
- Simplicité, discrétion, dans la tendresse de l'amour.

VIOLON
- Tristesse nostalgique, des heures de bonheur d'un passé lointain. Des larmes et des chagrins. Des regrets.

VIRAGE
- Diverses circonstances vous imposeront des décisions qui déplaceront vos projets vers des aspects autres que ceux que vous aviez imaginés.

VIS
* A sa place d'usage, serrée, en bon état : vous bénéficiez de relations solides et dévouées dont l'amitié est désormais acquise.
* Que l'on serre à la position qu'elle doit occupée : de nouvelles amitiés utiles et bénéfiques.
* Que vous desserrez ou que vous cassez : perte de relation ou d'amitié.
- Selon la main qui assurera la mise en place de cette vis vous serez à même de déterminer s'il s'agit de :
* Rapports affectifs : de la main gauche.
* Ou amicaux : de la main droite.

VISAGE
* Agréable, souriant, accueillant, détendu : joie et bonheur. Votre réussite sera confirmée, l'avenir de vos projets assuré. Sérénité. Paix de l'âme et de l'esprit.
* Sévère, coléreux, fermé : insuccès et malchance.
* Ridé, vieilli, flétri : maladie. Peines et chagrins.
* A la peau sombre : infidélité conjugale. Adultère.

VISIONS
- Chacun de nos rêves nous précise dans un langage particulier des faits dont nous allons vivre les circonstances, directement ou par personnes interposées. Le décodage des informations dont vous avez le souvenir constituera les caractéristiques d'une prémonition. Celle-ci est de toute évidence l'annonce d'un événement important, majeur, dont les conséquences influenceront les modalités de votre vie. La maîtrise parfaite de cette faculté, que chacun d'entre nous possède mais que l'on feint d'ignorer ou dont on préfère se moquer plutôt que d'en rechercher la compréhension, ou que l'on dérobe sous de fallacieux propos, de tendances diverses, nous laisse aborder la connaissance d'un autre monde, par l'approche d'un meilleur contrôle de soi et de sa destinée.

VISITE
* Rendre visite à des personnes de votre entourage : de nouveaux rapports affectifs ou amicaux. Des retrouvailles. Une réconciliation importante. Retour à des jours heureux.
* Recevoir une visite : présage des brouilles et des fâcheries dont la gravité peut provoquer une rupture longue sinon définitive. Des litiges violents peuvent dégénérer en conflits de justice.

VITRAIL
* D'église : retour sur soi. Méditation. Paix intime.
* Autres : vous reporter à la rubrique PEINTURE.

VITRES-VITRINE
* Propres, brillantes : lucidité, clairvoyance, intuition seront de vos qualités pour apprécier et diriger l'évolution de vos affaires.

* Sales, poussiéreuses, tachées : des dommages financiers, des altercations familiales par la négligence et l'insouciance de vos décisions.
* Dont vous faîtes le nettoyage : des personnes proches de vos sentiments vous aideront à découvrir la cupidité de certaines de vos relations en s'engageant pour défendre votre réputation auprès d'autrui.
* Sur lesquelles le soleil ou la lune se reflètent : vous ne ferez pas profit de vos affaires. Déception et amertume.
* Brisées : malchance. Insuccès. Infortune.

VITRIOL
- Des actions graves aux conséquences importantes et définitives. Haine et vengeance. Danger. Péril.

VOIE FERREE
- Moyen de transit entre deux situations, la voie ferrée vous indiquera la manière et les conditions de cette évolution. Ainsi :
* Une voie ferrée, en bon état, bien entretenue, au parcours rectiligne, sans obstacle particulier : l'accès au succès de vos entreprises restera facile et aisé. Promesse de réussite. Joie et bonheur.
* Aux parcours sinueux, accidenté : de nombreux inconvénients, des contraintes diverses ralentiront vos projets, certains objectifs se révéleront impossibles à atteindre.
* A l'aspect abandonné, aux herbes sauvages envahissant le ballast : insuccès. Infortune. Echec. D'autres solutions à vos problèmes devront être envisagées.

VOILE
* De couleur claire : joies et bonheur. Vos souhaits se verront concrétisés par des réalisations inespérées. Vos espérances affectives se confirmeront vers le succès.
* Déchiré, taché, ou sali : chagrins par rupture ou séparation. Dispute.
* De couleur sombre : mauvaises nouvelles, maladie. Décès familial.
* De religieuse : vous reporter à la rubrique RELIGIEUSE.

VOILIER
* Toutes voiles déployées : de belles perspectives d'avenir. Vos projets évolueront de manière positive vers les objectifs que vous avez déterminés. Chance.
* Aux voiles pendantes, sans vent : des obstacles, des contrariétés imprévues et modificatrices de vos ambitions.
* A la mâture détériorée ou brisée : échec. Infortune. Malchance.

VOISIN-VOISINAGE
- Diverses raisons conflictuelles troubleront vos rapports familiaux. Des bavardages inutiles, des médisances seront néfastes à votre bonheur de vivre.

VOITURE
- Vous reporter à la définition de AUTOMOBILE. Pour les voitures spécialisées à une activité particulière, voir VEHICULES.

VOITURE D'ENFANT
* Dont il est fait usage, poussée par une femme : de nouvelles conditions de vie. Joie et bonheur. D'heureux événements en perspectives : naissance, mariage, retour affectif, réconciliation.
* Abandonnée, détériorée : inquiétudes. Maladie. Chagrin.

VOIX
* Entendre des voix : vous reporter à la rubrique PARLER-PAROLES.

VOL, VOLER, VOLEUR
- Soucis et déconvenues. Vous serez trahi et humilié. Des dommages

moraux et financiers vous seront réservés. Des projets dont vous aviez l'initiative deviendront préjudiciables à vos intérêts par la cupidité et la jalousie d'autrui. Des amitiés perdues. Des contraintes d'argent. Des litiges dont vous pourriez voir la conclusion devant les tribunaux.

VOL AERIEN, VOLER.
- Ce rêve ne pourra avoir de signification que par rapport au paysage survolé et de ses éléments constitutifs, de la luminosité, des moyens utilisés pour voler, de la sensation ressentie, du parcours effectué.
- Il vous annonce un prochain changement de condition dont les avantages ou les inconvénients vous seront précisés par les différents paramètres que vous auriez relevés.

VOLAILLES
- Des médisances et des bavardages améneront quelques tensions dans vos rapports avec votre entourage.

VOLCAN
* En activité : présage d'événements particulièrement violents et contradictoires à vos intérêts. Une situation conflictuelle engendrera un climat passionnel d'une extrême violence. Vous ne disposerez d'aucune ressource propre à défendre votre patrimoine. De très gros soucis en prévision.
* Eteint : apaisement, détente. La pression des colères et actions malveillantes se fera moindre sans que, pour autant, les dangers disparaissent.

VOLETS
* Fermés : tristesse et chagrins. Solitude. Crainte de l'avenir. Protection à l'égard d'autrui dans son intimité et ses secrets. Méfiance. Insécurité.
* Ouverts : confiance, bonheur et joie de vivre. Sérénité. Paix de l'esprit.

VOLIERE (vous reporter à la définition de CAGE)

VOMIR-VOMISSEMENTS
* Dont vous êtes atteint : des profits mal intentionnés vous seront réclamés, des actions malhonnêtes dont vous aviez la responsabilité vous seront reprochées.
* Avec lesquels vous êtes souillés : honte et humiliation. Votre réputation se verra gravement compromise.
* D'une autre personne : il vous sera restitué ce dont vous aviez subi le préjudice.

VOTE-VOTER
- Vous serez appelé à vous engager en faveur d'un personnage influent ou de décisions primordiales pour lesquels vous n'aurez que peu de chance de vous mettre en valeur.

VOUTE
* Solide, de bel aspect, dans un éclairage convenable : la pérennité de votre situation sera des plus enviables. Vous aurez l'avantage d'une protection conforme à vos intérêts. Quiétude. Sérénité.
* Sombre, humide, aux parois inégales : de lourdes inquiétudes pour un proche avenir. La plupart de vos avantages vont être contestés et la dégradation de votre position risque de prendre une ampleur particulièrement alarmante.
* Qui s'effondre : malchance, malheur.

VOYAGE-VOYAGER
- De prochains changements de vos conditions de vie dont vous auriez l'initiative. Selon les dispositions

prises et les conditions du voyage, il vous restera à fixer la prémonition pour en connaître l'aspect positif ou malchanceux.

VOYANTE (vous reporter à la rubrique GITANE)

VUE
* De l'œil . vous reporter à OEIL.
* Panoramique : vous reporter à PAYSAGE.

W

Paix intérieure. Joie intime.

WAGON

* Lit : des circonstances heureuses vous apporteront joie et réconfort, bonheur et détente après de pénibles épreuves.
* Marchandises : votre situation financière évoluera vers des perspectives favorables en conformité avec vos aspirations et vos nécessités.
* Postal : des nouvelles vous seront communiquées qui remettront en cause votre existence.
* Restaurant : des projets intéressants n'aboutiront que dans la mesure où vous accepterez quelques concessions en faveur de vos interlocuteurs.
* Voyageurs : changement de vos conditions de vie. Vos habitudes se trouveront modifiées de manière conséquente.

WATER-CLOSET (vous reporter à la définition de CABINET D'AISANCE)

WHISKY

- Des rapports amicaux courtois et interessés.

X

Pureté des sentiments. Confiance dans l'exactitude de ses pensées et de ses actions.

Y

Déconvenues sociales et financières.

YACHT
- Prédispose à l'oppulence et au confort financier. Votre situation connaîtra un essor particulièrement brillant. Des relations influentes ne seront pas étrangères à cette progression.

YEUX (vous reporter à ŒIL)

YOGA
- La maîtrise de vos décisions imposera respect et discipline. Vous serez reconnu, apprécié et estimé.

Z

Rigueur des rapports sociaux. Rectitude morale. Conformité intellectuelle

ZEBRE
- Vous aurez quelque mal à distinguer les sentiments néfastes à votre encontre, de ceux qui pourraient appuyer votre progression. Vous risquez par cette indécision de ne résoudre aucune des inimitiés dont vous n'aviez nulle conscience.

ZENITH
- Cette position des astres dans le firmament vous indique la période de pleine maturité de vos ambitions. L'aboutissement de vos projets, la réalisation de vos désirs.

ZIG-ZAG
- Cette expression résume l'indécision de vos actes, l'inconstance de vos pensées et de vos sentiments.

ZINC
- Aide et protection dont vous avez nécessité ou que vous recevrez de personnes dont la condition ou la position sociale sont de grande influence. Des perspectives différentes de votre avenir.

ZOO
- Les conséquences de vos interventions déterminent la victoire sur vos détracteurs de manière définitive, aux dépens de leur réputation et de leur situation.

TABLE DES MATIÈRES

Achevé d'imprimer
en août 1996
par Printer Industria
Gráfica, S.A.
08620 Sant Vicenç dels Horts 1996
Depósito Legal: B. 20513-1996
pour le compte de
France Loisirs
123, boulevard de Grenelle,
Paris

CET OUVRAGE A ETÉ IMPRIMÉ SUR DU PAPIER
SANS BOIS ET SANS ACIDE

Numéro d'éditeur : 27171
Dépôt légal : août 1996
Imprimé en Espagne